U0921640

抗震救灾精神研究

5·12汶川特大地震纪念馆 

四川民族出版社

图书在版编目（CIP）数据

抗震救灾精神研究 / 5 · 12 汶川特大地震纪念馆编
. -- 成都 : 四川民族出版社 , 2023.6
ISBN 978-7-5733-1351-5

Ⅰ . ①抗… Ⅱ . ① 5… Ⅲ . ①抗震—救灾—汶川县—2008 ②民族精神—研究—中国 Ⅳ . ① D632.5 ② C955.2

中国国家版本馆 CIP 数据核字 (2023) 第 114188 号

抗震救灾精神研究

KANG ZHEN JIU ZAI JING SHEN YAN JIU

5 · 12 汶川特大地震纪念馆　编

出 版 人　泽仁扎西
责任编辑　王婕
出版发行　四川民族出版社
地　　址　四川省成都市青羊区敬业路 108 号
邮政编码　610091
成品尺寸　185mm × 260mm
印　　张　17.75
字　　数　350 千字
制　　作　成都书点文化
印　　刷　四川科德彩色数码科技有限公司
版　　次　2023 年 6 月第一版
印　　次　2023 年 6 月第一次印刷
书　　号　ISBN 978-7-5733-1351-5
定　　价　86.00 元

Ⓒ 版权所有 · 翻印必究

编委会

主　编： 何瑞雪　梁　茂

副主编： 马晓燕　姚　辉　梁辉明

编　辑： 杨孟昀　李汰辉　赵建平　安卫忠
肖　亚　马海艳　任晓飞　龚　奎
白　强　陈云波　李　慧

序

中国共产党以伟大建党精神为源头，在长期奋斗中构筑起了中国共产党人的精神谱系。精神谱系，是中华民族精神和社会主义先进文化的积淀和绽放，是中国共产党立党兴党、执政兴国的宝贵精神财富，具有超越时空的恒久价值。2021 年 9 月 29 日，党中央批准了中央宣传部梳理的第一批纳入中国共产党人精神谱系的伟大精神，在中华人民共和国成立 72 周年之际予以发布，抗震救灾精神入列其中。

伟大实践孕育伟大精神。“5·12”汶川特大地震是新中国成立以来破坏性最强、波及范围最广、救灾难度最大的地震，在党中央、国务院、中央军委的坚强领导下，中国人民进行了历史上救援速度最快、动员范围最广、投入力量最大的抗震救灾斗争。在这场艰苦卓绝、波澜壮阔的抗震救灾斗争中，中国人民大力发扬和践行了守望相助、和衷共济、攻坚克难、敢于斗争等优秀品质，培育弘扬了“万众一心、众志成城，不畏艰险、百折不挠，以人为本、尊重科学”的伟大抗震救灾精神。抗震救灾精神孕育于抗震救灾的伟大实践，是伟大建党精神的具体化和时代化。

伟大时代呼唤伟大精神。抗震救灾精神在新时代历久弥新、熠熠生辉，依然引领我们抗击各种自然灾害，迎接和面对各种困难和风险挑战，推进中国式现代化建设，是中国共产党带领全国人民进行伟大斗争、建设伟大工程、推进伟大事业、实现伟大梦想的宝贵精神财富和强大精神力量。

5·12 汶川特大地震纪念馆是事件类纪念馆、遗址类博物馆，集中展示了抗震救灾、灾后恢复重建、发展振兴的伟大奇迹，充分体现了中国特色社会主义制度集中力量办大事的政治优势，是对外展示中国发展道路、发展模式、讲述中国故事的重要窗口，开展地震科普研究和防灾减灾教育的重要基地，培育和践行社会主义核心价值观的重要载体，核定为国家一级博物馆、全国爱国主义教育示范基地、全国红色旅游经典景区、全国科普教育基地、全国社会科学普及基地、全国首批“大思政课”科学精神专题实践教学基地等多项基地称号。近年来，地震纪念馆不忘初心，牢记使命，切实开展地震遗址保护，创新开展社会教育，推动学术科研，充分发挥了保护、教育、展示、科研、宣传、纪念六大功能。

为深入学习贯彻习近平新时代中国特色社会主义思想，深入贯彻党的二十大精神，大力弘扬以伟大建党精神为源头的中国共产党人精神谱系，进一步发展好、转化好抗震救灾精神，阐释抗震救灾精神的内涵价值，深入探讨抗震救灾精神弘扬、传承的路径方法，交流抗震救灾精神的实践经验，5·12汶川特大地震纪念馆联合绵阳市社会科学界联合会于2022年举办了“抗震救灾精神系列研究”（地震纪念馆函〔2022〕14号）论文征集活动，受到社会各界广泛关注和积极参与。

伟大精神推动伟大事业。《抗震救灾精神研究》内容涉及抗震救灾精神的内涵价值、场馆运行、遗址保护、社会教育、助力乡村振兴等丰富内容，按照内容内在逻辑顺序排列。希冀通过论文征集发挥地震纪念馆研究利用、弘扬传承抗震救灾精神的使命职责，为专家学者们搭建学术交流平台，促进高校、场馆、行业组织等单位推动抗震救灾精神研究阐释工作，推动社会各界持续关注和支持地震纪念馆各项事业，推动地震纪念馆高质量发展，为谱写中国式现代化建设四川篇章贡献力量。

5·12汶川特大地震纪念馆和绵阳市社会科学界联合会遴选出优秀论文、研究报告等31篇，由四川民族出版社出版。在此，衷心感谢绵阳市社会科学界联合会、西南交通大学、西南科技大学、绵阳师范学院等单位的鼎力支持，感谢参与本次论文征集活动的社科专家不吝赐稿，感谢四川民族出版社的孜孜付出。鉴于场馆研究能力有限，对本书的不足或值得商榷之处，望广大专家学者和热心读者斧正。

5·12汶川特大地震纪念馆
绵阳市社会科学界联合会
2023年7月25日

目录
contents

周恩来关于抗震救灾的思想与实践

胡子祥

摘要：二十世纪六七十年代我国遭遇第一个地震活跃期。周恩来不畏艰险，亲临一线，亲自领导和指挥抗震救灾，并形成关于抗震救灾的一系列思想。主要表现为：在思想认识方面，提出和地球“打仗”，要“多难兴邦”，要与经济建设相结合的观点；在应急救灾方面，提出了“自力更生，奋发图强，发展生产，重建家园”的方针；在防震减灾方面，提出“从预测到预防，以预防为主”的思想；在体制机制方面，提出党的一元化领导、多方面分工协作的思路。

关键词：周恩来；抗震救灾；思想；实践

我国是世界上地震灾害最为频发的国家之一。抗震救灾不仅事关人民的生命财产安全，事关社会的和谐稳定，还是衡量执政党领导力、检验政府执行力、评判国家动员力、彰显民族凝聚力的一个重要方面。二十世纪六七十年代是新中国成立后的第一个地震多发期，周恩来在领导抗震救灾方面倾注了大量心血。梳理周恩来关于抗震救灾的讲话、报告、批示、书信等，深刻认识和了解周恩来关于抗震救灾的思想与实践，对于当前进一步做好相关防灾减灾救灾工作不无启示。

一、正确看待抗震救灾

新中国成立以后，我国严重自然灾害频发，因此周恩来高度重视洪涝、地震等自然灾害的防治工作。1950 年 8 月 18 日，周恩来在政务院第四十六次政务会议上指出：“对于自然灾荒来说，在相当长的时间内，我们还不能控制它，只能做到防止它和减少它所给予我们的灾害。”① 众所周知，正确认识和看待抗震救灾，是做好地震预防、应急和减灾工作的重要前提。那么，周恩来是如何引导人们正确认识抗震救灾的呢？

①《周恩来与防震减灾》，中央文献出版社 1995 年版，第 3 页。

主要有三个方面：

第一，和地球“打仗”。地震是“自然界的敌人”，抗震救灾是处理人与自然、人与社会关系的一个永恒话题。1954 年 9 月 23 日在第一届全国人民代表大会第一次会议上，周恩来就指出：“对自然灾害的斗争是我国人民的一个长期的艰巨的任务。”[①] 因此，在制定一九五六到一九六七年科学发展远景计划和国民经济第二个五年计划的时候，党中央和国务院就开始考虑对包括地震科学在内的各学科门类科技工作的战略布局和系统谋划。1970 年 2 月 7 日，周恩来接见全国地震工作会议全体代表时指出：“搞地震工作就是与自然作斗争，向地球开战嘛！”“地震不限于陆地，海上也有，有的感觉轻一些。我国近海区还是不少的，最大的是南海，还有三沙群岛，加在一起有一千多万平方公里。地震的比例如只算陆地的比例就略少了一些，如按全球面积算就大一些。我国的地震比例还是不小的，沿太平洋我们占一份，沿地中海到中亚细亚我们也占一份，在世界上地震区我国比例是大的。”同时，他还指出，新中国成立以后，我国发生地震最多的是西藏，第二是台湾，第三是新疆，第四是云南，第五是四川，第六是河北，然后是山西、广东等省。东南部少一些，如安徽、江苏、浙江、江西、湖南少一些，但沿海还是有的。[②] 由此可见，同地震灾害作斗争，是中国人民一直以来不得不面对的一个艰巨任务。

第二，要“多难兴邦”。艰难困苦，玉汝于成。从某种意义上来说，中华民族的文明史，实际上也是一部与自然灾害作斗争的历史。作为一个马克思主义者，周恩来素来辩证地、积极地、乐观地看待地震灾害，“多难兴邦”是他的一个重要观点。一是要总结经验。1966 年 3 月邢台地震爆发后，周恩来亲临隆尧县邢台地震抗震救灾指挥部听取情况汇报，他强调指出“总结出经验，要为人民造福。”“加强调查研究，总结战胜灾害的经验，把坏事变成好事。做前人没有做过的事，把救灾经验记载下来，流传后代。”[③] 二是要加强研究。1966 年 5 月 28 日，周恩来在接见邢台地震科学讨论会代表时讲话指出：“在生产斗争和科学实验范围内，人类总是不断发展的，自然界也总是不断发展的，永远不会停止在一个水平上。因此，人类总得不断地总结经验，有所发现，有所发明，有所创造，有所前进。停止的论点、悲观的论点、无所作为和骄傲自满的论点，都是错误的。”[④] 因此，周恩来要求地震科学工作者加强研究，透过现象看本质，由现象到本质，找出规律，有所发现，进而做到功在当代，利在千秋。

第三，与经济建设相结合。周恩来主张，科学研究工作应该同国家的各项建设工

---

① 周恩来：《政府工作报告》，载于《人民日报》1954 年 9 月 24 日第 2 版。

② 《周恩来与防震减灾》，中央文献出版社 1995 年版，第 40 页。

③ 《周总理对地震工作的指示》，山西地震，1982（01）：1-8。

④ 《周恩来与防震减灾》，中央文献出版社 1995 年版，第 32 页。

作，特别是经济建设工作密切结合起来。[①] 他非常重视抗震救灾与经济建设之间的关系。1966 年 3 月 23 日，他在接见地震工作有关部门的工作人员时指示：地震工作“要为保卫大城市、大水库、电力枢纽、铁路干线做出贡献。”[②] 同年 4 月 10 日，他在国务院会议上再次指示：“要把北京地区的地震问题与邻近地区一并考虑，以保卫大城市、大水库、电力枢纽、交通系统的安全。多搞点流动车，至少要六个流动车，在以下几条线上加强观测：1、津浦线上天津至德州段；2、北京至石家庄段；3、北京至天津段；4、正定至太原段；5、北京至山海关段；6、保定至安阳段。”[③]1970 年 2 月 6 日，他在听取全国地震工作会议部分代表汇报时指出：“我们的铁路也有这个问题，成昆段是关键，就在地震活动区中心”“水库怎么样？三峡怎么样？有地震没有？你们把它划漏了怎么行？‘高峡出平湖’嘛，要观察呀。”“北京也是个地震窝子”“几条线正在施工，你们要注意，将来要与铁路的工程兵部、通讯兵部、铁道兵部、军运部联系，国务院的铁路、交通、邮电、建委、煤炭、石油、化工、冶金、水电、国防各部更不用说了。”[④] 可见，周恩来较早地注意到，要把抗震救灾与国家各部门安全生产紧密结合，整体筹划，为经济建设服务。

二、提出抗震救灾方针

1966 年 3 月 8 日和 22 日，邢台地区先后发生 6.8 级、7.2 级地震，周恩来亲赴抗震救灾一线，听取灾情汇报，指挥和部署抗震救灾工作，并提出了“自力更生，奋发图强，发展生产，重建家园”的抗震救灾工作方针。这是我国一直以来开展抗震救灾工作、战胜地震灾害的重要思想指针。

第一，奋发图强，战胜一切困难。中国人民素来就有敢于压倒一切困难而不被任何困难所压倒的顽强意志。但是，如何才能战胜严重灾害呢？周恩来认为，一是要有精神和志向。面对严重地震灾害，1966 年 3 月 10 日周恩来在隆尧县白家寨灾民群众大会上讲话指出：“你们不是学过《愚公移山》吗？愚公能够移山，我们对现在的困难也一定能够战胜。死了人当然难过，但是不要低头。大家一定要团结起来，团结就是力量！”[⑤] 同年 4 月 1 日，他在束鹿县王口公社群众大会上讲话指出：“我们要战胜困难，就是要天不怕，地不怕，毛泽东时代的人民，就有这个志向。”[⑥] 二是紧紧依靠人民的力量。同日，周恩来在冀县码头李公社群众大会上再次号召：“你们是衡水专区

①《中共中央文件选集（一九四九年十月～一九六六年五月）》（第 24 册），人民出版社 2013 年版，第 213 页。

②《周恩来与防震减灾》，中央文献出版社 1995 年版，第 12 页。

③《周总理对地震工作的指示》，山西地震，1982（01）：1-8。

④《周恩来与防震减灾》，中央文献出版社 1995 年版，第 36 页。

⑤《周恩来选集》下卷，人民出版社 1984 年版，第 449 页。

⑥《周恩来与防震减灾》，中央文献出版社 1995 年版，第 16 页。

冀县的人民，相信你们，天上灾，地下灾都能战胜。天上的灾，我们不怕、地下的灾，我们不怕。这样才是天不怕、地不怕的伟大的中国人民。”[①] 三是要注意总结抗灾经验。同一天，在巨鹿县何寨万人大会上，周恩来指出：“大家要注意收集经验嘛。所以你们看天上的自然灾、地下的自然灾，我们都有了经验了，那我们就能够克服各种自然灾害给我们的困难。”[②]

第二，自力更生为主，国家支援为辅。为了抗击严重地震灾害，一方面党中央、国务院坚强领导，紧急部署，组织力量，积极援助。1966 年 3 月 8 日，邢台地震发生当晚，在接到河北省报告后，周恩来立即召集国务院有关各办、各部和总参，对支援灾区作出了紧急部署。[③] 他亲自三赴灾区，代表党中央亲临一线，靠前指挥抗灾救灾工作。1966 年 3 月 10 日，周恩来在隆尧县白家寨对群众说：“国家当然要支援你们。你们这个地区有三十个公社，三十四万人受灾，现在已开进解放军两万多人，地方上的工作队和医疗队一万多人，共三万多人，是个人就有一个人帮助。真是一人有困难，大家都来帮助，因为我们是社会主义的国家。”[④] 但是，另一方面，周恩来认为，大多数人的力量尤其是大多数人有组织有领导的力量，实行生产自救和互助，其力量是无穷的。[⑤] 对于邢台地震，他反复强调国家要支援，但主要靠自己。[⑥]1966 年 3 月 16 日，周恩来就救灾款物指示：“关于地震救灾款问题，我批了，现在我还有点不安心，这样做究竟是办了好事，还是办了坏事？拿出 3500 万元倒不是难事，问题是就怕一宣布，给群众造成一种依赖思想。我不吝啬钱，也不吝啬物，就是不要使群众认为来的太容易了，就把自力更生的精神去掉了。”[⑦]3 月 26 日，周恩来在邢台地区地震救灾指挥部转发华北局财办、省工作组关于巨鹿五个队受灾损失和救灾物资下放分配调查报告上批示：“不要因国家支援换来依赖思想。”[⑧]4 月 5 日，周恩来在河北磁县视察时再次指出：“整个邯郸干劲是大的，精神是好的，但要强调生产自救。过去几年受灾，国家给了救济，群众有个想法，有困难国家会帮助的……但总要强调生产自救，贷了款总要还的。”[⑨]

第三，先发展生产，再重建家园。生产救灾是周恩来重要救灾思想，他认为只要把生产搞好，天大的困难也能克服。早在 1949 年 12 月 19 日，周恩来签发《政务院关于生产救灾工作的指示》，要求“灾区的各级人民政府及人民团体要把生产救灾作

---

① 《周恩来与防震减灾》，中央文献出版社 1995 年版，第 17 页。
② 《周恩来与防震减灾》，中央文献出版社 1995 年版，第 23 页。
③ 《周恩来书信选集》，中央文献出版社 1988 年版，第 590-591 页。
④ 《周恩来选集》下卷，人民出版社 1984 年版，第 449 页。
⑤ 《建国以来周恩来文稿》第一册，中央文献出版社 2008 年版，第 701 页。
⑥ 中共中央文献研究室编：《周恩来年谱（一九四九——一九七六）》下卷，中央文献出版社 1997 年版，第 24 页。
⑦ 《周恩来与防震减灾》，中央文献出版社 1995 年版，第 11 页。
⑧ 《周恩来与防震减灾》，中央文献出版社 1995 年版，第 12 页。
⑨ 《周恩来与防震减灾》，中央文献出版社 1995 年版，第 25 页。

为工作的中心”。[①]1964 年 10 月 24 日，周恩来给李先念的回信中也强调：“救灾重点放在生产自救。”[②]1966 年 3 月 8 日上午周恩来指示邢台地震灾区，认真抢救，尽快恢复生产；[③]次日，周恩来亲赴灾区，在隆尧县听取灾情汇报时就指示：“在一星期内把秩序恢复起来，要帮助群众把死者掩埋好，安置好伤员，使伤病员得到治疗，再帮助群众搭好棚子，把简单的生活恢复起来，然后转入正常的生产救灾工作。”[④]1966 年 4 月 1 日，周恩来来到邢台地震重灾区宁晋县东汪公社、耿庄桥公社、冀县码头李公社、巨鹿县何家寨公社，视察抗旱春播工作，强调救灾勿误农时，要先搞生产，生产搞好了再盖房子。要把“奋发图强，自力更生，重建家园，发展生产”这四句话颠倒一下：“自力更生，奋发图强，发展生产，重建家园。”[⑤]至于重建家园，他强调“房子倒了要盖的，砖瓦要烧，但不是几天要盖起来的，盖什么样的房子牢固，要研究研究”“盖房子也要依靠集体力量，国家支持你们。因为地址面积很大，所以要一步一步的搞”[⑥]。

三、提出“从预测到预防，以预防为主”的思想

二十世纪六七十年代是新中国成立后的第一个地震活跃期，数次大的破坏性地震给国民经济和人民生命财产安全带来了重大损失。周恩来在领导抗震救灾的过程中，提出要加强调查研究和地震预测预防，进而形成了“在党的一元化领导下，以预防为主，专群结合，土洋结合，大打人民战争，依靠广大群众做好预测预防工作”的地震工作方针。

第一，加强调查研究。没有调查，就没有发言权。对灾情的掌握是做好地震研究工作的前提。一是加强现场观测。1966 年 3 月 8 日，周恩来指示以国家科委和科学院为主，集合科学院、地质部、水电部、石油部、煤炭部、冶金部、有关地质勘探和物探技术力量一部分，前往邢台地震现场进行探测、观察和研究，以便进一步判明地震范围、性质和方向。[⑦]3 月 22 日下午河北邢台地区再次发生强烈地震，次日周恩来指示加强震中现场观测，立即派飞机把地震仪送至尧山和耿庄桥，迅速沟通尧山、耿庄桥经石家庄至北京的有线和无线专向通讯，确保地震情况及时上报。[⑧]1975 年 3 月 5 日晚，

① 《建国以来周恩来文稿》第一册，中央文献出版社 2008 年版，第 700-701 页。

② 《周恩来书信选集》，中央文献出版社 1988 年版，第 584 页。

③ 《周恩来与防震减灾》，中央文献出版社 1995 年版，第 4 页。

④ 金冲及：《周恩来传（1898—1976）》（下），中央文献出版社 2008 年版，第 1644 页。

⑤ 中共中央文献研究室编：《周恩来年谱（一九四九——一九七六）》下卷，中央文献出版社 1997 年版，第 24 页。

⑥ 《周恩来与防震减灾》，中央文献出版社 1995 年版，第 20 页。

⑦ 中共中央文献研究室编：《周恩来年谱（一九四九——一九七六）》下卷，中央文献出版社 1997 年版，第 18 页。

⑧ 中共中央文献研究室编：《周恩来年谱（一九四九——一九七六）》下卷，中央文献出版社 1997 年版，第 22-23 页。

获悉北京通县出现地裂，周恩来当即对国家地震局指示：要连夜到现场去调查，不要等到天亮。[①] 二是要研究出规律。地震是地壳快速释放能量而造成的地质灾害，它在时间和空间分布上具有一定的规律性。1966 年 4 月 7 日，周恩来在国务院会议上指出：对地震的形成、发展趋势等问题，尽量探索其规律，总结经验；对地震中的各种现象任何微弱的变化都要记下来，综合、辩证地分析。[②]1969 年 7 月 18 日，周恩来听取渤海地震震情汇报时指出："要透过现象看本质，由现象到本质，找出规律，有所发现。现在是一些表皮现象还未弄清楚，如地裂缝"[③]。

第二，加强地震预测研究。加强地震研究的目的就是为了做到预测。周恩来高度重视对地震的预测研究，要求实现地震预报。1966 年 3 月 23 日，周恩来约见李四光、张劲夫、张有萱、武衡及石油部、中科院地球物理研究所有关负责人和专家，商谈地震问题，强调地震预报要好好搞一搞。[④]1966 年 4 月 1 日，周恩来在耿庄桥视察中国科学院地震考察队时指出：必须加强地震预测研究，做到准确及时。又对科技大学地震专业学生说：希望你们这一代能解决地震预报问题。[⑤]4 月 5 日，他在视察磁县岳城水库时又说："地震预报世界上还没解决，为什么我们不能先解决呢？也可能我们这一代，也可能下一代，我们一定要解决它。"[⑥]4 月 7 日、10 日，周恩来两次约见国家科委、中国科学院、地质部等单位科研人员，反复强调地震预报的重要性和可能性。4 月 27 日，在接见李四光和翁文波时说："今天请你们来，就是希望你们搞好地震预报，这是我交给你们的任务。"[⑦] 尽管地震预报是一个世界性难题，但是在周恩来看来，我们完全有信心做到世界其他国家所做不到的这一件事情。

第三，地震工作要以预防为主。预测的目的在于预防，做好地震的预防工作，方可减少地震灾害所带来的经济社会损失。1970 年 1 月 5 日，云南通海发生地震当天，周恩来发出指示："要密切注视，地震是有前兆的，是可以预测的、可以预防的，要解决这个问题。""全国重点地区台站都要上去。地震工作要以预防为主。"[⑧]1970 年 2 月 7 日，周恩来在接见全国地震工作会议全体代表的讲话中指出：地震是可预测、预见的。有实践才能有预见，有预见才能预防。要动员一切积极因素，抓住重点，实现

① 《周恩来与防震减灾》，中央文献出版社 1995 年版，第 47 页。

② 中共中央文献研究室编：《周恩来年谱（一九四九—一九七六）》下卷，中央文献出版社 1997 年版，第 27 页。

③ 《周恩来与防震减灾》，中央文献出版社 1995 年版，第 33 页。

④ 中共中央文献研究室编：《周恩来年谱（一九四九—一九七六）》下卷，中央文献出版社 1997 年版，第 23 页。

⑤ 中共中央文献研究室编：《周恩来年谱（一九四九—一九七六）》下卷，中央文献出版社 1997 年版，第 24 页。

⑥ 《周恩来与防震减灾》，中央文献出版社 1995 年版，第 26 页。

⑦ 中共中央文献研究室编：《周恩来年谱（一九四九—一九七六）》下卷，中央文献出版社 1997 年版，第 24-25 页。

⑧ 《周恩来与防震减灾》，中央文献出版社 1995 年版，第 34 页。

地震预报。现在已经搞了很多门路：地形变、地倾斜、地应力、地磁、地电、重力、地下水、水化学。生物变化、动物变化没有写，为什么不敢写？[①] 在周恩来看来，要调动一切积极因素，既要集中群众智慧，又要借鉴历史经验，甚至汲取世界的经验，把各种经验积累起来，触类旁通，加强对地震预测、预防的研究。1975 年 2 月 4 日，辽宁省南部海城、营口一带，发生了 7.3 级的强烈地震，我国地震工作队伍对这次强烈地震做出了预测预报，震区党政军民及时采取有力的预防措施，使这次地震所造成的损失大大减轻。后来，许多国家的地震科学家和国际学术组织纷纷前来海城考察，将海城地震预报称为“科学的奇迹”。[②]

四、建立抗震救灾体制机制

抗震救灾能否做到统一领导，周密组织、上下贯通、军地协调，是最大限度地挽救受灾群众生命，最大限度地减低灾害造成损失的关键。这就要求有一个较为系统、高效的抗震救灾体制机制。在周恩来的领导下，我国开始探索建立党的一元化领导、多方面分工协作的救灾体制，初步形成党政领导、部门协同、军民配合的抗震救灾工作机制，在抗震救灾中发挥了重要的作用。

第一，探索建立指挥部制度。邢台地震发生后，中共中央和国务院对灾区群众十分关怀，迅速指导救灾工作。一方面，派出以内务部部长曾山为团长的、由国务院各办各部参加的中央慰问团，帮助各级领导进行抢救、救灾工作，解决需要中央解决的问题；另一方面，中共中央华北局、中共河北省委和河北省人民委员会以及当地驻军成立联合救灾指挥部，下设司令部、政治部、医疗卫生办公室、物资供应办公室、交通运输办公室、治安办公室等，统一领导抗震救灾工作。1966 年 4 月 5 日，在应急救援结束后，遵照周恩来总理指示，撤销联合救灾指挥部，成立河北省抗震救灾总指挥部，继续负责抗震和重建恢复家园工作。在党的领导下建立抗震救灾指挥部，开创了我国救灾指挥制度的先河，为后来我国应对重大自然灾害，如唐山大地震、汶川特大地震等，从基层到中央逐级建立救灾指挥部，提供了制度遵循。

第二，构建一元化领导体制。邢台地震发生后，周恩来针对中国科学院地球物理研究所和地质部力学研究所分别组建考察队的情况，要求他们的工作要加强联系，互通情报。1967 年 12 月，根据周恩来的指示，成立了国家科委、中国科学院地震办公室。但是，对于这样的工作机制，周恩来仍然不满意。1969 年 7 月 18 日他在听取渤海地震震情汇报时指出：“什么地质部、科学院，地震界就存在着严重的分散主义、山头主义，分散主义给我们害苦了。地球物理所归地质部算了，都搞地震嘛！分散不利于工作，分散主义不好，对工作不利。现在就合起来吧！当然这还要经过科学院同志讨论。”“团

① 《周恩来与防震减灾》，中央文献出版社 1995 年版，第 44 页。

② 金冲及：《周恩来传（1898—1976）》（下），中央文献出版社 2008 年版，第 1652 页。

结起来，共同对付地震之敌。”[①] 为了加强对地震工作的统一领导，第二天就组建以李四光为组长、刘西尧为副组长，张奎三为地震办公室主任的中央地震工作小组。1970年1月5日周恩来提议召开一次全国地震会议，讨论地震工作的全局性问题。同年2月7日，周恩来接见全国地震工作会议全体代表时，指示李四光、刘西尧把有关部门的人都要吸收到地震工作小组，其职能是研究相关政策；再成立地震局，放在科学院，负责办理行政事务，组织队伍，动员广大群众。[②] 据此，1971年8月2日，成立国家地震局，作为中央地震工作小组的办事机构，统一管理全国的地震工作，国家地震局由中国科学院代管。1975年12月，国家地震局由中国科学院代管改为国务院直属局。于是，全国统一的地震工作领导机构和行政机构组建完成。

第三，确立分工协作机制。地震预报本来就是一个世界性难题。如何开展地震预测预防研究？一是多兵种联合作战。周恩来认为要到实践现场，大力协作，协同作战。参加的有科学院、地质部、石油部、水电部、农业部、建工部、测绘总局、海洋局、北京大学、科技大学等单位和地方的同志。只有这样才能，才能集中各方面的力量，才能进行比较。[③] 二是要搞两个“三结合”。一个是领导、专家和群众相结合，因为真正有本事的是群众，其次是专家，领导就是起推动作用。另一个是科学研究要和教学、生产相结合，要同学校（科大、北大）地球物理系好好研究，抓住不放，好好搞下去。[④] 三是建设好两支地震队伍，即专业队伍和业余队伍，也就是不仅要有专业队伍，还要有业余群众队伍，专业队伍从物理上、化学上、生物上……有十多种办法，比如李四光同志说：地壳表面结构和地震的关系，各种预测的办法都要采用，比较综合。此外，要更大量的靠业余队伍，因为这与生产生活是结合的。[⑤] 可见，周恩来希望充分调动各方面的积极因素，尤其是吸收群众的经验和智慧，来解决地震预测这个世界性难题。

基金项目

本文系国家社会科学基金重大项目“汶川特大地震抗震救灾精神口述史挖掘、整理与研究”的阶段性成果，项目编号：18ZDA014。

作者简介

胡子祥，男，1974年生，安徽庐江人。博士，教授，博士生导师，西南交通大学马克思主义学院副院长，研究方向：中国共产党革命精神、思想政治教育、高等教育。

①《周恩来与防震减灾》，中央文献出版社1995年版，第32-33页。

②《周恩来与防震减灾》，中央文献出版社1995年版，第45-46页。

③金冲及：《周恩来传（1898—1976）》（下），中央文献出版社2008年版，第1651-1652页。

④《周恩来与防震减灾》，中央文献出版社1995年版，第30-31页。

⑤《周恩来与防震减灾》，中央文献出版社1995年版，第42页。

抗震救灾精神与伟大建党精神的内在逻辑

韩晓娟

摘要：习近平总书记在庆祝中国共产党成立100周年大会上阐释了伟大建党精神的内涵。伟大建党精神是中国共产党人精神之源。抗震救灾精神是中国共产党人精神谱系的重要组成部分，是在继承伟大建党精神基础上所形成的具有时代特征的革命精神。从理论维度分析，抗震救灾精神是对伟大建党精神的继承和发展；从历史维度分析，抗震救灾精神是伟大建党精神的具体化和时代化；从现实维度分析，伟大建党精神和抗震救灾精神等一系列革命精神共同激发实现中华民族伟大复兴中国梦的磅礴伟力。抗震救灾精神不仅是引领我们抗击各种自然灾害和灾后恢复重建的精神坐标，更是新时代进行伟大斗争、应对重大困难风险挑战的强大精神力量。新时代，站在两个百年的历史交汇点，我们要以习近平新时代中国特色社会主义思想为引领，以建党精神为指引，深刻总结抗震救灾精神的时代内涵、核心要义和精神实质。

关键词：抗震救灾精神；伟大建党精神；内在逻辑

党的二十大是在我国迈进全面建设社会主义现代化国家新征程、向第二个百年奋斗目标进军的关键时刻召开的一次十分重要的大会。二十大报告建造了一座博大精深的思想宝库，使我们心有所向、行有所往；报告呈现了一幅气势恢宏的壮丽画卷，催我们踔厉奋发、乘势而上；报告兑现了一个掷地有声的庄严承诺，让我们冷静清醒、勇毅前行。报告通篇充满着共产党人信仰如山的初心使命，通篇凝结着百年大党气壮山河的恢宏史诗，通篇彰显着推动构建人类命运共同体的大国形象。

党的二十大报告指出，我们要广泛践行社会主义核心价值观，要弘扬以伟大建党精神为源头的中国共产党人精神谱系，深入开展社会主义核心价值观宣传教育，深化爱国主义、集体主义、社会主义教育，着力培养担当民族复兴大任的时代新人[1]。人无精神不立，国无精神不强，党无精神不兴。中国共产党在艰苦卓绝的百年奋斗中形成了抗震救灾精神等一系列伟大精神，构建起了精神谱系。在这其中伟大建党精神是其精神之源。抗震救灾精神作为中国共产党人精神谱系的重要组成部分，是在继承伟大建党精神基础上所形成的具有时代特征的革命精神。以伟大建党精神为源头、包括抗震救灾精神在内的中国共产党人精神谱系，是党领导人民战胜艰难险阻、从胜利走向胜利的精神密码。本文从三个维度解读抗震救灾精神与伟大建党精神的内在逻辑。

一、伟大抗震救灾精神的内涵

伟大抗震救灾精神是对全党、全军和全国各族人民在汶川特大地震抗震救灾斗争实践中所表现出来的优秀风貌和品质在精神层面的高度概括。伟大抗震救灾精神是中国共产党人革命精神的赓续传承，其中所彰显的集体主义、社会主义精神是在以爱国主义为核心的民族精神，以改革创新为核心的时代精神的引领下，在新的时代背景下、在重大突发性危机事件中的集中体现，是中华民族精神在当代中国的集中凝练和高度升华。

抗震救灾精神在社会主义现代化建设的伟大实践中产生，它集中体现了每一位伟大而平凡参与者的优秀品格，是激励当代和后代子孙进步的红色精神之一。它集中体现了中国共产党处理重大事件的坚强有力领导和我国社会主义制度的优越性，是我们党在自然灾害这一大考中的真实写照之一。抗震救灾精神主要包括互助精神、百折不挠的奋斗精神、以人为本精神和尊重科学的实用主义精神。

（一）万众一心、众志成城的互助精神

自古以来中华民族就有面对困难、面对艰难险阻百折不挠、愈挫愈勇的优秀品格和历史传统，这是中华民族得以战胜各种灾难的坚强信念，而且灾难愈大，愈加团结奋战、自强不息。越是艰难困苦，越是危急关头，中华民族就越是万众一心、众志成城，民族本色就越发彰显，人民群众就越发共克时艰、上下同心。汶川大地震发生后，“众志成城，抗震救灾”“团结起来，战胜磨难”“四川雄起，中国加油”“大地无情人有情，我们都是汶川人”即刻成为13亿中国人救援的时代主题和最强音，不论是政府发起的救援还是民间自发的救援都闻讯赶来，各地的百姓纷纷为四川祈祷。面对重大自然灾害，党和政府主要领导人也多次批示：“一切为了灾区，全力支援灾区。”汶川特大地震是人类历史上的一次浩劫，给中国人带来的伤痛是巨大的。短短的几天里，祖国10万平方公里的道路被严重摧毁，电力通信设施也被极大毁坏，绵阳、北川和汶川等地多处乡镇彻底化为废墟，我们的骨肉同胞被困急需救援。在党中央坚强有力的领导和统一安排下，可爱的子弟兵积极投身到抗震救灾的工作中，无数的志愿者投入到救灾的洪流中，无数的无名英雄献出了自己宝贵的生命。在很短的时间内我们成功打通了主要干道，恢复了部分交通和电力，营救了困在重灾区和废墟下的无数灾民，并积极进

行灾后安置。对于重伤病员及时通过飞机等交通工具进行转移救治。在地动山摇的那一刻，我们13亿人心连心，手挽手，打造了一条钢铁般的长城。团结就是力量，在这里得到了真正的彰显和弘扬。当地震灾害袭来，13亿中国人民立即行动起来，同心同德、齐心协力，心往一处想，劲往一处使，形成了抗震救灾的强大合力。雾霾散去，迎来希望，救援士兵同当地的受灾人民守望相助，重建美好家园。任何困难都难不倒英雄的中国人民，“万众一心、众志成城”的互助精神让中国人民拥有战胜一切艰难险阻的决心和勇气。

（二）不畏艰险、百折不挠的奋斗精神

在每一次突如其来的灾难面前，全体人民不畏艰险与地震灾害展开了一场史无前例、惊心动魄、波澜壮阔的大搏斗，并取得了抗震救灾的阶段性胜利。在这场搏斗中，山河破碎、满目疮痍。同一命脉的炎黄子孙在灾难面前紧握手心、心想一处。广大官兵把党和人民的亲切关怀、褒奖和厚爱，化作强大的精神动力，轻伤不下火线，争分夺秒战斗，显示了不怕艰险、排除万难的大无畏英雄气概；无数灾区干部群众，忍着失去亲人的悲痛，继续投入工作。在“5・12”汶川特大地震抗震救灾中，有连续奋战在救灾一线过劳不幸离世的警嫂；有义务为灾区孤儿哺乳的绵阳警花；有用自己的身体为孩子撑起生的希望的母亲和老师；有勇敢坚强不掉泪的可爱女孩；也有救助同学不幸失去右腿的初一女生；更有奋力抢救受灾群众导致流产的最美护士；无数志愿者们奔赴灾区对当地的儿童成人进行心理疏导工作……这些所有人都把自强不息精神内化于心、外化于行，在汶川抗震救灾工作中谱写着人生最美的篇章，为我们最终战胜汶川地震灾难提供了力量源泉。在历次救灾工作中，无论是灾区群众，还是救援人员都表现出中华儿女不被任何艰难困苦所压倒的超人勇气和战胜灾难的决心，充分彰显了“不畏艰险、百折不挠”的奋斗精神。

（三）以人为本的精神

人民群众是社会历史的主体，唯物主义历史观确立了人民群众在历史运动中的主体地位，人民群众在实践活动中创造了大量的物质财富和精神财富，推动了社会进步。马克思指出，“人类历史的第一个前提无疑是有生命的个人的存在”。[2] 人民群众创造了自己的历史，在没有人类出现以前，根本就不存在任何的社会。马克思主义人民群众是社会历史主体的思想贯穿于抗震救灾精神形成过程的始终，抗震救灾的“整个过程都贯穿着一种以人为本的伦理关怀和尊重生命的价值理性”[3]。这次抗震救灾，党和国家始终把捍卫和珍爱每一个的生命和权利放在第一位，救人放在第一位。中国共产党始终坚持自己的初心，把人民群众的利益放在首位。在地震发生后的第一时间，温家宝立即赶往灾区，他说：“一分钟也不能耽搁，早一秒到达受灾地区，就可能早抢救更多的生命。”有人就会有一切，我们的党、我们的政府，我们全社会，共同追求的就是让所有的人民幸福、安康。因此，地震发生后，从中央到地方、从官方到民间，

抢救灾区人民的生命成为首要共识和重中之重。以人民利益为重是中国共产党人最核心的感召力，是全体公民最核心的认同力，是中华民族最核心的凝聚力，是社会主义最核心的和谐力。人民利益重于泰山，地震发生后，部队突破禁区强行空降，不顾危险打通道路，舍生忘死废墟救人，创造了救援史上的奇迹。灾情就是命令，时间就是希望。当地政府更是把人民利益放在首位，各相关部门职责明确各负其责，为当地的灾区做好后勤保障和抢救工作。这次抗震救灾，动员了全国全社会的力量，视人民利益高于一切。自古以来，民众都是铜墙铁壁的力量，不论是抗日战争中民众誓死保护红军还是解放战争民众利用小推车为解放战争做后勤保障，人民的力量不容小觑。以民为本的思想所具有的强大的力量，让我们能够有信心有能力去战胜来自外界的侵犯和自然灾害的困扰。“发展为了人民、发展依靠人民、发展成果由人民共享”[4]。从大禹治水拯救生灵的上古传说，到十四年抗战救亡图存的浴血奋战，再到改革开放以人为本的生动实践，维护生存权、保障发展权就是一条红线，始终贯穿其中。抗震救灾中，中国的人本精神在与世界的沟通中又一次彰显。

（四）尊重科学的务实精神

从地震发生全国上下齐心协力的抗震救灾到灾后重建，尊重科学的务实精神贯穿始终。首先面对特大地震，党中央、国务院以及各级地方组织都秉承科学精神，沉着应对，科学决策、科学指挥、科学救援、科学安置、科学重建。面对突如其来的大地震，救人是最关键、最核心的任务。“一线希望，百倍努力。”无论是解放军同志、还是志愿者同志都积极投身于搜救工作，以不丢下一个为内心信念，进行最及时、最有效的救助。之后一方面救助伤者，同时还要防止地震伴随的次生灾害的发生，加强对灾区的疫情处理，积极组织和调派医疗队伍覆盖所有灾区，保证大灾后没有大的疫情。对于灾区就地安置和搬迁安置的灾民，从生活起居等问题进行了细致入微的科学安排和部署。同时，心理慰藉工作也一直在跟进，面对特大地震丧失亲人的灾民，如何进行有效心理安抚，对于不愿撤离故土的灾民，如何做好思想工作等，都是救灾减灾的科学课题。地震过去半个月后，党中央对于灾后重建工作进行了及时的部署，成立专门机构为抗震救灾工作提供了组织保障。总之，从震后开展救援、震中进行安置、心理辅导、震后重建工作，各项工作部署有条不紊，统筹兼顾，科学推进，不仅最大限度地保障了群众的生命安全和财产安全，同时也推进了社会的稳定、经济的发展。

二、伟大建党精神的时代内涵

伟大建党精神是中国共产党在革命建设和改革过程中充分运用马克思列宁主义，不断领导人民在实践过程中形成的科学总结。中国共产党历史上形成的优良传统和革命精神，无不与之有着深厚的渊源。伟大建党精神是对百年党的建设在精神层面的高度概括，是各种革命精神的总源头。

（一）坚持真理、坚定理想

揭示了中国共产党坚持和发展马克思主义、坚持共产主义远大理想的思想品质，是中国共产党与时俱进的生命源泉。

近代以来，无数仁人志士为挽救民族危亡，纷纷探索救国之路，寻找救国“药方”。资本主义、改良主义、无政府主义等都未能经受住历史的考验，未能改变国运之衰弱、民众之苦难。中国需要科学的革命理论指导。中国先进分子苦苦求索，最终找到了马克思主义。建党初期，党的一大通过的《中国共产党纲领》表明，中国共产党从成立开始，就旗帜鲜明地把社会主义和共产主义作为自己的奋斗目标。100 年来，我们党不忘初心，始终坚持真理、坚守理想，把马克思主义作为理论指南，在实践中先后产生毛泽东思想、邓小平理论、“三个代表”重要思想、科学发展观、习近平新时代中国特色社会主义思想等马克思主义中国化重大理论成果。用科学理论指导实践，坚持真理、坚守理想成为中国共产党蓬勃发展、欣欣向荣的重要源泉。

（二）践行初心、担当使命

揭示了中国共产党始终坚持为中国人民谋幸福、为中华民族谋复兴的初心使命。一个政党能不能长期存在，是否具有先进性关键要看能不能够顺应时代进步的潮流，解决民族、国家乃至世界面临的重大问题，推动社会和国家的进步。十月革命一声炮响，给中国送来了马克思列宁主义，为中国共产党的成立作了思想准备。1921 年 7 月，中国共产党成立。“为中国人民谋幸福、为中华民族谋复兴”的初心使命贯穿在建党的全过程。党的一大把党的名字确定为中国共产党，彻底摆脱了以往政治力量追求自身特殊利益的局限。这种人民立场，是中国共产党的根本政治立场，是马克思主义政党与其他政党的显著区别以及是中国共产党在国际政治舞台上的一张显著名片。100 年来，从建党的开天辟地，到新中国成立的改天换地，到改革开放的翻天覆地，再到党的十八大以来取得的历史性成就、发生的历史性变革，靠的正是我们党始终践行为中国人民谋幸福、为中华民族谋复兴的初心和使命，这一初心和使命在艰苦奋斗的历程中愈发坚定，在始终同人民保持血肉联系中愈发紧密。

（三）不怕牺牲、英勇斗争

揭示了中国共产党敢为人先、敢于斗争的实践品格，是保持党始终站在历史和时代发展潮头的不竭动力。100 年前，革命先烈英勇斗争，突破重重封锁、不怕流血牺牲，缔造了伟大的中国共产党，从此使中国革命的历史翻开了崭新的一页。此后，无数共产党人抛头颅、洒热血，涌现了一大批视死如归的革命烈士、舍生忘死的英雄模范。他们有着共同的理想信念，心中装着人民，胸怀革命乐观主义精神和爱国主义精神，同敌人殊死搏斗。正是南湖红船点燃的星星之火，形成了中国革命的燎原之势。中国共产党沿着红船的航向坚定前行，以不怕牺牲、英勇斗争的伟大建党精神，始终站在历史和时代发展的潮头，我们党从这里走向井冈山，走向延安，走向西柏坡，成为领导人民掌握政权并长期执政的政党。

（四）对党忠诚、不负人民

彰显了中国共产党赤胆忠心、勇于担当的历史责任感，是中国共产党坚如磐石的护身法宝。习近平总书记指出，“我们党一路走来，经历了无数艰险和磨难，但任何困难都没有压垮我们，任何敌人都没能打倒我们，靠的就是千千万万党员的忠诚。”对党忠诚，是党旗下的宣誓，是对人民矢志不渝的承诺，是共产党人不变的本色，是共产党人世代相传、永不褪色的红色基因。建党初期，党的一大通过的《党纲》规定，申请入党者必须为“承认本党党纲和政策，并愿成为忠实党员的人。”对党忠诚不仅要忠诚于党的事业，更要不负于人民的事业。中共二大中国共产党提出了党要建设成为一个群众性的党，明确提出要“到群众中去”，要组成一个大的“群众党”，党的一切工作都必须深入到广大的群众里面去。从建党伊始，共产党人深入了解群众，带领发动群众，在与群众的社会实践中汲取无穷的智慧和力量，“从群众中来到群众中去”的工作方法在社会实践的检验中得到印证，从而使我们党牢固地在中国大地上扎下根来，以不负人民的姿态发展壮大。

伟大建党精神是中国共产党在早期革命斗争中所形成发展的一种精神传统，坚持真理、坚守理想的思想品质是基础，是动力之源；践行初心、担当使命的人民立场是支柱，是胜利之本；不怕牺牲、英勇斗争的实践品格是本质，是立党之本；对党忠诚、不负人民的历史责任感是保障，是政德之基。作为精神之源，伟大建党精神由此构成了一个完整的价值体系，这一完整的价值体系是所有精神的高度凝练，是所有中国共产党人的思想遵循。

三、伟大抗震救灾精神与伟大建党精神的关系

伟大建党精神是中国共产党人精神之源。抗震救灾精神是中国共产党人精神谱系的重要组成部分，是在继承伟大建党精神基础上所形成的具有时代特征的革命精神。从理论维度分析，抗震救灾精神是对伟大建党精神的继承和发展；从历史维度分析，抗震救灾精神是伟大建党精神的具体化和时代化；从现实维度分析，伟大建党精神和抗震救灾精神等一系列革命精神共同激发实现中华民族伟大复兴中国梦的磅礴伟力。

（一）从理论维度分析，抗震救灾精神是对伟大建党精神的继承和发展

伟大建党精神是中国共产党精神的生命之源，滋养着中国共产党人精神谱系，孕育和发展了抗震救灾精神，为抗震救灾精神提供了理论指引。抗震救灾精神是对伟大建党精神的继承、发展和发扬，是在伟大建党精神基础上所形成的具有时代特征的革

命精神。

伟大建党精神是中国共产党人精神谱系的理论根基。在中国革命、建设、改革的各个历史阶段，中国共产党人精神谱系融汇成一条一脉相承又与时俱进的精神河流，激荡百年而绵延不绝、生生不息。抗震救灾精神作为精神谱系的重要组成部分，在不断吸收伟大建党精神根脉营养的基础上形成，其内容是对伟大建党精神的继承和发扬。

第一，从历史过程来看。理论形态的建党精神，即这一概念的形成和提出有一个历史过程，包括酝酿、组织、筹备再到正式建立。在此过程中，产生了“红楼精神”“渔阳里精神”等革命精神，这些革命精神是伟大建党精神的最初形态和分支，而伟大建党精神就是建党时期这些革命精神的高度凝练和概括。但作为历史形态的建党精神从建党开始就事实上存在。而“万众一心、众志成城，不畏艰险、百折不挠，以人为本、尊重科学”是胡锦涛对全党全国各族人民在“5·12”汶川特大地震的抗震救灾中所表现出来的伟大精神的概括。从建党精神的形成过程来看，前者的历史沿革明显更加久远深厚。

第二，从两者内涵来看。抗震救灾精神是对解放军和武警官兵等中国人民在灾后克服种种难以想象的困难，第一时间赶到灾区，不讲条件、不顾安危、不怕牺牲、义无反顾，顽强地在废墟中搜救每一名幸存者这些行动在精神上的概括，是对广大灾区人民，面对灾难时和灾后不屈不挠、自救互救、患难与共、自强不息、自力更生、艰苦奋斗的精神，以及全国同胞众志成城、万众一心、各尽所能、守望相助的精神的概括总结。这种精神是党领导人民克服天灾时所展现的以人为本的精神，不畏艰险、不怕牺牲的精神，是党多年来团结各族人民产生出来的奋进发展的精神，两者的内涵都具有内在的逻辑，内涵上具有一脉相承的地方。抗震救灾精神所表现出来的内涵源于伟大建党精神，同时更加体现出艰苦奋斗这种党的优良传统，是对伟大建党精神的继承和发展。

（二）就历史维度而言，抗震救灾精神是伟大建党精神的具体化和时代化

马克思曾经指出：“人们自己创造自己的历史，但他们并不是随心所欲地创造，并不是在他们自己选定的条件下创造，而是在直接碰到的、既定的、从过去继承下来的条件下创造。”[5] 伟大建党精神是中国共产党在矢志不渝的奋斗中形成的。建党精神在中国共产党人不懈探索寻求救国救民真理当中生根发芽，在马克思列宁主义同中国工人运动相结合的历史进程中茁壮成长，在中国共产党领导中国人民进行革命、建设、改革的伟大实践中渐趋发展成熟，在中国特色社会主义进入新时代的伟大进程中焕发时代光芒。其内涵是坚持真理、坚守理想，践行初心、担当使命，不怕牺牲、英勇斗争，对党忠诚、不负人民。百年历程波澜壮阔，百年奋斗历久弥新，建党精神自形成之初便使共产党员刻骨铭心，在其伟业的创造过程中越发坚定，在国家复兴大业的过程中始终闪耀着真理的光芒。党之所以能领导人民不断克服重重阻力、从胜利走向胜利，

离不开伟大建党精神的凝心聚力、培根铸魂。

党领导下的抗震救灾斗争是贯彻以人民为中心的发展思想，与人民同呼吸、共命运、心连心的；是全党全军全国各族人民众志成城、顽强拼搏，在艰难困苦面前不屈不挠、团结奋斗、不惧风险、敢于斗争、勇于胜利的；是党中央周密部署、高度决策，以科学救治救灾的思想与自然灾害进行的一次搏斗。在共同抗击自然灾害的殊死搏斗中，全国各地区各部门和社会各界众志成城、闻令而动，调集大批人力、物力、财力支援灾区抗震救灾，向灾区人民送温暖、献爱心，形成了自强不息、顽强拼搏，万众一心、同舟共济，自力更生、艰苦奋斗的抗震救灾精神。

抗震救灾精神集中体现了践行初心、担当使命，不怕牺牲、英勇斗争的精神，展现了全党全军全国各族人民在汹涌的自然灾害面前所具有的风貌；展现了这些精神在新时代的重要意义，是伟大建党精神的具体化和时代化。

（三）从现实维度审视，伟大建党精神和抗震救灾精神等一系列革命精神共同激发实现中华民族伟大复兴中国梦的磅礴伟力

伟大的事业需要崇高的精神做指引，崇高的精神为伟大的事业提供支撑。精神是一个党、一个国家、一个民族赖以生存的灵魂，唯有精神上达到一定的高度，这个党、这个国家、这个民族才能在历史的洪流中屹立不倒、奋勇向前。

伟大建党精神集中反映的是党的理想信念、价值追求、品格意志以及精神风范。百年来，中国共产党在应对各种困难挑战中始终弘扬伟大建党精神。在伟大建党精神的指引下，我们党在抗日战争、解放战争中坚忍不拔，百折不挠，积极从实践中汲取营养和力量，并形成了井冈山精神、长征精神、遵义会议精神、延安精神、西柏坡精神、红岩精神、抗美援朝精神、“两弹一星”精神、特区精神、抗洪精神、抗震救灾精神、抗疫精神等伟大精神，构筑起了中国共产党人的精神谱系。中国共产党人的精神谱系，是伟大建党精神这一“源头”在不同历史时期的活水涌流，也是伟大民族精神不断蓬勃生发的硕果。中国共产党人的精神谱系，是对我们党的坚定信念、根本宗旨、优良作风的集中阐释，凝聚着中国共产党人艰苦奋斗、牺牲奉献、开拓进取的伟大品格，滋养着伟大创造、伟大奋斗、伟大团结和伟大梦想。

崇高精神支持伟大事业，激励中国共产党人和中华民族不断前进。在革命历程中，中国共产党领导人民以赤诚的勇气和坚定的理想信念抛头颅、洒热血，争取民族独立和人民解放；在建设历程中，中国共产党人以马克思主义原理为指导思想，利用马克思主义的立场、观点和方法，推动中国共产党人精神谱系与伟大民族精神的创造性转化和创新性发展，用激昂向上的革命文化和生机勃勃的社会主义先进文化砥砺前行，振奋全民族的精气神，激励人民艰苦奋斗，建设新中国；在改革历程中，不同类型的行业喷涌而出，争相竞争效仿，力塑改革伟业；不同领域的改革先锋艰苦创业、勇于开拓，敢闯敢试、敢为人先，勇立潮头、攻坚克难，解放思想、实事求是。

以伟大建党精神为源泉的抗震救灾精神等一系列革命精神激励着中国共产党和中华民族前进。抗震救灾精神等一系列精神在时代的洪流中、在历史的脚步下不断丰富发展伟大建党精神，深刻理解伟大建党精神与抗震救灾精神的内在逻辑对于国家发展、民族进步尤为重要。当前，我们强调弘扬这些精神，从“践行初心和使命”出发，增强中国人民追求幸福、实现中华民族复兴的使命感和责任感，践行以人民为中心的发展思想，坚持全心全意为人民服务的根本宗旨，努力解决发展不平衡不充分的问题，促进全体人民共同富裕，取得更加实实在在的实质性进展；从“不怕牺牲、英勇斗争”中认识到牺牲、奉献和斗争的价值，汲取斗争经验，继承先辈精神遗产，不断筑牢思想堡垒；从“对党忠诚、对人民负责”开始，我们认识到自己内心的忠诚无私和宽广胸怀，深入推进党的建设伟大工程，始终保持共产党人的政治认同，做人民利益的忠实维护者，凝聚人民力量，激发实现中国梦的磅礴力量。

基金项目

全国高校思政课名师工作室（绵阳师范学院：21SZJS510106）阶段性成果；2021—2023 年四川省高等教育人才培养质量和教学改革项目：地方师范院校传承弘扬中国共产党人的精神谱系路径研究（JG2021-1136）、党史教育融入高校思政课教学探索与研究（JG2021-1144）阶段性成果。

参考文献

[1] 习近平．高举中国特色社会主义伟大旗帜为全面建设社会主义现代化国家而团结奋斗 [N]．人民日报，2022-10-26（001）．

[2] 马克思恩格斯全集（第 3 卷）[M]．北京：人民出版社，1960：23.

[3] 康厚德．抗震救灾精神的时代特征 [J]．思想政治工作研究，2008，（11）：38-39.

[4] 习近平．中国发展新起点，全球增长新蓝图 [N]．人民日报，2016-09-04（3）．

[5] 马克思恩格斯选集：第 1 卷 [M]．北京：人民出版社，1995：603.

作者简介

韩晓娟，女，1981 年生，山西灵石人。教授、硕士生导师，全国思政课名师工作室负责人，四川省首批干部教育名师，绵阳师范学院马克思主义学院副院长，主要研究方向：红色文化、党史党建。

抗震救灾精神对伟大建党精神的传承与弘扬

冷书恒　胡子祥

摘要：抗震救灾精神是伟大建党精神在特定历史条件下的集中体现和进一步发展。一方面，抗震救灾精神发轫于伟大建党精神，二者之间具有同根同源、同心同德、同向同行和同旨同归的一脉相承关系；另一方面，抗震救灾精神具有独特鲜明的时代烙印和自身特征，它又从伟大感召力、磅礴凝聚力、顽强战斗力和强大引领力等四重维度，生动彰显了伟大建党精神的无限生机与活力。

关键词：抗震救灾精神；伟大建党精神；传承；弘扬

作为中国共产党人精神谱系的源头，伟大建党精神所具有的跨越时空、历久弥新的磅礴伟力，是百余年来一代又一代中国共产党人接续奋斗的信仰之根、精神之魂、力量之源。“历史川流不息，精神代代相传。”[①] 抗震救灾精神，孕育于党领导人民抗击汶川特大地震的伟大斗争实践，它既有独特鲜明的时代烙印和自身特征，又同井冈山精神、长征精神、延安精神、西柏坡精神等一样，与伟大建党精神一脉相承，是伟大建党精神在特定历史条件下的集中体现和进一步发展。新时代仍然要大力弘扬抗震救灾精神，讲好党领导人民抗震救灾的中国故事，以无可辩驳的事实从多重维度生动展示伟大建党精神的蓬勃生机与旺盛活力。

一、同根同源：赓续伟大感召力

革命理想高于天。“坚持真理，坚守理想”的精神不仅集中体现了中国共产党的指导思想和政治方向，还鲜明昭示了共产党人的信仰信念和奋斗目标。坚持真理，就是坚持马克思主义之科学真理；坚守理想，就是坚守共产主义远大理想和中国特色社会主义共同理想。以陈独秀、李大钊、毛泽东等为代表的党的早期领导人，较早认识

①《习近平谈治国理政》第4卷，外文出版社2022年版，第7页。

到马克思主义的真理性力量，积极宣扬和践行马克思主义，“因为先驱者的努力宣传，信奉马克思主义的人日益增加起来”，[①]在此过程中，他们亦愈加坚定了对马克思主义的信仰。中国共产党自成立伊始，就把马克思主义写在了自己的旗帜之上，把实现共产主义作为最终目标和远大理想。《中国共产党第二次全国代表大会宣言》指出，“中国共产党是中国无产阶级政党。他的目的是要组织无产阶级……渐次达到一个共产主义的社会。”[②]理想信念的坚定，来自思想理论的坚定。百余年来，中国共产党始终坚持“两个结合”，不断推进马克思主义中国化的进程。中共七大把中国化的马克思主义——毛泽东思想写在自己的旗帜上。中共十七大和十九大又先后把中国特色社会主义理论体系和习近平新时代中国特色社会主义思想作为党的指导思想，写入党章。百余年来，“坚持真理、坚守理想”可谓历久弥新，伟大真理和信仰的力量指引着中国共产党和中国人民百余年奋斗历程。正如习近平总书记强调：“对马克思主义的信仰，对社会主义和共产主义的信念，是共产党人的政治灵魂，是共产党人经受住任何考验的精神支柱”。[③]在“5·12”汶川特大地震抗震救灾和灾后重建过程中，为了夺取抗震救灾斗争的伟大胜利，中国共产党人直面困难挑战，始终坚持真理、坚守信仰、牢记宗旨意识，笃定前行，矢志不渝，使这一精神的伟大感召力得到更鲜明的彰显和进一步发展。

第一，彰显科学真理的“洪荒伟力”。思想是行动的先导。中国化的马克思主义——科学发展观是指导抗震救灾、恢复重建和发展振兴的思想武器与行动指针，也是伟大抗震救灾精神熔铸形成的思想基础和价值源泉。在“5·12”汶川特大地震抗震救灾中，以胡锦涛同志为总书记的党中央始终与灾区人民同呼吸、共命运、心连心，第一时间做出决策部署，第一时间奔赴抢险救灾一线，第一时间送上热情的慰问和关怀。2008年5月12日地震发生当天，胡锦涛同志立即做出重要指示，要求尽快抢救伤员，确保灾区人民群众生命安全；5月17日，胡锦涛同志再次发表重要讲话，对加强救灾工作领导、搜救被困群众、救治受伤人员、安排灾区群众基本生活、抢修基础设施、做好恢复重建准备等六项工作做进一步明确部署；5月26日，胡锦涛同志主持召开中共中央政治局会议，作出建立对口支援机制、加快恢复重建的重大举措；6月13日，发出汶川特大地震灾后恢复重建的总动员令。马克思主义科学世界观和方法论贯穿着抗震救灾工作始终，科学决策、科学救援、科学安置、科学重建的成套体制机制充分彰显了科学理性、尊重规律、求真务实的思维理念。地震发生后，党中央在科学决策的基础上，抓紧“黄金72小时”又不局限于72小时；在灾后恢复重建中，探索“人本型、

① 中共中央文献研究室、中央档案馆编：《建党以来重要文献选编（1921—1949）》第1册，中央文献出版社2011年版，第70页。

② 中共中央文献研究室、中央档案馆编：《建党以来重要文献选编（1921—1949）》第1册，中央文献出版社2011年版，第133页。

③ 中共中央文献研究室编：《十八大以来重要文献选编》（上），中央文献出版社2014年版，第80页。

发展型、生态型”重建模式，走出了一条科学、合理的恢复发展之路。历史事实昭示人们：马克思主义科学真理的力量，才是中国人民夺取抗震救灾斗争重大胜利的思想伟力。

第二，昭示理想信念的强大力量。理想信念是精神之钙。远大理想和共同理想是中国共产党人世界观人生观和政治立场的集中体现，也是中国共产党人的精神支柱和前进动力。“5·12”汶川特大地震灾害，既是一场重大自然灾害，也是对中国共产党执政的严峻考验。在汶川特大地震抗震救灾中，党领导人民用理想凝结力量、用信仰书写顽强、用希望诠释担当，夺取了抗震救灾斗争的伟大胜利，经受住了考验，铸就了伟大的抗震救灾精神。因为有坚定的理想信念，中国共产党人才会有勠力同心、团结奋进的精神风貌，才会有舍生忘死、勇往直前的英雄气概。英雄机长邱光华不顾还有几个月就到停飞年龄和家中受灾，一次又一次驾机飞往极重灾区，运送物资，转运群众，在俗称“死亡航线”的四川理县返航时，因突遇低云大雾和强气流而不幸坠机遇难。在累计飞行50多小时、63架次后，该机组5位雄鹰一样的勇士永远地留在了他们热爱的川西大地。① 再如，汶川县检察院原检察长孙力在地震发生后，临危受命，带领突击队，急奔漩口，摸黑穿隧道，惊险过索桥，危险穿越滑坡飞石，挂着液体做群众工作。当人们问及孙力何以能够战胜如此艰难时，他说：“践行入党的诺言，我们在入党的时候是奋斗终生，只要你活起那一天，你身负重任，践行入党的诺言，一辈子为党的事业。”② 实践证明，共产主义远大理想和中国特色社会主义共同理想符合广大人民的根本利益，抗震救灾就是在特殊情况下维护人民根本利益的具体行动。从这个层面看，抗震救灾本身就是中国共产党和中国人民追求远大理想和共同理想的具体行动和实践样态。

二、同心同德：汇聚磅礴凝聚力

初心易得，始终难守。“践行初心，担当使命”的精神充分彰显了中国共产党的政治责任和政治担当，同时也集中体现了中国共产党的价值遵循和实践要求。正是因为目睹了“国家蒙辱、人民蒙难、文明蒙尘”的劫难境遇，李大钊、毛泽东等革命先驱才萌发“为世界进文明，为人类造幸福”③“为了使中华民族得到解放，为了实现人民的统治，为了使人民得到经济的幸福”④ 之所想，实现中华民族伟大复兴成为一代又一代志士仁人前赴后继所追求的梦想。从成立之日起，中国共产党人便勇敢担负起历

① 《汶川特大地震抗震救灾志》编纂委员会编：《汶川特大地震抗震救灾志·卷十·英雄模范志》，方志出版社2015年版，第77-78页。

② 《践行入党诺言，为党的事业奋斗一辈子——访原汶川县人民检察院检察长孙力》，参见胡子祥、何云庵等编著《抗震救灾精神口述史——汶川特大地震十周年纪念专辑》，西南交通大学出版社2017年版，第42-78页。

③ 《李大钊全集》（第一卷），人民出版社2013年版，第318页。

④ 《毛泽东文集》第1卷，人民出版社1993年版，第21页。

史责任，扛起了中华民族复兴大任的伟大旗帜。中国共产党的百年奋斗史就是一部“践行初心，担当使命”的历史。无论遇见什么样的艰难险阻，无论遇见什么样的荆棘载途，中国共产党始终不忘初心，团结带领全国各族人民“心往一处想、劲往一处使”，锻造一个强有力的凝聚力量的领导核心，不断在新的历史条件下铸就中华民族的强大凝聚力与中国人民的伟大团结精神，进而创造了革命、建设、改革和新时代的一系列伟大成就。在“5·12”汶川特大地震抗震救灾斗争中，中国共产党人的初心与使命具化为党团结带领全国人民，万众一心、众志成城，夺取抗震救灾和灾后亘建胜利的伟大民族凝聚力。

其一，展现党中央的坚强领导力。党中央是党的领导决策核心。大灾大难面前，党中央总揽全局，在指挥抗震救灾和部署恢复重建中发挥了至关重要的作用。地震发生后，为指导救灾工作，党中央坚强领导、协调各方，第一时间将抗震救灾作为当时的首要政治任务，迅速成立抗震救灾应急指挥部，建立起一套完善的救灾工作机制；调集大量物资运往灾区、召集救援力量奔赴灾区、妥善安置灾区群众。震后第十天，胡锦涛对灾后恢复重建工作做出重要部署，适时开展灾后重建工作。①随后，灾后恢复重建方案正式出炉。一次又一次重要会议和决策、一项又一项重大救灾和恢复重建举措相继出台。在灾后恢复重建中，党中央始终坚持以人为本、规划先行、统筹兼顾，举全国之力支援灾区重建。在中国共产党的全面领导下，灾区整体面貌发生了根本性改变，城乡住房条件得到改善，公共服务水平得到提高，产业发展实现飞跃。面对错综复杂的救灾和重建局面，党中央处变不惊、运筹帷幄，充分彰显了百年大党的自觉、自信与历史担当。

其二，展示各级党委政府的决策执行力。古人云，为政贵在行。地震发生后，根据党中央的指示要求，各级党委和政府迅速反应、坚强领导、周密组织、科学调度。第一时间，全国抗震救灾总指挥部设立了分工明确、职能明晰的9个工作组②，灾区各级政府积极响应，分别成立指挥机构，便于提高决策效率和效果。另一方面，与抗震救灾相关的各部门各单位迅速出击、相互配合。中国地震局启动应急预案一级响应，派出应急工作队、紧急救援队，赶赴现场开展救援；工业和信息化部当日紧急召集四大电信运营商赶往灾区进行通信救援，并调拨卫星电话等通信设施，协助救灾工作开展；卫生部要求各地尽快了解人员伤亡情况和医疗救援需求，并及时做出具体援助安排。在灾后恢复重建中，国务院多次召开重要会议，提出力求3年左右完成重建的重要任务。③各级党委政府积极响应、快速决策，落实恢复重建条例、恢复重建总体规划等相关政策。19个援建省市对援建地视为己任，省市主要领导亲自带队，第一时间奔赴灾区具体调研，并制定对口援建具体工作方案，确保恢复重建工作如期完成。震后3

① 胡锦涛：《要求继续全力做好抗震救灾工作》，载于《人民日报》2008年5月23日。

②《关于国务院抗震救灾总指挥部工作组组成的通知》，载于《人民日报》2008年5月19日。

③ 中共中央文献研究室编：《十七大以来重要文献选编》（上），中央文献出版社2009年版，第528页。

年，恢复重建总体规划提出的“家家有房住、户户有就业、人人有保障、设施有提高、经济有发展、生态有改善”的重建目标基本实现。[①] 抗震救灾和灾后恢复重建的高效决策和精准施策，向世界展示了各级党委政府强大的总体指挥能力、群众动员能力、资源调配能力、统筹协调能力和处理突发事件、驾驭复杂局面的能力。

其三，彰显灾区人民的顽强生命力。艰难困苦，玉汝于成。“5·12”汶川特大地震发生后，灾区道路中断、通讯中断，诸多地方沦为“孤岛”，救援力量当即无法到达。在外部救援力量到达之前，广大灾区人民临危不乱、守望相助，积极开展自救。据原陈家坝乡党委书记赵海清回忆，震后一小时，根据收集到的信息判断，北川全面受灾，道路中断，陈家坝的救援只能靠他们自己，于是他立即成立抗震救灾临时指挥部，下设5个小组，按照分工迅速开展救灾工作。[②] 据统计，“5·12”汶川特大地震中灾区人民自救互救人数约占总救出人数的80%。[③] 不仅如此，灾区人民在党的坚强领导下，怀揣对未来生活的热切期盼，自力更生、感恩奋进，重建家园、恢复生产，用勤劳的双手创造美好的未来，为实现灾区的再生性跨越做出了巨大贡献。“出自己的力，流自己的汗，自己的事情自己干”是悬挂在青川县枣树村的标语，标语的主人是失去右手的残疾人石光武。震后第二个月，他和聋哑的妻子便开始自己动手、重建房屋，面对周围居民对他着急建房的不理解，石光武说道：“虽然政府肯定会帮我们，但我们自己也要努力。只要有手有脚有条命，再大的困难也无所谓。”正是这样自立自强的精神，使得石光武成了枣树村第一个搬进永久性住房的村民，被石光武感染的村民也纷纷投入到家园重建中，该村也成了青川县最早建成永久性住房的村。[④] 众所周知，灾区人民是抗震救灾中特殊且重要的力量，和非灾区人民相比，他们身上承受着多重的创伤，赖以生存的家园被破坏、朝夕相处的至亲遇难，但是他们化悲痛为力量，从废墟上勇敢站立起来，自发组织营救被困群众，帮助政府开展物资分发、灾民安置，积极投身重建家园，成了抗震救灾中不可或缺的强大力量。

其四，凸显全国各族人民的强大向心力。人民群众是实践活动的力量源泉。面对特大地震灾害，全国各族人民万众一心、心系灾区，形成了抗震救灾的强大凝聚力和向心力。无数人前往全国各地的献血点进行献血，全国人民同灾区群众血脉相连；无数人为帮助灾区同胞克服困难而慷慨解囊，“特殊党费”彰显着广大党员特殊的责任和担当；无数志愿者自带器材、食物、药物，从千里之外急赴灾区；无数省市、地方热情接收和安置异地复学的灾区师生，用坚实的物质生活保障将爱心融化到每一个细

① 温家宝：《在汶川地震灾后恢复重建座谈会上的讲话》，载于《人民日报》2011年5月10日。

②《“所有的党员干部站出来”——访原陈家坝乡党委书记赵海清》，胡子祥、何云庵等编著《抗震救灾精神口述史——汶川特大地震十周年纪念专辑》，西南交通大学出版社2017年版，第6-11页。

③ 民政部国家减灾中心、联合国开发计划署：《汶川地震救灾救援工作研究报告》，2009年3月，第10页。

④《青川县黄坪乡枣树村石光武单手建起新家园（亲历·重生）》，载于《人民日报》2011年5月11日。

节。19 个援建省市、35 万人员[1]大公无私、奋不顾身地对口支援，为灾后恢复重建做出突出贡献。震后三年，灾区公共设施水平位列西部前茅，社会发展水平达到历史最高。灾区人民物质环境优越、精神空间富足，他们发出了基础设施至少提升好几个档次、灾区发展至少提前了 10 年的感激之音。历史再次表明：中国共产党的坚强领导和全国各族人民的戮力同心，是爱国主义和集体主义精神之鲜明彰显，是集中力量办大事显著优势之真实写照，是中国特色社会主义制度优越性的真实体现。

三、同向同行：彰显顽强战斗力

天行健，君子以自强不息。“不怕牺牲，英勇斗争”的精神既充分彰显了中国共产党的内在特质与精神力量，也集中体现了中华民族和中国人民不屈不挠的顽强意志和坚强毅力。它是自中国共产党成立之日起便具有的内在品质，贯穿于党的百余年奋斗的各个历史阶段。1921 年 7 月，代表们冒着被敌人搜捕、枪杀的危险，召开了中共一大，实现了创立中国共产党的历史使命。1922 年 7 月，党的二大通过组织章程决议案，明确提出“党员需牺牲个人的感情意见及利益关系”[2]的牺牲意识。嗣后，中国共产党人秉承“不怕牺牲、英勇斗争”之意志品质，同帝国主义、封建主义和官僚资本主义作坚决之斗争，救广大中国人民于水火之中，其中涌现了一大批舍生取义的革命烈士。据不完全统计，从 1921 年至 1949 年，全国牺牲的有名可查的革命烈士就达 370 多万人。[3]新中国成立之后，在进行社会主义革命和建设、开辟中国特色社会主义事业的伟大征程上，面对各种不同局面的严峻考验，中国共产党人始终发扬斗争精神，涌现出一大批坚忍不拔的英雄模范、一大批无私奉献的先进典型。百余年来，中国共产党人正是以“不怕牺牲、英勇斗争”的顽强斗志，书写了中华民族伟大复兴的辉煌篇章，这一精神已成为中国共产党人应对各种重大困难风险挑战的强大精神力量。汶川特大地震抗震救灾和灾后重建，就是困难面前豁得出、关键时刻冲得上的精神品格和“为有牺牲多壮志，敢教日月换新天”斗争精神的一次实践演练。

第一，昭示基层党组织的战斗堡垒作用。党的力量来自组织。基层党组织是党的战斗力充分发挥的重要一环，是贯彻落实党中央决策部署的最前沿。突如其来的地震灾害，考验着灾区基层党组织的灾难应对能力，考验着基层党员干部的责任担当。回望抗震救灾第一线，原青川县东河村退休乡党委书记王天才，在该村党支部书记、村主任都遇难的情况下，主动作为，对惊慌失措的村民说：“只要有人在，就有希望在。

① 回良玉：《在汶川地震灾后恢复重建总结表彰大会上的讲话》，载于《人民日报》2011 年 10 月 15 日。

② 中共中央文献研究室、中央档案馆编：《建党以来重要文献选编（1921—1949）》第 1 册，中央文献出版社 2011 年版，第 163 页。

③ 曲青山：《弘扬伟大建党精神》，载于《人民日报》2021 年 7 月 8 日。

现在不是哭的时候，重要的是开展自救”[①]，青川县第一个临时党支部在东河村随即成立，党组织的声音传到了“最后一公里”。据四川省委省政府统计，四川省约138万余党员，组成了10万余个党员突击队、抢险队、服务队，战斗在抗震救灾最前线。[②]在灾后恢复重建的主战场，基层党组织的战斗堡垒作用是重建发展的坚实保障。映秀镇原副镇长吴拥军负责重建协调保障工作，在地震中他失去了父亲和儿子，每当思念亲人时，他总是盯着掩埋家人的废墟默念片刻，悄悄抹去眼泪，继续埋头苦干。[③]在整个抗震救灾和灾后恢复重建中，映秀镇全镇党员干部始终站在战斗的第一线，用实际行动践行着共产党员的使命和担当，一个藏羌特色鲜明的旅游小镇从废墟中由此崛起。在地震灾难面前，基层党组织机构可能被破坏，基层党组织人员可能伤亡离散，但是党的旗帜总在第一时间高高飘扬，以其坚强的战斗力凝聚人心、实施救灾、组织重建，党支部的功能和作用永远不会缺失。基层党组织战斗堡垒作用的发挥，最大限度地保障了人民群众生命财产安全，把党的政治优势、组织优势落到实处，为打赢抗震救灾这场硬仗，夯实了坚定的组织基础。

第二，展现人民子弟兵的钢铁意志。“人生天地间，长路有险夷。”党领导下的人民子弟兵闻令而动、向险逆行，与人民骨肉相连、生死与共，在抗震救灾斗争中发挥了主力军和突击队的作用。“解放军到了，人心就定了！”[④]这是灾区群众对人民军队的深切呼唤和真切心声。14万余名人民子弟兵，心系灾区、情系灾区，发扬不怕牺牲、英勇斗争的战斗作风，跨越生死线，克服艰难险阻，承担起抗震救灾最危险、最难啃的“骨头”。15名勇士在无气象资料、地面标识、指挥引导的“三无”条件下从茂县4999米高空义无反顾的“自杀式”伞降；成都军区某红军师22名官兵用最短时间爬行进入震中映秀，将地震灾情传向指挥部；武警水电部队和成都空军部队昼夜坚守和奋战，完成面积最大、危险最大的唐家山堰塞湖抢险工作。人民子弟兵越是艰险越向前，他们敢于斗争、敢于胜利，一不怕苦、二不怕死，用血性胆魄托起了一个又一个生命和希望。中国军人身上彰显出的钢铁意志和不怕牺牲的精神，成为激励一代代中国人民坚定前行的强大精神力量。

第三，诠释广大群众的英雄担当。中华民族是崇尚英雄、成就英雄、英雄辈出的民族。面对突如其来的地震灾害，没有人生而英勇，只是选择无畏，无数平凡之人毅然决然地冲锋在抗震救灾最前沿，日复一日、拼尽全力，用血肉之躯铸就了一个又一个奇迹。谭千秋、吴忠洪、连荣、张家春、张米亚……这些闪光的名字背后，展现的

---

① 《临时党支部作用不临时（抗震救灾英雄谱）——四川省青川县临时党支部抗震救灾纪实》，载于《人民日报》2008年6月7日。

② 中共四川省委：《在抗震救灾和恢复重建中发挥党的先进性和战斗力》，《求是》2011年第10期。

③ 《人民至上——中国共产党人创造汶川地震灾区抗震救灾恢复重建伟大奇迹昭示录》，载于《人民日报》2011年5月11日。

④ 《“不愧为人民子弟兵”》，载于《人民日报》2008年5月21日。

是无数教师挺身为学生挡住死神的威胁；生命抢救和伤员转运的背后是梁益建、张虹、陈健等无数医务工作者竭尽全力、尽己所能地救死扶伤；陈浩、杨琳，他们用稚嫩的臂膀、坚韧的毅力，担起了挽救生命的重任，诠释了英雄少年的担当；“我找到了生活下去的意义、活着的人要好好活”[①]，舞者廖智、守护者何先通喊出了无数普通灾区人民面对困难、战胜困难的决心；山东农民刘中明、四川农民尹春龙等抗震救灾志愿者，灾后义无反顾地前往灾区，参与现场救援、物资发放、心理抚慰、灾后恢复重建等工作。广大群众用生命挽救生命，用大爱温暖人心，用精神凝聚力量，用意志创造奇迹。他们只是一个又一个平凡的人，却做了一件又一件不平凡的事，展现了中国共产党领导下的人民群众的英雄担当，告诉了全世界什么是“中国力量”。

四、同旨同归：发挥强大引领力

政之所兴在顺民心。“对党忠诚，不负人民”的精神不仅集中体现了中国共产党人的政治立场和政治态度，还充分彰显了中国共产党的价值旨归和人民情怀。对党和人民的忠诚是中国共产党人的政治灵魂。早在1921年，党的一大便明确提出了“愿成为忠实党员的人”[②]的入党条件，而在1982年9月，党的十二大通过的《中国共产党章程》对入党誓词进行了明确规定，其中的“对党忠诚，随时准备为党和人民牺牲一切”[③]是对伟大建党精神的最好诠释。在党的号召下，服从党的意志，听从党的安排，对党忠诚是每一个中国共产党人的应尽义务和郑重承诺。不私，而天下自公。党性和人民性从来都是一致的、统一的[④]，党性寓于人民性之中，对党忠诚就是对人民忠诚。唯有对党忠诚，才能不负人民，不负人民是中国共产党人的鲜明底色和人民立场。一百年来，中国共产党带领中国人民跨过一道又一道坎坷，取得了四个历史性伟大成就，实现了持久的发展和繁荣。历史充分证明：中国共产党根基在人民、血脉在人民、力量在人民，[⑤]中国共产党没有任何自己的利益，唯有人民的利益。从“一切为了群众，一切依靠群众，从群众中来，到群众中去”的群众路线，到“我将无我、不负人民”的崇高情怀，中国共产党始终站稳人民立场。在应对重大自然灾害中，人民群众才是无穷力量之源泉。2018年5月，习近平总书记在汶川地震十周年时指出：“中国将坚持以人民为中心的发展理念，全面提升综合防灾能力，为人民生命财产安全提供坚实保障。”[⑥]在汶川特

---

① 《多难励志　川人不屈——汶川震区人物五年重访印象》，载于《中国青年报》2013年5月13日。

② 中共中央文献研究室，中央档案馆编：《建党以来重要文献选编（1921—1949）》第1册，中央文献出版社2011年版，第1页。

③ 《中国共产党章程》，人民出版社1987年版，第12页。

④ 《习近平谈治国理政》，外文出版社2014年版，第154页。

⑤ 《习近平谈治国理政》第4卷，外文出版社2022年版，第9页。

⑥ 《习近平向汶川地震十周年国际研讨会暨第四届大陆地震国际研讨会致信》，载于《人民日报》2018年5月13日。

大地震抗震救灾和灾后重建过程中，这一精神品质的价值引领力得到了最鲜明的彰显和集中体现。

第一，坚守生命至上的根本价值。灾难无情人有情。在地震发生的危急关头，中国共产党始终坚持人民的生命高于一切，尽最大限度抢救生命。地震发生后仅 1 小时，党中央便做出了确保人民生命安全的重要部署。震后 2 小时，时任国务院总理的温家宝同志紧急奔赴四川，5 月 12 日晚，温家宝来到受灾较为严重的聚源镇中学，在救援现场做出强调：“废墟下哪怕还有一个人，我们都要抢救到底。”①5 月 16 日，时任中共中央总书记的胡锦涛同志赶赴灾区，5 月 17 日晚在成都召开的抗震救灾工作会议上，做出了“只要有一线希望，只要有一点生还可能，我们就要作出百倍努力”的重要指示。②5 月 18 日，国务院决定，将 5 月 19—21 日定为全国哀悼日，这是自新中国成立以来第一次为普通民众设立全国哀悼日。6 月 20 日，国务院总指挥部第二十次会议要求继续做好受灾群众安置工作，进一步解决好群众的衣、食、住、行、医等方面的问题。③ 面对特大地震，国家领导人率先垂范，党员干部以身作则，将挽救人的生命作为重中之重，尊重生命、以人民的生命为最高的价值坚守，生动诠释了中国共产党生命至上的执政理念。

第二，树立以人民为中心的根本立场。治国有常，而利民为本。抗震救灾斗争是一场涉及范围广、救灾难度大的持久战，它全面考验了党的执政能力和领导水平，生动彰显了中国共产党的宗旨意识。一方面，面对灾区基础设施遭受严重破坏，交通、电信、供水设施几乎瘫痪，灾区人民生产生活的步履维艰，党中央迅速建立起基础设施的抢通抢修机制。以国道 213 线为例，解放军和武警部队近 4000 余名官兵，用 100 余天打通了原本 3 年才能完成的生命通道，创造了修复、修建公路史上的奇迹。④ 另一方面，“确保大灾之后无大疫”，是党向灾区人民做出的庄严承诺。灾后防疫亦是人民战、协作战，党中央科学领导，卫生部、民政办、公安部积极响应，密切配合，确保了地震灾区无一重大传染病突发事件发生。在安置受灾群众生活中，中共中央、国务院遵循以人为本、政府主导等基本原则，竭尽所能地做好受灾群众安置工作，灾区人民基本生活方面得到了有效保障。在灾后恢复重建中，以人为本、民生优先贯穿在灾后恢复重建的每一步、每个方面，把城乡居民住房、学校、医院重建放到优先位置，坚持生态优先、绿色发展，全面实现经济重整、社会重振、文化新生。中国共产党始终坚持人民利益高于一切、重于一切、大于一切，始终坚持与人民同心、与人民同行，

---

①《“任何困难都难不倒英雄的中国人民！”》，载于《人民日报》2008 年 5 月 20 日。

②《胡锦涛文选》第 3 卷，人民出版社 2016 年版，第 80 页。

③《汶川特大地震抗震救灾志》编纂委员会编：《汶川特大地震抗震救灾志・卷十一・附录、索引》，方志出版社 2015 年版，第 258 页。

④《汶川特大地震抗震救灾志》编纂委员会编：《汶川特大地震抗震救灾志・卷五・抢险救灾志》，方志出版社 2015 年版，第 491 页。

想人民之所想、解人民之所需，把人民群众的苦难当作自己的苦难，凸显了党以人民为中心的执政思想。

第三，坚持依靠人民群众的根本路线。人民群众是历史的创造者。在抗震救灾斗争中，中国共产党始终坚持发挥人民群众的主体性和首创性，从人民群众中汲取磅礴力量，坚持群众路线，紧紧依靠人民，打赢抗震救灾阻击战。汶川特大地震发生后，灾区人民群众在党员干部的带领下，坚韧不拔，奋起自救。“没有吊车，就拆掉篮球架，将挖掘机改装成吊车”，向峨乡人民用手刨、用肩扛，用土办法自制吊车，救学生于危难，昭示了人民的智慧是无穷的力量；[①]“莫来头（没关系），你们快坐到这儿吃点”，王秀珍老人灾后从瓦砾下挖出未损坏的粮食并煮成粥，分给路过的路人吃[②]，凸显了人民群众齐心协力、共助抗震救灾；议事会、监事会等灾后恢复重建中的议事制度，让广大群众充分参与规划设计、重建选址、工程设计等各个环节，尊重民意、体现民意，把群众满意不满意作为衡量标准，发挥了人民群众在灾后恢复重建中的主体作用。中国共产党始终尊重人民群众主体地位，发挥人民群众首创精神，充分激发人民群众的智慧和力量，取得了一个又一个抗震救灾、灾后重建和发展振兴的伟大奇迹。

五、结语

备豫不虞，为国常道。抗震救灾精神是共产党人精神谱系中的一颗璀璨明珠，它是伟大建党精神在新的历史条件下的生动诠释和集中体现，不仅为灾后重建和灾区发展振兴提供重要精神支撑，还为中华民族伟大复兴注入强大精神动力，为人类战胜特大困难风险挑战贡献了宝贵精神财富。十九届六中全会决议指出：“全党必须清醒认识到，中华民族伟大复兴绝不是轻轻松松、敲锣打鼓就能实现的，前进道路上仍然存在可以预料和难以预料的各种风险挑战。”[③]当前，中华民族伟大复兴战略全局和世界百年未有之大变局交织激荡，国际国内各种不利因素演变升级，各种困难风险挑战累积叠加，改革发展稳定任务愈加艰巨繁重。国内国际局势越是复杂，困难风险越是严峻，理想信念就越要坚定。因此，我们要大力弘扬以伟大建党精神为源头的中国共产党人精神谱系，“发扬红色传统、传承红色基因，赓续共产党人精神血脉，始终保持革命者的大无畏奋斗精神，鼓起迈进新征程、奋进新时代的精气神”[④]，为全面建设社会主义现代化国家、全面推进中华民族伟大复兴而团结奋斗。

---

①《震不垮的战斗堡垒》，载于《人民日报》2008 年 6 月 13 日。

②《对北川县擂鼓镇村民王秀珍的口述采访》，时间：2016 年 7 月 21 日，地点：擂鼓镇家中，口述史资料编号：160721-LG-WXZ-01。

③《中共中央关于党的百年奋斗重大成就和历史经验的决议》，载于《人民日报》2021 年 11 月 17 日。

④《习近平谈治国理政》第 4 卷，外文出版社 2022 年版，第 515 页。

基金项目

本文系国家社会科学基金重大项目“汶川特大地震抗震救灾精神口述史挖掘、整理与研究”（18ZDA014）的阶段性成果。

作者简介

冷书恒，男，1998年生，四川眉山人。西南交通大学马克思主义学院博士生，研究方向：中共党史党建。

伟大建党精神与抗震救灾精神的内在逻辑关系
——基于“六个坚持”的理论视角

王晓峰

摘要：党的二十大报告提出习近平新时代中国特色社会主义思想“六个坚持”的世界观和方法论，对于理解中国共产党人精神谱系的理论与实践价值具有重要指导意义。伟大建党精神是中国共产党精神的根与魂，抗震救灾精神是伟大建党精神的赓续绵延，无论是精神生成的实践历程、精神因子的内涵，伟大建党精神与抗震救灾精神都体现了“六个坚持”的世界观和方法论，对于我们在新时代深刻认识中国共产党人铸就伟大精神的价值归宿、支撑力量、科学内涵和时空视野，继承和弘扬中国共产党人精神谱系具有重要现实意义。

关键词：六个坚持；中国共产党人精神谱系；伟大建党精神；抗震救灾精神；内在逻辑

党的二十大报告指出，不断谱写马克思主义中国化时代化新篇章，继续推进实践基础上的理论创新，首先要把握好新时代中国特色社会主义思想的世界观和方法论，坚持好、运用好贯穿其中的立场、观点、方法，即必须坚持人民至上，坚持自信自立，坚持守正创新，坚持问题导向，坚持系统观念，坚持胸怀天下。[1] 以伟大建党精神为历史源头的中国共产党人精神谱系，就是一代又一代中国共产党人在革命、建设、改革的百年奋斗实践基础上构筑而成的精神指引，集中体现了“六个坚持”的理论立场。伟大建党精神是中国共产党精神的根与魂，习近平总书记在庆祝中国共产党成立100周年大会上将伟大建党精神概括为“坚持真理、坚守理想，践行初心、担当使命，不怕牺牲、英勇斗争，对党忠诚、不负人民”，[2] 而以“万众一心、众志成城，不畏艰险、百折不挠，以人为本、尊重科学”[3] 为主要内涵的抗震救灾精神，是全国各族人民在汶川特大地震抗震救灾斗争实践中所表现出来的精神品质和精神风貌，是伟大建党精神的赓续绵延。“理论一经掌握群众，也会变为物质力量”[4]，准确把握伟大建党精神和抗震救灾精神的内在逻辑，对在新时代背景下传承红色基因、铸就新的历史伟业具有重要意义。

一、人民至上：伟大建党精神与抗震救灾精神的价值归宿

人民至上是马克思主义的政治立场，是中国共产党作为马克思主义政党区别于其他政党的显著标志，致力于实现最广大人民的根本利益是中国共产党人精神谱系的价值归宿。建党精神孕育于早期中国共产党人为争取民族独立和人民解放的实践探索中，以新式知识分子为主体的早期中国共产党党员，基本都有着比较稳定的经济收入，多数人都能维持一种中产阶层生活水平，他们发起成立共产党，就意味着告别自己已经拥有的优越的现实条件，去维护劳苦大众利益，为那些处于旧世界水深火热之中的普罗大众开辟一条自由与解放之路，把建立一个没有剥削、没有压迫、人人平等的共产主义社会作为自己毕生的理想信念，甚至不惜付出生命的代价。因此，伟大建党精神中的“不负人民”深刻地揭示出，人民至上从建党伊始就贯穿于中国共产党人精神血脉之中，并落脚于共产党的百年奋斗历程中。从李大钊的平民主义理论到毛泽东提出的“全心全意为人民服务”思想，从胡锦涛明确“以人为本”的科学发展观核心到习近平强调的“人民对美好生活的向往就是我们奋斗的目标”，中国共产党的革命、建设、改革实践始终以人民为中心展开并坚持如一。

汶川特大地震发生后，中共中央明确提出：“人的生命高于一切，救人是重中之重，要全力以赴抓紧时间救人，只要有一线希望，就要尽百倍努力。”中央领导同志先后多次赶赴灾区，奋战一线指挥救灾，最终有 8.4 万余名群众从废墟中被抢救出来，149 万名被困群众得到解救，430 多万名伤病员得到及时救治。地震发生后一个月，中国共产党党员自愿缴纳了近 70 亿元特殊党费，881 万名灾区困难群众得到救助。[5] 这些一连串数字彰显出抗震救灾精神“以人为本”的价值取向，与伟大建党精神的“不负人民”一脉相承，共同体现出中国共产党人民至上的价值归宿。这种人民性主要表现为：第一，人民至上中的“人民”不是抽象人性论基础上的“符号”，而是指一个个具体的、现实的“人民”的生命、安全与利益；第二，人民至上是衡量中国共产党人工作是非得失的根本标准，是每一名党员矢志不渝应坚持的基本立场和初心使命；第三，人民至上意味着致力奉献于最广大人民的根本利益，需要做好牺牲个人利益的准备；第四，人民不仅是中国共产党的服务对象，也是党各项事业坚实的依靠对象，是中华民族伟大复兴的主体，要充分发挥人民的自主性和创造性，坚持相信人民、重视群众，走群众路线不动摇。

二、自信自立：伟大建党精神与抗震救灾精神的支撑力量

自信是指对马克思主义、共产主义的坚定信仰，对中国特色社会主义的坚定信念，对中国共产党领导的坚定信心，坚定道路自信、理论自信、制度自信、文化自信；自立强调从中国基本国情出发，由中国人独立自主地解决中国自己的问题，牢牢将中国发展进步的命运掌握在自己手中。习近平总书记深刻指出："人类历史上，没有一个民族、没有一个国家可以通过依赖外部力量、跟在他人后面亦步亦趋实现强大和振兴。"[6]因此，自信是自立的价值基础，自立是自信的实现路径，自信指明方向，自立提供保障。

党的一大纲领旗帜鲜明的指明了中国共产党社会主义和共产主义的奋斗目标，这是中国的先进知识分子经过长时期的艰苦探索得到的真理。作为中国共产主义运动先驱的李大钊，不仅是把马克思主义传入中国的第一人，并且秉持中西文化的辩证综合的立场和理论联系实际的科学态度，致力于用马克思主义理论来指导中国革命实际。[7]但是，中国共产党成立不久之后通过决议，承认自己是共产国际的下级支部，由此决定了中国共产党与共产国际之间的上下级的、领导与服从的组织关系。这种"非自立"的组织形式使得中国革命在相当一段时期内处于被动状态。因此，从中国共产党成立到遵义会议这一时期的中国革命正反两方面的历史经验表明，自信与自立相互依存，缺一不可，坚持自信自立是信仰与道路的结合，是理论与实践的结合，是中国共产党人带领中国人民战胜一个又一个困难与挑战，取得一个又一个胜利，创造一个又一个奇迹的支撑力量，贯穿于中国共产党人精神谱系之中。

包括汶川特大地震在内的新中国成立以来的数次抗震救灾以及灾后恢复重建的历程，充分发挥出社会主义制度优越性背后的底气和动力是全党和全国各族人民对中国特色社会主义的理论自信、道路自信、制度自信、文化自信，是中华民族万众一心、众志成城勇于战胜灾害的决心和信心。在抗震救灾和恢复家园的具体实践中，救援和重建人员发扬不畏艰险、百折不挠、自力更生的精神气魄，结合中国地质特点、人口民族分布、地域文化特色和应急救援组织体系，因地制宜实施救援措施，制定重建方案，不仅在有限的时间内完成了世界范围罕见的艰巨而复杂的重建任务，而且主动总结经验，探索构建一套完善的防灾减灾长效体系，而这是一个更加长期的、艰巨的任务。因此，我们需要在更广层面、更长时段继续大力弘扬抗震救灾精神，始终坚持自信自立的世界观和方法论，从而推动灾害应急管理能力的现代化建设。

三、守正创新、问题导向与系统观念：伟大建党精神与抗震救灾精神的科学内涵

（一）守正创新是伟大建党精神与抗震救灾精神蕴含的科学原则

守正创新是中国共产党人从建党伊始就遵循的理论与实践原则，是中国共产党长久保持生机活力的重要法宝。“守正”就是尊重客观规律和科学真理，“创新”就是运用发展的眼光看问题，根据事物的实际变化进行探索和实践。党的二十大报告指出：“实践告诉我们，中国共产党为什么能，中国特色社会主义为什么好，归根到底是马克思主义行，是中国化时代化的马克思主义行。”[1] 因此，守正意味着要坚持马克思主义根本指导思想、坚持中国共产党领导、坚持中国特色社会主义不动摇；同时，马克思主义理论不是僵化的教条而是行动指南，必须随着实践发展而发展，把马克思主义基本原理同中国具体实际相结合、同中华优秀传统文化相结合，持续推进马克思主义中国化时代化。守正创新是一个整体的两面，不可分割。伟大建党精神中的“坚持真理、坚守理想”，集中体现了守正创新的科学内涵，不仅反映了中国共产党的建党实践，也蕴含着中国共产党百年奋斗的历史逻辑和理论逻辑。坚守理想意味着在共产主义远大理想指引下，保持政治定力的同时具有敢于斗争的意志；坚持真理就是始终坚持马克思主义普遍真理的同时具有锐意进取的能力。一以贯之，弘扬抗震救灾精神既需要不畏艰险、百折不挠的信念，也需要有尊重科学的真理意识，在坚持以人为本、实事求是原则的基础上重视科技的辅助救援作用以及灾后重建的科学规划。比如，汶川地震救援中，航空侦测、遥感卫星、电子生命探测仪等发挥了重要作用；雅安芦山地震救援中，遥感信息、自动搜救设备、旋翼无人机等一系列高科技派上用场。截至目前，我国地质灾害气象预报预警已覆盖全国 30 个省份、1660 个县，逐步形成了具有中国特色的地质灾害防灾减灾体系模式。尊重和运用科学，让灾害救援更有底气和勇气，既充分发挥人的主观能动性，又重视科学理性的重要作用，体现守正与创新紧密结合。

（二）问题导向是伟大建党精神与抗震救灾精神逻辑出发点

问题导向是中国共产党人完成各种急难险重任务的出发点，只有具备问题意识才能明确中心任务，知道前进方向。中国共产党的百年奋斗历程就是不断科学回答中国之问、世界之问、人民之问、时代之问[1]的过程。

中国共产党人精神谱系具有鲜明的实践属性，每一个精神因子的背后都有着一段波澜跌宕、振奋人心的历史史实，而问题导向是中国共产党人锻造精神丰碑的出发点。伟大建党精神回答了“为什么建党、建什么样的党、怎样实现党的目标”的问题，抗震救灾精神回答了“依靠什么力量进行救灾和重建，如何进行救灾和重建”的问题。坚持问题导向，不仅是一种求真务实的工作方法，更是马克思主义中国化时代化的必

然要求。因此，坚持问题导向，能够让中国共产党人的精神谱系更具有现实性，是我们构筑新的时代精神的逻辑基础——既是历史承继的逻辑、理论升华的逻辑，也是实践中以问题为指引生成发展的逻辑。习近平总书记在庆祝改革开放40周年大会上发表重要讲话强调，我们现在所处的，是一个船到中流浪更急、人到半山路更陡的时候。在新时代新征程上，我们更需要强化问题意识，善于发现问题，学会正视问题，科学分析问题，合理解决问题，以问题思维促进理论创新，以问题导向指引实践路标，不断开辟马克思主义中国化时代化的新境界。

（三）系统观念是伟大建党精神与抗震救灾精神蕴含的科学方法论

系统观念是马克思主义哲学认识论和方法论的基本观点。系统观念源自唯物辩证法中对事物普遍联系的认识。坚持系统观念，就要客观认识和把握系统中事物内部各要素之间和事物之间相互影响、相互制约、相互作用的联系，是全面地、客观地、发展地、普遍联系地观察事物，而不是主观地、静止地、片面地、孤立地分析问题。因此，坚持系统观念是坚持问题导向的必然要求，也是贯穿于中国共产党人精神谱系中重要的科学内涵。

首先，中国共产党人精神谱系本身就是一个一脉相承有机统一的整体。以伟大建党精神为源，各种精神之间相通相融、相互联系，共同构成一种思想价值体系，其核心理念具有一致性。

其次，各种精神也会相互影响，在新的历史条件下升华发展。比如抗震救灾精神核心根植于伟大建党精神，践行的初心未变，为了人民的使命未变，在此基础上，抗震救灾精神在团结的对象、人民的内涵、科学真理的实质、社会主义的性质等方面有了新的认知和升华。比如，人民不仅是我们服务的对象，也是我们重要的依靠对象，我们可以团结海内外一切可以团结的力量开展救援重建工作。

最后，系统观念是一种认识论，更是一种科学的方法论。五四运动前后，各种社会思潮纷纷涌入中国，除马克思主义之外，还有基尔特社会主义、工团主义、新村主义、泛劳动主义、互助主义、无政府主义等。早期中国共产党人求索民族复兴之路，基于近代以来各阶级救亡图存方案成败得失的历史维度、中国半殖民地半封建社会的现实维度、科学社会主义的理论维度，系统分析思考，最终选择马克思主义真理，确立了科学社会主义的信仰，并且明确认识到革命道路前进性与曲折性的统一。汶川地震发生后，救灾过程中正确把握以人为本与尊重科学的内在联系，自上而下系统协调各种救援力量，避免了一叶障目；灾后恢复重建过程中，党中央、国务院统筹兼顾，制定“一省帮一重灾县”对口支援方案，出台一揽子政策措施，确保灾区人民群众日常生活妥善安排的同时注重经济生产的恢复发展，灾后重建统一科学规划的同时注重结合当地的自然条件和文化习俗。因此，伟大建党精神和抗震救灾精神背后的实践历程既重视了事物的普遍联系性，又看到了事物的变化发展性，都是科学运用系统思维的光辉典范。

综上所述，守正创新、问题导向与系统观念是中国共产党人精神谱系蕴含的科学内涵。这些科学内涵体现了中国共产党人实事求是、理论联系实际的思想路线，反映了真理与价值的辩证统一，普遍性与特殊性的辩证统一。

四、胸怀天下：伟大建党精神与抗震救灾精神的时空视野

胸怀天下体现了系统观念的最高格局。习近平总书记指出，要教育引导全党胸怀中华民族伟大复兴战略全局和世界百年未有之大变局，树立大历史观，从历史长河、时代大潮、全球风云中分析演变机理、探究历史规律，提出因应的战略策略。因此，胸怀天下既是一种空间性、世界性的视野，也是一种时间性、历时性的视野。中国共产党从建党伊始就具有鲜明的时空视野。当时，第一次世界大战深刻暴露了资本主义制度内在矛盾，之前被盲目推崇的西方文明开始受到质疑，恰在此时，俄国十月革命一声炮响，给中国送来了马克思列宁主义的指导思想，让先进知识分子看到了解决中国问题的出路；同时，基于对旧民主主义社会无数仁人志士探索救国道路失败历程的反思，早期中国共产党人最终选择了马克思主义，进而正式成立中国共产党，成为中华民族发展史上一次开天辟地的大事变。

抗震救灾精神的时空视野主要表现为：一方面，中国共产党组织的地震救援与重建工作让世界看到一个开放负责的中国，向世界展示了中华民族万众一心、众志成城的爱国主义精神和民族凝聚力。比如汶川地震发生后，《华盛顿时报》报道说："中国政府以有效和坚决的方式作出了令人难以置信的迅速反应"。《洛杉矶时报》评论说："地震展示了一个新的中国，一个富有同情心又极具竞争力的中国。"[8]雅安芦山地震发生后，日本时事社报道："此次抗震救灾行动是在以习近平总书记为首的新一代中国共产党领导集体指挥下的一次全国总动员。中国共产党的凝聚力和号召力将在战胜如此重大的自然灾害的过程中得到进一步增强，中国民众也将变得更加团结。"[9]今年的泸定地震发生后，新加坡《海峡时报》则在科技创新方面报道了我国大举使用本土先进技术开展地震救援。[10]另一方面，中国抗震救灾和重建工作的成功经验，为世界其他国家解决各类自然灾害问题提供中国智慧和中国方案，同时也贡献着中国力量。比如，2011 年日本"3・11"大地震发生后，中国国际救援队赶赴日本参与救援；2022 年，中国向阿富汗提供的抗震救灾援助等。近年来，自然灾难面前人类命运休戚与共的现实直观地体现了习近平总书记提出的人类命运共同体理念的重要价值，"万众一心、众志成城，不畏艰险、百折不挠，以人为本、尊重科学"的抗震救灾精神同样具有一定的世界意义。

五、结语：以伟大建党精神为指引在新时代弘扬抗震救灾精神

中国共产党人的精神谱系，犹如一串鲜活生动的历史链条，把中国共产党的精神因子衔接起来，展示出来。[6]抗震救灾精神作为中国共产党人精神谱系的重要组成部分，集中体现和进一步发展了中华民族的伟大梦想精神、伟大团结精神、伟大奋斗精神和伟大创造精神，是伟大建党精神在新时代背景下的继承和发扬。习近平总书记在参加党的二十大广西代表团讨论时强调，“六个坚持”要在学习贯彻中认真领会，从而深入领会党的创新理论的道理学理哲理，做到知其言更知其义、知其然更知其所以然。[7]笔者基于“六个坚持”的世界观与方法论，在人民至上、自信自立、守正创新、问题导向、系统观念和胸怀天下六个理论维度上深入分析了伟大建党精神与抗震救灾精神的在内在逻辑关系，探赜了贯穿于中国共产党人精神谱系中的立场观点方法，从而深刻认识到中国共产党人铸就伟大精神的价值归宿、支撑力量、科学内涵和时空视野。一方面，伟大建党精神是中国共产党人精神谱系的根基和灵魂，是绵亘于其中的思想主线；另一方面，从抗震救灾精神对伟大建党精神的赓续中，领略了中国共产党人的精神自觉和精神自信，切实感悟到一代又一代中国共产党人卓绝奋进中所铸就精神品质的历久弥新和生生不息，在新的历史环境的洗礼中实现思想升华、价值认同、行动自觉的延续统一。[8]当前，中华民族伟大复兴进入了不可逆转的历史进程，而包括伟大建党精神和抗震救灾精神在内的中国共产党人精神谱系无疑是全体中华民族儿女在新征程中战胜各种困难挑战的强大动力，指引着我们有勇气、信心和力量战胜一切艰难险阻，不断夺取伟大斗争新胜利！

参考文献

[1] 习近平．高举中国特色社会主义伟大旗帜为全面建设社会主义现代化国家而团结奋斗——在中国共产党第二十次全国代表大会上的报告（2022 年 10 月 16 日）[N]. 人民日报，2022-10-26（01）.

[2] 习近平．在庆祝中国共产党成立 100 周年大会上的讲话 [N]. 人民日报，2021-07-02（02）.

[3] 胡锦涛文选（第 3 卷）[M]. 北京：人民出版社，2016：126.

[4] 马克思恩格斯文集（第 1 卷）[M]. 北京：人民出版社，2009：11.

[5] 桑田．抗震救灾精神的内涵与由来 [N]. 人民政协报，2017-12-07（09）.

[6] 习近平在纪念毛泽东同志诞辰 120 周年座谈会上的讲话 [N]. 人民日报，2013-12-27（01）.

[7] 王英，姜德辉．李大钊是推进马克思主义中国化的先驱 [J]. 中华魂，2018（06）.

[8] 中国新闻网．外媒热评中国抗震救灾：人道主义光芒获世界尊敬 [EB/OL].（2022-12-03）/[2008-05-26].

[9] 外媒积极评价我抗震救灾行动 [N]. 光明日报，2013-04-23（08）.

[10] 人民日报海外网．新加坡媒体：四川泸定地震救援大举使用本土技术 [EB/OL].（2022-12-03）/[2022-09-09].

作者简介

王晓峰，男，1987 年生。硕士研究生，讲师，工作单位：西南财经大学天府学院马克思主义学院，研究方向：高校思想政治教育与红色文化。

论伟大抗震救灾精神的三重逻辑

龚绍臣

摘要：伟大抗震救灾精神的不断创新发展及其在实践中所取得的伟大成就，充分证明了伟大抗震救灾精神的科学价值和真理力量。理性审视伟大抗震救灾精神的历史逻辑，面向引领新时代伟大抗震救灾精神创新发展的重要使命，要深入理解其逻辑必然性，只是立足过去的成功实践是明显不够的，还必须在理论的逻辑中为其找到必然性的根据，并在时代逻辑中使之成为我们继续推动伟大抗震救灾精神创新发展的根本遵循，因为实践的结论通常是具体的、有条件的，只有理性的结论与时代相切合才是普遍的、具有必然性的，才是对未来的实践具有价值的。因此，本文旨在探究伟大抗震救灾精神的历史逻辑、理论逻辑、时代逻辑。

关键词：伟大抗震救灾精神；历史逻辑；理论逻辑；时代逻辑

2021年9月29日，中国共产党人精神谱系第一批伟大精神正式发布，抗震救灾精神位列其上，[1]这就为我们的研究指明了道路和方向。从对目前关于抗震救灾精神的文献梳理中可以明显觉察到，虽然这个精神已经正式列入中国共产党人精神谱系，但目前已有研究成果多为新闻报道，对伟大抗震救灾精神进行学理阐释的研究相对较少。因此，抗震救灾精神还有待学界结合时代需求和实际需要进行创造性转化和创新性发展，以回应中国之需、世界之需、人民之需和时代之需。针对这些有待进一步研究的方面，本文尝试在现有专家学者的研究基础上，从大历史观视角和人民的立场出发对抗震救灾精神展开学理性研究和解读，挖掘其背后蕴含的深刻历史逻辑、理论逻辑和时代逻辑，从而准确把握学术研究与新闻报道的对接口，全方位深层次感悟、理解以及精准抓住抗震救灾精神的本质内核，具体化形象化呈现中华民族深邃的思想智慧和丰硕的实践成果，提升新时代中国青年一代的使命担当和实践行为能力，助力于伟大抗震救灾精神转化为当今世界共同抗击自然灾害的强大精神力量和实践支撑。

一、抗震救灾精神的历史逻辑

抗震救灾精神，是中国共产党人带领英勇的中国人民在一次次地震灾难中不断崛起，最终在抗击2008年的汶川地震中铸就的“万众一心、众志成城、不畏艰险、百折不挠、以人为本、尊重科学”[2]的伟大精神，这一伟大精神在玉树地震、九寨沟地震、芦山地震等灾难实践中得到不断传承和弘扬，在中国共产党带领中国人民抗击其他自然灾害和应对新冠肺炎疫情等重大危机中得到丰富和升华。我们必须要理解其历史逻辑，了解其来龙去脉，知其然也要知其所以然，从中把握历史规律性和必然性的辩证统一。

地震，作为一种常见且被人们熟知的自然灾害，一旦发生则危害严重。一组来自中国地震局官网的统计数据显示，仅2022年中国发生5级以上地震53次，其中达到7级以上的有6次，危害之大不可估量，正所谓大震频发、小震不断，这无形中增加了我们生活环境的不确定性、降低了我们的安全感。然而，地震的发生不以人的意志为转移，我们唯有积极应对，不断探索总结其规律。1949年10月1日以来，中国国内一共发生9次7级以上的大地震，中国共产党人毫不退缩扛起肩上的重任，始终和中国人民站在一起，在实践中一次次顽强应对地震灾难的严峻考验，其中震级较高、危害较大、影响面较广的是：1976年的唐山大地震、2008年的汶川地震、2010年的玉树地震。23秒，我们从未思考过23秒对于我们生命的意义和价值，但46年前的一个寻常的23秒的瞬间却发生了惨绝人寰的灾难，睡梦中的唐山轰然倒塌被无情地夷为平地，共计242769人在这次7.8级地震灾难中永远失去了生命，无数人用血肉模糊的双手扒开废墟、悲痛欲绝地呼喊着亲人的名字、无助地寻觅着亲人的踪影，此次地震危害之大，被称为“二十世纪全球十大灾难之一”[3]；2008年，一个平静且平常的下午，中国人过着幸福的生活，正大踏步迈进新时代，但突如其来的地动山摇打破了这份平静和安逸，导致汶川、北川多地山河破碎、房屋倒塌，共计69227人遇难，17923人失踪，这是中华人民共和国成立以来破坏性最强、波及范围最广、灾害损失最大、救灾难度也最大的一次地震[4]；两年后，青海玉树发生7.1级地震，共计造成2698人死亡，失踪270人。这9次7级以上的地震具体情况如下表：

序号	名称	时间	震级	伤亡人数	受灾情况
1	8·15墨脱地震	1950年8月15日	8.6级	西藏3300人遇难，印度1500人遇难	房屋倒塌，山川移易，地形改变，多处山峰崩塌堵塞雅鲁藏布江，5处村落被推入江中，27个县受灾
2	2·4海城地震	1975年2月4日19时36分	7.3级	1328人遇难，16980人不同程度受伤	城镇房屋共破坏500万平方米，公共设施破坏165万平方米，农村房屋损坏1740万平方米，城乡交通水利设施破坏2937个，直接经济损失8.1亿元

3	7·28唐山地震	1976年7月28日3时42分53.8秒	7.8级	242769人遇难，164851人重伤，4204人成为孤儿	656136间民房倒塌或受到严重破坏，直接经济损失30亿元
4	11·14昆仑山地震	2001年11月14日	8.1级	地震位置较为偏僻，未发生人员伤亡	通信中断，青藏公路（109线）多处断裂，昆仑山脉出现大裂缝
5	恒春地震	2006年12月26日12时25分	7.0级	2人遇难，多栋楼房倒塌	主要造成海底多条电缆中断
6	5·12汶川地震	2008年5月12日14时28分4秒	8.0级	69227人遇难，17923人失踪，374643人不同程度受伤	严重破坏地区约50万平方千米，受灾县（市）：极重灾10个，较重灾区41个，一般灾区186个，直接经济损失8451.4亿元
7	4·14玉树地震	2010年4月14日7时49分49秒	7.1级	2698人遇难，270人失踪，12315人不同程度受伤	20万户居民受灾，1.5万间民房倒塌，10万户居民需要紧急转移
8	8·8九寨沟地震	2017年8月8日21时19分46秒	7.0级	25人遇难，525人不同程度受伤，6人失联	8个县176492人（含游客）受灾，73671间房屋不同程度受损
9	5·22玛多地震	2021年5月22日2时4分	7.4级	19人不同程度受伤	部分群众房屋和畜棚受损，部分道路、桥梁等不同程度受损

备注：数据来自中国地震局。

在自然灾害面前，中国共产党从未退缩，中国人民也从未退缩。作为久经考验的马克思主义执政党，中国共产党在大灾大难面前永远是中国人民最坚强的主心骨，面对一次次地震的巨大威胁和考验，中国共产党冲锋在前，聚全国之力共同抗震救灾，把人民的生命安危放在最前面，把人民的财产安全摆在最前面。在中国共产党带领亿万中国人民不断战胜地震灾难的过程中，涌现出一个个平凡却无时无刻不把人民放在心中的英雄和榜样，无数中国共产党党员和普通老百姓用自己的坚韧不拔甚至豁出自己生命谱写出一个个感人至深的故事，汇聚成一部又一部气势恢宏、大气磅礴的抗震救灾史诗，最终铸就了伟大的抗震救灾精神。

二、抗震救灾精神的理论逻辑

早在1845年，马克思在《关于费尔巴哈的提纲》中就明确指出“问题在于改变世界”[5]，这就决定了理论需要不断把自身具体化、不断同具体实际相结合，必然要把自身转化为具体实践的理论过程。而我们必须要探寻抗震救灾精神的理论逻辑，为这一个过程找到必然性的根据。

（一）以人民为中心的抗震救灾工作理论的形成

地震发生后，党和国家总是第一时间启动救援机制，国家领导人亲临现场指导救援工作，时刻把为人民服务落实到实际行动中，和人民群众想在一起、干在一起，急人民群众之所急、解人民群众之所难，真正做到让人民群众安心、放心。大灾大难，是对一个国家、一个民族、一个执政党执政能力最严峻的考验，在中国共产党的带领下，你、我、他，每一个中国人民的共同参与和见证下，战胜了一次又一次的地震灾难，并从中吸取教训，不断总结提炼，形成了以人民为中心的抗震救灾工作理论，锻造了伟大的抗震救灾精神，给13亿中国老百姓以实实在在的“安全感”。正是拥有这份“安全感”，我们才拥有了坚定不移的力量和坚如磐石的决心，不断战胜前进道路上遇到的一切可以预见和难以预见的风险挑战，向着美好的明天不断前进，向着中华民族伟大复兴的梦想而踔厉奋发、笃行不怠。

1976年，刚刚经历“文化大革命”十年内乱的中国正处于徘徊、困顿期。当人们正沉浸在敬爱的周总理和伟大的革命家朱德总司令先后去世的悲痛中时，一场自然灾难毫无征兆地降临，让本就处于悲痛中的中国人民措手不及，7月28日3时42分53.8秒，有着无比辉煌历史的唐山，被称为中国近现代工业的摇篮、孕育了丰富工业文明的唐山，拥有百万人口的唐山，在地震中消失了。灾难发生后，党中央召开紧急会议完成抗震救灾部署，要求以最快的速度驰援唐山。卧病在床的毛主席收到唐山地震的报告后悲痛不已，委托当时主政国务院的华国锋“尽快去唐山，代表我慰问灾区的人民，安置好灾民的生活”。从毛主席简短的指示中，我们可以看出，虽然自己生病已经很严重了，但作为国家主席依然不忘对受灾人民的牵挂，对人民生命生活的担忧。这份对人民忠贞不渝的挂念来自伟大领袖毛主席弥留之际，正是一个伟大的马克思主义者高尚品格和情操的彰显。

2008年5月12日下午2点28分4秒，汶川发生特大地震。当天下午，66岁高龄的温家宝同志就乘坐飞机在第一时间来到了灾区现场和人民战斗在一起，紧急部署救灾工作，强调党和国家高度重视人民的生命和财产安全，将其摆在抗震救灾的最突出最重要的位置。[6] 胡锦涛同志号召广大党员、干部积极参与抗震救灾，冲锋在前、做出表率，强调时刻把为人民服务的宗旨放在心中不动摇，务必优先考虑灾区人民的利益，务必全力救援灾区人民的生命和财产，“以人民的期盼为念，关心群众疾苦，倾听群众呼声，千方百计为群众排忧解难”[7]。只有发自内心的有着对人民真切的爱，才会时时刻刻不忘把人民放在心中最重要的位置，把人民的事情当作自己的事情，把人民的生命安危作为一切救灾工作的出发点和归宿点。

2010年4月14日青海玉树发生地震，灾情就是前进的紧急号令，党中央高度重视，紧急成立国务院抗震救灾总指挥部，对抗震救灾工作进行部署，全国上下一条心，迅速采取行动，八方驰援玉树。14日当天，中共中央政治委员、国务院副总理、国务院抗震救灾总指挥部总指挥回良玉就火速赶往灾区，深入受灾一线看望慰问当地老百姓并亲自组织救援工作，做出抗震救灾“第一位的任务是全力救人、最大限度减少伤亡”的重要指示。[8] 正在国外进行国事访问的胡锦涛同志获悉地震消息后，心急如焚、万分牵挂人民的安危，第一时间向国内传回“千方百计救援受灾群众”的指示，果断做出决定提前结束访问。“中国政府正在紧急组织抗震救灾斗争，在这一困难时刻，我需要尽快赶回国内，同我国人民在一起”。铿锵有力的话语传递出胡锦涛同志的坚定人民立场与执着为民的信念，传递出胡锦涛同志对受灾群众的无限牵挂和对人民群众的无限关爱。

从成立时的58名党员，到今天成功拥有九千六百万党员，一路走来，中国共产党坚持马克思主义在党内的指导地位不动摇，逐渐成长为世界上最大的马克思主义执政党。中国共产党为什么能够保持朝气蓬勃、历久弥新，一个极其重要的原因就是在地震等大灾大难面前，中国共产党始终坚定地和人民站在一起，坚决地把为人民服务作为一切工作的重心，时刻为人民撑起一片天，时刻为人民遮风挡雨。在唐山、汶川、玉树等地震灾难中不断坚持和完善以人民为中心的抗震救灾工作实践，在芦山、鲁甸、九寨沟等一次次的抗震救灾工作实践中获得进一步的践行和发展，最终不断丰富和升华为中国特色社会主义的以人民为中心的抗震救灾工作理论。

（二）以人民为中心的抗震救灾工作理论的继承与拓展

任何理论的形成都不是一蹴而就的，而是经历了漫长的历史长河的实践积淀和理论积累，在实践中一步一步形成并在实践中逐步走向成熟。以人民为中心的抗战救灾工作理论也不例外，中国共产党带领勇敢无畏的中国人民历经多次地震灾难，并在与地震灾难不断的斗争实践中磨炼出以人民为中心的抗震救灾工作理论。

1976年唐山地震发生后，由于当时的新闻宣传和舆论报道大环境，人民日报对唐山抗震过程进行了多次报道，并在1986年首次使用“抗震精神”这一表述。[9]地震带走了唐山这座城，却带不走唐山人民团结、坚强、不屈的意志；唐山人民虽然在地震中失去了家园，但心中的家园却依然被党的关怀温暖、被全国军民的关怀温暖，从而点燃奋斗的激情，投入家园重建。1978年，邓小平同志走进大地震后的唐山，关心了解灾后重建进展情况，提出多项切合实际的要求和指示，并高瞻远瞩地为唐山的重建擘画路线图，建议在重建时坚持“城市现代化”的观点。1996年，唐山地震二十周年之际，江泽民同志勉励唐山人民“把新唐山建设得更繁荣更美好”，并将唐山精神精辟概括为“公而忘私、患难与共、百折不挠、勇往直前”。2006年，唐山地震三十周年之际，胡锦涛同志到唐山考察，看望慰问截瘫伤员，接见唐山抗震救灾模范人物和新唐山建设劳动模范，并勉励唐山人民“进一步统一思想”，在党的坚强领导下，继续发扬自觉性和主动性，“切实转变发展观念、创新发展模式、提高发展质量”。[10]2016年，唐山地震四十周年之际，习近平总书记亲自到达唐山，对英雄的唐山人民表达敬意，强调唐山人民在同地震的顽强斗争中铸就的抗震精神“是中华民族精神的重要体现”，现在这种精神将继续指引中国人民为实现伟大复兴的中国梦而前进。[11]

2008年，汶川特大地震发生后，“灾情就是命令，时间就是生命”，在中国共产党的号召下举全国之力迅速赶赴灾区开展救援工作，与灾难作斗争，与死神抢时间，唐山抗震精神在汶川地震中得到实践和传承。坚强勇毅的四川人民在党中央和全国各族人民的支持下从地震带来的家园倒塌、亲人离世的悲痛中勇敢站立起来，抹干眼泪，加入自救行列，书写抗震华章。胡锦涛同志在抗震救灾表彰大会上将这一壮举凝练地表达为“万众一心、众志成城，不畏艰险、百折不挠，以人为本、尊重科学”的伟大抗震救灾精神。[12] 短短三年之后，汶川地震灾后重建工作进展顺利并取得巨大成就，“灾区最漂亮的是住房，最坚固的是学校，最现代的是医院，最满意的是群众”，被温家宝同志称为“奇迹”。[13]2018 年，汶川特大地震十周年纪念日来临之际，“以地震风险共存”为主题的第四届大陆地震国际研讨会在成都举办，与世界各国共同探讨地震规律、商讨应对策略。习近平总书记向大会发来致信，强调在与地震作坚决斗争时务必时刻牢记“坚持以人民为中心的发展理念”，一切为了人民的生命财产安全，并倡导国际社会携手共同应对地震灾难，“实现人与自然和谐共处”。[14] 从而把伟大的抗震救灾精神推向国际社会，与国际社会一道探寻地震规律和救灾举措，与国际同胞分享中国以人民为中心的抗震救灾工作理论，在国际上广为宣传和弘扬中国抗震救灾精神。

2010 年，玉树地震发生后，“震灾就是命令，八方驰援玉树”，从中央到地方，各级部门启动紧急预案，火速奔赴灾区，有条不紊地进行抗震救灾。[15] 这时候的中国在经历改革开放几十年的发展后物质力量逐渐丰富、科学技术逐渐发展，在多次地震磨难中积累起来丰富的抗震救灾经验，形成高效的抗震救灾应急预案，伟大抗震救灾精神得到彰显，并传承和弘扬。为了让更多关心和牵挂玉树灾情的人们及时了解灾区真实情况，同时最大限度调动救援力量，网友自发深入灾区第一线进行网络直播，传递社会责任与关爱。[16] 地震虽无情，但人间却有爱。玉树的抗震救灾工作在有序地进行着，救灾工作中展现出的沉稳、自信得到海内外的一致认可和赞誉。玉树地震主要受灾区在少数民族聚居地，也体现出五十六个民族一家亲，再次印证了中国共产党民族政策的优越性。因其高原高寒地带独特的地方特色，“救灾难度之大、条件之艰苦、环境之恶劣，在灾难救援史上是罕见的”。[17] 感恩之心转化为奋进的伟力，谱写“大爱同心、坚忍不拔、挑战极限、感恩奋进”的玉树抗震救灾精神。

从唐山到汶川，到玉树，再到后来的芦山、鲁甸、九寨沟、泸定等地震，在一次次的抗震救灾斗争实践中，以人民为中心的抗震救灾工作理论始终贯穿其中，体现出的伟大抗震救灾精神既一脉相承又不断创新，其内涵不断得到丰富、理论不断得到升华，汇聚成为中国精神的重要内容。伟大的抗震救灾精神来源于抗震救灾实践，涵养于中华优秀传统文化的土壤之中，植根于广大中国人民群众的积极参与并发挥重要作用的不断创造中。人民群众的主体力量在一次次的地震灾难考验中得以彰显，“群众是真正的英雄”[18]，人民群众通过自己的实践创造了自己的历史，在与地震灾难做顽强斗争的过程中彰显出强大的力量，实践着以人民为中心的抗震救灾工作理论，锻造出伟大的抗震救灾精神。

三、抗震救灾精神的时代逻辑

时代化着重表达着抗震救灾精神的时间要求，表达着抗震救灾精神必须与时俱进的现实性品质与当下关怀。分析抗震救灾精神的时代逻辑，并在时代逻辑中不断推进抗震救灾精神与时代相契合、与人民的需求相契合、与世界的变化相契合，在新时代不断实现伟大抗震救灾精神的创造性转化和创新性发展，进一步用时代化的抗震救灾精神引领中华民族伟大复兴。

（一）丰富中国精神的内涵、拓展中国精神的外延

恩格斯曾经指出，“一个民族想要站在科学的最高峰，就一刻也不能没有理论思维。”[19]习近平总书记也进一步强调“一个民族要想走在时代的前列，就一刻不能没有理论思维，一刻不能没有思想指引”。[20]中华民族有着鲜明的民族品格和勇于战胜各种艰难险阻的基因，正是在与各种风险考验作坚决斗争的历程中，中华民族锻造了中国精神，并经过长期的历史考验，代代相传逐渐实现内涵的丰富和理论的升华。而经过历史和实践检验的科学的中国精神又进一步在全面建设社会主义现代化国家的伟大实践中熔铸于中华儿女的血液与灵魂，幻化为改造世界、实现中华民族伟大复兴的具体行动，指引着中华民族大踏步走在新时代的康庄大道上，书写出靓丽的时代华章。

伟大的抗震救灾精神，正是中国精神的历史延续和时代表达，以爱国主义为核心的民族精神和以改革创新为核心的时代精神在抗震救灾工作中体现得淋漓尽致，成为夺取抗震救灾胜利的“强大精神力量”。[21]中华儿女正是在中国精神的指引下与地震灾难进行顽强斗争，从废墟中站起来，从伤痛中走出来，向着美好生活、向着光明的未来前进。因此，伟大抗震救灾精神的产生绝非偶然，而是具有历史必然性，这个精神在实践中完成了对中国精神内涵的丰富，在理论上完成了对中国精神外延的拓展。

（二）展示中国形象，促进世界交流互鉴

中华民族以人民为中心的抗震救灾宏伟实践，向世界展示了另一面的新中国，一个更加开放、更加强大的中国，世界为之喝彩、为之震撼，正如某国外媒体评论“中国人民的坚强感动了世界，世界猛然发现了一个在危难时刻闪耀着人性光辉的真实中国。”[22]伟大抗震救灾精神已经成为一张向世界展示和宣传中国精神的重要名片，也间接向世界展示了中国经历几十年改革开放取得的伟大成就，展示了今天中国人民面对大灾大难的沉稳、自信。

地震虽然带来了无尽的伤痛，但同时也向世界展示了“一方有难，八方支援”团结友爱的中国形象和中国速度。面对地震灾难，从党中央国务院到基层政府，从国家领导人到每一位普通老百姓，快速反应、积极投身抗震救灾活动，展开观模空前、速度敏捷的救援。面对地震灾难，中国政府勇担当、善作为，以博大的胸怀和宽广的胸襟及时准确、公开透明报道地震受灾情况、人员伤亡情况及救援情况，给关心和牵挂灾区的中国人民及世界各国人民吃了一颗定心丸。中国的抗震救灾部署、灾后重建方

案措施等也一直保持公开透明，中国把自己的救灾方案、救灾经验及时与世界分享，愿同世界一起揭示地震规律，探索应对方案，为世界其他国家应对地震等自然灾难擘画路线图、提供方法论、注入精神力量和支撑，为世界各国应对当今不确定性和不稳定性持续增长的风险社会提供中国智慧与中国方案，促进世界各国在更多领域更深层面的共谋发展、交流互鉴。

（三）推动抗震救灾理论创新，促进马克思主义中国化时代化

恩格斯曾经说道："没有哪一次巨大的历史灾难，不是以历史的进步为补偿的。"[23]地震给我们带来巨大的威胁，但坚强勇敢的中国人民善于从灾难中学习、从苦难中汲取经验、从悲痛中找到前进的力量，从而推动历史的进步、文明的进步和人类的向前发展。在抗击地震灾难的宏伟实践中，中国人民继承和发展了抗震救灾理论，不断增强抗击各种灾难的勇气和力量，智慧的中国人民加深了对人与自然关系的认识。

习近平总书记在二十大报告中强调"大自然是人类赖以生存发展的基本条件"，"必须牢固树立绿水青山就是金山银山的理念"，要"站在人与自然和谐共生的高度谋划发展"，持续"推进美丽中国建设"。[24]在大自然面前，任何国家任何人民都是平等的，都应该获得平等的发展机会和平等的享用权力，同时更应该毫无条件地顺应自然、尊重自然、保护自然。今天，我们要坚持并将长期坚持马克思主义自然观，将之作为我们认识世界和改造世界的指导思想不动摇。在马克思主义自然观与中国传统文化和中国具体实践相结合的过程中逐步推动绿色发展、实现中国的绿色崛起，形成一整套系统完整的人与自然和谐共生的习近平生态文明思想，构成习近平新时代中国特色社会主义思想的重要组成部分，也是马克思主义中国化时代化的最新成果。

参考文献

[1] 中国共产党人精神谱系第一批伟大精神正式发布 [N]. 人民日报，2021-09-30（001）.

[2] 胡锦涛 . 在全国抗震救灾总结表彰大会上的讲话 [N]. 人民日报，2008-10-09（002）.

[3] 代爱华，刘翠红，杨娜玲 . 大地震留下的记忆——唐山抗震救灾30周年纪念 [J]. 档案天地，2006（04）：4-8+1.

[4] 胡锦涛 . 在全国抗震救灾总结表彰大会上的讲话 [N]. 人民日报，2008-10-09（002）.

[5]《马克思恩格斯选集》第一卷 [M]. 北京：人民出版社，2012:136.

[6] 李斌、黎大东 . 温家宝抵达四川指挥抗震救灾 [N]. 人民日报，2008-05-13(001).

[7] 马占成 . 中共中央、国务院在京召开省区市和中央部门主要负责同志会议，胡锦涛温家宝作重要讲话 [N]. 人民日报 . 2008-06-14（01）.

[8] 杨维汉．第一位是全力救人最大限度减少伤亡 [N]. 人民日报，2010-04-15（005）．

[9] 范佳秋．《人民日报》对抗震救灾精神的建构 [J]. 青年记者，2019（03）：60-61.

[10] 真正把科学发展观落到实处推动经济社会又快又好发展 [N]. 人民日报，2006-07-31（001）．

[11] 落实责任完善体系整合资源统筹力量　全面提高国家综合防灾减灾救灾能力 [N]. 人民日报，2016-07-29（001）．

[12] 胡锦涛．在全国抗震救灾总结表彰大会上的讲话 [M]. 北京：人民出版社，2008.

[13] 温家宝．在汶川地震灾后恢复重建座谈会上的讲话 [N]. 人民日报，2011-05-10（002）．

[14] 习近平．向汶川地震十周年国际研讨会暨第四届大陆地震国际研讨会致信 [J]. 中国应急管理，2018（05）：14-16.

[15] 蒋建科．震灾就是命令、八方驰援玉树 [N]. 人民日报，2010-04-15（006）．

[16] 曹燕，胡子祥，张利民，雷芳．灾区人民抗震救灾精神及其时代价值 [J]. 西南交通大学学报（社会科学版），2017，18（05）：121-127.

[17] 张毅，陈沸宇．中共中央国务院中央军委隆重举行青海玉树全国抗震救灾总结表彰大会 [N]. 人民日报，2010-08-20（001）．

[18]《毛泽东选集》第 3 卷 [M]. 北京：人民出版社，1991：790.

[19]《马克思恩格斯全集》第二十卷 [M]. 北京：人民出版社，1971：384.

[20]《习近平谈治国理政》第四卷 [M]. 北京：外文出版社，2022：509.

[21] 裴泽庆，王素，张忠仁．抗震救灾精神永放光芒 [J]. 毛泽东思想研究，2009，26（04）：112-116.

[22] 王素，祖燕玲，余波，陈杰．抗震救灾：让世界看到一个怎样的中国 [J]. 求是，2008（15）：53-54.

[23]《马克思恩格斯文集》第十卷 [M]. 北京：人民出版社，2009：665.

[24] 习近平．高举中国特色社会主义伟大旗帜　为全面建设社会主义现代化国家而团结奋斗 [M]. 北京：人民出版社，2022.

作者简介

龚绍臣，女，1987 年生，四川沐川人。讲师，工作单位：四川中医药高等专科学校，西南科技大学在读研究生，研究方向：马克思主义中国化。

论伟大抗震救灾精神的优秀传统文化意蕴

白晨昭

摘要：伟大抗震救灾精神，是中国人民在同特大地震灾害的艰苦斗争中形成的，其基本内涵包括中华优秀传统文化和社会主义核心价值体系的相应内容。以“万众一心、众志成城，不畏艰险、百折不挠，以人为本、尊重科学”为核心内涵的伟大抗震救灾精神，与中华优秀传统文化中家国一体的文化情怀、勇于担当的文化精神及务实重行的文化理念密切相关，是非常宝贵的精神财富，在新时代社会的发展中，也具有重要的理论意义和深切现实价值。

关键词：伟大抗震救灾精神；中华优秀传统文化；文化意蕴

伟大抗震救灾精神，是马克思主义与中华优秀传统文化结合的产物，既源于历史积淀，标示着一个民族、一个国家深厚的社会信念、文化传统与精神意志，也有赖时代构筑，是民族精神、时代精神与社会主义现代化建设实践交汇的重要体现。2008 年 5 月 12 日发生的汶川地震，其震情影响巨大，抗震救灾行动有鲜明特征。本文即以抗震救灾及灾后重建工作为研究对象，阐发伟大抗震救灾精神的优秀传统文化意蕴。弘扬伟大抗震救灾精神是建设社会主义和谐社会、彰显社会主义核心价值观的重要举措。对于这一问题的剖析，要以历史意识为基本点，从文化发展的角度，探寻伟大抗震救灾精神的内涵，确证中华优秀传统文化是形成伟大抗震救灾精神的文化支撑与深厚思想基础，进而发掘二者之间的密切联系。

一、“万众一心、众志成城”与家国一体的文化情怀

在面对诸多共同危机时，中华民族形成了凝聚力量、协同行动的精神，既是对传统文化中家国同构观念的彰显，又是秉承公私相合理念的必然结果。在抗震救灾过程中，举国上下同心协力，形成了生命共同体，其精神被凝练为“万众一心、众志成城”，

是对家国一体文化情怀的时代诠释。

（一）家国同构

抗震救灾是一种大集体行为，也彰显着中华民族的集体主义精神和大局意识。从中华优秀传统文化的形成与发展历程来看，中国人历来在社会关系的构建上，关注家庭、集体利益的取舍及价值的实现，特别是在先秦时期就形成了修身、齐家、治国、平天下的递进式理想①，借此种表达，可以深切体味到中华传统文化中家国一体的社会原则。

在中华民族发展历程中，若谈及对于社会秩序的建构，自然是以血缘亲族式管理为源起，从家族角度来思考公私概念，并渐而由家及国。如西周时期的宗法制与礼乐制度，即是基于宗法血缘关系延伸成的层级式治政体系。“五伦”关系，也是从最日常、稳定的父子、夫妻、兄弟关系展开，向上辐射规约朋友与君臣关系。在之后两千余年的发展中，家与国这两个不同的群体组织形式，在不断实践中形成共同体，家为国之构建基础，国即为家之集合体，构成了“家国同构”这种个人家庭与民族国家的有机统合形式。

当然，家国同构的形成，既确证了家国关系的一体性，也彰显出中华优秀传统文化中对群己关系、个体与集体关系的思考。沿革至今，这种家国同构关系又在实践化、时代化趋向的影响下，与现今所提倡的集体主义相契合，也就是说，“集体主义作为社会主义道德建设的原则，是马克思主义世界观与传统美德相结合的价值观，是社会主义核心价值体系的重要内容”。②

在抗震救灾工作的展开中，首先即凸显了中华优秀传统文化中对爱国主义、集体利益的重视。广大民众秉持“天下兴亡，匹夫有责”的社会责任感和崇高的爱国主义情怀，在面对突发的重大自然灾害时，将对祖国的热爱和社会公民的责任结合起来，坚持团结奋斗，举全国之力抗震救灾，努力做到同舟共济、共克时艰。这种家国同构的价值理念，推动了人们抗震救灾实践的展开，是爱国主义与集体主义的集中体现，展现出强大的向心力。家国关系的一体化，所阐释的核心思想在于，人们在应对诸如自然灾害等具体挑战时，既应树立爱国理念、集体精神，切实关注群体、集体概念，又非脱离个人利益，实践目标就在于切实地为生命个体服务。

（二）公私相合

中国传统文化中，对于社会关系的认知，不仅强调家与国的同构关系，还总是以利他性为重要特征，关注公私之间的关系。公字兼公有、公共、公平之义，又有公正、

① 《大学》：“古之欲明明德于天下者，先治其国；欲治其国者，先齐其家；欲齐其家者，先修其身。”（[宋]朱熹《四书章句集注·大学章句》中华书局 1983 年版，第 3 页。）

② 杨先农：《抗震救灾精神的集体主义意蕴》，《毛泽东思想研究》2009 年第 3 期，第 1 页。

公开之义，即明示于外；私则相应指向不公开状态，有隐匿之义。本文并不意对传统公私观念的多重含义进行详细比较，而重在以公私状态为认真对象，分析中华优秀传统文化中以公私关系为核心的社会观念。

传统公私概念，彰显了中国传统社会对所有社会关系的简化趋向，人们模仿家族模式来构建公私观念，即以自身为中心，确定不同人之间的远近亲疏关系。这里所说的公和私，既是私德又是公德，既是个体生活又是共同体生活。同时，对于公私关系的考量，又内含“义利之辨”这样一个中国传统伦理思想的核心议题。如王船山主张在传统义利观的框架下，重构公私内涵，他说：“公私之别，义利而已矣。”[①]这也启示我们，应正确处理公与私之间的道德与利益关系，即应积极应对个人、集体与国家利益之间的关系，特别是在个人利益与集体利益发生矛盾时，须明确以集体利益、国家利益为先。

延至当代，这种公私相合的观念，又得到新的时代化转变。在抗震救灾过程中，各地人民广泛参与救灾工作，既有直接参与救援的广大民众，又有对抗震救灾工作的捐款捐物等。这种全国民众对灾区救援工作的关注与援助，体现了一方有难、八方支援的团结奋进精神。

剖析抗震救灾中的团结奋进精神，其中既包含中华优秀传统文化中团结友爱、患难与共、互助和谐的社会美德，又兼具对社会主义优越性及社会人文关怀的体现。在人们团结友爱的社会伦理氛围下，原本各人的私利就显得无足轻重，在共同应对重大自然灾害这个特殊环境下，人们紧密团结，更为关注的是如何保障好更多同胞的生命，这就是一种公共利益的体现。当然，这里也彰显出整个社会对生命的关切、珍惜，以及认识到生命的平等性和相互依存性。再进行深层探究，这种对生命的尊重，来源于中国传统文化中的贵生思想，如“天地之大德曰生”[②]，天地孕生万物后，就应是对生命养育、养护、尊重、关怀的诸过程了。社会主义的优越性，则是体现为协作精神与无私奉献精神。在救援过程中，人们目标一致，能够做到齐心协力、共度时艰，这也彰显出社会公德与个人美德的契合。

二、“不畏艰险、百折不挠”与勇于担当的文化精神

在中华民族的发展史中，经历过水旱蝗疫等各类灾害，也是在应对诸多自然灾害的过程中，中华民族愈挫愈勇，逐渐形成了敢于抗争、顽强拼搏的进取精神，以及“多难兴邦”的灾害应对精神[③]，当然，这种应对自然灾害的精神，又体现出一种担当精神

① 王夫之：《船山全书·第七册》，岳麓书社 2011 年版，第 300 页。

② 李学勤主编：《十三经注疏·周易正义》，北京大学出版社 1999 年版，第 297 页。

③ 出自《左传·昭公四年》，原文为：“或多难以固其国，启其疆土；或无难以丧其国，失其守宇。”（李学勤主编《十三经注疏·春秋左传正义》，北京大学出版社 1999 年版，第 1193 页。）

与忧患意识。

（一）自强不息、勇担大任的责任意识

《易传》言“天行健，君子以自强不息”[①]，这是对中华民族自立自主、奋发有为、自强不息精神和品质的经典表达。其中蕴含着中华优秀传统文化中的忧患意识、担当意识、道义精神等，又对不同时代人们的实际行为产生多重影响。结合抗震救灾的实践过程，可以在以下方面诠释这种责任意识。

第一，再度确立“天下兴亡、匹夫有责”的担当意识。从古至今，在时移世易中，人们将个人发展与家族、国家兴亡结合起来，“乐以天下，忧以天下”[②]，逐渐形成了以天下兴亡为已任的公义精神和担当意识。这种担当意识，是面对危难与困难时，人们精神上的一种自觉表现。在包括地震、洪水等各类自然灾害出现时，关乎的非一家一户，而是全体社会、各地人民，人们总能够坚持弘扬优良传统，做到敢于担当、奋勇向前，促进个人对社会共同体的发展承担起相应责任。这也是在面对诸多困难时，人们能够做到不怕牺牲、英勇奋争的精神源泉。

第二，不断巩固“凡事预则立”的忧患意识。在中华优秀传统文化的发展演变中，忧患意识是一种非常核心的价值理念。古人常提忧患，如孔子所言“人无远虑，必有近忧”，孟子说“生于忧患而死于安乐”等，皆是古人在对现实社会的深刻思考中总结出的经验。面对这些年来突发的各类自然灾害，特别是汶川地震给人们造成的巨大损失与影响，会让人们不断树立、巩固忧患意识，并采取更多样、切实的手段来实现对突发状况的预防、处理。即通过建立应对突发自然灾害的多种机制、加强灾害应对模拟演练、提高人们面对突发灾害的应对心理与能力等，发挥传统忧患意识在现代社会发展中的积极作用。

第三，提振民众社会责任感与道德意识。在共同面对地震等自然灾害时，作为社会组成部分的每个人都是受影响的，这种灾害的威胁可以进一步唤起民众患难与共、砥砺前行的互助精神与责任意识。社会责任感，是人与人、人与社会关系相连接的重要纽带，自古以来即强调社会集体道德的建构与养成。拥有强烈社会责任感，人们才会主动关心他人、集体、社会、国家等，进而获得个体的社会性归属感。道德意识也是在此基础上才得以诞生，毕竟，只有每个个体心怀社会意识和社会责任感，才会自觉遵守社会规则并维护社会的公平正义，进而推动整个社会的良性有序发展。

（二）自觉自立、砥砺奋斗的勇毅精神

当然，抗震救灾的伟大实践是涉及各方面且形式多样的。在新闻报道及资料记载中，我们能直接关注到的是那些舍生忘死、奋勇向前、迎难而上冲锋在救援第一线的部队

① 李学勤主编：《十三经注疏・周易正义》，北京大学出版社 1999 年版，第 10 页。
②［宋］朱熹：《四书章句集注・孟子集注》，中华书局 1983 年版，第 216 页。

官兵和广大干部群众。在他们的行动中，凸显出中华民族几千年来传承并不断发展的勇毅精神。

在中华民族几千年的发展历程中，屡经磨难而不断奋起，克服了各种坎坷艰难，勇毅精神有重要的激励作用。“勇”即勇敢、英勇、勇往直前，孔子言“勇者不惧”[①]“仁者必有勇”，[②]“毅”常用为毅力一词，指志向坚定之意。那么勇毅一词，则兼有二字意，为勇敢且坚毅的意思，是提升个人德行修养的重要精神力量。面对任何困难，一旦确立了目标，就要做到持之以恒地坚持下去。抗震救灾亦是如此，无数救援人员在抢险救援过程中，面临着余震威胁、身体疲惫等各种困难险阻。但他们没有轻言放弃，而是坚持“多难以固其国”的理念，饱含奋进精神，发挥不屈不挠、勇于斗争的精神品质，用实际行动彰显着革命英勇主义气概与大无畏精神，做到了临危不乱、舍生忘死，奋力争取抢险救灾行动快速、高效完成。

这种对勇毅精神的践行发挥，实际上也是培养和凸显自觉意识的过程。灾区人民是在突遇灾祸的情况下，咬紧牙关、团结一致，投入抗震救灾及灾后重建工作。救援队伍亦是在地震发生后，面对情况多变、复杂危险的现实情况，根据自身判断以及爱国主义、集体主义等的支撑，勇敢地作出要参与抗震救灾的选择，坚持一往无前、苦干实干、排除万难争取达到救援目标。这些也都集中体现了群体社会中的个人主体性，以及优秀精神品质对个人行为的正面引导作用。

发挥勇毅精神，就是要坚定发自内心的选择，勇敢地去力行所选。这不仅是抗震救灾实践中所彰显出的道理，也对当下我们面对纷杂变化的社会现实，有极高借鉴意义。

三、“以人为本、尊重科学”与务实重行的文化理念

中华优秀传统文化具有历史性，会不断结合各时代和社会发展要求对其加以丰富，但不论在哪一时代，皆关注中华优秀传统文化内涵中务实重行的理念。在抗震救灾的实践中，这种崇实重行的理念，也展现为对人民的高度关爱、对科学的依靠与重视。

（一）崇实致用的社会原则

中国古代的民本思想，即以“民为贵”为核心。这一经典话语的逻辑在于，要维护好民之利益，则非纯以言语标榜，而是依靠致用原则，即在实践中关注人的生存与发展。马克思主义的科学性，又与其人民性相关，其价值取向就在于坚持人民立场、以人为本。

在抗震救灾工作中，各级党组织、党员及广大人民群众，坚持对生命价值的重视，在奉行生命至上价值理念的前提下，在坚持人本理念基础上，参与并展开救援与重建。

---

①［宋］朱熹：《四书章句集注·论语集注》，中华书局 1983 年版，第 216 页。

②［宋］朱熹：《四书章句集注·论语集注》，中华书局 1983 年版，第 149 页。

2008 年 5 月 19 日至 21 日，全国哀悼、祭奠遇难同胞，这正是“以人为本”理念的表现。溯源之，遵行人本、贵生而致用的实践路径，是中华优秀传统文化中的重要理念，人本思想为基础，“惟人万物之灵”，[①] 关注现实之人的生活状态，人有基于伦理秩序的道德自觉。在此基础上，关注人之生命和生活的和谐发展，即贵生理念。而关怀生命的精神特质，又需要在实践中得到践行与发展，这就是致用传统的形成过程。

那么，在实践基础上，随着人们需求的变迁，现代社会不断对仁民爱物、敬德保民、民为邦本等传统观念进行时代性转化。只有先确证人之主体性，才能充分认识到，所有的物和外在于人的对象在实践领域内皆是为人服务的，其最终目的，是如何在社会进步中实现人的全面自由发展。中国共产党坚持站稳人民立场，立党为公、执政为民，既突出党以最广大人民根本利益为核心的价值取向，又发扬人民参与治政和社会治理的主人翁精神，在时代变化的背景下，立足于切实与人民群众利益相关的诸多实践，使传统“为民作主”的治政观念得以转化为“全心全意为人民服务”“人民当家作主”等立场。

同时，在抗震救灾的实际斗争中，人们积极利用科学思维、科技手段以及现代化设备等，制定了科学有效的救援措施与建设规划，使救援及重建工作更加高效。在这一急切又危险的工作展开中，还注意通过多种形式对受灾人民进行心理疏导，这些行动充分彰显了我们国家的人文关怀与人道主义思想。在传统人本思想的影响与转化过程中，我们能够坚持实事求是原则，尊重每一个体的存在与利益，这也是社会平稳发展的基本原则之一。

（二）知行相合的价值引导

知行相合，即是指向认识与实践的关系问题，也凸显着中华优秀传统文化的核心价值追求。知的问题，涉及认识的来源与转变，行则是关涉实践施行层面。抗震救灾的实际工作，是对这一传统价值诉求的彰显与发展，也是对科学发展理念的诠解与践行。

在抗震救灾中，体现出应该坚持以科学救灾、统筹全局为主要方向。科学救灾，即如何推动理论政策指导与实际救援重建行动的有机统一，其目的在于以科学方略提升救援与重建的效率，进而保障受灾群体的生命安全与发展问题。党中央在指挥抗震救灾工作时，对抢救排险及灾后重建工作进行了统筹规划。各级组织、部门依照抗震救灾的基本规划，协调各部门各行业人员，建立了高效科学的组织协调体系，以此推动救援工作科学有序展开，极大提高了救援效率。这里，作为政策指导的救灾规划，就是针对社会核心问题在认识层面的一种总体展现，它源于对当时灾区实际情况的认知，而这种政策的制定，其直接目的是为了更高效、稳健解决救灾及重建过程中存在的多种问题，又与实践密切关联起来。

① 李学勤主编：《十三经注疏·尚书正义》，北京大学出版社 1999 年版，第 270 页。

同时，在救灾前线，涌现出一大批典型人物及事件，其社会影响是多方面、多层次的。诸多抗震救灾英雄模范、榜样人物的出现，以各自实际行动彰显着中华优秀传统文化的多样内涵，这既是发挥在力行层面的表率作用，又可在真知层面作为激励其他人的典范。从现代社会建设的实际效用上看，也正是这些典范人物和典型事件的出现，让社会主义核心价值体系的建设更加具体实在、可信可行。当然，以典型人物与典型事件为范本，也可以使人们更好学习、把握并应用伟大抗震救灾精神，并在深切体味中将其融入、运用于工作、学习与生活的实践中去。从伟大抗震救灾精神的应用价值来看，不仅可以推动这一伟大精神成为各级学校进行思想政治教育的重要内容，也可融入各行业的岗位规章与工作作风、社会精神文明的建设中，进而引领社会风尚，这也是对伟大抗震救灾精神中知行相合价值理念的进一步发展与落实。

中华优秀传统文化，在不同的历史时期，各有其时代价值，但其主线，始终不离对于家国一体的伦理精神、不畏艰险的担当精神及以人为本的致用理念的追求与构建。新时代以来的具体要求，就是要在实践发展的前提下，对优秀传统文化进行创造性转化与创新性发展。伟大抗震救灾精神，其文化意蕴源远流长，又与时俱进，既是对中华优秀传统文化的彰显与发扬，也是推进中国特色社会主义建设的强大精神动力。进一步发掘伟大抗震救灾精神的优秀传统文化意蕴，有着重要的理论意义与时代价值，有助于营造良好社会环境，提高人们的精神境界，增强人们对社会主义核心价值观的认同与理解，坚持团结协作，将个人利益的实现与国家的前途命运结合起来，并培养自强不息、果敢勇毅的优良品质，也可以反复检视中国共产党人的初心、使命，进一步弘扬民族精神、时代精神。

参考文献

[1] 尹海清、张生荣．抗震救灾精神的基本内涵及其重大现实意义 [J]. 理论月刊，2008（9）：113-117.

[2] 周学益．从抗震救灾斗争看中华民族精神的历史发展和时代意义 [J]. 湖北社会科学，2008（9）：184-186.

[3] 杨先农．抗震救灾精神的集体主义意蕴 [J]. 毛泽东思想研究，2009（3）：1-5.

[4] 胡虹霞．抗震救灾精神的伦理意蕴 [J]. 理论探索，2009（1）：19-21.

[5] 李晋丽．抗震救灾精神是中华民族精神的升华 [J]. 思想教育研究，2009（2）：64-66.

[6] 杨先农，赵小波．灾后重建精神继续抒写伟大抗震救灾精神的新篇章 [J]. 中华文化论坛，2011（2）：36-41.

[7] 陈秋月，龚平．刍议抗震救灾中的人文精神 [J]. 西南民族大学学报（人文社会科学版），2011（9）：206-210.

[8] 史雨川，陈桂蓉．论中国共产党人精神谱系中的中华优秀传统文化基因 [J]. 古田干部学院学报，2021（3）：8-11.

作者简介

白晨昭，男，1995 年生，陕西西安人。四川轻化工大学马克思主义学院教师，主要研究方向：儒家经学与红色文化。

抗震救灾精神是伟大建党精神的集中体现和新的发展

刘春花

摘要：我国是世界上自然灾害最为严重的国家之一，灾害种类多、分布地域广、发生频次高，干旱、洪涝、雪灾、泥石流、地震等灾害频发，从2008年四川汶川特大地震再到2010年的青海玉树大地震、甘肃舟曲特大泥石流，其受灾程度在我国历史上都是罕见的。但在灾难面前，全党全军全国各族人民守望相助、同心同德、众志成城，开展了艰苦卓绝的抗震救灾斗争，铸就了伟大的抗震救灾精神，夺取了抗震救灾的重大胜利。因此，抗震救灾为伟大建党精神的弘扬提供了生动的载体和丰富的教育内容，是伟大建党精神的时代展现，是弘扬伟大建党精神的宝贵资源；新时代更要把弘扬抗震救灾精神与提高党的执政能力相结合，持续推进党的伟大自我革命，把弘扬抗震救灾精神与深入学习党的二十大精神紧密结合，加强理论研究，将抗震救灾精神融入社会主义核心价值体系，使其成为弘扬伟大建党精神的有效途径，在新时代发挥更加重要的作用。

关键词：抗震救灾精神；伟大建党精神；弘扬伟大建党精神

一、抗震救灾精神与伟大建党精神的关系

抗震救灾精神是伟大建党精神的时代展现，并用“万众一心、众志成城，不畏艰险、百折不挠，以人为本、尊重科学”来阐释，将伟大建党精神赋予时代特色并进一步升华。

（一）抗震救灾精神的科学内涵

新中国成立以来中国经历过多次特大地震，每一次大地震的爆发，都牵动着全党和全国人民的心。20世纪60年代的邢台大地震、20世纪70年代的唐山大地震、21世

纪初的汶川地震、玉树地震……唐山地震、汶川地震和玉树地震等影响巨大，引发全国乃至世界人民的关注。尤其是 2008 年 5 月 12 日 14 时 28 分，四川汶川发生里氏 8.0 级特大地震，给人民群众的生命和财产安全造成巨大损伤，灾难发生，举国奋起，抗震救灾中涌现出的英雄事迹和感人场面，在实践中不断升华，形成了伟大的抗震救灾精神。

2008 年 6 月 30 日，胡锦涛出席了抗震救灾先进基层党组织和优秀共产党员代表座谈会，指明了抗震救灾精神的科学内涵："这就是万众一心、众志成城，不畏艰险、百折不挠，以人为本、尊重科学的伟大抗震救灾精神。"并且，胡锦涛还揭示出抗震救灾精神的实质："抗震救灾精神，是爱国主义、集体主义、社会主义精神的集中体现和新的发展，是我们党和军队光荣传统和优良作风的集中体现和新的发展，是中华民族精神在当代中国的集中体现和新的发展。"① 对抗震救灾精神科学内涵做了总体的概括，并对其定位做了科学的界定，为我们认识抗震救灾精神提供了总的价值引领。"万众一心、众志成城"是中华民族在处理人与自然、社会关系的实践中，总结的生存与发展之道；"不畏艰险、百折不挠"主要是指灾区人民面临困难，不被任何困难压倒，用坚强驱散阴霾、用美好疗慰伤痛，助力抗震救灾的伟大胜利；"以人为本、尊重科学"是合规律性与目的性的统一，一方面坚持以人为本，把人民群众的生命安全作为出发点和落脚点，另一方面坚持尊重科学，用科学的力量战胜自然灾害，用科学技术手段实施援救等，是人实践活动的两种尺度。

（二）伟大建党精神的科学内涵

人无精神不立，党无精神不兴。2021 年 7 月 1 日，习近平总书记在中国共产党成立 100 周年的大会上指出，"一百年前，中国共产党的先驱们创建了中国共产党，形成了坚持真理、坚守理想，践行初心、担当使命，不怕牺牲、英勇斗争，对党忠诚、不负人民的伟大建党精神，这是中国共产党的精神之源"②。

伟大的建党精神源自于早期建党艰难的探索之中，是中国共产党拼搏奋斗、践行使命的强大精神力量，是中国共产党的精神之源，这种精神体现在所有奋斗中。"坚持真理、坚守理想"主要是指坚持马克思主义的科学真理、坚持社会主义和共产主义远大理想；"践行初心、担当使命"主要是指践行和担当为人民谋幸福、为民族谋复兴、为人类谋进步的初心和使命；"不怕牺牲、英勇斗争"主要是指在面对各种风险斗争中不惧风险、敢于斗争的品质；"对党忠诚、不负人民"是指忠诚于党的信仰和党的组织，始终牢记江山就是人民、人民就是江山，在百年奋斗历程中，构成了系统性的

① 胡锦涛：《在抗震救灾先进基层党组织和优秀共产党员代表座谈会上的讲话》，载于新华网 2008 年 6 月 30 日。

② 习近平：习近平总书记在庆祝中国共产党成立 100 周年大会上的讲话，人民出版社 2022 年版，第 90 页。

马克思主义先进政党的精神谱系。伟大建党精神既是一百年前中国共产党早期领导人组织领导的党员群众矢志奋斗的真实写照，也是一百年来在革命、建设、改革不同历史时期，中国共产党历代领导人带领党员群众不断奋斗的行动指南，既是全党的整体风貌、又是党员同志个体上的精神风采，既体现了中国共产党的信仰和目标，又体现了对党员的标准和要求。①

（三）抗震救灾精神是伟大建党精神的时代展现

中国共产党的百年波澜壮阔奋斗历史，在实践中孕育了诸多生动、具体的精神，这些具体的精神构成了中国共产党人的精神谱系，从新中国成立前的井冈山精神、长征精神、遵义会议精神、延安精神、西柏坡精神、红岩精神等革命时期的精神，到新中国成立后的抗美援朝精神、“两弹一星”精神、特区精神、抗洪精神、抗震救灾精神、脱贫攻坚精神、抗疫精神等奋斗时期的精神，这些具体的精神抽象概括为伟大的建党精神，伟大建党精神生动、具体地反映在精神谱系中，因此，伟大建党精神与精神谱系中的一系列具体精神是源与流的关系，伟大建党精神具有总体宏观的特点，其他精神具有生动具体的特点。抗震救灾精神是在针对具体风险挑战的实践中提炼出的强大精神力量，是中国共产党人坚持人民至上、生命至上、不怕牺牲、敢于斗争的具体体现，是中国共产党的伟大建党精神在面临自然威胁时的具体展现，是伟大建党精神的时代展现，通过抗震救灾精神，使伟大建党精神的传承与弘扬，有了更加坚实的依托。

（四）抗震救灾精神是弘扬伟大建党精神的宝贵资源

面对突如其来的地震灾害，在党中央、国务院的坚强领导下，人民解放军、武警部队和全国人民的支援下，各地人民群众全力以赴、抗震救灾，从气壮山河的生死大救援，到艰苦卓绝的百万灾民紧急安置，再到举国参与灾后重建，着力受灾地区经济复苏，伟大的抗震救灾精神在中国大地上绵延不绝、熠熠生辉。抗震救灾精神不仅是夺取抗震救灾伟大胜利和灾后重建稳步推进的强大精神动力，更是弘扬伟大建党精神的生动素材和宝贵资源。

在抗震救灾的斗争中，中央的坚强领导、深切关怀，提供了最根本的保障；人民解放军、武警官兵、民兵预备役人员、公安民警不畏艰险、英勇斗争，维护人民群众的生命和财产安全，发挥了重大作用；全国各地、社会各界的全力支持、无私奉献，为抗震救灾提供了坚强的精神力量与物质力量。正如刘奇葆所说，抗震救灾，这是我们以举国之力取得的四个胜利：是以胡锦涛同志为总书记的党中央坚强领导的胜利，是优越的社会主义制度的胜利，是伟大的民族精神的胜利，是英雄的四川人民的胜利。②

---

① 黄正平：《伟大建党精神——建党理论新开拓　党建思想新境界》，载于南通日报2021年7月26日A06版。

②《庆祝建党87周年暨抗震救灾先进表彰大会　省委书记、省人大常委会主任刘奇葆发表重要讲话　学习先进典型的崇高精神　建设西部经济发展高地》，《西部广播电视》2008年第7期第4页。

充分体现出，抗震救灾精神对伟大建党精神的不怕牺牲、不负人民予以了充分弘扬，是弘扬伟大建党精神的宝贵资源和有力载体。

二、抗震救灾精神在弘扬伟大建党精神中的重要作用

抗震救灾精神是弘扬伟大建党精神的宝贵资源和有力载体，在弘扬伟大建党精神中发挥着重要作用，具体表现：抗震救灾精神是中国共产党执政为民理念的生动体现；抗震救灾精神是党的正确领导与社会主义制度融合的生动写照；抗震救灾精神对社会主义核心价值观予以了充分彰显，是弘扬伟大抗震精神的生动载体。

（一）抗震救灾精神体现了中国共产党执政为民的理念

抗震救灾精神，是我们党和军队光荣传统和优良作风的集中体现和新的发展。在抗震救灾中，面临重重困难，面临生命与时间的考验，能取得重大突破，其中的一个重要原因是，党组织战斗堡垒和坚强领导核心作用的充分凸显；面对特大地震的严峻考验，各级党组织迅速反应、果断决策、有力指挥；参与救援的广大党员及党员干部，挺身而出、舍生忘死、勇往直前，充分发挥大团结、大协作的精神。因此，在抗震救灾中，各级党组织和党员坚持人民至上、生命至上，汇聚成了全民族风雨同舟、共克时艰的强大合力，是中国共产党执政为民的有力诠释。

（二）抗震救灾精神是党的正确领导与社会主义制度融合的现实写照

没有共产党就没有新中国、只有社会主义才能救中国、只有改革开放才能发展中国，这些耳熟能详、被实践证明了的真理，在抗震救灾的实践中，再次得到充分检验和验证，是伟大建党精神的充分体现，也是党的正确领导与社会主义制度融合的现实体现。这种融合主要体现在以下方面：党的领导和社会主义制度具有巨大的优势，在地震爆发的第一时间，党中央果断决策，运筹帷幄、决胜千里，是抗震救灾取得决定性胜利的重要前提和坚强保障；并且各级党组织和党员干部率先垂范，一面面党旗飘扬在灾区，一个个临时党支部迅速组建，是党的正确领导和社会主义制度融合的生动体现，更为伟大建党精神注入了时代内涵；充分发挥了广大人民群众的力量，抗震救灾精神中的“万众一心、众志成城”“不畏艰险、百折不挠”是对党的群众基础和执政根基的生动体现，在长期的革命和建设实践中，形成了深厚的群众基础，人民群众在抗震救灾的实践中对中国共产党和社会主义制度的衷心拥护，是对中国共产党以及伟大建党精神的内在认同和伟大传承。

（三）抗震救灾精神是对社会主义核心价值观的充分彰显

一方有难，八方支援，危难之际，灾区人民和全国各族同胞组成统一战线，发挥无私奉献精神。胡锦涛同志曾在四川召开的抗震救灾工作会议上指出：“只要有一线

希望，只要有一点生还可能，我们就要做出百倍努力。”大灾之下显大爱，大爱是国家之爱、社会之爱，生命之爱。“老吾老，以及人之老。幼吾幼，以及人之幼。”当地震来临的时候，孩子、老人、妇女自然成为首要的重点保护对象。比如，在汶川地震后，同样受灾的四川民警蒋晓娟送走自己的孩子，为众多灾区孤儿喂奶。正是出于对自己骨肉同胞的热爱、对人民的热爱、对党员职责义务的践行、对伟大建党精神的传承，才能在灾难中相互扶持，相互帮助，践行社会主义核心价值观。灾区人民在抗震救灾的实践中形成的抗震救灾精神，正是以社会主义核心价值体系为基础，社会主义核心价值体系又渗透着伟大建党精神的精髓；灾区人民的抗震救灾生动实践为弘扬社会主义核心价值体系和伟大建党精神提供了生动鲜活的案例。因此，伟大抗震救灾精神的弘扬，有利于我国以伟大建党精神为源头的精神谱系和主流价值观的充分弘扬，对社会中信仰缺失、道德失范行为进行了有力的批判，对良好的道德风貌和价值取向的塑造起着重要作用。

三、依托抗震救灾精神弘扬伟大建党精神的主要途径

依托抗震救灾精神弘扬伟大建党精神，是弘扬伟大建党精神的有效途径，重点是要找到二者的契合点。将弘扬抗震救灾精神与提高党的执政能力相结合，持续推进党的伟大自我革命；把弘扬抗震救灾精神与深入学习党的二十大精神相结合，用习近平新时代中国特色社会主义思想武装全党、教育群众；加强理论研究，将抗震救灾精神融入社会主义核心价值体系，从而为伟大建党精神的弘扬提高有效途径。

（一）弘扬抗震救灾精神与提高党的执政能力相结合，持续推进党的伟大自我革命

应对譬如地震等巨大的自然灾害，对于各国政府来说，都是对其政党执政能力的巨大考验。在2008年，汶川特大地震发生后，胡锦涛同志亲自组织部署、亲临抗灾一线，时任总理温家宝同志在“第一时间”和第一线主持抗震救灾工作。全国各级党委政府积极动员、抓紧部署，在不同地点的同一时间共同领导和指挥了一场空前的抗震救灾大战役。可以说，党和政府毫不犹豫地承担起了领导和组织抗灾的任务，发挥了“主心骨”的核心作用，在人民群众心目中树立起了旗帜和方向。党和政府在抗震救灾中的表现，充分显示出我们党和政府的执政能力，体现出了“以人为本”“人民的利益高于一切”的执政理念，进一步树立起“立党为公，执政为民”的良好形象，同时也赢得人民的高度尊敬和世界的充分肯定。因此，在新时代，同样要将抗震救灾精神、伟大建党精神的弘扬与提高党的执政能力相结合，持续推进党的自我革命。勇于自我革命是党百年奋斗培育的鲜明品格，是伟大建党精神得以传承的奥秘所在。在各个历史时期，我们党坚持严于管党治党，始终强调保持党的革命精神。在新中国成立前夕，毛泽东提出“两个务必”的历史警示。习近平总书记指出，“进入新时代，我们就推

进反腐败斗争提出一系列新理念新思想新战略，把全面从严治党纳入‘四个全面’战略布局，探索出依靠自我革命跳出历史周期率的有效途径”。通过开展积极的思想斗争、认真的自我反省、严格的组织考察，查找存在的缺点和不足并加以纠正，以永葆党的先进性、纯洁性和战斗力。党的十八大以来，我们党坚持刀刃向内，全面从严治党，大力加强党的建设，党的自我净化、自我完善、自我革新、自我提高能力不断提升，为伟大建党精神增添了新的时代内容。正是由于我们党始终坚持以自我革命的精神加强自身建设，不断解决队伍中的突出问题，才能使伟大建党精神永不褪色，在新时代焕发出强大的生机活力。

（二）把弘扬抗震救灾精神与深入学习党的二十大精神紧密结合，用习近平新时代中国特色社会主义思想武装全党、教育群众

地震发生后，中共中央迅速把抗震救灾作为全党最紧急的重要工作，作出了“以人为本，以抢救人民群众生命为首要任务”的重要指示，胡锦涛同志多次到灾区慰问群众。因此，中国共产党的领导，对于灾区人民群众，就是一颗定心丸，鼓舞和坚定了灾区人民取得抗震救灾斗争胜利的决心和信心。习近平总书记在纪念唐山大地震四十周年的讲话中指出，“唐山抗震救灾和新唐山建设之所以能够在条件相当艰苦的情况下取得显著成效，很重要的一点就是在大灾大难面前，党的各级组织和广大党员、干部始终同人民群众同呼吸、共命运、心连心，吃苦在前，冲锋在前，成为人民群众的主心骨，党的力量来自人民，只要党把人民凝聚起来，紧紧依靠人民，我们就能经受住前进道路上的各种严峻考验，战胜各种困难和挑战。”① 因此，要坚持不懈弘扬伟大建党精神，就必须高度重视党员干部的典型示范作用，通过党员干部积极学习和践行中国共产党人“坚持真理、坚守理想”的理论品质并作出典型示范，展示和弘扬伟大建党精神，彰显“科学理论武装人”的实践效果，并在自觉“坚持真理、坚守理想”的过程中将伟大建党精神融入灵魂深处。习近平总书记以实际行动展示了共产党人“我将无我，不负人民”的人生境界，生动诠释了新时代中国共产党人的初心使命，为广大党员干部站稳群众立场、坚持群众路线树立了典范。新时代坚持不懈弘扬伟大建党精神，就要教育引导广大党员、干部自觉做习近平新时代中国特色社会主义思想的坚定信仰者和忠实实践者，牢记空谈误国、实干兴邦的道理，树立不负人民的家国情怀、追求崇高的思想境界、增强过硬的担当本领，持续坚定“对党忠诚、不负人民”的政治立场，保持党同人民群众的血肉联系，站稳人民立场，坚持人民主体地位，尊重人民首创精神，践行以人民为中心的发展思想，教育广大党员干部和广大人民群众自觉践行“功成不必在我”的精神境界和“功成必定有我”的历史担当。

① 《习近平在河北唐山市考察时强调，落实责任完善体系整合资源统筹力量全面提高国家综合防灾减灾救灾能力》，载于《人民日报》2016 年 7 月 29 日第 1 版。

（三）加强理论研究，将抗震救灾精神融入社会主义核心价值体系

虽然形成抗震救灾精神的实践基础，是抵抗自然灾害的抗震救灾实践，但从深层次而言，是中华民族特有的精神特质、伟大的建党精神在一定时期的独特彰显[①]，理应将其融入人民普遍遵循的价值观即社会主义核心价值观，进一步助力伟大建党精神的弘扬，广泛践行社会主义核心价值观，用共同理想信念凝聚民族意志，用中国精神激发中国力量。全面建设社会主义现代化国家、全面推进中华民族伟大复兴，需要全社会方方面面同心干，需要全国各族人民心往一处想、劲往一处使。社会主义核心价值观是凝聚人心、汇聚民力的强大力量，是当代中国精神的集中体现，凝结着全体人民共同的价值追求。我们要在全社会大力弘扬和践行社会主义核心价值观，使之像空气一样无处不在、无时不有，成为我们生而为中国人的独特精神支柱，成为百姓日用而不觉的行为准则。要弘扬以伟大建党精神为源头的中国共产党人精神谱系，用好抗震救灾生动素材和鲜活实践等红色资源，深入开展社会主义核心价值观宣传教育，深化爱国主义、集体主义、社会主义教育，持续抓好党史、新中国史、改革开放史、社会主义发展史宣传教育，引导人民知史爱党、知史爱国，增强文化认同感，不断坚定中国特色社会主义共同理想，坚定道路自信、理论自信、制度自信、文化自信，在思想上精神上紧紧团结在一起，用富有时代气息的中国精神凝聚中国力量。[②]

四、结语

伟大建党精神是我们党在一个历史悠久、人口众多的东方大国，领导前无古人伟大社会革命的政党所独有的精神气质，是一个始终进行伟大自我革命并以此引领伟大社会革命的马克思主义政党所独有的精神气质。这个伟大精神和以此构成的精神谱系，贯穿于党的全部理论和实践之中，同党领导的一切实践活动和形成的精神密不可分。伟大的建党精神，在2008年抗震救灾中不仅经历了洗礼，还得到了高度弘扬与升华，注入了时代的内涵。因此，深入研究抗震救灾精神与伟大建党精神的关系，并以抗震救灾精神为载体，对于弘扬伟大建党精神具有重要意义。

作者简介

刘春花，女，1998年生，四川达州宣汉人。西南科技大学马克思主义学院在读研究生，研究方向：思想政治教育。

---

① 丁忠兵：《略论党的执政能力建设——基于玉树抗震救灾实践的思考》，《青海社会科学》2011年第3期49-52页。

② 林仰之：《建设具有强大凝聚力和引领力的社会主义意识形态》，载于《光明日报》2022年11月7日。

新时代传承弘扬伟大抗震救灾精神的重大意义

谷肖

摘要：抗震救灾精神是对社会主义、爱国主义和集体主义精神的传承发展，是我们党的优良传统与中华民族精神的发扬，具有深刻的时代价值。伟大抗震救灾精神不仅是灾后重建和震区发展振兴的重要精神支撑，还为传承和弘扬伟大建党精神注入无限生机活力，为实现中华民族伟大复兴提供强大精神动力，具有重大民族意义；抗震救灾精神更为人类战胜特大自然灾害贡献宝贵精神财富，具有重要世界意义。

关键词：传承弘扬；抗震救灾精神；建党精神

中国特色社会主义进入了新时代，中国在全球化进程中抓住发展机遇、承担大国责任，但也面临着诸多危机与挑战。抗震救灾精神对灾后重建、党的建设以及中华民族伟大复兴的历史进程具有独特价值。

一、为灾后重建和震区发展振兴提供重要精神支撑

灾后建设和震区发展振兴的过程是中国人民和中华民族的精神文化不断凝结并升华的过程，在这个过程中形成了包含抗震救灾精神在内的多种精神集合的重建文化。[1]抗震救灾精神是英雄的中国人民艰苦奋斗、众志成城的伟大精神升华，凝聚民族力量，帮助灾区人民重建精神家园，为灾后重建和震区发展振兴提供重要精神支撑。

（一）为凝聚灾区人民力量发挥桥梁纽带作用

1. 重建精神家园

新时代灾后重建和震区发展振兴，必须将物质家园的重建与精神家园的重建相结合。科学有效的理论指导是灾区人民进行灾区重建和进一步创新发展的精神支柱和内

驱动力。在数次抗震救灾的伟大实践中形成的抗震救灾精神为精神家园的建设提供了思想素材和强大动力。首先从人本身出发，精神家园重建能够充分发挥灾区人民和参与灾区重建的工作人员的主观能动性，主观能动性的充分发扬在灾后重建和震区发展振兴进程中，具有重要的激励作用和推动作用。群众自觉发扬抗震救灾精神，充分发挥能动性，积极主动地投身于重建工作。

灾区人民的精神家园重建和内心世界恢复是灾后重建和发展振兴中不可忽视的因素。政府集中组织了心理医生对灾区进行心理疏导，民间组织也在资金、物资等多方面提供援助。无数支离破碎的家庭逐步焕发生机，灾区人民重拾对生活的希望。灾区人民的心理创伤和情感创伤也在重建工作中逐渐弥合，在抗震救灾精神的引领下焕发出新的生机和情感活力，怀着更加饱满的激情进行灾后重建和振兴发展家乡的伟大事业。抗震救灾精神激发人民群众内生力量，在重建工作中形成强大的凝聚力，在精神家园重建中激活创造力。抗震救灾精神深刻影响着人们的精神世界，将精神力量转化为促进灾区重建的动力源泉和加速灾区创新发展的强大推力。精神家园的重建与物质家园的重建是不可分割的，抗震救灾精神引领精神家园的重建，可以进一步推动灾区重建和发展振兴的完成。重建精神家园为凝聚灾区人民力量，为灾后重建以及震区发展振兴的伟大实践提供了精神基础。

2. 增强全社会凝聚力和向心力

全社会凝聚力和向心力是国家团结奋进的基础。中华民族的长盛不衰，繁荣昌盛就是民族凝聚力的充分展现。全社会凝聚力的本质是文化凝聚力[2]，在中华文化的坚实基础上将中华儿女紧紧团结在一起。抗震救灾精神是对中华传统文化的升华，同时进一步增强全社会的凝聚力和向心力，更好地进行灾区重建和震区发展振兴。

抗震救灾精神在精神力量地凝聚和灾区重建发展的伟大实践之间发挥出无可替代的桥梁纽带作用。全社会凝聚力建立在中华民族的共同认识和共同意志之上，是蕴藏在每个中国人民心中的观念形态，包括共同的感情、价值观等。在同自然灾害的抗争过程中，抗震救灾精神不断升华。中华民族充分展现了“多难兴邦”的民族伟力，全社会凝聚力得到进一步升华。全社会凝聚力和向心力是灾区重建和震区发展振兴的宝贵财富，同时也是中国人民应对各类自然灾害以及各种风险挑战的力量源泉。全社会凝聚力是中华民族复兴的重要条件，是中华民族的宝贵财富。在抗震救灾过程中，中国人民面临着艰难困苦的救援条件与家破人亡精神打击等多重挑战，但中国人民没有被突如其来的灾难打倒。在党中央的坚强领导下，中国人民积极应对灾难，重建家园。中国人民不屈的精神在灾难中得到升华，灾难无法摧毁英雄的中国人民，全社会凝聚力和向心力在灾难中空前强大。抗震救灾精神为提升全社会凝聚力提供了强大精神力量，全社会凝聚力和向心力的提高助力灾区重建和震区发展振兴。抗震救灾精神将重建精神家园，增强全社会凝聚力和向心力与灾区重建和发展振兴的伟大实践紧紧联系在一起。

（二）为灾后重建和震区发展振兴提供精神动力

1. 彰显党的坚强领导力

党的领导和统筹布局以及基层党组织强大的执行力是抗震救灾胜利的根本保证。抗震救灾精神充分印证了中国共产党在我们国家和人民遭遇危机和挑战时能够发挥坚强领导核心作用，抗震救灾与灾后重建取得巨大成就离不开中国共产党的领导。进入新时代，我们党牢记初心使命，以更加先进和科学的执政领导能力带领中国人民团结奋进。先进和科学的执政领导能力也是灾后重建和震区发展振兴的重要保障。抗震救灾精神也是对民族精神和革命精神的充分发扬，展现了中国共产党在抗震救灾和灾后重建中坚强领导力。广大党员干部在灾后重建中也发挥着榜样引领作用，团结带领灾区人民更好地重建家园。抗震救灾精神充分展现了党领导人民创造的伟大成就，党的坚强领导力是灾区重建和震区发展振兴的根本保障。

2. 显示人民群众组织力

抗震救灾和灾后重建是对公民素质、理想信念、人民群众组织力的一次大考。抗震救灾精神充分展现了中国人民的团结精神和强大组织力。在救灾和灾后重建中，人民的良好素质和强大意志得到充分展现，基层党组织和党员干部积极团结人民群众参与灾后重建，体现出强大的人民群众组织力。抗震救灾精神体现了中国人民的思想道德水平，展现了党和国家的强大组织力。抗震救灾精神是人民群众精神意志的升华，党的领导离不开人民群众，人民群众依托党组织的领导力量来凝聚发挥作用。抗震救灾精神指导我们在灾后重建中，坚持人民至上和人民本位，不断增强基层党组织的组织力，在抗震救灾中充分发挥群众组织力，依靠人民力量才能办大事。

3. 昭示制度保障力

抗震救灾精神充分证明了中国特色社会主义制度的在抗震救灾实践和灾后重建实践中的强大保障力。抗震救灾精神展现了举国体制的制度优势，通过党的集中统一领导，最大限度地发挥中国特色社会主义救援机制的强大生命力，迅速统筹组织起强大的救援力量奔赴一线，最大限度地保障中国人民在重大自然灾害中的生命财产安全，保障灾后重建以及震区发展振兴。灾后重建展现了中国特色社会主义制度的优势，深化了中国人民尤其是灾区人民群众对中国特色社会主义制度优势的认识，只有坚持中国特色社会主义制度才能更好地保障灾区发展振兴。在抗震救灾和灾后重建中将人民至上、生命至上的理念落实到切实行动中来推动灾区恢复重建和震区发展振兴。中国特色社会主义制度是抗震救灾精神得以发扬的有力制度保障。

二、为传承和弘扬伟大建党精神注入无限生机活力

伟大实践孕育伟大精神。伟大建党精神作为观念形态，其根源于伟大的建党实践，在伟大的建党实践中逐渐形成伟大建党精神。抗震救灾精神作为中国共产党人精神谱系中的重要精神，在地震灾害斗争的实践中铸就了抗震救灾精神。抗震救灾精神对建党精神在抗震救灾实践中进行了生动地阐发，让建党精神充分融入抗震救灾的实际工作中，得到更加鲜活的发展。

（一）彰显团结奋进的强大合力

万众一心、众志成城充分体现了中国人民团结奋进产生的强大合力。中国人民在与自然的相处中，在与灾害的对抗中深刻认识到团结就是力量，团结是中华民族生存与发展的强大精神动力。集体主义是中国共产党和中国人民的价值遵循和道德准则，中国人民经历数次特大地震，集体主义能够激发出人民的团结力量。抗震救灾伟大胜利得益于在抗震救灾过程中灾区人民与全国人民表现出的集体主义精神。万众一心、众志成城是表现了中国特色社会主义制度优越性。广大党员和党组织发挥作用，始终坚守在抗震救灾第一线。党和政府经受住了抗震救灾这一类大事、难事的考验。在出现特大地震和惨重伤亡的情况下维持了稳定的国内社会秩序，彰显了中国特色社会主义的组织优势。伟大建党精神中的践行初心、担当使命的信念，团结带领中国人民为美好生活不懈奋斗。抗震救灾精神就是团结奋进，戮力同心的充分表达。抗震救灾精神为中国共产党人历史责任和时代使命的在不同现实条件下的实现提供了伟大的实践经验与生机活力。

（二）体现敢于斗争的坚强意志力

不畏艰险、百折不挠，体现了中国人民直面挑战的英雄气概，彰显了在党的领导下全国人民敢于斗争的坚强意志。中华民族的传承与发展离不开自强不息，百折不挠的民族精神，中国人民的精神气质铸就了民族精神的脊梁。在重大地震灾害面前，中国共产党的领导与党员干部在救灾一线的工作为人民群众同自然灾害的抗争提供了充分的信心。中国人民敢于斗争、自强不息的精神特质是实现抗震救灾伟大胜利的精神支撑。在抗震救灾的重重困难中，灾区人民积极地进行自救，甚至不顾自身的安危投身到对其他群众的救援中去，灾区人民自发将不畏艰险、百折不挠的精神进行传递。伟大建党精神要求中国共产党人始终保持昂扬姿态和顽强意志，始终牢记共产党人的优良作风，无惧面对任何困难和挑战，在新时代更要坚定人民立场，始终为人民奋斗。抗震救灾精神充分体现出中国共产党人的榜样和模范作用，中国共产党是全国人民的主心骨和领导核心。抗震救灾精神为中国共产党人在新时代迸发强大生机活力提供了支持。抗震救灾中中国共产党人的英雄行为正是坚持无产阶级事业和共产主义理想的充分展现，为伟大建党精神注入了坚强意志力。

（三）凸显关爱生命的崇高理念

以人为本、尊重科学是抗震救灾中对人民的关心、对科学的实践。在抗震救灾过程中，中国共产党尊重和保障人民群众的生命财产安全，坚持人民利益高于一切。在灾后恢复重建及灾区可持续发展中，中国共产党坚持以人为本。同时，党和国家坚持用科学的方法指导抗震救灾实践，通过科学决策、及时行动挽救更多生命。在灾后重建和震区发展的过程中也坚持科学发展观的指导，推动震区经济转型升级和可持续发展。进入中国特色社会主义新时代，以人为本、尊重科学更是民族精神与时代精神的有机结合。面对地震这样的特大自然灾害，党和政府始终将人民放在心上，将人民群众的安危放在工作第一位。抗震救灾过程中，党和政府尊重规律、科学决策，团结带领人民群众投身于抗震救灾工作以及持续性的灾区重建工作，并且取得了显著成就。抗震救灾精神中人民至上与尊重科学的伟大实践与建党精神中的不负人民与坚持真理充分契合，并且在应对自然灾害这一特殊的实践中得到新的发展。中国共产党人代表最广大人民根本利益，始终坚持全心全意为人民服务，没有任何自己特殊的利益。党和政府在抗震救灾中始终坚持马克思主义理论的指导，同现代化的科学手段相结合，实现更加及时有效救援以及灾后重建。

三、为实现中华民族伟大复兴注入强大精神动力

（一）赓续伟大民族精神

民族精神是中华民族在数千年历史不断发展中积累形成的独属于中国人民的意识。[3] 集中体现了中华民族的优良传统、价值取向、思想观念、情感表达、共同意志和思维模式。民族精神是中国共产党带领中国人民坚定不移地走中国特色社会主义道路的信心所在。弘扬伟大的民族精神，一方面民族精神塑造了中国人民的精神家园，中国在新时代的开拓创新，稳健发展需要坚定精神支柱和强大精神动力，中华民族伟大复兴离不开民族精神的支持。另一方面，传承发扬伟大民族精神，能够激发全党全国各族人民共同的精神信念，为实现中华民族伟大复兴、砥砺前行提供强大的精神动力。伟大抗震救灾精神是中华民族精神力量得到弘扬与发展的有力证明。

中华民族需要自己的精神支柱来凝聚生命力和发展动力。在抗震救灾实践中，中华民族的精神力量得到了弘扬与发展。当我们的同胞处于危难之中，人民子弟兵冲在第一线。灾区人民不分你我，以集体利益和国家利益为重，将个人安危置身度外，投身到救援工作中。中国人民心连着心，激发出了强大的民族情感。愈是困难，就愈加激发出中国人民战胜困难的勇气。愈是艰苦，就愈加展现出中国人民的优秀品格。在艰难困苦的环境下，在抗震救灾中充分激发了中国人民的民族精神，为灾区人民战胜困难提供了强大的精神动力。在党的坚强领导下，中国人民自觉以国家民族利益为重，

积极投身于地震救援与重建工作。抗震救灾精神是民族精神与时代精神的交集，更是以爱国主义为核心的中华民族精神的升华。抗震救灾的实践充分展现了中国人民的勇气与斗志，中华民族精神在灾难中得到升华，为实现中华民族伟大复兴注入了强大的精神力量。中国特色社会主义进入新时代，回顾历史经验和着眼现实实践的紧密联系中，我们必须坚定不移弘扬传承抗震救灾精神，弘扬传承民族精神。中国共产党人坚守共产主义远大理想和中国特色社会主义共同理想，中国人民团结一心，为实现中华民族伟大复兴的伟大中国梦而不懈努力。

（二）树立坚定理想信念

进入新时代，中华民族始终坚守着共同的理想信念，中华民族理想信念在新时代创新发展。实现中华民族伟大复兴的中国梦，是中华民族的共同意志。坚定实现中华民族伟大复兴的中国梦信念，是中华民族努力奋斗的动力源泉。

在数次抗震救灾斗争中，广大共产党员战斗在抗震救灾和灾后重建第一线。党员干部永远向最危险、最紧急、最艰苦的地方冲。中国共产党始终坚守共产主义远大理想和中国特色社会主义共同理想，坚定的理想信念是中国共产党人奋勇前进精神源泉。愈加坚定理想信念，就愈能战胜各种艰难险阻，为党和人民事业贡献自己的热血与力量。党员有着崇高理想和坚定信念的支持，将国家和人民的利益放在第一位。同时，抗震救灾中党员的英勇事迹深化了人民群众的理想信念，为中华民族伟大复兴提供了不竭的精神动力。

理想信念是一个政党的灵魂[4]，中国特色社会主义新时代不是一蹴而就。在中国共产党的带领下，中国人民历尽艰辛，用自己的双手创造出改革开放等属于中华民族的伟大成就。面对特大自然灾害，抗震救灾时间紧、任务重，在艰难险阻面前激发出强大斗争精神与抗震救灾取得的伟大胜利更加坚定了中国共产党人和普通人民群众的理想信念。中国共产党人始终牢记初心和使命，坚持党的领导，坚持和发展中国特色社会主义，坚守实现中华民族伟大复兴的宏伟目标。抗震救灾中扬起的理想与信念的风帆，为中华民族伟大复兴的注入内生动力。

（三）筑牢党的宗旨意识

牢记初心、不忘使命。中国共产党的宗旨是全心全意为人民服务。抗震救灾精神深刻体现了中国共产党始终代表广大人民的利益，坚持人民至上，党组织和党员与人民群众血肉相连，不搞特权和特殊。党的宗旨是党和人民事业发展的根本保证。在抗震救灾的实践中，我们党始终坚持从群众中来到群众中去，一切为了群众。党员干部奋战在救援任务的第一线，时时刻刻把人民群众的生命放在心上，在抗震救灾中全心全力服务群众，脚踏实地保护人民群众的生命财产。伟大建党精神强调中国共产党人要始终牢记初心、不忘使命，真正做到为最广大人民群众谋福祉。抗震救灾精神充分体现了党员干部在思想上将人民群众的切身利益放在第一位，所思所想是为了拯救人民群众。在实际行动中，中国共产党人做到了不抛弃不放弃，始终奋斗在抗震救灾前线，用血肉筑起一道保卫人民的防线。

抗震救灾精神充分展现了中国共产党人的党性，中国共产党人面对自然灾害时舍生忘死，在救援活动中不畏艰险、敢于牺牲。抗震救灾精神是中国共产党对全心全意为人民服务这一宗旨的深刻阐发，是中国共产党一切依靠人民，一切为了人民的最好诠释。抗震救灾精神为伟大建党精神诠释了为人民谋福祉、为民族谋复兴的初心和使命。抗震救灾精神是中国共产党人面临重大自然灾害时对伟大建党精神的升华，为伟大建党精神注入新的活力。

四、为全人类战胜特大自然灾害贡献宝贵精神财富

同自然灾害抗争是人类生存发展的永恒课题，人与自然的关系是人类存续的永恒话题。抗震救灾精神是人类社会在特定历史阶段和特殊情况下应对特大自然灾害的共同智慧结晶。抗震救灾精神是正确处理人与自然关系并且协调人与自然和谐相处的强大精神力量。抗震救灾精神蕴含着直面自然灾害强大破坏力的社会组织性和主观能动性。抗震救灾精神敦促人类正确看待自然灾害，以积极正面的态度直面挑战，树立防灾减灾意识。当自然灾害来临时，抗震救灾精神中团结精神、科学精神都是鼓舞灾区人民从灾难中重拾希望的动力源泉。

（一）提高防灾减灾救灾意识

人类对自然规律的认识随着科学技术的发展不断深入。正确认识自然规律，科学认识自然灾害发生规律，同时充分发挥主观能动性，树立减灾防灾意识，才能更好地实现人与自然和谐共处。提高防灾减灾意识首先要认识建立自然灾害预防机制的重要性。抗震救灾的第一步就是防灾[5]，针对世界范围内的其他特大自然灾害同样适用。国家政府这一主体，要坚持完善防灾机制，以防为主；在面对自然灾害时坚持防抗救相结合，坚持减灾和救灾统一。努力将灾难阻断在防灾这一步，提升防治灾害的综合能力，降低自然灾害带来的损失与风险。保护人民的生命安全与财产安全是建立防灾减灾体制的初衷与目标，要坚持以人为本的思想，将人民群众的生命财产安全放在首要位置。防灾减灾能力也要与防灾减灾意识相匹配。中国在抗震救灾中坚持以人民为中心的发展理念，抗震救灾精神源自抗震救灾实践，在新时代立足我国自然灾害发生的具体情况与特点，构建新时代具有中国特色，能够更好应对自然灾害的防灾救灾体系，提高防灾减灾救灾能力，构建全面综合防灾体系，切实保护人民生命财产安全。加强自然灾害防治是世界范围内所有国家都需要面对的共同话题。提高防灾减灾意识具有长治久安和现实需要的迫切要求。面对关系人类自身安全的重大课题，中国共产党在

数次抗震救灾的实践中深刻认识到，我们要尊重自然规律，建立人与自然和谐互动的良好关系。同时经济发展始终是我国发展的重中之重，要正确处理好自然灾害防治与救助和经济社会发展的关系，通过抗震救灾促进当地发展转型，实现经济转型升级。中国数次成功的抗震救灾经验为全世界各国应对自然灾害提供了具有经验性且切实有效的中国智慧。提高防灾减灾意识，增强应对自然灾害能力，是可供世界各国借鉴的宝贵经验。

（二）凝聚同自然灾害抗争的不朽精神动力

从人类历史的角度来看，人类无时无刻不在与自然环境作斗争，人类发展史就是一部同自然灾害的斗争史。随着科学技术的发展，人类逐渐拥有更大的能力以及更多的手段来应对自然灾害。抗震救灾精神是正确处理人与自然关系，并且充分展现社会组织能力与个人主观能动性的积极精神力量。面对自然灾害，人类社会通过预防机制抵御一部分风险。在灾害来临后，国家、社会和个人充分调动主体作用，以坚强不屈的态度直面自然灾害带来的挑战，抗震救灾精神鼓舞着灾区人民乃至世界人民战胜困难与挑战的勇气。

抗震救灾精神凝聚着中国人民的经验与智慧。万众一心、众志成城凝聚着团结精神，不畏艰险、百折不挠展现出顽强斗争精神，以人为本、尊重科学体现着尊重科学精神。抗震救灾精神不仅仅是针对地震自然灾害以及应对地震灾害的某种特定精神，而是凝聚了中国人民的智慧以及更广泛的属于人类的优秀精神。[6]抗震救灾精神在应对各类灾害中都具有适用性，坚持抗震救灾精神能够帮助人类有效应对各种灾害。当今世界正处在百年未有之大变局，同时自然灾害频发，随着人类对自然灾害科学认识的增加，人们越来越深刻地认识到自然灾害的重大威胁，同时也积累了丰富的斗争经验。抗震救灾精神能够为世界范围内人类应对自然灾害带来强大斗志，提供强大的精神力量。

抗震救灾的伟大实践向世界提供了应对特大自然灾害的独特中国方案。中国特色社会主义的制度优势体现在党的统一领导上，体现在集中力量办大事上，真正发挥出中国特色社会主义制度的巨大优势，各地政府积极响应党中央的部署，第一时间组织救援。实践证明中国特色社会主义制度在抗击重大自然灾害时有可供世界各国借鉴的强大优势。[7]

参考文献

[1] 李后强，秦勇．灾后重建：宝贵的精神文化积累 [J]. 红旗文稿，2011（10）：25-26.

[2] 尹世尤，沈其新．中华民族共有精神家园建设与当代中华民族凝聚力的增强 [J]. 马克思主义研究，2008（11）：84-87.

[3] 李晋丽．抗震救灾精神是中华民族精神的升华 [J]. 思想教育研究，2009（02）：64-66.

[4] 仲祖文．危难时刻考验理想信念——二谈学习胡锦涛同志“6·30”重要讲话精神 [J]. 领导科学，2008（15）：1.

[5] 曹燕，胡子祥，张利民，雷芳．灾区人民抗震救灾精神及其时代价值 [J]. 西南交通大学学报（社会科学版），2017，18（05）：121-127.

[6] 尹海清，张生荣．抗震救灾精神的基本内涵及其重大现实意义 [J]. 理论月刊，2008（09）：113-117.

[7] 郭海龙，何云庵．新时代抗震救灾精神的世界意义与国际传播策略 [J]. 思想教育研究，2018（07）：95-99.

作者简介

谷肖，女，2002 年生，四川凉山彝族自治州雷波人。西南交通大学马克思主义学院本科在读，研究方向：思想政治教育。

奋斗精神内涵及其时代价值

——以汶川特大地震抗震救灾为例

刘艳

摘要：艰苦奋斗是中华民族的优良传统，是中国共产党人的优秀政治品格。“5·12”汶川特大地震抗震救灾时期，中国共产党人传承和发扬了艰苦奋斗精神内涵，催生了伟大奋斗精神，形成了抗震救灾精神的内涵，展现了中国共产党人的正确价值追求。直至今日，艰苦奋斗精神仍然熠熠生辉，为保持党的优良传统提供现实资源，为实现中华民族伟大复兴中国梦提供奋斗力量。

关键词：抗震救灾；奋斗精神；内涵；时代价值

奋斗精神是在党的长期实践过程中形成的。“艰苦奋斗表现在政治、思想、工作、作风各个方面，是坚持正确政治方向、实现党的路线和一定时期奋斗目标的基本保证。”[1]“5·12”特大地震抗震救灾时期所表现出来的艰苦奋斗精神具有特殊内涵，是一般意义上的奋斗精神的具化和实践。2022 年 6 月 1 日 17 时，四川雅安市芦山县发生 6.1 级地震，再次证明了汶川特大地震抗震救灾精神仍然具有时代价值。“5·12”特大地震抗震救灾时期，中国共产党领导全国各族人民共同抵抗自然灾害，艰苦奋斗、不怕困难，在中华民族史上谱写了感人至深的诗篇，展现了中华民族艰苦奋斗的优良传统。在抗震救灾过程中，这种精神弥足珍贵。全党全军全国各族人民面对“中华人民共和国成立以来破坏性最强、波及范围最广、救灾难度最大的一次地震灾害”，[2]能够迎难而上，迅速展开气壮山河的抗震救灾，靠的就是这种艰苦奋斗精神的支撑。行百里者半九十。在实现“两个一百年”奋斗目标，实现中华民族伟大复兴梦的今天，奋斗精神仍然熠熠生辉。

一、抗震救灾中奋斗精神的内涵

抗震救灾中的奋斗精神是伟大抗震救灾实践的精神结晶，是中国共产党和中国人民的集体智慧，是伟大奋斗精神的延续，具有丰富深刻内涵。

（一）理想坚定、执着追求

毛泽东指出："共产党员……完全不谋私利，而只为民族与人民求福利。"[3] 中国共产党人始终秉承着一心为民、艰苦奋斗的理念。在抗震救灾过程中，中共中央领导全国各族人民继承和发扬了这一优良作风。灾区干部不屈不挠、顽强奋战，全国人民万众一心、共克时艰，从领导干部到普通民众都自力更生、艰苦奋斗，支持抗震救灾工作。"只要有一线希望就尽百倍努力"口号的提出，不仅说明当时的形势严峻，而且也表明了中国共产党人将人民的生命安全放在首位，坚定理想、艰苦奋斗、勇于担当。胡子祥著《抗震救灾精神口述史——汶川特大地震十周年纪念专辑》（2017）中提到检察院检察长孙力在一次抗震救灾会议上的一句话，"尊重生命，然后你再按照这种处事原则去处事。"[4] 从这句话中可以看出，领导干部们目标明确、理想坚定，积极响应"尽百倍努力抢救生命"的口号，以身作则、率先垂范。为了积极支持抗震救灾恢复重建工作，领导干部们坚守岗位、艰苦奋斗。《抗震救灾精神口述史——汶川特大地震十周年纪念专辑》中记录了汶川县城乡规划服务中心主任汪永峰在接受采访时的一段话，"你想我又是个高级工程师……但是我为啥没有离开，就是因为想到汶川这场灾难发生过后更需要我们这种专业的人才，全国各地那么多专业的人才来帮我们……我都走了我觉得这辈子良心会不安……"[4] 各级领导干部坚定理想信念，把抢救人民生命安全，保障人民群众的利益作为奋斗目标，坚持不懈，形成了良好带头作用，在灾区产生了重大影响。灾区人民不等不靠、凝聚力量、重建家园。青川县黄坪乡枣树村坚持靠自己重建家园，采取"小活自己干、大活帮着干、技活请人干"的方式，"出自己的力，流自己的汗，自己的事情自己干"，[4] 执着追求，充分发扬自力更生、顽强拼搏的精神品质。

在艰苦奋斗过程中不断推进抗震救灾工作，这从根本上改变了灾区人民的精神面貌。"十二五"国家重点出版物《汶川特大地震抗震救灾志》（卷一）中写道："在中共中央、国务院的领导下，全国动员，各方支援，四川等地灾区实现了受灾群众有饭吃、有衣穿、有干净水喝……"[2]

（二）自强不息、顽强拼搏

"天行健。君子以自强不息。"[5] "自强是自知自己暂时处于弱势地位或不良状态但不认命，而是准备改变现有不良状况的心理状态和行动状态。"[6] 我们的国家，我们的民族，一步一步走到今天的繁荣发展，靠的就是中华民族自强不息的奋斗精神。[7] 在汶川特大地震抗震救灾期间，全党全国各族人民因其对理想的坚定，在灾难面前显得尤为顽强。汶川、什邡等地党员干部在自身受灾严重的情况下，积极主动交纳“特殊党费”，自发组建工作队，为受灾群众发放慰问款700余万元。[8]汶川乡村干部为了积极促进灾区发展，“逢山开路，遇水架桥”，2015年先后接待游客732.27万次，实现旅游总收入35.48亿元。[9]各级领导干部和广大党员团结带领广大群众同地震灾害作斗争，坚决夺取这场抗震救灾斗争的全面胜利。彭州市银厂沟村民贺洪建忍着左腿的伤，只身一人进入小龙潭，历经数小时，最后成功救下24名游客。[10]都江堰汶川公路管理公司隧道办干部何成，在地震发生后，立即组织大家转移到公路外侧一块相对平坦的宽阔地带，并且在车门被泥土封住的情况下，他迅速与司机等人用石头砸碎后窗玻璃组织旅客逃离。由于车窗离地面较高，老年人和妇女不敢往下跳，何成等人就用自己的肩膀当梯子，让乘客踩着再下到地面。随后，何成又配合赶来的交警把公路沿线村民以及公路上的司机和乘客召集起来，紧急撤离到安全地带。[2]

各级领导干部坚持把人民群众利益放在第一位，全心全意为人民服务，帮助他们渡过难关。灾区群众也满怀感恩之情，发扬自力更生、艰苦奋斗精神，互帮互助，苦干实干。

（三）敢于突破、锐意创新

“世易则时移，时移则备变。”[5]变革、创新是我国传统文化中重要的智慧之一。在汶川特大地震抗震救灾期间，全党全军全国各族人民散发着这一智慧的魅力。2008年5月22日，中共中央政治局常委会议号召，“各级党组织、各级领导干部和广大党员要……真正做到想群众之所想、急群众之所急、办群众之所需、解群众之所难……坚决夺取这场抗震救灾斗争的全面胜利。”[2]根据中共中央的决策部署，中央各部门纷纷启动应急预案，采取各项紧急措施，全力以赴抗震救灾。《汶川特大地震抗震救灾志》（卷一）提到，面对举世罕见的堰塞湖灾害和大量水库出险，水利部坚持主动处理，并抓住时机，及早处理，采取果断措施排除险情，部队、国土资源部、科技部在人力、技术和设施上予以支持。[2]科技在汶川抗震救灾发挥了重要作用。“卫星导航和卫星遥感设备、生命探测仪……各种先进技术和设备，在生命救援中发挥了关键作用。”[11]在中共中央的领导下，汶川抗震救灾不仅在技术上突破与创新，而且在思维、机制、观念方面创新，尤其是在恢复重建方面。灾后重建中遇到的很多难题是前所未有的。党中央、国务院带领人民坚持积极创新。为促进恢复重建的依法推进、有效监管，国务院颁布施行了《汶川地震后恢复重建条例》。[2]中央确定“一省帮扶一重灾县（市）”的对口支援举措，将19个省（市）与灾区紧紧联系在一起，调动援建省市与灾区省的积极性，促进灾区恢复重建。[2]党中央、国务院对灾后恢复重建的坚强领导，带动灾区群众积极参与恢复重建。灾区群众积极参与灾后重建各个环节，自力更生，建房兴业、创业就业、增收致富，发挥首创精神。正是这些积极的探索创新，使灾后恢复重建取得了一个又一个伟大成绩，创造了世界级奇迹。

“5·12”特大地震抗震救灾期间，中共中央、国务院带领人民发扬创新精神，解放思想、实事求是、与时俱进、大胆创新，突破一个个困难，破除一个个阻碍，不断把各项事业推向前进，从胜利走向新的胜利。

二、抗震救灾中奋斗精神形成的原因

“任何精神形态的出现，都有一定的实践基础和历史条件，它必然扎根于本民族的传统精神与文化，并吸收和借鉴时代精神的精华，在长期的实践过程中孕育形成。”[12]汶川抗震救灾中的奋斗精神是中国共产党带领全国各族人民在与特大地震作斗争的过程中形成和发展起来的，植根于深厚的社会历史背景和抗震救灾实践中。

（一）实践锤炼是奋斗精神形成的根本途径

伟大实践铸就伟大精神。在抗震救灾斗争中，中华民族坚定理想、团结奋斗，培育和弘扬了英勇无畏、不屈不挠的奋斗精神。在救援抢险期间，灾情就是命令，时间就是生命。中央全力抢救群众生命财产，迅速抢修基础设施，严密防范次生灾害。广大党员干部不顾亲人伤亡、家园被毁，坚持奋战在救灾第一线，充分展现自强不息、敢于胜利的民族品格。在群众安置期间，中共中央、国务院坚持科学救助原则，提出要千方百计安排好受灾群众的基本生活，最大限度解决灾区群众生活的基本困难，彰显伟大奋斗精神。在恢复重建期间，为“三年完成重建任务，两年基本完成”，灾区党政军民、对口援建省市和社会各界助建群体，弘扬中华民族自力更生、艰苦奋斗的创业精神，奋力推进灾后重建。特大灾难面前，中国共产党、人民军队、广大人民群众不顾困难和危险，众志成城，与时间和死亡作斗争，铸就抗震救灾奋斗精神，显示了中华人民自强不息的优秀品质。

（二）制度优势是奋斗精神形成的外在保障

“每个人的力量是有限的，但只要我们万众一心、众志成城，就没克服不了的困难。”[13]汶川特大地震抗震救灾中，我国社会主义制度发挥了强大动员力和组织力。地震后，我国组织了历史上救援速度最快、动员范围最广、投入力量最大的抗震救灾斗争。在抗震抢险期间，全国各族人民忧心如焚、戮力同心、生死与共。从城市到乡村……从街道到学校，共克时艰，自觉参与，汇聚成全民族风雨同舟的强大合力。[2]在群众安置期间，在党中央、国务院坚强领导下，各方给予大力支持，灾区人民的基本生活问题得到妥善解决。在恢复重建期间，建立对口支援机制，促进东中西部大合作，使灾区人民的生活在较短时间内得到恢复和改善。中国特色社会主义制度有力保障了社会、救援力量的调动、物资的协调配套，是抗震救灾取得重大胜利以及奋斗精神构筑的重要保障。

（三）精神激励是奋斗精神形成的重要条件

中华民族精神包含“伟大创造精神”“伟大奋斗精神”“伟大团结精神”与“伟大梦想精神。”[14] 中华民族历来艰苦奋斗、顽强拼搏，奋斗精神始终贯穿于中华民族精神的内涵之中。习近平指出：“中国人民在长期奋斗中培育、继承、发展起来的伟大民族精神，为中国发展和人类文明进步提供了强大精神动力。”[15] 特大地震灾害发生后，在这种精神指引下，党中央、国务院、军队等紧急行动，社会各界人士齐心协力，灾区广大干部群众奋力自救，全力夺取这场抗震救灾伟大胜利。在这期间涌现出一批批抗震救灾代表，如东汽工人。东汽工人在严重自然灾害和国际金融危机冲击下形成的一种勇于拼搏、勇于创新、勇于攀登的精神，是中华民族精神的升华。群众安置期间，在这种精神指引下，中共中央、国务院领导社会各界全力安排受灾群众的基本生活。恢复重建期间，在这种精神指引下，灾区党政军民、对口援建省市和社会各界助建群体发扬中华民族自力更生、艰苦奋斗的创业精神，认真组织实施，努力加快推进灾后恢复重建任务。这种特大灾难面前全党全军全国各族人民万众一心、众志成城的精神，充分展现了中华民族和衷共济、团结奋斗的民族品格，赋予了中华民族精神新的内涵，是中华民族精神的升华。

（四）情感作用是奋斗精神形成的内在力量

“人首先是情感的存在”，情感对于人的各种活动能产生重要的影响和作用。[16] 感恩奋进是一种特殊精神力量、情感作用。“5·12”特大地震抗震救灾中，中国共产党、人民军队团结奋斗、艰苦奋战，必将激励灾区人民迎难而上、奋发图强。恢复重建中，全国各族人民大力支援、无私奉献，展现患难与共、团结奋进的面貌。灾区人民受到激励，把在抗震救灾感受到的全国上下支援的无疆大爱化作不等不靠、自强不息、感恩奋进的拼搏精神，投入到重建家园征程中。[2] 灾后重建征程，铭刻了物质重建的伟大奇迹，也唱响了精神家园重建的战歌。精神文化家园是人们赖以生存和发展的精神动力。灾后重建中，汶川党政领导班子不失时机加强灾区精神文化家园建设，充实灾区人民精神生活，大大增强灾区群众归属感、安顿感和幸福感，激励灾区群众不竭奋斗。[17] 中国共产党、人民军队领导各族人民在废墟上锻造出的自强不息精神，始终贯穿于抗震救灾、重建家园、走向辉煌的豪迈进程中，激励灾区人民感恩奋进，自力更生。

三、抗震救灾中奋斗精神的时代价值

汶川特大地震抗震救灾中的奋斗精神具有丰富的时代价值，与“走在时代前列”具有紧密联系。在新的形势下，弘扬奋斗精神，加强党的建设，永葆党的先进性，为实现中华民族伟大复兴注入重要力量。

（一）磨炼自强不息、顽强拼搏的意志品质

“民族复兴的使命要靠奋斗来实现，人生理想的风帆要靠奋斗来扬起。”[15]奋斗是个人成长的阶梯，是实现个体价值的途径。现在，每个人都在谈论中国梦以及中国梦与自己的关系。中国梦是国家的梦、民族的梦，也是每个中国人的梦。因此，中国人民要努力在实现中华民族伟大复兴中国梦的生动实践中放飞梦想。汶川特大地震抗震救灾实践铸就的伟大奋斗精神展现了个体优秀品质，突显了个体价值，是优秀教育资源。其一，有助于个体坚定理想信念。特大灾难面前，全国各族人民为夺取抗震救灾伟大胜利而艰苦奋斗、顽强拼搏，涌现出一批批理想坚定、意志坚强的先进个体。抗震救灾奋斗精神再现了中华民族儿女为实现理想而自强不息、艰苦奋斗的优良品质，是伟大奋斗精神的历史传承和时代表达。其二，有助于激发个体创新创造潜力。汶川特大地震灾害中遇到的很多难题是前所未有的，全国各族人民在中国共产党的领导下勇于创新、与时俱进、开拓进取，才有一系列伟大创举。正是有逢山开路、遇水架桥的意志，才能不断开创新局面，赢得新发展。其三，有助于个体传承和弘扬伟大奋斗精神。汶川特大地震抗震救灾奋斗精神再现了个体优秀品质，展现了个体奋斗向上的精神面貌，为个体发展提供源源不断的动力，促进个体弘扬伟大奋斗精神实现个体价值。

（二）继续保持党的艰苦奋斗优良传统

艰苦奋斗体现了中国共产党的优良品质，是中国共产党的优良传统。自创建之日起，中国共产党带领人民艰苦奋斗、顽强拼搏，解放思想、实事求是，实现了中华民族从站起来、富起来到强起来的伟大飞跃。灾难危机往往是对党员素养、理想信念、执政能力的检验，能够有效衡量艰苦奋斗优良传统践行成效。抗震救灾奋斗精神彰显了艰苦奋斗优良传统传承和践行巨大成效。危机之中，中国共产党党员表现出良好的党员素养，坚定的理想信念，卓越的执政能力。抗震救灾奋斗精神承载了中国共产党党人艰苦奋斗优良传统。一方面，弘扬抗震救灾奋斗精神有利于彰显共产党员的理想信念，激励共产党员保持优良传统。抗震救灾伟大胜利表明了中国共产党党员坚定正确的理想信念，自然抗震救灾奋斗精神能够熏陶砥砺中国共产党党员继续保持艰苦奋斗优良传统。汶川特大地震抗震救灾中奋斗精神所包含的民族气节、坚强意志、人民立场等，都是引导中国共产党人坚守艰苦奋斗优良传统的宝贵资源。另一方面，弘扬抗震救灾奋斗精神有利于共产党员继续保持解放思想、实事求是、与时俱进、求真务实的艰苦奋斗优良传统。唯有“解放思想、实事求是”，中国共产党党员方能在抗震救灾中研究新情况、解决新问题。唯有“与时俱进、求真务实”，中国共产党党员方能在抗震抗震救灾中脚踏实地、不断开创抗震救灾新局面，取得抗震救灾伟大胜利。因此，抗震救灾奋斗精神能够砥砺广大党员继续保持艰苦奋斗优良传统，为中国特色社会主义事业努力奋斗。

（三）勇于战胜中华民族伟大复兴道路上的困难

抗震救灾斗争的伟大胜利充分印证了中国特色社会主义制度、道路的优越性，印证了中国共产党能够在危难中挽救人民的生命，增进人民福祉。弘扬抗震救灾奋斗精神是激发人民为实现中华民族伟大复兴而奋斗的有效途径。一是抗震救灾奋斗精神有助于坚定理想信念，深化对中国特色社会主义道路、制度、中华民族伟大复兴的认识。实现中华民族伟大复兴是实现国家富强、民族振兴、人民幸福。弘扬抗震救灾奋斗精神精神，通过总揽全局、协调各方的领导机制，通过气壮山河的救援机制，通过抗震救灾中把生命放在第一位的实际行动，以及灾后翻天覆地的变化等教育引导人民深刻认识到中国共产党和中国特色社会主义的伟大力量，坚定实现中华民族伟大复兴的理想信念。二是抗震救灾奋斗精神能够进一步教育引导人民勇于直面困难、战胜困难。毛泽东同志曾经说过，“人是要有点精神的”。[18] 在深入认识抗震救灾伟大斗争胜利的基础上，奋斗精神进一步引导人民为远大理想艰苦奋斗、披荆斩棘。三是抗震救灾奋斗精神能够进一步推动人民开拓进取，勇于破除樊篱。没有开拓进取、勇于创新，就难以解决抗震救灾斗争中遇到的难题，难以取得抗震救灾伟大胜利。弘扬抗震救灾奋斗精神，通过再述抗震救灾斗争中解决史无前例的难题的伟绩，激发人民为实现中华民族解放思想、攻坚克难、开拓创新的创造力、活力，实现中华民族伟大复兴。

四、结语

在人类思想史上，奋斗精神是一个内涵丰富的概念，这一情状是由奋斗精神所蕴含的多重属性所决定的。至此，汶川特大地震抗震救灾中的奋斗精神的内涵、形成原因与时代价值的“谜底”被彻底揭开了。一方面，它的特定背景是当时中国共产党人为维护人民权益竭尽全力抗震救灾，与一般意义上的奋斗精神差别在于，一般意义上的奋斗精神倾向于共性，而汶川特大地震抗震救灾中的奋斗精神倾向于个性。所以，汶川特大地震抗震救灾中奋斗精神的研究正是为了明确这一精神在特定背景下的特性与时代价值。另一方面，汶川特大地震抗震救灾中的奋斗精神又与一般意义上的奋斗精神相联系，是一般意义上的奋斗精神的继承与发展，昭示中国共产党的初心和使命，集中体现了党的政治品格，既是党的宝贵精神财富，也是新时代中国共产党人接续奋斗的精神动力，具有时代价值。

参考文献

[1] 叶笃初，卢延迟．党的建设辞典 [M]. 北京：中共中央党校出版社，2009.

[2]《汶川特大地震抗震救灾志》编撰委员会．汶川特大地震抗震救灾志（卷一）[M]. 北京：方志出版社，2015.

[3] 毛泽东文集（第 3 卷）[M]. 北京：人民出版社，1996.

[4] 胡子祥，何云庵．抗震救灾精神口述史——汶川特大地震十周年纪念专辑 [M]. 成都：西南交通大学出版社，2017.

[5] 冯国超译．周易 [M]. 北京：华夏出版社，2017.

[6] 胡子祥，何云庵．抗震救灾精神研究——纪念汶川特大地震十周年 [M]. 成都：西南交通大学出版社，2017.

[7] 习近平．在同各界优秀青年代表座谈时的讲话 [N]. 人民日报，2013-05-05（2）.

[8] 杨先农，赵小波．灾后重建精神继续抒写伟大抗震救灾精神的新篇章 [J]. 中华文化论坛，2011.

[9] 黄寰．后重建时期灾区生态与产业协调发展研究——以四川地震灾区为例 [M]. 北京：人民出版社，2017.

[10]《汶川特大地震抗震救灾志》编撰委员会．汶川特大地震抗震救灾志（卷五）[M]. 北京：方志出版社，2015：301.

[11] 雷芳，何云庵．抗震救灾精神内涵及育人价值 [J]. 人民教育，2021.

[12] 王炳林，房正．关于深化中国共产党革命精神研究的几个问题 [J]. 中国高校社会科学，2016.

[13] 习近平谈治国理政（第一卷）[M]. 北京：外文出版社，2014.

[14] 十三届全国人大一次会议在京闭幕 [N]. 人民日报，2018-03-21（1）.

[15] 习近平谈治国理政（第三卷）[M]. 北京：外文出版社，2020.

[16] 蒙培元．人是情感的存在——儒家哲学再阐释 [J]. 社会科学战线，2003.

[17] 李后强．灾后重建的汶川样本 [M]. 成都：四川科学技术出版社，2011.

[18] 毛泽东文集（第七卷）[M]. 北京：人民出版社，1999.

作者简介

刘艳，女，1996 年生，四川眉山人。硕士研究生，初级教师，工作单位：重庆市蜀都中学校，研究方向：思想政治教育。

北川老县城地震遗址保护紧迫性必要性研究

何瑞雪

习近平总书记在党的二十大报告中指出，广泛践行社会主义核心价值观，弘扬以伟大建党精神为源头的中国共产党人精神谱系，深入开展社会主义核心价值观宣传教育，深化爱国主义、集体主义、社会主义教育，着力培养担当民族复兴大任的时代新人。

北川老县城地震遗址是全世界整体原址原貌保存的规模最大、破坏类型最全面、次生灾害最典型的地震遗址，是党的精神谱系之抗震救灾精神的凝结地、实践地、研究地、弘扬地，是开展地震灾害研究的世界级宝贵资源，是开展地震科普教育的世界级基地，是弘扬伟大抗震救灾精神、培育和践行社会主义核心价值观的重要载体。受限于无参考借鉴地震遗址保护经验、技术支撑不足和资金紧缺等因素，经过十多年的治理保护，虽取得一定成效，但地震遗址不可移动文物本体保护仍显得十分紧迫，保护任务异常艰巨。

本调研课题全面总结北川老县城地震遗址保护现状，客观分析面临的困难和保护的紧迫性必要性，有针对性地提出了加强北川老县城地震遗址保护的对策建议。

一、北川老县城地震遗址保护概况

2008 年“5·12”特大地震后，按照国务院印发的《汶川地震灾后恢复重建条例》《汶川地震灾后恢复重建规划》，将北川老县城作为地震遗址保留，5·12 汶川特大地震纪念馆建设和老县城地震遗址保护项目列入四川省灾后精神家园重建项目。北川老县城地震遗址本体在空间上呈现“一江、两区、三山”的格局。“一江”是指湔江，“两区”是指老北川县城老城区、新城区，“三山”是指环绕老北川县城的景家山、王家岩、龙尾山等山体。主要文物资源可分为震损建（构）筑物，废墟遗址，典型的滑坡、泥石流、堰塞湖、逆断层等地震地貌三种类型。2012 年 7 月，四川省人民政府公布北川老县城地震遗址为四川省第八批省级文物保护单位。2022 年 11 月，纳入四川省不可移动革命文物名录，具有唯一性、不可复制性、特殊性。

（一）顺利通过文物保护规划

委托上海同济大学编制了《北川地震纪念馆区和地震遗址保护地规划》，该规划2009年四川省文物局予以批复。为有效保护地震遗址文物，2012年1月，委托中国建筑西北设计院有限公司编制《北川老县城地震遗址文物保护规划》。2016年11月，四川省人民政府以川府函〔2016〕234号对该规划进行了公布，规划分为重点保护区和一般保护区，总体面积达266.22公顷。

（二）稳步实施遗址保护工程

按照《北川地震遗址保护规划》，遵循原真性、完整性、可逆性、分级分类、分期保护原则，实施材料保护、建筑保护、环境保护和地灾治理等地震遗址保护项目。分阶段实施了公安局、教师公寓、北川大酒店等14处23幢震损建筑防护性加固项目，实施了交通局遗址等建筑废墟清理工程，每年按期清理老县城废墟上的杂草，治理了老县城周边山体地质灾害12处、清理老县城周边山体危岩21721立方米、安装了主动网和被动网共计39503平方米，建设16座拦沙坝、26座谷坊坝，修建了732米导流堤、983米防护墙、698米排洪沟，完成沙坝断层地震地质遗迹保护、北川老县城堤防“8·15”水毁恢复重建工程等。

（三）逐步恢复河道行洪能力

2010年至2011年，建成了老县城防洪堤一段、二段工程；2014年至2018年，根据省水利厅审定通过的《通口河唐家山堰塞湖下游（北川老县城—邓家大桥）河段防洪治理近期工程初步设计报告》，结合北川开茂水库、永安工业园等重点项目建设，我们对老县城地震遗址河段进行了防洪疏浚，共计清运河道砂石约139万方，修复了损毁的防洪堤2700米。2019年、2020年老县城河道相继遭遇特大洪水，河床再次抬高，地震纪念馆积极协调北川县政府2021年、2022年实施河道疏浚项目，累计清运堆积物300余万方。

（四）研究申报后续遗址保护项目

先后2次成功举办地震遗址保护与利用座谈会，集聚专家智慧研究地震遗址保护新思路新措施。按照立军书记2022年3月17日在地震纪念馆调研时的指示精神，聚焦项目争取和实施，稳妥推进本体建筑监测保护、周边地质灾害监测治理和过境河道管理等工作。投资概算1560万元的两个老县城周边山体地灾治理项目，已于9月中旬顺利进入自然资源部项目库。概算530余万元的北川老县城地震遗址区文物本体建筑监测预警项目，已纳入2023年全市信息化项目建设内容。

总体上看，北川老县城地震遗址主要是采取应急防护性保护措施，实施了不可移动文物本体应急防护性支撑加固、老县城周边山体地质灾害治理、河道治理等工程，但自然风化、地震威胁、技术单一等问题依然很突出，地震遗址后续保护工作难度大、时间紧、任务重。

二、北川老县城地震遗址保护面临的困难

一是区域不封闭，不可预估的损坏因素多。地震遗址遗迹保护区域及周边环境保护范围未能按文物保护规定独立，地震遗址遗迹区是开放式的，S107省道穿过地震遗址，管理难度大。遗址内有大量运输车辆通行，严重影响文物安全。加之周边山体仍存在地质灾害监测点，如遇瞬间暴雨和持续强降水等，极易发生泥石流等次生灾害。

二是保护技术少沉淀，文物本体保护“摸石头过河”。整个地震遗址处于室外，常年饱受风雨侵袭，没有成熟的保护经验可以借鉴，地震遗址保护是一项世界性难题，震损建筑物、构筑物和废墟防风化、防倒塌、防锈蚀等保护措施的研究推进相对滞后，目前仅仅实施的是应急防护性加固支撑项目，现代信息技术、新材料新工艺等实践运用较为缺失。加之老县城地震遗址处于龙门山断裂带，地质活动频繁，震损建筑和周边山体处于一个动态变化的过程，缺乏运用现代信息技术手段和设备设施实施监测、预警的有效措施。

三是项目难整合，保护资金极为紧缺。地震遗址遗迹保护是一项长期的、复杂的工程，涉及发改、财政、水利、自然资源、交通运输、文化文物和旅游等多个部门，实施主体多头，项目资金整合力度不够，导致后期地震遗址遗迹保护项目申报难度大。加之北川老县城地震遗址有重要事件地12处、一级保护建筑16处、二级保护建筑75处、典型地质与基础设施破坏保护5处，按照地震遗址文物保护规划，所有的建筑和重要事件地根据各自不同的情况都分别制定了不同的保护措施和方法，资金投入需求大。

四是立法显滞后，遗址区保护的刚性约束不够。保护规划虽经省人民政府公布，但具体实施保护的原则方式、相关单位的职责、保护利用的路径等法律法规层面的刚性约束不够，责任追究、行政处罚难度大。

三、北川老县城地震遗址保护紧迫性和必要性分析

北川老县城地震遗址资源具有不可逆性，随着时间的推移和环境的变化，地震遗址遗迹极易损毁湮灭，一旦破坏或者毁灭，就不能恢复，必须“科学保护，长久保存”。面对客观存在的世界性技术难题，迫切需要探索研究方法，为其他国家、地区开展地震遗址保护贡献中国智慧、中国方案。迫切需要坚持原真性、科学性、实用性、可逆性、分级分类分期原则，持续实施保护项目，才能延缓地震遗址遗迹自然风化、侵蚀程度等，才能延长保存时间。

（一）长久保护保存北川老县城地震遗址是发挥其政治价值的迫切需要

北川老县城地震遗址作为“5·12”特大地震重要事件发生地，真实记录“5·12”抗震救灾历史，也承载着许多感人故事，彰显人性的光辉，更集中展现了中国共产党领导中国人民进行艰苦卓绝的抗震救灾斗争，它是载入人类灾难史的特大事件，是弘扬抗震救灾精神的“活态”载体，值得中国人民永远铭记。遵照习近平总书记关于保护遗址、传承红色基因的殷殷嘱托，结合地震遗址的资源特点，按程序将北川老县城地震遗址认证为共产党人精神谱系（抗震救灾精神）标识地，有利于进一步扩大地震遗址的知名度和影响力。北川老县城地震遗址是地震灾难留下的自然和文化遗产，可以借鉴杭州良渚遗址保护利用相关经验，对照世界自然文化遗产申报标准，树立大遗址大保护理念，扎实抓好申报“双遗产”相关基础性准备工作。只有长久保护保存好地震遗址，精神标识地、世界自然和文化遗产认证和申报才有魂、有根、有支撑。

（二）长久保护保存北川老县城地震遗址是发挥其社会价值的迫切需要

北川老县城是“5·12”特大地震中破坏最严重的地区，承载着遇难者家属的情感记忆，寄托着全国乃至世界人民对地震罹难者的缅怀追思，也是展现人类在大灾面前的英勇无畏和大爱无疆，颂扬民族精神和人道主义精神的情感家园。北川老县城地震遗址向社会公众免费开放，为公众提供了一个缅怀逝者，寄托哀思的地方，是纪念缅怀遇难同胞的情感家园。地震遗址实施有效保护保存，是对“5·12”特大地震自然灾害事件的记忆和尊重，实施更加严格、更加规范的保护管理措施，以留存灾难的记忆，告慰罹难的同胞，符合当地群众的热切期盼，满足人民精神文化需求，更能赢得群众的理解和支持，有助于维护和谐稳定社会环境。

（三）长久保护保存北川老县城地震遗址是发挥其教育价值的迫切需要

按照习近平总书记关于防灾减灾救灾的重要论述，不断从抵御各种自然灾害的实践中总结经验，提高全民防灾抗灾意识，全面提高国家综合防灾减灾救灾能力。北川老县城地震遗址是新时代开展爱国主义教育、中小学研学实践活动、防灾减灾科普教育以及生命教育的重要基地，是培育和践行社会主义核心价值观宣传的重要场所，也是讲述中国故事、传播中国精神、凝聚中国力量的重要窗口。充分借助地震遗址资源，编制课程案例，运用新媒体开展防灾减灾、科普教育、抗震救灾精神直播宣讲活动等，吸引国内外更多地震、灾害、结构、建筑等方面的院校师生、防灾减灾专业机构、志愿者团队、民间机构等到地震遗址学习考察，开展地震科普教育活动，是绵阳在防灾减灾、地震科普等方面发挥世界影响力的独特而珍贵的教育资源。只有长久保护保存好地震遗址，才能持续向社会公众普及地震知识，提升自救、互救技能，增强灾害风险防范意识和应急处置能力。

（四）长久保护保存北川老县城地震遗址是发挥其科研价值的迫切需要

北川老县城地震遗址是地震和地震次生灾害特征最齐全的保护区，展现了地震后的建筑破坏、环境格局变化和城市整体受灾风貌，承载了地震、崩塌、滑坡、泥石流和堰塞湖等灾害类型，为地震、抗震、应急救援的研究提供最真实、最完整的实体数据，是研究地震学、工程力学、建筑结构和地质灾害的重要课堂，也是开展防灾减灾、应急救援和地震科普的实训研究基地。同时北川老县城作为羌族人民长期生活居住的地方，在整体风貌、建筑风格、文化装饰等方面留存了大量羌族文化元素，是研究和了解羌族文化的重要基地。只有长久保护保存好地震遗址，才利于地震纪念馆和相关院校共同开展灾害监测预警、灾害风险防控、防灾减灾科普教育、羌族文化保护传承等课题研究、内涵价值挖掘、资源利用等，为开展应急防灾减灾、地震科普教育培训、羌族文化传承等提供最新研究成果。

（五）长久保护保存北川老县城地震遗址是发挥其民生价值的迫切需要

借助北川老县城地震遗址的辐射带动力，持续擦亮北川羌城旅游区国家 AAAAA 级旅游景区金字招牌，持续扩大北川旅游的市场知名度，潜移默化将禹羌文化与大爱文化、感恩文化融合，将爱国主义教育、研学实践、科研科考等融入绵阳、北川旅游产品设计中，加快配套基础设施建设，提升旅游服务水平和质量，带动旅游等相关产业发展，增加就业岗位，惠及民生福祉。只有通过实施更加有效的保护措施，才能进一步优化纪念参观环境，吸引人流聚集商气，助推北川区域经济社会高质量发展。

四、北川老县城地震遗址保护工作对策建议

为贯彻落实习近平总书记关于文化、文物、防灾减灾救灾工作重要论述和重要指示批示精神，牢记“一定要把地震遗址保护好，使其成为重要的爱国主义教育”的叮嘱，为科学有效、长久保存地震遗址，特提出如下建议。

（一）建议加快实施地震遗址周边环境治理、地震遗址文物本体保护、监测等项目

实施保护项目是有效、长久保存地震遗址的重要路径，5·12 汶川特大地震纪念馆作为项目业主，积极对上争取，力争下达项目及资金。一是推进老县城周边山体地灾治理项目，减少进入老县城河段的泥沙物源；二是推进老县城河道上下游综合治理。通过建设大坝、防洪堤、泄流洞、疏浚等方式，保证老县城不受洪水威胁；三是通过维修、加固、遮盖、防锈等方式，保护文物本体及参观祭奠者安全；四是实施北川老县城地震遗址区文物本体建筑监测预警项目，建立一体化智能监测平台，实现北斗三维位置监测、沉降量、倾斜度、降雨量、裂缝度、积水水位、文物应力监测、视频监控等实时监测，实现数据的解析、存储、查询、分析、展示、统计、预警、报表等功能。

（二）建议加强地震遗址保护研究并建设地震遗址保护实验室

地震遗址保护研究为后续实施北川地震遗址保护提供技术支撑，建议5·12汶川特大地震纪念馆与相关院校合作，建实建强陆地交通地质灾害防治技术国家工程实验室科研基地、西南交大土木工程学院教学实践基地、成都理工大学地震中心地震监测实验室、成都理工大学地震灾害防治与地质环境保护国际重点实验室北川研究基地等，定期举办学术会、研讨会、座谈会，同时组织相关专业技术人员积极参加国际、国内学术会议等，分享北川老县城地震遗址保护经验，赢得国际和国内社会各界的关注理解和支持尊重。重点建设北川老县城地震遗址保护实验室，推动老县城地震遗址整体三维数据建模，做好展示、推广和应用研究，与同济大学、成都大学等进行老县城遗址保护关键技术、材料研究试验与应用探索，震损建筑检测、受力分析研究和趋势变化判别研究，震损建筑本体修复试验，关键结构模型制作和科普应用，震损建筑防护材料试验，纳米封层材料喷涂试验等，并及时将相关研究成果进行科普展示。

（三）建议整合资源争取地震遗址中长期保护项目及资金

项目资金是有效、长久保存北川老县城地震遗址的保障，建议市政府统筹，形成地震遗址保护合力，达成地震遗址保护共识，力争向上级政府和有关部门汇报，得到重视并争取支持，委托设计单位编制《北川老县城地震遗址保护可研报告（二期）》，逐级对上争取保护项目，力争在“十四五”期间，分步实施127处保护建筑文物本体保护初勘、测绘、地质勘探、施工图设计、激光全息扫描、三维建模等工作，完成老县城地震遗址河道疏浚、周边山体地质灾害修复、治理工程；2028年完成50处保护建筑文物本体维护、清理、加固，2035年前完成剩余的77处文物本体保护。建议将地震遗址保护项目纳入专项规划并落实保护资金，为地震遗址发挥功能作用、申报世界自然和文化遗产奠定坚实的基础。建议专题研究论证绕北川老县城道路建设可行性，按程序纳入国家、省交通建设项目规划，让北川老县城遗址形成一个相对封闭的保护环境，实现核心区无生产生活因素干扰。建议专题研究论证设立北川老县城地震遗址保护基金的可行性，面向社会募集遗址保护资金，转账管理，定期公示经费使用情况，弥补保护资金不足。

（四）建议启动世界“双遗产”、国家文物保护单位、国家地质公园申报工作

创建世界级、国家级基地是争取、解决北川县城地震遗址保护资金项目的有效途径，建议市人民政府统筹，专题研究，北川羌族自治县人民政府、市文物局、市自然资源和规划局、5·12汶川特大地震纪念馆分工负责，组建工作专班，落实相关职责任务和专项经费，齐心协力推动各项申报工作，积极对上争取支持，会同相关专家，研读世界文化和自然遗产申报标准，举办世界文化和自然遗产申报研讨会等，力争2025年前

做好实地调研、标准梳理熟悉、方案制定等前期准备工作。委托相关单位编制《北川老县城地震遗址申报世界“双遗产”研究报告》《北川老县城地震遗址申报全国重点文物保护单位资料》《北川老县城地震遗址国家地质公园建设方案》以及相关申报书等，组织召开专家咨询、论证会，确保申报书论证有理有据，资料翔实。

（五）建议制定北川老县城地震遗址保护决定及保护条例

立法是有效、长久保护北川老县城地震遗址的先决条件，遵照《中华人民共和国文物保护法》《中华人民共和国文物保护法实施条例》《中华人民共和国防震减灾法》《四川省〈中华人民共和国文物保护法〉实施办法》《四川省红色资源保护传承条例》等国家、省相关法律法规和省政府公布的《北川老县城地震遗址文物保护规划》等，建议市司法局、北川羌族自治县人民政府、5·12汶川特大地震纪念馆负责，按照绵阳市人大常委会关于印发《绵阳市人大2022—2025立法规划的通知》，2023年启动编制《关于“5·12”汶川特大地震北川老县城遗址保护的决定》。建议北川羌族自治县人大常委会借鉴其他遗址遗迹保护立法经验，启动《北川老县城地震遗址保护条例》立法工作。

北川老县城地震遗址是四川省重要的红色资源，先后荣获全国爱国主义教育示范基地、全国科普教育基地等荣誉称号，地震遗址保护功在当代、利在千秋。我们将牢记习近平总书记殷殷嘱托，肩负保护地震遗址、赓续精神血脉、传承红色基因、开展地震灾难研究、普及地震科普知识等使命职责，攻坚克难，用心用情用力把地震遗址有效保护、长久保存好，把抗震救灾精神传承弘扬好，为新时代开展爱国主义教育、培育践行社会主义核心价值观、提升防灾减灾能力等贡献更多力量。

作者简介

何瑞雪，男，1976年生，四川射洪人。5·12汶川特大地震纪念馆党委书记、馆长。研究方向：场馆教育。

浅析北川老县城地震遗址周边环境治理对遗址保护的影响和保障作用

——以老县城遗址周边地质灾害治理为例

龚奎　苗秋生　李永东

摘要：“5·12”汶川特大地震发生后，北川老县城遗址周边区域内山洪泥石流地质灾害频发，对地震遗址有效保护构成了严重的威胁。面临如何保护老县城遗址这个世界性难题，针对具有地质灾害隐患的特殊区域，应该如何切实将遗址保护与周边环境治理、地质灾害治理有机结合，从而达到在尽量保持遗迹原址原貌的同时减少或消除其本身灾害隐患为目的。本文通过地质灾害实例科学分析老县城遗址区域危害评估，概括介绍区域地质环境、灾害损失、通过采取排危、排洪疏导、拦防、锚固、停歇、监测等地质灾害整治措施而到达保护的成效，深入思考今后老县城遗址如何有效实施地质灾害整治等周边环境治理，进一步实现老县城遗址外围稳定环境，从而最终实现科学保护老县城遗址。

关键词：地震灾害；整治措施；保护效果；启示

一、引言

“5·12”汶川特大地震在北川老县城周边诱发了大量滑坡、崩塌、泥石流等次生地质灾害，对原北川老县城的人民群众的生命财产和社会经济的发展以及各类建筑造成了巨大损害。伤痛过去，在震后重建家园中北川老县城作为地震遗址被完整保留，是目前世界上原址原貌保存规模最大、破坏类型最全面、次生灾害最典型的地震灾害遗址。2012 年 7 月被核定为四川省文物保护单位，2016 年 11 月四川省人民政府公布实施《北川老县城地震遗址文物保护规划》，认定为重要的革命文物、红色资源。北川老县城地震遗址文物保护范围面积约 266.22 公顷，建设控制地带面积约 168.59 公顷。管理单位先后实施魏家沟滑坡群、县城东侧危岩群、王家岩滑坡、杨家沟泥石流等地质灾害治理工程 14 个，累计投入资金约 15000 万元。这些地质灾害治理工程作为北川老县城地震遗址文物预防性保护项目之一，为统筹开展震损文物本体与周边自然环境保护进行了有益的探索实践，切实减轻了地质灾害对北川老县城地震遗址的威胁，有力保障了地震遗址及文物安全，为有效保护、长久保存、有序开放北川老县城地震遗址发挥了重要的基础保障作用。

二、特殊区域地质环境条件

北川老县城地震遗址位于四川盆地西部。地理坐标东经 103° 44′ ~ 104° 42′，北纬 31° 14′ ~ 32° 14′。东接江油市，南邻安州区，西靠茂县，北抵松潘县、平武县。距绵阳市中区 42 公里，距省会成都 160 公里。区域资源分布在空间上呈现“一江、两区、三山”的空间格局。“一江”是指湔江，“两区”是指北川老县城的老城区和新城区，“三山”是指环绕老北川县城的景家山、王家岩、龙尾山三座山体。遗址区位于唐家山与景家山之间，南侧为任家坪，北侧为沙坝村，城区面积约 1.2 平方公里。其中老城区正对龙尾南端，位于湔江南岸；新城区西临湔江，东靠景家山。

北川老县城遗址恰好地处龙门山断裂带，龙门山断裂带是由印度洋板块不断向欧亚板块俯冲挤压而形成。2008 年因聚集大量能量而爆发震惊全球的 8.0 级汶川特大地震，造成长达 300 多公里的地表破裂，破裂时间持续约 90 秒，断层从汶川县映秀镇向北东方向一直延续至青川县一带，地震裂缝、地震鼓包、地震隆起等地面破坏现象随处可见，最大地面隆起达到 6 米。断层穿过之处山河为之改观，道路、桥梁、房屋等各类建筑物更是损失惨重。

三、山洪、泥石流地质灾害对老县城地震遗址的损害评估

（一）北川老县城地震遗址周边地质灾害成因机制

地质灾害是自然灾害中其中类型之一，具有破坏性强、灾害损失大、灾害降临突然等特点。灾害链是一个复杂的灾害系统，灾情程度由致灾因子的危险性、孕灾环境的不稳定性、承灾体的脆弱性等综合作用形成的，分析地质灾害原因可以更加准确地找到整治的科学措施。“5·12”汶川特大地震造成北川老县城周边山体松散破碎，地震、暴雨极易形成泥石流、滑坡、崩塌等地质灾害。如：魏家沟、席家沟等处于汶川特大地震——沙坝村同震断裂经过的地方，是地震时震动最强烈的地方，沟道两侧岩土松散，崩塌、滑坡等成群出现，形成大量物源，总方量约为 560.83 万立方米。再如：北川县老县城东侧危岩群地质灾害崩塌位于省道 S107 靠山侧，工作区灾害体北东侧自二道拐

观景平台内侧斜坡地形陡缓交界处起，南西侧至观景步道道路内侧斜坡，面积2.36×105平方米等等。北川老县城遗址先后遭受2008年“9·24”、2013年“7·9”、2017年“7·27”、2018年“8·11”、2020年“8·15”等暴雨洪灾，先后经受芦山2013年“4·20”强烈地震、九寨沟2017年“8·8”地震及北川区域内多次地震。

（二）老县城周边地质灾害种类和灾害损失评估

1. 危岩、危石灾害

“5·12”汶川特大地震发生后，老县城周边山体老县城东侧、王家岩、景家山、石索椅山体松散破碎，隐藏了大量的危岩、危石，突遇地震、暴雨极易形成泥石流、滑坡、崩塌等地质灾害，给过往车辆和行人造成极大安全隐患。

2017年“7·27”暴雨致使北川老县城东侧S107省道阻断

2. 滑坡灾害

“5·12”汶川特大地震发生后，北川老县城王家岩发生滑坡，大量滑坡体倾泻而下，将老城区的5条街道、24家机关单位、2所学校和大量居民住房全部掩埋，滑坡体向前推挤了两三百米远，几分钟内就形成了数十米高的大废墟，瞬间造成大量人员伤亡。

暴雨后北川老县城王家岩滑坡

3. 崩塌灾害

“5·12”汶川特大地震发生后，景家山崩塌，将道路上的行人、车辆砸得支离破碎，进入县城的道路被巨石阻断，救援难度增大。同时大量巨石掩埋了北川中学（新校区）、水务农机局、粮油加工厂等。加之2013年“7·9”、2017年“7·27”、2018年“8·11”、2020年“8·15”等洪灾后出现部分危岩带发生零星崩落现象，砸毁主动防护网。

“5·12”地震后北川老县城景家山山体崩塌

4. 暴雨泥石流灾害

“5·12”地震为沟谷型泥石流提供了大量的松散物质来源，北川老县城周边区域于2008年9月24日遭遇暴雨袭击，暴雨中心日降雨达320~350毫米，降雨量为20年一遇。魏家沟爆发大规模泥石流，泥石流冲入北川老县城，几乎全部淤埋老县城的老城区，泥石流堆积物厚度达5~8米，原有建筑物仅三层以上可见，部分低层建筑物被埋，城市地面标高发生改变，河道空间的完整性也被严重破坏。同时泥石流冲毁任家坪村土地、部分临时安置板房，造成人员伤亡。

2008年“9·24”暴雨造成北川老县城遗址泥石流灾害

四、实施地质灾害治理主要工程措施及老县城遗址保护效果

自 2010 年以来，我们邀请地质灾害防治设计单位现场踏勘，分析地质灾害特点，找准具体的工程治理措施，科学编制施工设计方案，积极争取项目资金开展治理保护工作。先后实施西山坡滑坡群（包括魏家沟泥石流）地质灾害治理工程、东侧山体危岩群地质灾害治理工程、曲山桥头滑坡群、景家山崩塌及乱石窖滑坡地质灾害治理工程、西侧后山冲沟泥石流地质灾害工程、石索桥滑坡地质灾害治理工程、石索椅不稳定斜坡地质灾害治理工程、杨家沟泥石流地质灾害治理工程等。针对老县城遗址周边地质灾害特点其主要工程措施简要概括为 6 个方面。

（一）“排危”

主要采取人工排危、爆破排危等方式，清除部分松动、不稳定的危岩群，老县城周边地质灾害治理工程重已排危治理山体危岩 21721 立方米。

2022 年老县城周边地质灾害治理工程人工排危

2022 年老县城周边地质灾害治理工程危岩体安装主动防护网

2022 年老县城周边地质灾害治理工程危岩体下侧安装被动防护网

（二）“排洪疏导”

建设排洪渠系有序疏导洪水，归顺水流方向。魏家沟排洪沟位于 1# 坝下游，起点 1# 坝副坝护坦，考虑到下游湔江侵蚀基准面不断抬高，该沟终点布置于距湔江约 20 米处，该排洪沟主要作用是排洪，1# 坝上游区洪水中直径小于 20 厘米的固体物质以及让老县城东侧及景家山洪水归位，顺畅流入湔江。王家岩滑坡治理主要修建淤积池 6000 立方米、排导槽 120 米，目前滑坡堆积体已经将淤积池和排导槽填满。其他地质灾害治理项目实施中对山体的水系进行整治，保障排水通畅。

2011 年魏家沟新建排导槽有效排洪

（三）“拦防”

建设拦沙坝、谷坊坝等，有效拦截泥石流。魏家沟 2# 拦砂坝位于花石板沟沟口下游 50 米处的魏家沟沟床中，此处沟道宽缓，呈 U 型，纵坡相对较缓，利于拦砂节流，其主要作用将花石板沟冲出的泥石流固体物质部分拦于库内，减轻下游 1# 拦砂坝的拦蓄压力。1# 拦砂坝为魏家沟整个流域的最后一道防线，位于席家沟沟口下游 200 米处的魏家沟流通区出口处，即在沟道封锁线。此处河床宽阔、平坦，地形有利于形成很大的库容。该坝的主要作用是将花石板沟、席家沟冲出的泥石流固体物质全部拦蓄库内，确保北川老县城地震遗址不再被进一步淤埋。2013 年“7・9”洪灾，魏家沟地灾治理工程有效阻挡了山洪泥石流的侵袭，魏家沟 1#、2#、3# 坝成功拦截泥石流中的泥砂、石块等固体物质约 40000 立方米，北川老县城的老城区和新城区东部几乎未受影响。老县城周边山体安装了主动网和被动网共计 39503 平方米，部分区域设置拦石墙、拦石沟槽等。

暴雨后席家沟谷坊坝

（四）“锚固”

在地质灾害治理项目中，对部分不稳定危岩周边加设锚杆拦石钢绳等主动防护。

老县城东侧危岩群锚固

（五）“停歇”

修建停淤坝、谷坊坝等，形成堆积体库容，逐步形成区域性停歇泥石流堆积体。

北川老县城地震遗址王家岩停淤坝

2018年野鸭沟停淤坝

（六）“监测”

主要采取专用设备设施监测和日常人工观测相结合的方式，做到雨前巡查、雨中观察、雨后排查、震后第一时间排查。

以上老县城遗址周边地质灾害治理工程在应对地震灾害、暴雨灾害中发挥了极其重要的保障作用，成功抵御住了近年特大暴雨和泥石流，对有效保护老县城遗址起到至关重要的功效。如：2013年“7·9”洪灾，西山坡滑坡群治理工程成功拦截泥石流物源近60000立方米，避免了直接冲入老县城地震遗址，有效地保护了北川老县城地震遗址。王家岩滑坡治理工程拦截后续数次滑坡，保护了县委、工会等重要遗址。杨家沟泥石流治理工程在2017年、2018年、2020年暴雨洪灾中，拦截及固结泥石流物源近20万立方米，避免物源冲入湔江。其次切实保障了老县城地震遗址周边环境安全。治理前，老县城周边常常发生落石、崩塌、滑坡等，严重威胁过往行人和车辆安全。经过治理，主动网和被动网发挥了巨大作用，落石、崩塌被锁定固定住，少量的落石被被动网拦截，有效保护了过往车辆和行人的安全。

五、北川老县城地震遗址保护几点启示

北川老县城地震遗址保护意义重大、价值突出，其资源是研究地震破坏及次生灾害类型的珍贵标本，是弘扬伟大抗震救灾精神、普及地震科普知识、开展地震灾难科学研究的重要基地，实施后续北川老县城地震遗址周边山体地质灾害治理工程十分急迫、十分必要。虽然已经建成了14处地灾治理工程，发挥了巨大作用，但是随着工程运行年限的增加，原有部分工程项目的防护功能已经减弱，部分工程项目在防护暴雨泥石流过程中，自身也发生了损毁现象，影响了对老县城遗址的保护功能发挥。现在急需对地灾项目进行功能恢复，以便持续保护老县城遗址。目前我们邀请了相关专家现场踏勘提出需采取工程措施的建议，委托专业机构编制施工设计方案，遵循北川老县城地震遗址保护的基本原则，继续采取工程措施将极大地减轻地质灾害对老县城地震遗址的威胁、有效降低安全风险、有效保护震损建（构）筑物文物安全，充分发挥地灾治理工程在保护老县城地震遗址的基础保障作用。根据老县城遗址周边山体治理基本情况，建议可以采取以下工程措施实施保护。

（一）实施魏家沟拦沙坝清淤工程

清淤的主要目的是减少魏家沟拦沙坝泥沙库容，增大拦沙坝拦截泥石流堆积体的容量。魏家沟1#拦沙坝坝高14米，目前堆积体已经高8米，淤积约20000立方米。2#、3#拦沙坝库区已满，淤积堆积体库容量为5000立方米。建议实施拦沙坝库区堆积体清淤工程。

（二）实施魏家沟、席家沟、花石板沟谷坊坝修复工程

恢复谷坊坝，发挥其拦防泥石流作用。强降雨形成泥石流，冲击力巨大，部分谷坊坝坝肩、坝体冲毁，谷坊坝作用减小。为有效拦截花石板沟等泥石流堆积体，有效保障5·12汶川特大地震纪念馆室内场馆安全和曲山镇西山坡居民安置点人员、财产安全，实施了谷坊坝修复工程，逐步恢复谷坊坝拦防泥石流作用。

花石板沟谷坊坝水毁现状

（三）实施王家岩滑坡体治理工程

王家岩滑坡体仍然存在裂隙、山体松碎，暴雨期间极易形成泥石流冲击北川老县城老城区，为逐步稳定山体，委托专业设计公司踏勘、编制《王家岩滑坡体治理施工设计方案》，实施“抗滑桩＋水系治理＋泄流池＋排导槽”，逐步增强王家岩滑坡体的稳定性，降低王家岩物源对老县城地震遗址的危害影响。

王家岩滑坡体现状

王家岩滑坡体泥石流现状

（四）适时分析老县城周边山体监测数据

北川老县城地震遗址周边山体已经设置地质灾害观测点6个，相关数据由北川自然资源局、四川省地质工程勘察院等单位收集，建议定期邀请专家分析老县城周边山体监测数据，为今后开展地质灾害治理提供有效的科学数据支撑。

（五）储备申报北川老县城周边山体地质灾害治理项目

鉴于地质灾害治理周期长，项目储备、申报工作刻不容缓，需提前委托有资质的设计单位再次开展老县城遗址保护规划区域周边山体地质灾害治理隐患点排查，遵循文物预防性保护原则，开展常态化观测和重点监测，掌握第一手翔实资料信息，科学编制施工设计方案，积极主动向市、县人民政府、自然资源部门汇报，纳入地质灾害治理总体治理规划中，争取项目和资金支持，分轻重缓急实施北川老县城周边山体地质灾害治理项目。

六、结语

本次研究主要通过资料收集整理分析，对老县城遗址周边地质灾害有效治理在北川老县城地震遗址保护中的作用进行了不断探索研究，得到了以下结论：

（1）北川老县城地震遗址区域地质灾害的主要致灾因子为地震、持续降水、瞬时强降水以及雨后暴晒。

（2）北川老县城地震遗址区域地质灾害主要分为崩塌灾害、滑坡灾害和暴雨泥石流灾害 3 类。

（3）北川老县城地震遗址区域地质灾害的处置措施主要包括排危、排洪疏导、拦防、锚固、停歇和监测等。

（4）北川老县城地震遗址急需实施后续地质灾害治理工程项目，才能有效发挥地灾工程保护作用，才能有效保障地震遗址安全。

北川老县城遗址是“5·12”汶川特大地震四处典型遗址遗迹之一，是震后保存较完整的城区，展现了震后的建筑破坏形态，山体崩塌、滑坡，环境格局变化和城市整体受灾面貌，这是新中国第一次以地震为主题的整体性遗址保护区域，也是全球较早的展示地震灾害较全面的遗址遗迹。实施后期北川老县城周边山体地质灾害治理项目需借助专家、相关院所的智慧，需各级政府、相关单位高度重视，需及时下达项目和资金，才能逐步降低地质灾害风险，为安全有序开放地震遗址、发挥其功能作用实现安全稳定的自然环境。

参考文献

[1] 汶川地震灾后恢复重建条例 [Z]. 北京：法律出版社，2008.

[2] 国务院抗震救灾总指挥部灾后重建规划组．汶川地震灾后恢复重建总体规划（内部资料）.

[3] 唐川、梁京涛．汶川震区北川 9.24 暴雨泥石流特征研究 [J]. 工程地质学报，2008 年第 16 卷第 6 期．

[4] 中国建筑西北设计研究有限公司．北川老县城地震遗址文物保护规划（内部资料）.

[5] 四川九〇九建设有限工程公司．北川羌族自治县老县城东侧危岩群地质灾害治理项目施工图设计报告（内部资料）.2019 年 7 月．

[6] 四川省地质工程勘察院．绵阳市北川羌族自治县西山坡滑坡群（泥石流）地质灾害治理工程施工图设计图册（内部资料）.2009 年 9 月．

作者简介

龚奎，男，1974 年生，四川绵阳梓潼人。高级工程师，工作单位：5·12 汶川特大地震纪念馆，研究方向：遗址保护、水工建筑。

苗秋生，男，1974 年生，四川绵阳三台人。高级工程师，工作单位：5·12 汶川特大地震纪念馆，研究方向：遗址保护、水工建筑。

李永东，男，1978 年生，四川西充人。工程师，工作单位：5·12 汶川特大地震纪念馆，研究方向：遗址保护，工程管理。

北川老县城地震遗址的现状调查及对遗址保护利用思路的探讨

李慧　袁钰博　龚云龙

摘要：北川老县城地震遗址是四川省重要红色资源、第二批革命文物，具有特殊的历史价值、科研价值和教育价值，在传播、宣传社会主义核心价值观，赓续红色血脉等方面有重要意义。通过实地调研、保护利用实践和存在状态等整合分析，梳理总结出遗址本体与周边环境保护情况、历史文化和重大历史事件的保护情况和利用情况，并经综合评估，归纳出北川老县城地震遗址保护利用存在的主要问题，针对存在的问题，在加强保护红色资源和革命文物这一时代背景下，从立法保护政策支持、保护思路、展示利用等方面提出策略方法，希冀为今后同类遗址保护提供一个可供参考的范例。

关键词：北川老县城地震遗址；遗址保护；利用

北川老县城地震遗址位于四川省绵阳市北川羌族自治县曲山镇，是全世界保存面积最大、原貌保存最完整、地震破坏最严重、次生灾害最全面、破坏类型最典型的地震遗址，具有唯一性和不可复制性。

经过十余年的保护管理，北川老县城地震遗址已经成为祭奠遇难同胞、讲述抗震救灾事迹的纪念地，弘扬伟大的抗震救灾精神、培育和践行社会主义核心价值观的重要载体，开展防灾减灾教育培训的重要基地，推进地震学、应急救援、工程力学、建筑设计等科学研究的重要场所。

当前北川老县城地震遗址的保护利用任务仍然非常艰巨，继续开展相关研究是迫切的，也是必要的。

一、北川老县城地震遗址现状调查

北川老县城地震遗址规划保护面积266公顷。2012年7月被核定为省级文物保护单位，是省内重要红色资源。

（一）遗址保护现状

根据《北川老县城地震遗址文物保护规划》，北川地震遗址遗产构成按内涵由遗址文物本体与周边环境、历史文化及重大历史事件三部分组成。

1. 遗址本体与周边环境保护情况

其遗址本体在空间上呈现“一江、两区、三山”的格局。“一江”是指湔江，“两区”是指原北川羌族自治县县城的老城区、新城区，“三山”是指环绕原北川县城的景家山、王家岩、龙尾山等山体。遗址本体可分为震损建（构）筑物，废墟遗址，典型的滑坡、泥石流、堰塞湖、逆断层等地震地貌三种类型。

近年来，按照地震遗址文物保护规划，坚持“原真性、可逆性、分级分类、最小干预”原则，对北川老县城14处26栋建筑进行了加固，每年开展“防风化、防锈蚀、防倒塌”处理，对127栋文保建筑定期巡查监测，建立保护档案。积极主动预防泥石流破坏，先后建设拦沙坝26座、导流堤732米、防护墙983米、排洪沟968米。同时也注意周边环境的治理，为防止山体崩塌对地震遗址破坏，保护社会公众安全，先后治理了北川老县城周边地质灾害32处，建设主被动防护网39500平方米；在暴雨洪水灾害后，及时开展河道清淤，遗址区环境整治。对沙坝地震断层、唐家山堰塞湖地震遗迹实施了保护工程。

北川老县城地震遗址本体保存现状评估表

遗址本体	湔江	老城区	新城区	景家山、王家岩、龙尾山
保存现状评估	地震和泥石流后，河床抬高、河道改线，每逢汛期时对周边遗址遗迹造成影响。目前，已完成河堤修复、河道疏浚工程，能抵御20年一遇洪灾影响	现状可见建筑物近60处，其余多为废墟。多次遭遇洪水，造成有10处震损建筑至今仍位于水中浸泡，裸露的钢结构件锈蚀严重，有深根性植物破坏，保存较差	现留存建筑物100余处，存在安全隐患的建筑已做保护处理，有部分深根性植物，又自然恢复，可保证适度范围内参观、纪念和研学活动	已做地灾治理，日常观测和隐患排查、及时整治，但由于山体形态、构造和植被都有一定的损害，遗址本体还是存在一定的安全隐患，保存现状一般

从整体来讲，十余年来的保护工作，完整保留了北川老县城地震遗址的主要功能分区和空间结构，基本保持了山体滑坡、泥石流、堰塞湖等次生灾害遗址，各类垮塌、

变形程度不同的房屋、桥梁、街道等建构筑物的原真性，材料、装饰等因自然原因有风化、褪色等情况；还有大量的生活生产用具留存，但有破损、发霉等现象；现遗址区内保护建筑上仍保留救灾队伍留下的标记、救援通道等，是抗震救灾过程的见证物，保证了遗址区的真实性和完整性。

2. 历史文化和重大历史事件

对于红色文化资源，既要注重有形遗产的保护，又要重视无形遗产的传承。为真实表现北川老县城地震遗址中的历史文化和重大历史事件，扩大遗址价值内涵的深度和外延，地震纪念馆将与北川老县城地震遗址、遗址中发生中的重要事件相关资料作为文物资料征集的重要内容。2010 年至 2022 年就多次组织文物征集专题会，征集到与遗址区内相关单位资料 1600 余份，进行了北川县城内地震亲历者李月、唐雄、宋馨怡、李阳、北川县公安局、县政府、海南地震救援队等 9 组亲历者口述史采访，从老县城遗址内抢救出建筑原始建设资料、北川发展建设相关资料 5600 余份，通过对这些资料的整理，加强了文献实物资料学术研究，深入挖掘藏品背后的故事，不断丰富藏品内涵，增加文化向度，也为老县城地震遗址展示奠定基础。

（二）遗址利用现状

不断丰富展陈内容。经过安全评估后，目前北川老县城地震遗址区内已经形成较为完整的展陈体系，在三道拐处可以观看地震遗址整体风貌；新城区和老城区部分区域有可进入式展区，有地质破坏、工程结构破坏、重要事件发生地和抗震救灾事迹展示、地震知识和抗震防灾技术展示，并在重要建筑、重要事件地或废墟前设置标识牌，尽可能详细地展示地震前后对比、基础信息、重要事迹等内容。不可进入式展区的建筑、空间环境等损毁严重，经评估存在安全隐患，历年来已对其进行清理、维护、加固等措施，并在区域外设置安全护栏，露天展示其形貌。通过遗址的露天展示和标识牌的设立，为观众重塑了地震对北川老县城造成的巨大破坏的集体记忆，通过讲故事的方式弘扬伟大的抗震救灾精神，并宣传地震科普知识。

深入推进合作交流。与四川大学、西南交通大学、防灾科技学院等多家院校签订合作框架协议，开展震损建筑保护、建筑结构力学、防震减灾科普教育等方面的课题研究。举办红色场馆社会教育理论与实践、地震遗址保护利用、新时期防震减灾科普教育体系构建座谈会。数百批专家、学者和师生到地震遗址开展现场教学、测绘调研等科考研究活动。多所科研院所将北川老县城地震遗址和地震纪念馆作为大学生思政教育和社会实践的基地。

强化宣传教育扩大影响。打造了一支政治素质过硬、业务水平精湛的宣教队伍。目前有专职讲解（社教）员 12 名，志愿者宣讲队员 23 名。讲解员队伍通过日常讲解向观众介绍北川受灾惨重，讲述遗址区内感人故事，并对地震原理、救灾机制和应急避险知识进行科普讲解；利用节假日、主题纪念日举办主题教育活动，通过线上线下举办专题讲座，开办微党课、微团课，开展“七进”活动；依托地震遗址，开展防灾减灾实训等研学课程和抗震救灾精神大课堂；同中央广播电视总台、新华社、人民日报等 20 余家国内主流媒体合作加强对外宣传；加强网络新媒体宣传，新冠肺炎疫情防控期间，通过数字纪念馆、喜马拉雅、抖音等平台，开展社教和展览活动。

二、北川老县城地震遗址保护利用中存在的问题

虽然我们对地震遗址遗迹实施了本体保护和周边环境治理等项目，开展了文物征集、展览展示、党性教育、防震减灾科普教育活动等，但仍然存在一些问题。

（一）自然环境的制约

北川老县城遗址与其所在山体联系密切。它在构造上位于北东向龙门山褶断带内，位于青林口倒转复背斜南东翼，北川—映秀断裂（冲断层）上盘，处于地层活跃地段，易发生地壳变动，造成地震等灾害。

湔江是老县城内部主要的河流，由于地震和多次次生灾害，河床抬高、河流改道、水流增大，每年汛期时水位上涨，部分水域处遗址被浸泡，影响到遗址安全。此外，自然的恢复能力很强，遗址区内建（构）筑物、废墟和重要事件地，有深根性杂草或树木，严重影响遗址安全。由此，抵御自然灾害和环境影响业已成为北川老县城地震遗址保护的一个重要前提。

（二）保护规划执行刚性不足

2014 年 11 月 5 日，四川省人民政府（川府函〔2014〕199 号）公布了北川老县城地震遗址的保护范围。2016 年 11 月 22 日，四川省人民政府（川府函〔2016〕234 号）公布了《北川老县城地震遗址文物保护规划》。保护规划虽通过省人民政府公布，但具体实施保护的方式方法没有法律法规层面的刚性约束，责任追究、行政处罚难度大。地震遗址遗迹保护是一项长期复杂工程，涉及发改、财政、水利、自然资源、交通运输、文化文物和旅游等多个部门，项目资金整合力度不够，导致后期地震遗址遗迹保护项目申报难度大，资金不到位，遗址保护工程难以实施。

（三）保护技术难度大

地震遗址的保护和利用在我国是个新课题，日本“神户港震灾纪念公园”和“北淡町震灾纪念公园”、中国台湾 9·21 地震博物馆和唐山地震遗址纪念园虽然保留了部分地震遗址，但未能完整保留地震状况，多为单体保护，有一定借鉴意义，但北川老县城地震遗址内保护内容复杂、保护面积大且涉及山体、水系等周边环境治理等，目前需要多学科融合，共同推进遗址保护。遗址区内震损建筑物、构筑物和废墟防风化、防倒塌、防锈蚀等保护措施的研究推进相对滞后，现代信息技术、新材料新工艺等实践运用较为缺失。

（四）学术研究滞后

馆内专业人才不足，专业技术人员结构不合理，目前馆内专业技术人员 18 人，其中高级职称 3 人，中级职称 9 人，但研究方向大多为工程管理，缺少文化遗产、革命文物保护等方面的研究人才；国家范围内许多学者和研究者对“5・12”特大地震进行了大量的学术研究，也有专家学者对北川老县城地震遗址保护提出保护策略及方法，其内容对遗址保护有借鉴意义，但保护利用方面的研究并不系统、不深入。

（五）展示利用有短板

伴随文化遗产保护理念的转变，文旅融合思路逐步拓展，近年来文化遗产已被许多城市作为资源平台，在城市政治、经济、文化、环境等不同方面发挥着愈发重要的作用。作为抗震救灾精神承载地的北川老县城地震遗址是四川省重要红色资源，有成为绵阳地区重要精神标识地的潜质，但其相关的红色文化产业却并没有取得相应的发展，其展示和利用存在以下问题：藏品研究深度不足，价值挖掘不足，不能为展示与社会教育提供优质内容，文化创意开发欠缺，数字化展示利用不够；遗址区内展示形式单一，展示内容近年未更新，地震科普的内容较少，未将抗震救灾、地震科普的内容有效结合，在一定程度上影响了观众参观感受；社会教育活动在形式上被动式参与较多，沉浸式教育体验甚少，除未成年人外，针对普通观众的参与性活动稀缺。

展示利用不足引致北川老县城地震遗址难以有效实现其社会经济价值，自身造血功能的羸弱，很大程度上影响到地震遗址的保护和可持续发展。因此，如何在充分保护遗址的基础上，对其进行科学展示与合理利用是地震遗址可持续保护与高质量发展的关键。

三、北川老县城地震遗址保护利用的思路探讨

由北川老县城地震遗址保护和利用的现状与问题可以看出，遗址本体与周边环境所受到的破坏从深层次反映出其在应对生态环境变迁和快速发展这一现实中所体现出的不适，而在展示利用方面所存在的短板更显著影响到遗址高质量发展。为此，依据北川老县城地震遗址的环境资源特性与实际状况，并结合近年来的工作心得，对北川老县城地震遗址的保护、利用提出以下对策。

（一）积极推进立法保护，增强文物保护意识

北川老县城地震遗址记载了山河破碎的变化、抗震救灾的进程和救灾过程中涌动的大爱，是党和国家的宝贵财富，是弘扬赓续中国共产党人革命精神、新时代背景下加强社会主义精神文明建设、激发爱国热情、振奋民族精神的生动教材。近几年来，国家陆续发布了《关于实施革命文物保护利用工程（2018—2022 年）的意见》《关于加强文物保护利用改革的若干意见》《关于让文物活起来　扩大中华文化国际影响力

的实施意见》和《“十四五”文物保护和科技创新规划》等政策性文件，2021年6月25日，四川省也出台了《四川省红色资源保护传承条例》，将抗震救灾和灾后恢复重建的遗址、遗迹和代表性实物等列入了保护范围。从当前遗址保护和利用中遇到的问题来看，地震遗址保护相关单位和责任人需要进一步加强文物保护意识，形成合力，通过地方立法，促进地震遗址保护管理利用工作的法制化、规范化，进一步加大保护管理利用的力度，在政策、项目立项、资金争取等方面予以支持，做好遗址保护措施，进而提升保护管理利用效能。

（二）实施生态环境整治，采取针对性保护措施

首先，鉴于北川老县城地震遗址的生态脆弱性和易损性，需要维护遗址周边环境，进一步强化王家岩、龙尾山和景家山等山体针对性的工程措施，对山体实施加固，对分布有重要建（构）筑物、重要事件地的坡体实施护坡工程，进行防渗处理。在保护老县城遗址文物安全的基础上，对周围非遗迹类山体进行植物绿化，大量种植能够保持水土的绿色植被，有效遏制水土流失，起到加固坡体、涵养水源、保护遗址的作用。对已经有了深根性植物的重要遗址或次生灾害事件地，在不破坏原貌的情况下，采取适当措施定期进行清除，尽可能地减少植被对遗址的破坏。针对长年来自然侵蚀和突发性灾害对遗址的破坏，每年汛期前，对接相关部门加强河道清淤和疏浚工程。

同时，在《北川老县城地震遗址文物保护规划》的指导下，坚持原真性、可逆性、最小干预等原则，对地震遗址进行分级、分类、分期保护。区别于古建筑或其他历史遗址遗迹，地震遗址存续能力较差是其最大特点，在保护过程中应因点而异，进行具体勘察设计，在甄别遗址所面临的主要破坏因素的基础上对遗址采取针对性的保护技术，制定科学的本体保护方案，报主管部门审批后再实施。

再次，利用数字化技术对北川老县城地震遗址进行信息采集，既可以作为保护档案，也可为学术研究提供资料，甚至为文旅融合开发数字节目予以支持。结合新技术做好关键位置或重要建构筑物的数字化动态监测，监测内容包含建筑变形、应力应变等，为建筑加固设计、危险性监测、文保档案留存等提供参考，根据专家建议，设立阈值，将动态监测与应急预警结合起来。

最后应注重对遗址进行日常保养与维护，定期对遗址本体及其防护结构采取常规性安全处理。

（三）加强学术研究，助力遗址保护、展示教育

地震文献实物资料是开展学术研究、展示、教育、宣传等活动的基础，需要进一步加强地震文物资料库建设，认真梳理当前已征集藏品资源，明确藏品体系的短板和弱项，争取多方合作，依托群众力量助推资料库建设。资料库内容应不局限于汶川地震，要强化内容外延，涉及地震灾情、救援、重建、装备、心理援助、体系建设等内容，

并进行数字化平台建设，实现资源共享，在档案资源上确立区域甚至全国影响力。

学术研究工作是遗址保护利用工作的核心和灵魂，为保护提供理论与技术支撑。研究工作内容应涉及遗址保护技术研究、抗震救灾精神价值挖掘、抗震救灾灾后重建史实研究、阐释传承路径研究、观众研究等多方面；在人力人才方面，加强与思政理论、党史地方史、遗址保护、陈列展览等方面的知名专家联系，并与场馆院校深度合作交流，凝心聚力，共生共长；在形式上，组织人员积极参加国际、国内学术会议等，赢得社会各界的关注理解和支持尊重，定期举办学术会、研讨会、座谈会，建设研究基地，例如陆地交通地质灾害防治技术国家工程实验室科研基地、西南交大土木工程学院教学实践基地、成都理工大学地震中心地震监测实验室、成都理工大学地震灾害防治与地质环境保护国际重点实验室北川研究基地等，重点打造北川老县城地震遗址保护研究基地，进行老县城遗址保护关键技术、材料研究试验与应用探索，震损建筑检测、受力分析研究和趋势变化判别研究，震损建筑本体修复试验，关键结构模型制作和科普应用，震损建筑防护材料试验，纳米封层材料喷涂试验等，并及时进行科普展示，创建重点实验室。出版学术期刊或者书籍，打造思想碰撞和智慧聚合的强劲引擎。

（四）创新阐释方式，筑品牌、塑形象

苏东海先生在《中国纪念馆概论》的序言中总结，纪念馆的特征是环境特征、纪念物、个性特征。北川老县城地震遗址是5·12汶川特大地震纪念馆的重要组成部分，因此在展示、教育、传播等方面，需从在场感、独特性、体验感、获得感等方面入手。

在内容上，应着重利用已收集的藏品资料、口述史和学术研究成果等，整理提炼相关的感人故事、崇高精神、科普知识、民俗风情等进行展示；遗址给观众独特的在场感可以弥补记忆构建中存在的时空距离感，让观众在空间上沉浸于残破遗址，感受自然力量，大环境中听、看、感受地震中那些反映大爱、尊重生命、崇尚科学等精神内容的“小”故事，更好地与观众记忆连接，激发观众情感共鸣和沟通，实现对精神、救灾、防灾、减灾、抗灾等体系构建。

在形式上，除遗址露天展示结构破坏和遗址介绍牌外，还可利用媒体思维，结合新闻事件、重要节点等定期或不定期举办和遗址相关的临时展览，全面展示北川老县城地震遗址的时代文化内涵。例如，北川是全国唯一一个羌族自治县，在羌历年时，举办羌族民俗展，使观众了解震前北川民风民俗，帮助观众构建关于北川的完整记忆；在全国公安日展示公安民警救灾情况，构建人民警察为人民的时代印象。这样，结合新闻事件和时间节点，就将旧闻变成新闻，把“有意义”的事做出“真效果”，引起社会反响。

在传播上，打造抗震救灾精神宣讲工作室，塑造品牌IP，跨时空讲好红色故事。组建宣讲队伍，人员涵盖纪念馆工作人员、志愿者、演员、机构团体等，配合展览、社教活动，开展“六进”展演宣讲，生动传播抗震救灾精神，进行爱国主义教育、生

命教育、感恩教育、科普教育等；在纪念馆区与遗址区，利用馆区静态场景或地震遗址区内某处经安全鉴定安全的建筑进行陈设开放，复原讲述曾经发生过的故事，创作沉浸式剧目、讲微党课、微团课，并邀请观众参演，让展示生动起来，观众有代入感、体验感。打破时空限制，利用网络技术、数字技术、新媒体技术，打造全媒体传播矩阵，利用人民日报、新华网、央视网、网易等主流媒体宣传，通过微信公众号、新浪微博、抖音、B 站等自媒体平台发布相关推送、直播，扩大宣传覆盖面，贴近观众；与电视台、广播电台等媒体合作播放专题篇、抗震救灾小故事、抗震救灾亲历者口述史等内容，增强传播的广度和深度。

四、结语

北川老县城地震遗址是四川省重要红色资源，要牢记习近平总书记："一定要把地震遗址保护好，使其成为重要的爱国主义教育基地""传承红色基因，赓续红色血脉"的殷切嘱托，守护弘扬抗震救灾精神的初心，科学准确定位，立足实际，用心用情用力地保护好、管理好、运用好地震遗址，积极融入区域公共文化服务体系，创新激荡发展的春潮，凝聚力量，进一步加强铸魂育人功能发挥，实现共建共享，成为绵阳甚至四川地区红色精神标识地，做守望民族精神的代言人，让抗震救灾精神传承薪火绵延。

参考文献

[1] 四川省人民政府．四川省红色资源保护传承条例 [EB/OL]（2021）．四川党史文献网．

[2] 郭丹云，袁素娟，李亚君，申志永．唐山地震遗址现状分析与思考 [J]. 城市与减灾，2013（4）：18-20.

[3] 马萍．灾害类博物馆的叙事图式构建 [J]. 东南文化，2021（2）：171-183.

[4] 中国建筑西北设计研究院有限公司．北川老县城地震遗址文物保护规划 [Z]. 2016.

[5] 北川老县城地震遗址文物保护规划（内部资料）.

作者简介

李慧，女，1987 年生，甘肃武威人。本科学历，文博馆员，工作单位：5·12 汶川特大地震纪念馆，研究方向：博物馆管理、遗址保护。

袁钰博，男，1987 年生，四川绵阳梓潼人。本科学历，助理馆员，工作单位：绵阳市汇泽投资有限公司，研究方向：科普教育。

龚云龙，男，1991 年生，四川绵阳三台人。本科学历，文博馆员，工作单位：绵阳市汇泽投资有限公司，研究方向：陈列展览，遗址保护与利用。

地震遗址治理保护和管理应用研究

刘继野

摘要：地震遗址是地震灾害的产物，需要对其进行治理和保护，使其产生重要的社会价值。随着地震遗址得到越来越多的关注和重视，对地震遗址的治理、保护和管理也提出了更高的要求。本文以地震遗址治理的理论为出发点，分析我国地震遗址治理保护与管理的现状，剖析地震遗址治理保护和管理应用中存在的难题。梳理汶川地震遗址价值和治理现状，结合汶川地震遗址先进经验，把握汶川地震遗址治理保护与管理应用优势，最终提出优化地震遗址治理保护和管理的建议和措施。

关键词：地震遗址；可持续发展；治理；困境；对策

一、地震遗址相关治理现状和困境

（一）地震遗址概念及价值

地震遗址是由强烈地震造成的痕迹，包括震毁、震损或地震影响区域内相对完好的建筑物及地震活动产生的地质、地形、地貌变化和变动的痕迹等，是珍贵的不可再生的自然遗产，具有重要的价值。第一，历史价值。地震遗址直观生动反映了地震灾害所留下的痕迹，承载着受灾的历史，真实记录了地震灾难状况、抗震救灾过程以及灾后重建的辉煌历程。通过地震遗址，使人们从地震历史中汲取防震减灾经验教训和铭记抗震救灾的光辉历史。第二，精神价值。地震遗址以实体承载着那段历史中人们的记忆和感受，直接牵动着灾区人民和全国人民的精神世界。地震遗址还承载着抗震救灾过程中全国上下一心，同心协力共同抗击地震形成的抗震救灾精神，丰富了中华民族文化和共产党人精神谱系。第三，科学价值。灾后地震遗址之中震毁和震损的建筑物能够作为抗震救灾对策研究的实物样本，通过地震遗址这样的实物样本探寻推进防震减灾工作和灾后重建工作的科学方法。地震遗址中发生变化的地貌和地形状况而形成的新的自然景观，如堰塞湖等，也具有重要的地理科学研究价值。第四，经济价值。震后所形成了诸多自然景观和人文景观，而这些景观在进行有效的治理和开发后，可以因地制宜地发展文旅产业，从而带动和促进区域经济提升和经济的可持续发展。

（二）我国地震遗址治理的现状

我国是一个地震多发国家，据不完全统计，20 世纪以来，我国就发生 800 余次 6 级以上的地震。虽然地震频发，但目前较有影响力且完整保存的遗址屈指可数，我国只有 6 处国家级典型地震遗址（见下表），同时这 6 处典型地震遗址都属于地震灾害地形地貌改变形成的自然类地震遗址。

国家级典型地震遗址基本情况表

名称	级别	类型	治理类型	资金主要来源
云南永胜红石崖大地震“天坑”遗址	国家级	自然类	展示性治理	财政
山东郯城麦坡地震活断层遗址	国家级	自然类	展示性治理	财政
山东枣庄熊耳山崩塌开裂地震遗址	国家级	自然类	展示性治理	财政
重庆黔江小南海古地震遗址	国家级	自然类	展示性治理	财政
宁夏西吉党家岔地震滑坡堰塞湖遗址	国家级	自然类	展示性治理	财政
海原大地震活动断裂带遗址	国家级	自然类	展示性治理	财政

而特大破坏性地震形成的不仅有自然类的地震遗址，还包括震毁震损的城市（建筑物）地震遗址。震毁震损的城市（建筑物）地震遗址是最能直观反映和记录当时地震受灾情况的载体。因此，若只对自然地质类的地震遗址进行治理而忽视震毁震损的城市（建筑物）地震遗址，这显然是不恰当的。同时，地震遗址具有成因的特殊性，状态的脆弱性和不可复制性等特征，现目前对地震遗址治理的可供借鉴的经验缺乏，对地震遗址的治理保护成为一项艰难的课题。

我国十分重视防震减灾工作，重视对地震遗址的保护和治理，在《防震减灾法》第六十九条规定之中，明确要求了“地震灾区的县级以上地方人民政府应当组织有关部门和专家，根据地震灾害损失调查评估结果，制定清理保护方案，同时明确对典型地震遗址、遗迹、文物和建筑物等的保护。”同时，2022 年 6 月 19 日，国家减灾委员会经国务院批准印发《“十四五”国家防震减灾规划》（后简称《规划》），《规划》深入贯彻落实习近平总书记关于防灾减灾救灾重要论述和防震减灾重要指示批示精神的重要举措，也是对防震减灾工作作出部署，为防震减灾事业高质量发展指明了方向，同时也提出了新的更高要求。地震遗址治理、保护和管理应用作为防震减灾的重要内容，也是促进地震遗址可持续发展的必然要求和重要依据。

虽然地震遗址治理近年来得到了越来越多的关注，国内诸多专家学者对地震遗址相关内容进行了深入的研究，在诸多层面取得了一些成果。但主要是对展示层面或价值层面或治理研究等方面，还缺乏对地震遗址相关课题的系统化、理论化的综合研究。因此，在“地震遗址治理保护和管理应用研究”方面存在着碎片化、单一化以及模糊化的理念和认识。

（三）地震遗址治理保护的困境

近年来，地震遗址受到越来越多的关注，地震遗址群落治理保护和管理应用也在逐步地推进，但是在这个过程中也沉积了诸多的问题和困境，主要表现在以下几个方面。

1. 地震遗址治理资金及来源有限

地震遗址的治理保护和管理应用同样离不开相应资金的支持。地震遗址群落涉及范围广阔，对地震遗址的治理不论是震毁和震损的建筑物的清理、维护、展示、加固，还是地形地貌的勘测及地震遗址群落的产业开发宣传，监测预警等都需要大量的资金投入。相较于国外非政府组织捐赠资金对文化遗产治理保护提供重要的经费支持，我国对文化遗址治理保护的资金来源较为单一，主要来源于国家财政资金，而国家专项用于处理防震减灾、地震遗址治理保护的财政资金毕竟是有限的，部分地区政府更加注重地区经济发展，加之一些地区的财政资金更为吃紧，对遗址治理保护的支持力度力不从心，资金短缺是遗址治理保护普遍存在的问题。所以如果单纯依靠财政专项资金进行地震遗址群落的治理保护是远远不够的，需要吸纳更多的社会资金进入地震遗址治理保护领域，促进地震遗址群落治理保护建设稳步前进。

2. 地震遗址治理宣传不到位

地震遗址作为具有重要的自然和人文价值的遗产，是全体人民共同的财富，需要社会公众共同参与和支持。目前，对防震减灾及地震遗址治理的宣传力度不够，相关部门和公众对地震遗址的保护意识薄弱且并未意识到地震遗址的重要性和价值。公众普遍对地震遗址治理相关内容认识、了解不足，接受宣传科普机会少，获取地震遗址相关信息的途径单一或缺乏，从而直接影响对于遗址保护治理的积极性和参与度。因此，促进社会层面对地震遗址治理保护意识的提高，解决宣传教育短板是突破口，要加强宣传的力度。

3. 地震遗址治理和保护难度大

地震遗址包含了震毁震损的建筑物还包括改变了的地形地貌，还会导致生态系统的种群与数量的改变，破坏了灾区的生态平衡。同时地震遗址具有特殊性、差异性和脆弱性的特点，治理保护的难度大，对地震遗址的开发利用需要慎之又慎。由于各地地震灾后破坏程度和震后实际情况不一，对于地震遗址治理保护的研究和借鉴经验又缺乏，所以在地区地震遗址治理过程中存在摸着石头过河的情形，而这样的治理情形便存在不确定性，可能会出现开发、勘探、修复不当的情形。同时在治理开发过程中，地震遗址本身脆弱，盲目开发，隐性破坏等引发遗址破坏、环境污染及区域环境二次破坏的情况，也影响着地震遗址的重要历史文化价值、长期的社会效益和经济效益。

4. 相关法律法规的保护不健全

根据《防震减灾法》第六十九条规定县级以上地方人民政府针对地震遗址作出保护的要求，但是由于存在前置条件和缺乏相关配套法律约束和监督，所以保护规划往往得不到相关部门的重视和全面执行。并且，这也导致地震遗址治理、保护与管理过程中存在诸多问题，国家专门性和针对性的法律法规不健全，地方立法的难度大是普遍存在问题。

5. 遗址保护技术和人才突破受限

地震遗址治理与保护是一项复杂性的工程，科学技术和专业技术人才的支持是不可或缺的。现实工作中，专业技术人才往往成为限制治理和保护效能的一个关键。专业人才不论是对遗址的勘探和测量，还是对遗址的修缮、维护和管理都具有重要作用。当前，遗址遗迹很难吸引专业技术人才投身于地震遗址治理之中，新材料新技术应用不足，导致治理、保护、管理工作出现不流畅和滞后的情形。《“十四五”国家防震减灾规划》中明确要求以培育新技术应用和人才为先导，以此提升防灾减灾科技支撑能力。所以，要引导地震遗址治理工作提速增效，需要解决技术和人才的问题。

二、国内地震遗址治理启示——汶川地震遗址概况与治理现状

“5·12”汶川特大地震是中华人民共和国成立以来破坏性最强、波及范围最广、灾害损失最重、救灾难度最大的一次地震。这场地震波及范围极大约 50 万平方公里，受灾总人口达 4625.6 万人，其中 69227 人遇难、17923 人失踪、1993.03 万人失去住所，造成经济损失 8451.4 亿元。地震不仅导致房屋坍塌、建筑物损毁还导致地形地貌发生改变，留下了诸多的珍贵的地震遗址，包括震毁震损的城市建筑物遗址还有震后地形地貌改变形成的地质自然遗址。例如，北川老县城地震遗址、唐家山堰塞湖地震遗迹、绵竹汉旺地震遗址等。在中共中央、国务院的领导下，在全国党政军民的大力支持下，抗震救灾取得胜利，地震所带来的伤痛已渐渐愈合，经过灾后重建，曾经支离破碎的地震灾区已重新焕发生机。同时党中央国家政府高度重视地震遗址治理，通过建立专门管理单位对地震遗址进行规划、治理、保护和管理。5·12 汶川特大地震纪念馆主要分为户外场馆和室内场馆，可以概括为三遗址两馆一中心。户外场馆包括北川老县城地震遗址、沙坝地震断层遗址、唐家山堰塞湖地震遗迹；室内场馆包括纪念馆主馆、副馆科普体验馆和防灾减灾宣传教育中心。

地震遗址和纪念馆主要功能和价值。第一，在功能方面，地震遗址和纪念馆具有防震科普功能、传播防震减灾知识和技能、提升公众的安全意识和思想政治教育功能，纪念馆内详实地记载了抗震救灾时期，党中央对抗震救灾的正确决策和坚强领导，展现家国情怀，爱国主义精神和民族团结精神，是极佳的教育实物蓝本。第二，在价值方面，地震遗址和纪念馆具有重要的历史价值和科学文化价值，遗址和纪念馆直观再现了中国及中国人民在大地震中抗震救灾的光辉历史；遗址纪念馆之中蕴含着地震知识和抗震救灾的宝贵经验，这些对人类的抗震救灾工作具有指导意义。

在治理之中，针对不同的地震遗址分类，对地震遗址进行了不同的治理保护与管理，根据地震震后产生的不同影响将地震遗址按照核心区、控制区和恢复协调区三级划分。由于灾后重建工作并没有在老县城基础上进行重建，所以没有重建因素的影响，北川老县城地震遗址是保存最为完整的城市（建筑物）地震遗址，因此能将老城区等地震后震损震毁严重的地区纳入核心区进行保护。并且通过实施震损震毁建筑物安全防护工程以及动态监测，极大程度上维护老城区等核心地震遗址的完整性和安全性。地震除了造成主要的原生灾害，还可能通过原生灾害诱发次生灾害形成新的次生灾害区遗址。因为次生灾害区遗址具有诱发性，所以将次生灾害区遗址列入控制区中，通过技术监测、预防工程建设等实时控制从而达到预防灾害二次发生的目的。沙坝地震断层遗址、唐家山堰塞湖地震遗址最为典型的地质地形地貌发生改变形成的遗址遗迹，将此类环境变化形成的遗址纳入恢复区协调之中，进行环境的恢复保护和生态的修复。通过三级分级治理保护与管理，促进地震遗址治理效能提升，增强治理保护与管理的科学性。

同时，在遗址治理过程中，建立地震纪念馆统筹区域管理工作，充分发挥地震遗址、纪念馆对地区发展带动作用。将治理融入市场之中，在治理中与当地经济发展相结合并且因地制宜地融入北川特点和羌族文化，通过与教育科研结合，以遗址为资源，以纪念馆场为载体，生动讲述抗震救灾历史和爱国主义、民族团结精神，传递防震减灾知识；与众多科研院校共建科研教学基地，让遗址焕发历史及科学文化生机；通过与环境保护治理结合，通过植林固山等措施恢复被破坏的植被和生态，始终坚持绿水青山就是金山银山理念，在遗址治理保护过程中坚持区域产业开发与区域环境保护并举，协调遗址与周边环境之间的关系，注重生态环境问题治理，真正做到可持续性发展。

三、加强地震遗址治理保护和管理应用的对策

（一）联动周边地区坚持推进协同发展理念

随着新发展理念的提出，在地震遗址治理保护的过程中，也应该朝着整体性治理方向发展，本着创新、开放和共享理念实施区域协调发展战略，促进区域及其产业的

联动，健全区域帮扶机制。通过在治理中深挖遗址和周围地区和区域的复合价值，例如在发展地震遗址文化旅游产业的同时，结合当地特色民族民俗文化，打造特色地震遗址旅游文化路线，促进沿线地区旅游经济发展。同时通过“旅游业 + 其他产业”的模式，发展产业过程中促进联动区域人口就业问题，留下人才和劳动力，在治理保护中探求区域整体性经济协同发展，以此提升区域人民生活水平，增强幸福感、满足感。

（二）充分利用信息技术加强宣传

在宣传层面可以利用“互联网 + 地震遗址”的模式，创新宣传方式方法，重点聚焦地震遗址和红色精神的宣传，将传统的宣传方式与新兴媒体宣传方式组合，探寻宣传新途径。例如通过大众化新兴短视频媒体平台，如抖音、快手等，宣传和普及地震遗址治理相关内容，通过互联网高速高效的传播方式，结合地震遗址的特点，增强公众对地震遗址治理的记忆点从而提升公众对地震遗址治理与保护的意识。同时，在利用互联网信息技术宣传科普的过程中，要注重受众主体年龄、受教育水平等因素的差异，根据主体差异适当在宣传过程中增强地震遗址治理与保护内容的普适度和趣味性，让人民群众喜闻乐见，使地震遗址在传播中得到更多认可和更多的关注，得以进一步将普通受众向地震遗址参与者、保护者和爱护者转化。

（三）注重遗址研究价值，丰富文化价值

地震遗址是记载特定时间地震灾难历史的直观载体，具有重要的历史、文化、科学价值。因此，通过对地震遗址治理保护进行文化赋值，治理保护活动需要对遗址自身存在的历史文化内涵进行挖掘和阐释。例如通过与人文社科组织、高等院校进行科研创新交流活动，利用科研专业人才为治理提供理论性指导，以学术基础增强地震遗址的研究性，从中寻求新思路、新方法实现治理和保护的完善和突破，不断丰富其科学文化价值，保持地震遗址文化的生机与活力，为治理保护应用管理提供学理支撑。在注重地震遗址科学研究的同时，要结合实际做到价值内容与人民的喜闻乐见的形式相结合，增强文化持续输出力。

（四）加大科技投入，实现遗址群落动态监测

地震遗址的形成本身就具有脆弱性和特殊性，在治理之中难度很大，并且极易因为开发不当或者难以察觉的问题导致治理不畅和治理效果不佳。特别是地震遗址治理保护中涵盖了诸多自然景观的保护、震损建筑物的保护和生态的保护，还涉及开发利用问题，因此必须要加大科技投入实现遗址群落的动态监测，例如应用 RS、GIS 技术等。通过科学技术，对地震遗址进行精确的测量，得出实时的数据，强化高科技对地址遗址保护的有效性和动态性，增强治理的科学性和实效性。

（五）凝聚多方力量，构建多元有效保护机制

在地震遗址治理之中，坚持政府主导地位这是必然，政府要充分认识地震遗址的重要性，为治理保护提供必要的支持。还需要统筹利用专门管理单位、社会组织、市场主体及人民群众等力量，充分调动多方力量构筑多元的保护机制。强化专门管理部门对遗址的管理效能，调动社会组织的宣传、组织、推动作用，引入市场主体形成产业链，补足资金问题，引导人民群众积极参与治理保护工作，不断强化地震遗址保护意识，增强人民群众的参与感。构建政府主导，专门管理机构推动，市场及市场主体辅助、人民群众参与的有重点、多层次的多元有效保护机制。

（六）完善法律法规，增进遗址群落治理效果

伴随着地震遗址治理的逐步深入，必然要通过完善法律法规为治理、保护和管理应用保驾护航。首先，要从立法上，强化地震遗址治理相应的法律地位，并且制定专门的法律法规，从法律上督促政府和相关单位认识地震遗址治理保护管理的重要性，履行对地震遗址治理保护的责任和义务，同时规范和约束在治理保护管理中相关责任单位、部门、主体及个人的行为。还要完善地震遗址治理保护管理中环境保护的法制建设，确立地震遗址治理的重要地位，使治理有法可依，约束和规范各主体行为责任义务，避免因治理利用对遗址的破坏，不断促进地震遗址治理向着科学治理、绿色治理、可持续发展治理迈进。

四、总结

地震遗址是人类历史文化遗产的一部分，具有重要的价值，需要通过治理加以保护和发展。当然，地震遗址的治理、保护与管理是一项长期的艰巨的任务。虽然目前，地震遗址治理、保护和管理方面存在诸多问题亟待解决，但只要不断地总结治理保护经验和教训，积极进行地震遗址相关研究和探索，得出科学性的理论指导和措施，便能不断地推动治理、保护和管理得到优化从而促进地震遗址可持续性发展。

参考文献

[1] 赵建平，杨孟昀．北川老县城地震遗址价值探析 [J]. 绵阳师范学院学报，2018，37（9）：30-33.

[2] 贾滑雁．遗址保护的现状、问题及政策思考 [J]. 经营者，2015（7）：66-66.

[3] 吴长福，张尚武，汤朔宁，谢振宇．责任于心，专业至上　北川地震遗址博物馆策划与整体方案设计项目实践回溯 [J]. 时代建筑，2018（03）：121-127.

[4] 马婷婷，陈丽．唐山地震遗址资源保护与开发策略研究 [J]. 度假旅游，2018（12）：80-81.

[5] 徐露，周振．浅析唐山地震文化的新媒体宣传创新发展研究 [J]．传播力研究，2019，3（30）：51-52.

[6] 李强，张景发，焦其松．北川地震遗址震害建筑物遥感数字化保存与震害特征 [J]．科学技术与工程，2017，17（18）：159-167.

[7] 郑新东．传承千古　走向未来——论考古遗址保护利用的重要性及有效策略 [J]．文物鉴定与鉴赏，2022（15）：40-43.

[8] 汶川特大地震四川抗震救灾志编纂委员会编．汶川特大地震四川抗震救灾志•总述大事记 [M]．成都：四川人民出版社，2017：6-35.

作者简介

刘继野，男，1999 年生，四川宜宾人。西南科技大学法学院本科在读。指导教师：景欣，男，法学博士，西南科技大学法学院讲师。

5·12汶川特大地震纪念馆展陈叙事结构研究

赵建平　杨孟昀　罗雅文

摘要：5·12汶川特大地震纪念馆是对“5·12”历史的宏大叙事载体，承载着人们关于“5·12”不可忘却的纪念。纪念馆在时空上通过“裂缝”“山川永纪”“感受地震、传播知识、关爱生命”等主题和理念，集中展示了“万众一心、众志成城，不畏艰险、百折不挠，以人为本、尊重科学”的伟大抗震救灾精神，展陈主题、故事的叙述、艺术的体现方式等，在深层上体现了国家话语权利，是对“5·12”历史事件的重构，在展陈中建立与观众的情景关联，观众在参观过程中建立与陈展的“对话”。

关键词：地震；纪念馆；展陈；叙事结构

人类渴望平安祥和，但灾难却一直伴随人类的发展历史，人类社会的整体演化发展史也是一部灾害史。2008年“5·12”特大地震，是新中国成立以来发生的破坏最严重，救灾难度最大的地震。地震造成严重破坏地区超过10万平方公里，数万群众罹难，生灵涂炭。为纪念罹难同胞，完整保留了北川老县城地震遗址，专门规划建设了5·12汶川特大地震纪念馆（以下简称地震纪念馆），弘扬伟大抗震救灾精神，普及防震减灾知识。作为国家级的地震灾难主题场馆，承载着对灾难的记忆，在深层上更是国家话语阵地、宣传教育阵地，本文主要通过对地震纪念馆展陈文本的叙事研究，解析展陈叙事结构。

一、叙事内容：“5·12”灾害记忆

建设地震纪念馆，以相对完整的叙事文本，集合资料、数据、文献、实物和音视频，成为人们对“5·12”地震灾害的记忆空间。对灾难的记录、书写和叙事，因载体、立场或目的的不同，呈现方式也不尽相同，就5·12汶川特大地震纪念馆来讲，展示方式

主要有遗址、场馆、展览、纪念碑和纪念活动等。地震纪念馆建设的首要初衷应该是记忆，是对“5·12”特大地震的历史记忆，地震发生、抗震救灾、灾后重建是一个较长的历史过程，对于一场灾难、一起历史事件的记忆，博物馆（纪念馆）自身因具有时空的综合性，成为最佳的记录载体和媒介。在纪念馆有限的空间里，破解了时间和空间的距离感，通过展陈艺术，形成了统一、完整的叙事。受灾群众在纪念馆里抚慰精神创伤，寄托内心牵挂，疏导曾经的痛苦和悲伤。因为有地震纪念馆这个记忆装置，公众在参观、交流、感悟、分享中，社会不断唤起对“5·12”的记忆，也因为是共同参与抗震救灾的集体行动，参与者因此共享着情感，成为“不被忘却的纪念”。

目前，5·12汶川特大地震纪念馆在组成上包括了两馆三遗址两中心，即主馆地震纪念馆、副馆科普体验馆、北川老县城地震遗址、唐家山堰塞湖遗迹、沙坝断层遗址、防灾减灾宣教中心和文物库房中心。为便于分析表述，本研究范畴主要以主副馆主题陈展为主。最终呈现给公众的展陈，就是围绕叙事文本进行专业艺术化的展示，叙事文本的构建首先要处理的是陈列方案的框架设计，如主题、部分、单元、组之间的关系。地震纪念馆以《山川永纪》为主题，通过序厅，旷世巨灾、破坏惨重，万众一心、抗震救灾，科学重建、创造奇迹，发展振兴、时代丰碑和尾厅等六大部分、18个单元、13个专题的内容，向我们展示了“5·12”特大地震和抗震救灾的历史记忆；副馆与主馆互为补充，以“感受地震、传播知识、关爱生命”为主题，普及地震知识，提高公众防灾减灾意识，教育人们保护地球家园。

二、展陈叙事结构

博物馆展陈叙事概括地讲包括内容和形式两大方面，“展览形式层面的叙事设计必须以内容层面叙事文本的已然成立为前提”。[1] 内容就是讲什么，形式就是怎么讲，而结构就是指导表述过程的纲目。地震纪念馆以公共开放文化空间，通过实物、图片、影像和声光电等多种形式，记录并重新建构了“5·12”特大地震，对于公众而言，可以完整了解“5·12”这一历史事件，感知伟大抗震救灾精神力量，学习防灾减灾科普知识，对于地震亲历者、遇难者亲属也是寄托哀思、抚慰心灵的文化空间，其内外空间布局和展陈叙事都需要围绕核心主题。

（一）空间布局

博物馆首先是一个建筑空间，建筑本体本身就是一件艺术品，但同时它又生产了空间，观众可以进入其中进行参观体验，博物馆空间为陈展叙事设计提供了媒介。

1. 建筑主体设计

博物馆的空间是承载内容的主要载体，建筑设计可以很好地服务于展陈主题。地震纪念馆的建筑主体设计和内部展陈设计都与主题紧密相关，在功能分区上既满足游客参观需求，又富有感染力。5·12汶川特大地震纪念馆建筑本体以“裂缝”为设计主题，寓意“要将灾难时刻闪电般定格在大地之间，留给后人永恒的记忆”。“裂缝”设计通过大地艺术景观的手法，切割地面下沉形成广场和通道向外延伸，建筑体量向上隆起，与表层覆盖的草地融为一体，象征新生和希望，外墙全部采用锈蚀钢板，通道大面积使用锈蚀板岩营造历史的厚重感、凝重感，让建筑设计切合主题，让公众铭记这场灾难，感受波澜壮阔的抗震救灾和恢复重建伟大历程，起到了叙事学“引人入胜”的作用。

2. 内部展陈设计

纪念馆整体属于地嵌式建筑，展陈空间内部共设置两层，一层展示了序厅、第一、第二部分内容，二层展示了第三、第四部分和尾厅内容。序厅矗立的擎天柱正面镌刻着“任何困难都难不倒英雄的中国人民”，振奋人心的一句口号，激起观众参观的心理心绪，背面以“万众一心、众志成城，不畏艰险、百折不挠，以人为本、尊重科学”的伟大抗震救灾精神内涵彰显展陈主题。大厅左侧长45米，高6米的“山川永纪”巨幅青铜浮雕，生动展现了抗震救灾、灾后和重建的97个人物形象，形成一幅浓缩的波澜壮阔的立体画卷，高度概括了展览主题。伴随折幕投影“家园破碎”惊天巨响、山崩地裂带领观众走进了“旷世巨灾、破坏惨重”展厅；在低沉、紧张的氛围中，介绍“5·12”地震形成、概况，了解人员伤亡、基础设施、社会经济和公共设施等方面的巨大损失。经过灾难现场，走进“万众一心、抗震救灾”展厅，主要讲述了党中央坚强领导决策部署，灾区人民奋起抗灾，人民军队、武警、公安、医疗、工程等各路大军抢险救灾，八方支援、科学安置等内容。

从一楼尾部缅怀厅处以楼梯和通顶玻璃幕墙转换进入二层，物理空间的转换也伴随灯光由冷而暖，亮度由低到高，色调由灰暗变明亮，展陈内容也进入了“灾后重建”板块，随着观众参观内容的切换，内心的沉重、悲伤和压抑逐渐得到平复。按照参观展线，从一层参观完进入二层，全面展示了地震灾区重建、崛起和振兴发展，观众在感受巨灾到巨变的过程中，领略基础设施、产业结构、开放合作、文化建设、生态环境治理等事业的提升、突破、发展，见证住房、医疗、交通、教育和人居环境等各领域的跨越式发展，感悟“中国共产党好、社会主义好、改革开放好、伟大祖国好、各族人民大团结好”的时代主旋律。最后，尾厅以抽象的绿色生命之树结尾，配合环幕油画，留给观众生命不息，奋斗不止的无限能量。“在我国大部分博物馆的展陈设计活动中，因过于注重以文物为主体的展示，从而忽视了室内环境氛围设计，使得博物馆的建设难以满足实际需要。”[2] 地震纪念馆利用顶面、地面、墙壁、展柜、场景等，突出了灾难性场馆叙事氛围的营造，使景观、展项、展品、流线都变成叙事性的故事场景，充分体现抗震救灾的主题内容。

（二）叙事结构

博物馆叙事体现为叙述+形式+故事，纪念馆在展线布置上，按照故事时间线进行叙事，展现完整的故事线。鉴于灾难性事件的严肃庄重性，展览整体展线完整，不同于很多艺术类、自然科学类博物馆可以分割成很多独立的专题。从内部展陈叙事线来看，地震纪念馆的陈展整体上是线性叙事结构。从纵向来看，以地震发生——抗震救灾——灾后重建——发展振兴为叙事线索，以事件发展的时间序列为主线书写“5·12”抗震救灾故事。从横向来看，内部“故事”链团又有不同的叙事结构。并叙，如地震发生后各地组织自救互救，武警、公安、医疗、水利、运输、民政等系统的救援行动，四川、甘肃、陕西等受灾地区灾后重建，省、自治区、港澳台倾情援建，虽然在展示上有前后版块的区别，这些内容在时空上却往往是同步并置的关系。插叙，关于“5·12”的民间记忆显得零散、个性、碎片化，但这往往是最为刻骨铭心的片段和瞬间，将这些记忆植入政府官方的规范和叙事，也可以弥补官方叙事的死板和空洞。比如，纪念馆展陈使用了大量的“5·12”地震亲历者口述史，这些口述史的讲述拉进了观众的距离，增添了丰富的个案和体验。倒叙，如在讲述抗震救灾英雄人物，展示的是他之后某一时点的场景，他与“5·12”的故事却是按照倒叙来讲述。在叙述时，采取不同的叙事结构以达到最佳的叙事效果，在效果呈现上除了固定的展览，还需要依靠讲解员的讲述，也依赖于公众的接受和理解。

（三）故事结构

博物馆是最适合讲故事的文化场所，“有故事”陈展空间才显得生动。对于“5·12”特大地震的记录，讲好抗震救灾故事，不仅仅关乎历史的记忆，在此基础上追寻对现实的理解，促成更深刻的价值共识和情感体验共鸣才是纪念馆存在的价值意义。“5·12”本是一个关于自然灾害的悲伤的故事，如何讲好这个故事，传递中国精神，是展陈的重点和难点。作为一个完整的展览，既要宏观反映抗震救灾全过程，但又不可能面面俱到，所以材料的罗列，故事的遴选就显得尤为重要。据统计，截至 2022 年 5 月，纪念馆主馆展示藏品 1571 件 / 套，图片 849 张，艺术品 7 件，专题场景 9 处，沙盘模型 6 个，多媒体 8 个，电视视频 8 个，电子触摸屏 20 个。可以说每一件展品的背后都有感人的故事，这些经过严格筛选的“故事”综合陈展艺术，最终呈现在公众面前的就是“5·12”灾害记忆的内容和内涵，这也决定了公众获知“5·12”的方向和认知基础。就陈展来说，讲好故事应该做好故事内容、叙事结构、展示形式等因素。

在故事内容方面，“5·12”抗震救灾故事就是一个宏大故事素材，以讲故事的方式，更容易吸引观众的注意，拉进与观众的距离。国家领导亲临一线，深入灾区，武警官兵挺进孤岛，邱光华机组开辟通往茂县的空中航道，“最牛校长”叶志平加固校舍、组织应急演练，桑枣中学在地震中无一人伤亡，援建干部崔学选忘我工作把爱永远留在北川，78 岁的浙江拉煤老人陆松芳爱心捐款……社会各个层面的故事无一不让人动容，感动、崇敬油然而起，他们的精神镌刻在公众内心深处。

在故事结构方面，整体遵循时间线，这样可以避免故事显得突兀，同时，抗震救灾故事融入相应展陈单元，让陈展生动、有血有肉，丰富了展陈内容，所有的故事都是紧密围绕抗震救灾精神这个主题展开。就单个故事来看，每个故事可以成为独立的故事主体，按照逻辑性、关联性，这些单个的故事又可以组合成多个故事单元，比如，在“生命奇迹”版块，列举了“101 个小时——尚婷”“139 个小时——唐雄”“124 个小时——蒋雨航”“178 个小时——马元江”等 10 个故事组成一个故事单元，反映国家“以人为本”“生命无价”“生命高于一切”的重要理念，彰显群众在灾难面前不屈不挠、坚韧不拔的意志与力量，折射出人类对生命的渴望。

在展示形式方面，纪念馆的空间和时间特性决定了“讲故事”不可能对每个故事内容详细展开，故事内容更像“引子”，为观众提供了展开故事的线索和创建了关联，其解读、阐释更多地需要借助讲解来实现。文字、照片、实物、说明牌、音视频、艺术品和口述史等形式，配合声光电等手段，形成故事的力量。在地震纪念馆灾难厅，如何把征集到的各种灾难现场实物进行集中展示是一个难点，一方面代表性不好确定，另一方面单个、单体展示显得单薄，没有冲击感。在展陈中，笔者清晰记得樊一老师巧妙地在展厅中间设置了一个两层的展台，将扭曲的自行车、残破的标识牌、压扁的锅碗瓢盆等日常物品摆放在下边，上层周边集中摆放了很多钟表，时间全部定格在了14：28，在最顶上摆放了一个幼儿园小朋友的娃娃玩偶，手向上仰望天空，寓意“废墟上的重生”。让这些普通的实物，通过艺术的打造，通过时间的定格和残破、扭曲带给人们强烈的响应。

（四）知识构建

地震纪念馆以“5·12”大背景下的故事构建，建立与观众对于灾难的沟通、共鸣和思考，同时，也需要通过故事的展示和讲述，实现对观众地震科普、防灾减灾、自救互救等知识的教育和传播，以实现博物馆的教育功能。主馆以宏大叙事为主，掺杂科普知识显得突兀和零散，为此，专门建设了副馆“地震科普体验馆”，让公众在展馆里不仅感受伟大抗震救灾精神，也能够学习防震减灾知识，帮助人们了解地震，积累经验，相信科学，提高防灾减灾意识。场馆以穿越地震断裂带为展陈主线，构造了逼真的地表断裂，观众穿行于其中，布置了餐馆、修理铺、住宅客厅和特产店等灾难场景，结合大型 LED 屏、幻影成像、构造模型和 4D 影院等技术设备，向观众讲述了地震及其滑坡、泥石流、崩塌、火灾、洪灾等灾害知识。强调通过体验性、互动性、参与性在参观的过程中将相关知识内化于心，在内容布局上主副馆相互补充，形成了较完整的“5·12”地震灾害知识。

对于灾害的记录、展示不是根本目的，场馆自然承担起了教育的职能。经过几年的发展，地震纪念馆已经发展成为爱国主义教育基地、科普教育基地、社科普及基地、防震减灾科普基地，各大科研院所、中小学校陆续在场馆建立科研、教学、实践基地，教育职能逐渐得到凸显。地震灾害记忆与灾害相关知识的结合，是劫后重生、防患于未然的需要，把历史记忆提炼形成行动经验，帮助人们面对灾害，也通过纪念活动、法定节日而固化存续。

三、叙事重建

社会记忆的构建，是记忆主体对历史事件的意义重构行为，地震纪念馆的最终呈现也是基于对“5·12”事件的重构，体现了群众意愿、专家意见、决策群体、组织活动，乃至社会整体记录、解释、认识过去的基本态度。马萍把灾害类博物馆构建灾害记忆的叙事图式分为“英雄主义”式的国家认同叙事、“为了不被忘却”的地方创伤叙事、“科学主义”式的科普叙事、“人性与生命”的伦理叙事[3]，因为每一个博物馆（纪念馆）建设的时代、责任主体、目的和侧重点等均不相同，所以呈现的叙事图式也不尽相同。5·12汶川特大地震纪念馆是国家、政府作为承建主题建设的国家级地震主题纪念馆，主馆“山川永纪”主题陈展＋副馆地震科普体验馆＋遗址，除了是展示宣传的场所，也是社会再生价值的场所，国家权力主导构建灾害记忆空间和叙事，也彰显着国家话语权利。

（一）从地区到国家

“5·12”特大地震因震中位于四川省阿坝州汶川县映秀镇，被命名为“5·12”汶川特大地震，震级高、波及范围广、造成的社会危害巨大，北川、汶川、青川等极重灾区受特殊地质地貌和断裂带影响，受灾极其严重。区域性的地震灾难，牵动着全国人民乃至世界各国的关注，地区的不幸与中华民族的命运融合在了一起，地震造成的严重伤亡，数万群众葬身于废墟之下，带给我们无尽的伤痛。王晓葵曾指出：“巨大天灾引起共同体的崩溃和受灾者的不幸、悲哀、绝望、失落等精神上的巨大伤痛，无法纯粹由‘个人的时间’来自然消除，它需要通过社会构筑的‘追忆秩序’来加以消解。”在灾害面前，个体也不再是单独的个体，灾害发生时我们或主动或被动地链接进入了抗震救灾的行动中，在民族身份意识基础上凝聚为“共同体”，对于灾害的记忆和遇难同胞的纪念成为不可忘却的，而纪念馆在时空上满足了这种记忆载体。灾难叙事因为人文的延续而有了持久的温度，定格的钟表、压扁的汽车、家具、衣服、书包、手术车……这些普通的日常物品，正是因为“5·12”地震灾害的背景，被收藏进了博物馆，在地震纪念馆这样一个文化空间才具有了特殊的文化意义，它们与人们的生活紧密相关，触手可及，从而拉进了与观众的距离，心理上更亲近，内心受到的碰撞也更强烈。

面对地震灾难，举国上下捐款捐物、志愿服务，对口援建，每一个人实际上都参与到了抗震救灾的伟大斗争，书写了一部感天动地、可歌可泣的民族大爱。地震纪念馆在筹建之初，以“北川地震纪念馆”为名开展项目建设工作，2012年中宣部同意更名为“5·12汶川特大地震纪念馆”，从“北川地震纪念馆”到“5·12汶川特大地震纪念馆”，不是单纯的名称变化，也是叙事定位和格局的整体改变，对于“5·12”汶川特大地震的叙事从区域性的灾难叙事，上升为国家整体的记忆。站在国家的立场讲述“5·12”故事，内容涵盖了四川、甘肃、陕西等省份，包括极重灾区10个县（市），较重灾区41个县（市），一般灾区186个县（市）。展现波澜壮阔的抗震救灾历程，生动诠释了抗震救灾精神，唤醒中华民族思想深处的文化信念和高尚情怀，激发以爱国主义为核心的民族精神动力。

（二）国家认同构建

地震纪念馆对于“5·12”特大地震的完整叙事，在讲述抗震救灾故事的同时，也是在通过灾害记忆塑造国家形象，是民众价值观念的再建，观众在纪念、体验、感知的过程中国家认同得以强化和再植。“通过追忆惨状的发生和缅怀受难者，以及对奋不顾身的英雄气质的歌颂，人们很容易油然而生一股凝聚力，这种情感的共享，可以带来一种神圣感和升华感，这对强化原有的某种政治、文化或者社会认同有着极大的帮助”。[5]“5·12”特大地震的伟大斗争，考验了我国政府的危机处理能力，在灾难面前，紧急部署、防范风险、协助援建，全面反映了政府的危机管理水平，在抗震救灾的过程中，牢牢把握话语权，通过实际行动，体现国家的文明程度和发展水平。在党中央的领导下，创造性地提出了20个省市对口援建20个极重灾县的工作机制，集中人力、物力、财力对口支援，用最短的时间完成灾后重建，只有在中国共产党的领导下，只有在中国这片土地上，中华民族共同体才有足够的凝聚力应对如此强烈的地震灾害。面对新中国成立以来所遭遇的最严重的地震灾害，国家、政府坚强领导，攻坚克难，赢得了抗震救灾的伟大胜利，在多难兴邦的“5·12”历史事件叙事中，强大祖国的形象在公众意识中强化和巩固，灾难已经成为过往，我们在纪念馆里参观，或是个体漫游，或是家庭出游，或是参加党性教育、爱国主义教育、研学旅行和红色之旅等主题活动，在完整了解“5·12”抗震救灾和灾后重建历史的同时，更重要的是强化了对国家的认同，也催生了民族共同体的价值、观念、规范、信仰、知识和技术等文化内涵发生了改变。

（三）人文“对话”

地震纪念馆不同于历史类、科技类、革命类等博物馆，在陈展中更多地引起我们对生命、人性、国家和民族精神的深度反思。地震灾害，本是一种自然现象，恰是因为有人类抗震救灾活动，地震就具备了自然和社会的双重属性，在地震纪念馆里，冰冷的文物，因时代性、共同体验性和故事性，讲述灾难却让我们体验到“不一样的温度”。

面对灾难，生命遭遇威胁，人性面临拷问，在地震纪念馆里参观，更易引发公众对于生命、对于人性的思考和感悟。面对不可抵挡的灾难，核心不在于我们能承受什么，而在于我们应该以怎样的态度和心态去应对。地震灾害的发生打破了人们常态化的生产生活，但在抗震救灾的斗争中，也催生了人们新的认知，激发了群体能动性，凝聚了民族精神动力。患难与共、同舟共济、爱心迸发，在与地震灾害抗争的过程中，爱国主义、集体主义、社会主义精神融合，凝聚形成伟大的抗震救灾精神，在本质上是中国精神和中国文化的重要组成部分，民族要发展、社会要进步，离不开文化基因的支撑，地震纪念馆就是传承和弘扬抗震救灾精神，让公众在纪念馆里沉淀红色文化，思考人性的光辉。

人类在自然面前很渺小，在巨灾面前也很脆弱，但在抗震救灾的过程中，在灾害叙事过程中表现出来的思想主流是坚强、勇敢、爱心、团结，以及人与人之间的关爱，引起我们对于人性的思考。战士武文斌冲锋在前、勇挑重担，在都江堰救人、搭板房、搬运物资，连续几日的过度劳累，生命永远停留在了都江堰；东汽中学教师谭千秋地震中伸开双臂跪仆在地保护来不及逃离的 4 名学生，在水泥板下铸就无私、英勇和大爱；山东莒县洛河镇东皂湖村十位村民，四天三夜，开着一辆不起眼的农用三轮车跋涉 3000 公里，赶赴四川支援灾区，演绎人间大爱……只有经过遴选、审核、重构，灾害事件才能长久存在于公共文化空间，通过这些资料、故事的取舍、弱化或强调，实质上就是在“讲故事”的过程中实现了纪念馆重构性的叙事图式。对于灾难事件的全貌记忆，陈展时刻渗透着人文关怀，没有使用让人不适的图片影像资料，最大可能地保护遇难者家属及其他公众的心理承受能力，避免对群众身心的二次伤害，彰显了对生命的尊重。对于灾害、死亡、毁灭的记忆和描绘，地震灾害所带来的身心创伤，及其恐惧感，因为国家层面的宏大叙事视角，悲伤的故事和情节并不显得低沉，而是采取了整体上扬的策略。地震纪念馆的展陈带给公众的不是以地震灾害的惨重伤痛为核心，而是传递教育和文化信仰的力量。在地震纪念馆的文化空间中，观众穿梭于历史时空，记忆和情感得以延伸，透过文物展览与历史对话。

地震纪念场馆是地震灾害事件的记忆载体，“5・12”汶川特大地震纪念馆在以时空为载体的展陈叙事空间里，相对完整地记录了“5・12”特大地震，让“5・12”成为不被忘却的纪念，其背后也是区域、国家、民族共同体等文化主体的交织，在国家话语权力的背景下，在展陈叙事的建构里，潜藏着从地区到国家的逻辑，也凸显了国家认同构建，同时，相对于历史、科学和文艺类博物馆，地震纪念馆更加注重人文价值的思考，折射着人性的温度。

参考文献

[1] 赵祎君．博物馆展览的叙事性判定［J］．东南文化，2021（04）．

[2] 于慧军．博物馆展陈设计的形式与空间布局探究——以孔子博物馆为例 [J]. 博物馆学 .2021.10（上）.

[3] 马萍．灾害类博物馆的叙事图式构建 [J]. 东南文化，2021（02）.

[4] 王晓葵．灾害文化的中日比较：以地震灾害记忆空间构建为例 [J]. 云南师范大学学报（哲学社会科学版），2013（06）.

[5] 范可．灾难的仪式意义与历史记忆 [J]. 中国农业大学学报（社会科学版），2011（01）.

作者简介

赵建平，男，1985 年生，甘肃会宁人，研究生学历，文博馆员，工作单位：5·12 汶川特大地震纪念馆，研究方向：减灾科普、场馆教育。

罗雅文，女，1989 年生，四川绵阳北川人。大学学历，文博馆员，工作单位：绵阳市汇泽投资有限公司，研究方向：陈列展览。

抗震救灾精神视阈下的地震科普场馆建设

肖军伟

摘要：抗震救灾精神是地震科普场馆铭记灾难历史、开展防震减灾科普教育的价值导向。同时，地震科普场馆对于深入挖掘伟大抗震救灾精神的价值内涵，传承弘扬伟大抗震救灾精神，进行防震减灾科普教育有重要意义。本文以5·12汶川特大地震纪念馆、潍坊防震减灾科普馆为例，探讨抗震救灾精神视阈下的地震科普场馆的建设运维及地震科普场馆对伟大抗震救灾精神的传承与弘扬路径。

关键词：抗震救灾精神；地震科普场馆；引领；传承

一、引言

党的二十大报告指出，要广泛践行社会主义核心价值观，弘扬以伟大建党精神为源头的中国共产党人精神谱系。同时指出，要加强国家科普能力建设。这二者看似毫无关联，但在地震科普场馆找到了共同归宿。抗震救灾精神作为中国共产党人精神谱系的重要组成部分，是社会主义核心价值体系的重要体现，也是地震科普场馆建设运营的灵魂与指引。而以地震科普为主要任务的地震科普场馆，又是抗震救灾精神的载体和具体化。抗震救灾精神需要地震科普场馆来传承弘扬，地震科普场馆需要伟大抗震救灾精神的内核驱动。

二、抗震救灾精神与地震科普场馆研究现状

2021年7月1日，习近平总书记在庆祝中国共产党成立100周年大会上指出，以伟大建党精神为源头，中国共产党人构筑起了包括井冈山精神、苏区精神、长征精神、遵义会议精神、延安精神、抗战精神、红岩精神、西柏坡精神、抗美援朝精神、“两弹一星”精神、改革开放精神、特区精神、抗洪精神、抗震救灾精神、脱贫攻坚精神、抗疫精神等伟大精神的精神谱系。伟大抗震救灾精神，即“万众一心、众志成城，不

畏艰险、百折不挠，以人为本、尊重科学”。简单的24个字，是爱国主义、集体主义、社会主义精神的集中体现和新的发展，是我们党和军队光荣传统和优良作风的集中体现和新的发展，是中华民族的民族精神在当代中国的集中体现和新的发展。抗震救灾精神是党和人民极为宝贵的精神财富。

伟大的实践孕育伟大的精神。伟大的抗震救灾精神来源于“5·12”汶川特大地震抗震救灾实践，同时孕育的还有以5·12汶川特大地震纪念馆为代表，全国各地如雨后春笋般兴建起来的各类地震主题文化场馆，主要包括政府投资建设的地震灾害纪念馆和地震类科普馆两大类，本文所指地震科普场馆主要包括这两类。地震灾害纪念馆，数量不多，但规模和影响力较大，一般是政府投资建设的公益性场馆，以展示灾难情况为主要内容，具有纪念、展示、宣传、教育、科研等功能，主要承担爱国主义教育、青少年思想道德教育、防灾减灾知识普及、科普研究、对外形象宣传等职能。如，5·12汶川大地震纪念馆、唐山抗震纪念馆、玉树地震遗址纪念馆、鲁甸地震纪念馆等。地震科普馆以地震灾害的成因、自救互救、灾后救援等为主要内容，大多在地震等相关部门的支持下建设，截至2018年底，全国共建成国家级防震减灾科普教育基地113个，省级防震减灾科普教育基地558个，山东省潍坊防震减灾科普馆是其中的代表。

伟大精神指导伟大实践。从玉树、盈江到芦山、鲁甸，在一次次地震灾难中，正是有抗震救灾精神的指导，我们才排除万难取得了一个又一个胜利。无论哪一类地震科普场馆大多是在“5·12”汶川特大地震后，在抗震救灾精神诞生后兴建起来的。伟大抗震救灾精神自诞生之日起就承担着长期指导抗震救灾、防震减灾的使命。伟大抗震救灾精神是地震科普场馆建设运营的灵魂，地震科普场馆是传承弘扬伟大抗震救灾精神的窗口、平台和载体。

目前，对抗震救灾精神的研究已初见成效，有大量的专著和论文，取得了丰硕成果。通过知网查询，截至2022年11月，以“抗震救灾精神”为研究主题的文章有3462篇。韩晓娟针对近十年抗震救灾精神研究进行了专题研究，她认为当前对抗震救灾精神研究主要集中在抗震救灾精神的形成、内涵、特征、时代意义与核心价值体系的关系、实践和弘扬体系等方面。同时存在着对抗震救灾精神的研究缺乏深度剖析，对理论基础和文化渊源挖掘不够，对于国家认同教育、执政党建设、核心价值观培育等研究还不够重视和深入，结合教育实践探讨的还不多等缺憾。这个评价切合当前的研究实际，较为中肯和客观。

近年来，对地震科普的研究也逐渐兴起，通过知网查询，截至2022年11月，以“地震科普”为研究主题的文章有584篇，而针对地震科普场馆的研究却较少，通过知网查询以“地震科普馆”为主题的研究文章只有90篇。大多集中在地震科普场馆设计、建设、运维、科普服务、宣传等方面，鲜有从思想价值引领方面的研究与探讨。地震科普场馆的建设与运营也多注重科普性、适用性、教育性等科普效果，普遍缺乏思想引领、精神指引，缺失价值塑造、灵魂支撑。

三、抗震救灾精神引领地震科普场馆的建设和运营

地震科普场馆是人类物质和精神文化的结晶，具有规范人们行为的作用，有导向、凝聚、激励和约束功能，地震科普场馆也基于这四项功能实现科普教育。而抗震救灾精神充分体现、彰显和弘扬了社会主义核心价值体系，本身就有导向、凝聚和激励作用。万众一心、众志成城，体现了中国人民团结奋进的强大力量和中华民族强大的凝聚力；不畏艰险、百折不挠，体现了中国人民泰山压顶不弯腰的英勇气概，激励着我们克服万难，不断从胜利走向胜利；以人为本、尊重科学，体现了对人民的高度关爱、对科学的高度尊重，尊重生命、尊重科学本身就是导向，是一种价值追求。只有以抗震救灾精神为导向才能更好地发挥地震科普场馆的科普作用，这在5·12汶川特大地震纪念馆和潍坊防震减灾科普馆等科普场馆的建设运营上充分体现出来。

（一）5·12汶川特大地震纪念馆

5·12汶川特大地震纪念馆位于北川羌族自治县曲山镇，2008年“5·12”汶川特大地震后，为铭记灾难，弘扬伟大的抗震救灾精神，根据《汶川地震国家灾后重建总体规划》，由国家投资建设。5·12汶川特大地震纪念馆，展馆占地14.23万平方米，建筑面积14280平方米，陈展面积10748平方米。主题陈展“山川永纪”，分为序厅，旷世巨灾、破坏惨重，万众一心、抗震救灾，科学重建、创造奇迹，发展振兴、时代丰碑和尾厅6个部分，真实记录了“5·12”汶川特大地震灾难、抗震救灾以及灾后重建的历程。室外馆为北川老县城地震遗址、沙坝地震断层遗址和唐家山堰塞湖遗迹，其中北川老县城地震遗址占地1.2平方公里，分为老城区、新城区两个部分，是全球整体原址原貌保护、规模最大、破坏类型最全面、次生灾害最典型的地震灾难遗址区。纪念馆是全国唯一的国家级地震主题纪念馆，被授予、命名为全国爱国主义教育示范基地、海峡两岸交流基地、国家防震减灾科普教育基地、全国中小学生研学实践教育基地、全国科普教育基地、全国社会科学普及教育基地、全国红色旅游经典景区等众多“国字号”称号。是对外展示中国发展道路、发展模式、讲述中国故事的重要窗口，也是培育和践行社会主义核心价值观的重要载体和开展地震科普研究和防灾减灾教育的重要基地。

（二）潍坊防震减灾科普馆

潍坊防震减灾科普馆是潍坊市政府确定的民生重点项目之一，由潍坊市人民政府和潍坊金宝乐园有限公司共同投资建设。建筑面积2350平方米，潍坊金宝乐园有限公司主要提供建设用地、主体建筑和建设5D影院等。场馆由序厅、可怕的瞬间、探究地震的真相、震中求生、居安思危五个展区和5D影院、地震体验车共计四十三件展品展

项组成。可怕的瞬间展区利用声光电技术和视错觉画以及地震瞬间破坏的场景；探究地震的真相展区包括地壳内部虚拟探测、大陆漂移假说、解读断层、潍坊市区域内的主要断裂分布、再现郯城1668大地震等展项；震中求生展区包括地震体验剧场、空中虚拟驾驶、电话求救、地震体验车、震后斜楼及多种场景下的避震逃生游戏等；居安思危展区包括建筑隔震减震技术展示、地震知识问答、你家附近的应急避难场所在哪里等。科普馆自2013年7月试运行、次年7月正式开馆，先后被命名为国家地震科普教育基地、山东省科普教育基地、省级地震科普教育基地，同时还荣获全国农业旅游示范点、山东省中小学生研学实践教育活动“行走齐鲁资源单位”等多项国家级、省级荣誉，是集地震科普教育培训、科研学术交流、休闲旅游等多功能于一体的教育基地。

（三）抗震救灾精神对地震科普场馆的引领作用

从5·12汶川特大地震纪念馆和潍坊防震减灾科普馆的基本情况和建设过程来看，抗震救灾精神主要从价值理念、场馆内容、运维管理、实施效果等方面对地震科普场馆进行全方位、全过程引领。

1. 抗震救灾精神的核心价值引领

抗震救灾精神充分体现、彰显和弘扬了社会主义核心价值体系，极大地提升了人们的国家认同和四个自信，而社会主义核心价值体系从全新的角度为伟大的抗震救灾精神赋予了新时代内涵和时代意义。无论是5·12汶川特大地震纪念馆还是潍坊防震减灾科普馆都是在抗震救灾精神的引领下开始建设，抗震救灾精神是其核心价值，弘扬伟大精神是其建设目的之一，而纪念馆本身就是抗震救灾精神的一种物态体现形式。正是在抗震救灾精神价值的指引下全国各地的地震科普场馆才应运而生。可以说地震科普场馆与抗震救灾精神一方面因其而生，另一方面为其而生。

2. 抗震救灾精神是场馆建设的重要内容

从场馆实际看，用文字、图片，音视频，或者借助声光电等形式，把抗震救灾精神打造成为场馆的重要展项和核心主题。在设计建设上，5·12汶川特大地震纪念馆以大地景观的手法，通过地面切割、抬起，形成主要的建筑体量，并通过下沉广场和步道向外延伸，与平缓的草坡融为一体，局部翘起露出地面，象征新生和希望，正是抗震救灾精神的显现。抗震救灾精神是“山川永纪”主题陈展六大部分的核心主线，也是潍坊防震减灾科普馆序厅的重要展示内容。无论是注重纪念的纪念馆还是注重科普的科普馆，其核心是抗震救灾和防震减灾，是灾前预防的重要一环，抗震救灾精神是其核心内容。

3. 抗震救灾精神融进日常经常

作为国家级地震主题纪念馆的5·12汶川特大地震纪念馆作为国家公益性文化事业单位，以弘扬传承伟大抗震救灾精神为根本宗旨，进机关、进校园、进企业、进社区、进军营等开展弘扬伟大抗震救灾精神宣传活动是其日常工作。就其荣誉称号来说，是中宣部授予的爱国主义教育基地、社会主义核心价值体系学习教育基地、民族团结进步宣传教育基地；中国发展模式和发展道路勃勃生机的窗口，简称“三基地一窗口”。就官办民营，社会化运作的潍坊防震减灾科普馆来说，组建了专业的讲解团队和志愿服务团队，对抗震救灾精神的学习是必修课、常修课。除中小学生科普实践外，山东省委党校中青年干部培训班专程到科普馆参观学习 9 批次。2022 年还被命名为“中共潍坊市委党校现场教学点”，是潍坊市委党校主题班次现场教学实践场所，也是党员领导干部学习抗震救灾精神的最佳场所。

4. 抗震救灾精神保障了场馆服务质效

5·12 汶川特大地震纪念馆在抗震救灾精神指引下高举爱国主义、集体主义、社会主义伟大旗帜，大力弘扬社会主义核心价值观，自成立以来备受瞩目，取得了显著成绩。参观者在其中感触到民族精神的力量、感受到党和国家的伟大、感悟到人文情怀的高尚。潍坊防震减灾科普馆本身位于 AAAA 级旅游景区潍坊金宝乐园内，面向入园游客免费开放，游客在游玩的同时还能学习防震减灾知识技能，接受到抗震救灾精神教育，使玩有所得、玩有所思、玩有所悟，是青少年参观、家庭出行的最佳目的地，受到民众的欢迎，同时带动了金宝乐园经济收益的增加，实现了经济效益和社会效益的双赢。

四、地震科普场馆拓展抗震救灾精神内涵

当前，对抗震救灾精神的研究依旧生机勃勃，但从研究现状来看，多是注重思想政治层面的研究，从知网以“抗震救灾精神”为研究主题的3462篇文章的学科分类来看，有 1526 篇文章属于行政学及国家行政管理，379 篇文章属于思想政治教育，占比超过 55%，限制了抗震救灾精神的多元化研究、多形态展现、多渠道传播。

目前，对抗震救灾精神的研究主要存在两个不足：一是研究特性不足。抗震救灾精神作为一种价值观与社会主义核心价值体系是高度契合的，但作为中国共产党人精神谱系的重要组成，与其他精神相比又是独一无二的。一方面它来源于中国传统文化精神，是对中华民族精神的传承和升华；另一方面它是在全国人民满怀信心、改革创新建设中国特色社会主义道路上的一个突发状况，是历史的一个小插曲，有鲜明的时代性。最重要的是它形成于中国共产党领导中国人民与地震灾难进行斗争的伟大实践，这是独一无二的。这些都是抗震救灾精神的研究特性，不应等同于一般的思想政治研究和价值观研究。二是缺乏实践支撑。一方面，目前对抗震救灾精神的研究多停留在理论层面，就理论而理论的时候多，但抗震救灾精神的伟大之处就在于它的实践指导性，这在玉树地震、鲁甸地震等地震灾害应对中得到了检验，正是有抗震救灾精神的指导，有更多的经验可循，我们才不断取得抗震救灾的胜利。我国是地震灾害频发的国家，可以肯定的是在将来它还将继续指导我们的实践。另一方面，对抗震救灾精神的理解

不但可以入脑入心，还可以付诸行动与技能。从目前的科技水平看，地震还是不可准确预测的，对地震的研究不会止步，公众对防震减灾知识和技能的需求也将越来越强烈。通过学习、体验，了解地震避险知识，掌握防震减灾自救互救技能，应该成为抗震救灾精神研究不可或缺的一个方面。地震科普场馆是社会化学习防震减灾知识技能的重要场所，也是传承、发展、丰富抗震救灾精神的重要载体。地震科普场馆对丰富抗震救灾精神内涵主要体现在三个方面。

（一）丰富抗震救灾精神的理论内涵

抗震救灾精神是简短的 24 个字，记住容易，深刻理解难，地震科普馆通过图片、视频、音频、实物等多种形式，利用 VR、AR 等现代科技手段给予受众视听等直观感触，全方位沉浸式体验，以期达到视觉受冲击、心灵受震撼、改变行为导向的效果。这比起枯燥的文字，受众更容易接受、理解。通过场馆的视角去研究抗震救灾精神的传承，已受到部分学者的关注，如唐旭昌等就以 5・12 汶川特大地震纪念馆为例，探讨了纪念馆在培育社会主义核心价值观中的载体作用，拓展了抗震救灾精神的研究范畴，为理论研究注入了源头活水。

（二）创新抗震救灾精神的实践内涵

习近平总书记指出，“一种价值观要真正发挥作用，必须融入社会生活，让人们在实践中感知它、领悟它。要注意把我们所提倡的与人们日常生活紧密联系起来，在落细、落小、落实上下功夫。”实践性是抗震救灾精神的重要特性，它要发挥作用必须融入我们的生活、融入实践，落细落实。地震科普场馆是抗震救灾精神的实践基础，它使精神融入我们的生活成为可能。一方面，人们可以在各类地震灾害科普场馆中见到、学习、感受抗震救灾精神，通过场景布设、陈列展览、互动参与等形式，达到思想或行为习惯改变的目的。另一方面，人们可以在场馆中系统全面学习地震科普知识，了解地震灾害防御措施和科学应对地震的方法步骤，提高防震减灾意识和逃生避险技能。通过地震体验车、震后斜楼等设施现场体验地震，通过打绳结、虚拟灭火、自救互救以及多种场景下的避震逃生游戏等学习知识技能。这些使公众对抗震救灾精神有更全面、系统、真实的认识和感受。

（三）拓展抗震救灾精神的教育内涵

近年，以自我导向、自我维度、自我进程的非线性场馆教育蓬勃兴起，这在红色文化教育上收到良好的效果。通过场馆进行防震减灾知识的学习教育在日本、美国等发达国家也有相关的经验做法。场馆教育能实现“展品”即知识、“参观”即学习，“场馆”即教之域的教育本质呈现。随着 VR、AR、元宇宙等现代数字技术的兴起，防震减灾实现了仿真体验、场景互动，通过视、听、体验，能更形象直观地学习地震基本知识，了解地震灾害的防御措施和正确应对地震灾害的方法、步骤。地震体验场馆能给人面对灾害的直观感受，宣传百次，不如体验一次，“一次体验，终生受益”，群众易于接受，教育效果好，拓展了抗震救灾精神的教育形式和内涵。

五、结语

地震科普场馆是抗震救灾精神的具象载体，5·12汶川特大地震纪念馆、潍坊防震减灾科普馆坚持以伟大的抗震救灾精神为指引，认真践行社会主义核心价值观，深入挖掘伟大抗震救灾精神的内涵价值，创新传承、深入弘扬抗震救灾精神，建成了全国闻名的防震减灾科普场馆，进一步丰富了抗震救灾精神的内涵和外延。践行抗震救灾精神和开展防震减灾科普教育任重而道远，需要系统思维、整体关照，更需要坚持实践的观点、生活的观点，创新思路举措，不断开创理论和实践研究新局面。

参考文献

[1] 岳勇华，何国家．我国应急安全体验场馆的现状分析 [J]．中国应急管理，2019（11）．

[2] 韩晓娟．近十年抗震救灾精神研究综述 [J]．绵阳师范学院学报，2018（9）．

[3] 韩晓娟，刘碧峰．抗震救灾精神与社会主义核心价值体系的关系探析 [J]．西南科技大学学报（哲学社会科学版），2019（3）．

[4] 尹海清，张生荣．抗震救灾精神的基本内涵及其重大现实意义 [J]．理论月刊，2008（9）．

[5] 李伟征．汶川抗震救灾精神：中华民族精神的传承和升华 [J]．时代文学，2008（18）．

[6] 唐旭昌，杨孟昀．论纪念馆在培育社会主义核心价值观中的载体作用——以5·12汶川特大地震纪念馆为例 [J]．西南科技大学学报（哲学社会科学版），2018（2）．

[7] 薛峰，毛晓红，等．5·12汶川特大地震纪念馆功能定位、作用发挥及对策研究 [J]．西南科技大学学报（哲学社会科学版），2015（6）．

[8] 卢维棠，肖军伟等．潍坊地震科普馆探索公益科普馆运维新模式 [J]．城市与减灾，2020（4）．

[9] 王乐，涂艳国．场馆教育引论 [J]．教育研究，2015（4）．

作者简介

肖军伟，男，1983年生，山东沂水人。大学学历，高级工程师，工作单位：潍坊市应急管理局，研究方向：防灾减灾科普场馆建设。

重大风险挑战应对中群众政治认同的中国理路

雷芳

摘要：政治认同能够夯实未来防范和应对各类风险挑战的群众基础，有力维护国家安全，巩固执政之基。实践证明，中国共产党和中国政府在一系列重大风险挑战的应对中，有力把握战略主动，有效化解风险，进一步巩固和增进了人民群众的政治认同。究其深层次理路，中国共产党集中统一领导是政治认同的制度保证；社会主义公有制是政治认同的经济基础；社会主义交往关系是政治认同的社会条件；社会主义意识形态是政治认同的思想基础。

关键词：重大风险挑战；人民群众；政治认同；中国理路

当前，世界百年未有之大变局深入演变，国内国际风险挑战不断。有效应对重大风险挑战，是巩固和增进人民群众政治认同的重要契机。尽管近年来我国发生汶川特大地震和新冠疫情等重大突发性危机事件，但是中国共产党和中国政府积极应对挑战，有效化解风险危机，进而巩固和增进了人民群众政治认同。具体表现为：一是提升了人民群众的主体性。国家兴亡，匹夫有责。人民群众在应对重大风险挑战中提升了责任意识，发挥了主体作用。正如习近平总书记指出："人民群众的支持和拥护是我们胜利前进的不竭力量源泉"[1]。二是增强了人民群众的归属感。在共同应对重大风险挑战的过程中，人民群众的国家意识、民族意识凸显出来，特别是在对各国应对重大危机事件的现实比较中，人民群众对国家、民族的归属感进一步强化。三是提高了人民群众的信任度。重大风险挑战面前，人民群众对中国共产党和中国政府高度支持和信任，积极支持配合落实各项政策，自觉勇敢承担社会责任。为什么会产生如此变化？从马克思主义社会关系理论来看，人的本质"是一切社会关系的总和"[2]。因此，人们的政治认同在本质上是"关系性"的[3]，是在由社会生产方式决定的"社会联系"

中确定的[4]。在重大风险挑战应对过程中，人民群众在物质生活、社会生活、政治生活和精神生活[5]中所形成的生产关系、交往关系、政治关系和思想的社会关系[6]被集中调动并迅速整合起来，这些社会关系的交互作用有力强化着人们对政党、政府和社会制度的认同感。

一、政治认同的制度保证

当前我国面临的国内外重大风险挑战的系统性、复杂性、交互性极高，其应对也就必须具备极强的系统性和组织性。党的集中统一领导是平衡政治关系的重心，是形成“全国一盘棋”的关键，当然也是应对重大风险挑战的最大制度优势。

作为区别于西方“选举型政党”或“现实型政党”的“使命型政党”，中国共产党本质上是“信仰的共同体”而非“利益的共同体”。[7]在重大风险挑战面前，其性质宗旨、初心使命、领导水平和执政能力使其更显责任担当，更具眼界胸怀，更加奋勇向前，也更加高效有为。其一，党的性质宗旨决定了其在应对重大风险挑战的关键时刻更显责任担当。“党性和人民性从来都是一致的、统一的。”[8]在危难时刻，广大党员干部秉持人民利益至上的“生死伦理”，勇于担当奉献，堪当人民群众的“主心骨”。其二，党的初心和使命激励着党带领人民群众战胜一切风险挑战，奋勇向前。无论国内国际局势如何风云变幻，无论面对怎样的风险挑战，中国共产党始终自觉把握社会历史发展的规律，奋力站在人民群众的根本利益以及全人类整体利益的高度，用生命坚守初心、担当使命。其三，党的领导水平和执政能力的自我完善提升，使其在应对各种重大风险挑战的严峻考验中更加高效有为。近年来，党在理论创新、科学决策、组织协调、社会动员、意识形态引领以及自身建设等方面的水平不断提高，依法执政、科学执政等能力不断增强。这就有效保证了应对重大风险挑战的政治效能的提升。

在党的集中统一领导下，形成了集中统一、协调一致的政治关系，为成功应对重大风险挑战、增强人民群众政治认同提供了政治保证。一方面，建立了统一高效的指挥体系，发挥领导核心作用。应对重大风险挑战往往是需要充分组织调动社会力量的“总体战”，需要科学果断的总体决策部署，快速有力的总体指挥，高效的资源整合和强有力的方针政策执行。建立统一高效的指挥决策体系，加强党的集中统一领导，能够有力保证政令统一、上下协调，决策科学、执行高效。在此次新冠疫情的“战疫”实践中，党中央统一指挥、统筹协调，确保及时把握关键时机，在赢得疫情防控的战略性成果的同时，实现了经济社会平稳发展。另一方面，有效整合了多重政治关系，统筹协调各方力量。一是协调好党群、干群关系。在危难中，领导干部率先垂范，团结带领人民群众抵御危机挑战；广大党员、干部冲锋在前，拼搏奉献，做好坚强堡垒和先锋模范；紧紧依靠群众、充分发动群众，构建应对危机挑战的人民防线。二是协调好中央和地方的关系。充分激发中央和地方的积极性，推动形成具有全面性和纵深性的风险挑战应对局面，为抵御风险挑战创造了最有为利的战局。

反观一些西方国家，其政治关系问题丛生，为积极应对重大风险挑战制造了层层阻碍。一是其所标榜的最为民主的选举制度所产生的现实型政党或选举型政党以选票的最大化为主要目标，难当应对重大风险挑战的责任。在危难面前，党派人员热衷于将现实问题转换为政治攻击的武器，一些科学有力的应对举措却屡屡遭遇“政治流产”。人民群众的生命财产等根本利益，国家、社会、民族、人类的整体利益只能屈从于利益集团或政治人物的现实政治需要。二是政治体系内部矛盾成为有效化解重大风险挑战的最大阻力。面对新冠等重大风险挑战，各级政府间推诿扯皮，地方各自为政，党派间则相互博弈、攻击，党派内部分歧不断。危机挑战未能成为检验其所谓最优越的民主政治制度的“试金石”，反而成为放大其政治体系原生问题的“放大镜”。如此，人民群众又何谈认同。

二、政治认同的经济基础

马克思将生产关系从一切社会关系中单独区分开来，视其为基础性的关系。列宁也将生产关系视为可以解释一切的本原性关系[9]。政治认同属于社会意识形式的上层建筑，在根本上由经济基础制约和决定。因此，以社会主义公有制为本质特征的生产关系，在理论与实践的双重路径上决定了人民群众政治认同的可能性和现实性。

在理论上，社会主义公有制决定了中国共产党、中国政府与群众利益关系的一致性，从而决定了重大风险挑战应对中人民群众政治认同的理论可能性。当前我国的社会经济制度充分体现了生产资料占有的人民性，其“优越性”和“适应性”在根本上决定了“人民利益高于一切”的利益关系，奠定了人民群众支持和拥护中国共产党和中国政府的经济基础。与此形成鲜明对照的是，建立在私有制基础上的国家政权只能代表少数资本家的根本利益，以保护资产阶级财产关系，维护资本家的利益为天职，也就不可能兑现“政权属于大多数人”的承诺[10]。这种国家政权本质上就是“资本家的国家”[11]。因而从理论上，资本主义国家的政治认同在普遍性和深入性上存在着相当的局限。

在实践中，社会主义公有制所具有的集中力量办大事的优势，决定了在应对重大风险挑战中增进人民群众政治认同的现实可能。“社会主义同资本主义比较，它的优越性就在于能做到全国一盘棋，集中力量，保证重点。”[12]现阶段我国的公有制主体地位，决定了党和政府在应对重大风险挑战的过程中，能够最大程度掌握和公正高效协调社会资源。以此作为前提，我国才能在应对汶川特大地震、新冠疫情等重特大突发性危机中，成功实施“一省帮一重灾县”和“一省包一市”的对口支援政策，展现让世人瞩目的中国的速度、中国力量和中国效能。在危难中，中国共产党和中国政府所表现出快速的资源组织动员能力、高效的需求响应水平和高政治绩效，让人民群众深刻感知体认到社会主义制度的优越性，并形成了对党和国家的高度认同。

相比而言，建立在私有制基础上的政治体系，难以在应对重大风险挑战中实现政治认同的高度强化。因为资本主义国家社会资源的整合能力和权力协调能力有限，难以实现中国体制下所能达到的应对重大风险挑战的速度和效率，因而也难以促成群众对国家、政府，尤其是中央政府的高度认同。以日本为例，尽管日本建立了积极有效的应急机制，能够有效缓解重大危机，但由于日本的私有制和地方财政自治制度，中央政府往往难以在总体上统筹协调。[13] 在应对类似于福岛“3·11”地震等重大突发性灾难危机的过程中，显得力不从心。再以美国为例，美国在此次新冠疫情的防控过程中，一方面出现了前期对疫情的忽视和延误，另一方面可以明显地看到由于体制问题所带来的“上下失和”和“左右对立”的局面。美国在疫情防控中，由于联邦政府直接掌握的资源有限以及进行社会动员的权力限制，难以对市场化运作的私有企业和机构部门进行调动。可以说，私有制所决定的政治体制状况大大降低了突发重大风险挑战应对过程中政治认同强化的现实性。

三、政治认同的社会条件

重大风险挑战产生的社会影响之大，涉及范围之广，扩散速度之快，决定了仅仅依靠政府单方面应对之不可行。协调交往关系，最大程度动员社会力量，就成为危机治理、风险应对的关键之举，是人民群众政治认同的重要条件。社会主义制度对我国社会交往关系的理论规定，及党和政府协调社会交往关系的实践经验，为应对风险挑战，增强群众认同创造了社会条件。

在理论层面，社会主义制度本身决定了交往关系能够促进形成危机应对中强大的社会动员力，实现人民群众政治认同。交往关系产生于直接的物质生产领域之外的社会日常生活中。它是在社会日常生活的交往活动中形成的人与人之间的关系，它能够标示人们的地位及相互关系，并在历史的发展中演进。[14] 不同社会制度下的交往关系，能够通过促进或制约风险挑战应对中的社会动员力，进而影响人民群众政治认同。社会主义公有制内生出国家、社会和个人利益关系的一致性，并衍生出集体主义精神和人民至上的原则，进而形成团结互助、诚信友善的社会交往关系。这也就为危难之中进行社会动员以共克时艰创造了有利的社会条件。

在实践层面，中国共产党和中国政府注重协调交往关系，团结广大人民群众的力量，深入强化人民群众政治认同。党和政府历来注重协调交往关系，形成了重大风险挑战应对中进行社会动员的能力和社会基础。譬如，在应对抗日战争等重大民族危机的过程中，中国共产党注重“调节各阶级相互关系”[15]的政策和策略，通过协调社会各阶级关系建立最广泛的统一战线。在社会主义建设和改革中，通过不断协调阶层关系，使我国阶层关系总体和谐，社会各阶层形成了较强的国家发展信心和较高的政治认同度。[16]在当前重大风险挑战应对的实践中，党和政府积极协调交往关系，有效化解危机，增强人民群众政治认同。党和政府注重在危机治理中通过应急反应、资源配置、信息公开、媒体宣传等方式协调交往关系，调动广大人民群众和社会各界的有序参与，形成了应对重大风险挑战的群众力量和举国机制。危难中，全国人民空前团结，港澳台同胞同心协力，海外华侨华人积极支持参与，形成了应对危机挑战的强大的人民防线、人民力量。

与此相对照的是，一些资本主义国家之所以在应对风险挑战的社会动员中遭遇阻力甚至对抗，根本上源于资本主义社会分工和私有制塑造了利己主义和等价交换的交往关系原则。利己主义和等价交换原则漠视人的情感和尊严，将人与人之间的关系异化为“赤裸裸的利害关系”[2]。在危难之际，尽管许多发达资本主义国家有着较为完善的社会参与机制，但个人主义、利己主义等资本主义生产关系所决定的社会交往关系，在根本上不利于全面社会动员，严重制约了危机应对的速度和效率，也就难以稳固和增进人民群众政治认同。

四、政治认同的思想基础

社会主义意识形态是与我国的社会生产方式密切关联的思想的社会关系。在重大风险挑战应对中，社会主义意识形态有利于统一思想、汇聚民心、振奋精神，有利于和谐稳定社会交往关系和政治关系，有序协调利益关系，进而提高政治绩效，强化人民群众政治认同。具体表现为以下三点：

其一，集体主义的价值导向。集体主义是马克思主义世界观与中华民族传统美德相互融合而形成的，它是与社会主义制度紧密联系的根本价值导向和道德准则。[17]社会主义核心价值观是集体主义价值的集中体现。重大风险挑战应对中，我国以社会主义核心价值观为抓手，使集体主义的价值导向促进人民群众在价值追求、道德观念上的总体协调一致，从而创造同舟共济的社会交往关系和上下齐心的政治关系。

其二，民族精神的团结凝聚。精神激励战胜危机的决心，砥砺迎接风险挑战的勇气。民族精神是共同应对重大风险挑战的强大精神支撑。历次重大风险挑战面前，中国共产党带领人民群众振奋精神，筑就了九八抗洪精神、抗击“非典”精神、抗震救灾精神、伟大抗疫精神等民族精神的丰碑，成功将危难和代价转化成为国家发展、民族复兴的机遇，创造出社会进步的“补偿”，实现人民幸福的使命，极大地巩固和增进了人民群众的认同。

其三，人类命运共同体的意识。人类命运共同体思想是“具有共产主义性质的社会主义理想”[18]。当前，人类社会面共同面临着气候变暖、环境恶化、流行疾病等重大风险和挑战，任何国家、民族或个人皆不可能坐守孤岛，独善其身。人类命运共同体的理念追寻马克思主义思想之光，基于全人类的共同利益，回应了各国人民对自由独立、和平发展的共同期待。它超越了国家民族的纷争，弥合了社会制度和意识形态的藩篱，是解决和应对当前人类共同面对的重大风险挑战的根本指南。

然而，一些自视为最自由、民主、人权的国家非但未能有效应对当前的一系列重大风险挑战，反而激化了社会矛盾，遭到人民群众的“差评”。这种差异在根本上来源于资本主义意识形态的内生性问题。主要有：一是个人主义的阻碍。个人主义坚持个人利益得失是唯一的价值判别标准，它是与资本主义的生产方式和社会制度密切联系的价值导向和道德基础。在重大风险挑战面前，个人主义不仅导致资本主义国家内部个体对于共同体责任意识的缺失，也促使国际层面的人类共同体价值遭到漠视。实践证明，一些西方资本主义国家在疫情防控等重大危机应对中的无力和失控正是来源于其个人主义、自由主义所带来的困境与限制。[19]二是霸权主义的遮蔽。在全球性重大风险挑战面前，霸权主义矮化了基于人类共同利益的国际关系格局，遮蔽了大国应有的责任和担当。譬如，美国罔顾世界经济发展的大局推行贸易保护主义；无视全球疫情防控艰难形势推行单边主义，任性“退群”；坚持“美国优先”战略，怠于履行国际义务，蓄意破坏全球性共识，不遗余力打压他国。公道自在人心。霸权主义遮蔽下，强权政治主导的种种倒行逆施之举非但不能实现其战略目标，反而使其人心尽失，困局重重。三是种族主义的撕裂。重大风险挑战的应对中，一些西方资本主义国家的种族主义问题不断消解人民群众的认同。以美国为例，当前新冠疫情的挑战适逢混乱的选举政治，其种族歧视和社会撕裂问题尤甚。尽管美国民众种族公平正义的呼声不断，暴力骚乱愈演愈烈，但在政治极化和政党内部分化的掣肘之下，种族公平正义的呐喊难以发声，相关政策更难以奏效。人民群众在无休止的政治攻讦中疲惫不堪，对现实中不力的疫情防控局面和经济恢复成效失望不已。

五、结语

“人民有信心，国家才有未来，国家才有力量。”[20]应对重大风险挑战虽然是对党和国家的严峻考验，但也是凸显社会主义制度优势，坚定人民群众的信心，强化人民群众政治认同的重要契机。危中寻机，化危为机，方可勇立潮头。为此，一是完善并落实维护党中央权威和集中统一领导等各项政治制度，进一步平衡好各方面的政治关系，筑牢人民群众政治认同的制度基石。二是在坚持解放和发展生产力的基础上，进一步优化社会生产关系，完善社会主义基本经济制度，协调好利益关系，夯实人民群众政治认同的经济基础。三是完善民生保障和共建共享的社会治理制度，构建和谐社会交往关系，厚植人民群众政治认同的社会根基。四是加强社会主义意识形态建设，推进社会主义先进文化建设制度化，构筑人民群众政治认同的思想文化基础。无论国内外形势如何变化，未来遭遇怎样的风险挑战，只要我们坚持协调处理好经济、政治、社会和思想的社会关系，有效巩固和增进人民群众政治认同，就能汇集更加磅礴的中国力量，敢于战胜前进道路上的一切困难，向着实现第二个百年奋斗目标奋勇前进。

参考文献

[1] 习近平谈治国理政，第 3 卷 [M]. 北京：外文出版社，2020.

[2] 马克思恩格斯选集，第 1 卷 [M]. 北京：人民出版社，2012.

[3] 郭莉 . 中国特色社会主义制度认同教育研究 [M]. 北京：中国社会科学出版社，2016.

[4] 中国大百科全书，政治学 [M]. 北京：中国大百科全书出版社，2002.

[5] 马克思恩格斯选集，第 2 卷 [M]. 北京：人民出版社，2012.

[6] 瞿铁鹏 . 马克思主义社会理论 [M]. 上海：上海人民出版社，2017.

[7] 唐皇凤 . 使命型政党建设的理论基础与中国经验 [J]. 武汉大学学报（哲学社会科学版），2020（2）.

[8] 习近平 . 在全国宣传思想工作会议上强调胸怀大局把握大势着眼大事　努力把宣传思想工作做得更好 [N]. 人民日报，2013-08-21（1）.

[9] 列宁选集，第 1 卷 [M]. 北京：人民出版社，2012.

[10] 列宁选集，第 3 卷 [M]. 北京：人民出版社，2012.

[11] 马克思恩格斯选集，第 3 卷 [M]. 北京：人民出版社，2012.

[12] 邓小平文选，第 3 卷 [M]. 北京：人民出版社，1993.

[13] 王宁霞，高明等 . “5・12” 汶川大地震抗震救灾纪实 [M]. 北京：电子工业出版社，2015.

[14] 李素霞 . 交往手段革命与交往方式变迁 [M]. 北京：人民出版社，2005.

[15] 毛泽东选集，第 2 卷 [M]. 北京：人民出版社，1991.

[16] 李新芝，杨华强 . 论改革开放 40 年来中国共产党协调阶层关系总体思路的演进及经验 [J]. 西南民族大学学报（人文社会科学版），2019（3）.

[17] 杨先农 . 抗震救灾精神的集体主义意蕴 [J]. 毛泽东思想研究，2009（3）.

[18] 吴倩 . “人类命运共同体” 与 “美国优先” 价值理念的比较分析 [J]. 思想理论教育导刊，2020（1）.

[19] 冯维江．西方应对突发事件的社会合力及其限度 [J]. 人民论坛，2020（10）.

[20] 习近平．在第十三届全国人民代表大会第一次会议上的讲话（2018 年 3 月 20 日）[M]. 北京：人民出版社，2018.

基金项目

本文系国家社会科学基金重大项目“汶川特大地震抗震救灾精神口述史挖掘、整理与研究”的阶段性成果，项目编号：18ZDA014。

作者简介

雷芳，女，1986 年生，四川眉山人。法学博士，讲师，成都理工大学马克思主义学院，研究方向：政治认同。

政府信任层级差异的质性研究

——基于汶川特大地震灾区群众的深度访谈

张纯　胡子祥

摘要：十年以来，汶川特大地震灾区群众政府信任呈现“央强地弱”的格局，尤其是对地方政府信任状况不容乐观。究其原因，从灾区群众的角度看，政府信任状况受到传统的权威主义价值观和以关系观念为核心的乡土文化的影响，在中央政府与基层政府动员能力与治理能力的比较逻辑下产生；从基层政府的角度看，不信任主要源于政策信息的不对称，导致灾区群众对于救灾政策的曲解和主观臆测；从媒体的角度看，“央强地弱”的媒介格局以及媒体管制的差异化方式进一步加剧灾区群众政府层级差异。

关键词：汶川特大地震；灾区群众；政府信任；层级差异

一、引言

汶川特大地震给灾区群众生命财产、生产、生活及生态环境造成了重大损失，造成69227人遇难、17923人失踪、4625.6万人受灾，造成直接经济损失计8523.09亿元。十年以来，各级政府对灾区投入大量人力、物力、财力以及政策支持。中央政府作为政策的制定者和资源的供给者，震后紧急动员各方力量进行应急救援，制定对口援建政策，领导灾区快速恢复与发展；基层政府作为政策的实施者与利益的分配者，既要把中央的政策落实到位，又要把群众的需求反映到位，还要负责灾后社会秩序的维护、灾后生态、生产和生活的恢复重建工作。毋庸置疑，中央政府与基层政府都为地震灾区应急救助、灾后重建和可持续发展做出了极为重要的贡献。因此，从理论上讲，灾区群众理应对各级政府均高度认同，有很高的信任度。但是，不少研究却发现，灾区群众政府信任却呈现“央强地弱”的格局，并且对地方政府信任状况不容乐观（罗家德等，2014，2017；尉建文等，2015；李智超等，2015）。这与笔者多次深入地震灾区实地调研所了解的情况是一致的。政府信任呈现“央强地弱”格局的原因是什么？为什么十年来基层政府为灾区应急救助、恢复重建与可持续发展做出了巨大贡献，但却得不到灾区群众的认可？带着这些问题，笔者多次深入灾区调研访问，试图运用质性研究方法，细致描述十年来汶川特大地震灾区群众政府信任层级差异的基本状况，并分析其影响因素及形成机制，以见教于方家。

二、文献回顾

（一）关于政府信任层级差异研究

政府信任层级差异这一现象已经被众多学者观察到：李连江（2012）借鉴费孝通先生提出“差序格局”的概念，将这种信任中央而不信地方的政府信任格局称作“差序信任”。在这种信任格局下，民众会倾向于认为地方政府不代表自己的利益，且有可能与自己是对立的，但是中央政府则是自己的盟友。相关学术调查机构也对政府信任层级差异现状进行过测量，比如中国综合社会调查（CGSS）、全国社会状况综合调查（CSS）、亚洲民主动态（ABS）调查，这些调查都显示，我国大陆公民更加信任中央政府而非地方政府。

还有一些学者在研究中直接或者间接证明差序政府信任的存在。史天健（2001）指出，中央政府的信任要明显高于地方政府的信任。李连江（2004）的问卷调查表明，占总人数 63.1% 的人认为高级别党委比低级别党委更加可信。肖唐镖（2005）也发现基层公务员同样认为，中央政府的公信力远高于基层。肖唐镖等（2010）发现所调查地区农民对各级政府的信任程度由上到下逐级递减。于建嵘（2010）发现上访群众对各级政府的信任水平存在显著差异。管玥（2012）发现大学生对不同层级政府信任度逐级递减，并解释了这一现象可能的原因。高学德、翟学伟（2013）的数据也验证了差序政府信任的存在，并且对城市居民与农村居民的政府信任状况进行了分析比较。张洪忠等（2016）考察了中国内地网民对不同级别政府的信任度，发现网民对中央政府、省部政府、县乡政府的信任程度逐级递减。

但是，学界对于政府信任层级差异的原因解释并不多。刘晖（2007）认为导致两级政府的合法性存在差异的原因有两个，作用机制一：中央和地方政府在决策和执行绩效上的分离，作用机制二：公共危机管理。叶敏等（2010）从政治图像、政治接触与经济增长机制三个方面给出了一个阐释框架。管玥（2012）也从个人因素、政治制度安排、政治社会化等三个方面解释了大学生群体政府信任层级差异的原因，依此提出了理论框架。吕书鹏等（2015）发现，民众在公共政策制定动机评价与执行效果评价的相互分离，对不同层级政府绩效认识上的差异，宏观经济评价与微观治理评价相互分离及对中央及地方政府在贪腐水平评价上的差异导致政府信任层级差异。罗家德（2017）通过对汶川震后居民的追踪调查发现造成政府信任层级差异的原因是在乡村社区中缺乏一定的个体社会资本与社区社会资本。

（二）关于地震灾区政府信任研究

众所周知，汶川特大地震发生后，在党中央、国务院的领导下，在全国各族人民支持下，抗震救灾、灾后重建和可持续发展均取得了伟大成就。那么，在这种情况下，灾区群众政府信任是否是积极的呢？陈蓓蓓（2012）选择汶川县和都江堰市作为研究地点，综合运用定量研究方法与定性研究方法，去综合评估地震后灾后重建的社会影响。研究发现，灾后重建使中央政府的合法性大大提高，但是却使地方政府的合法性有所降低，导致群众对各级政府满意度存在差异，出现了合法性的双轨效应。王玲（2012）从救灾政治的角度出发，以汶川地震重灾区的四川省元镇为研究地点，运用田野调查的方法，研究抗震救灾过程中，国家、地方政府以及灾区群众如何利用灾害危机来经营其合法性，从而发现各个政治主体在其经营合法性的方法与机制。研究发现，各政治主体均会通过此次危机最大化去经营自身的合法性。灾区群众对国家和地方政府评价和信任程度表现出非均衡状态。罗家德（2014，2017）通过对汶川震后居民的追踪调查，也发现在地震灾区也存在“央强地弱”的趋势。

总之，关于灾区政府相关的实证研究，譬如，灾区政府满意度、政府合法性、政府政策的实施等，在某种程度上可以解释灾区政府信任。但是，现有研究多运用定量的方法，缺乏对所研究复杂问题的深描和全景展现，而且虽然一些研究提到灾区存在政府信任层级差异，却没有分析其具体的原因；另一方面，考虑到在汶川特大地震发生十年后的今天，灾区社会经济状况有了进一步的发展，人对此有了一定的思维积淀和冷静反思，再回首这段刻骨铭心而又波澜壮阔的历史时，理应有所不同。鉴于此，本研究试图从汶川特大地震亲历者的视角，审视十年来灾区群众政府信任层级差异状况，并分析其形成机制。

三、研究设计

运用口述访谈法，获取研究资料；然后，运用 Nvivo11 分析软件，对资料进行编码分析。

（一）调研地点的选择

选取汶川特大地震极重灾区 LG 镇为主要研究地，一方面因为该镇处于极重灾区，且震前是 BC 县的经济重镇，震后 LG 镇又被建设为县域副中心、唐家山堰塞湖及地震博物馆主要接待地、羌族文化特色小城镇，在灾后应急救援、灾后重建和可持续发展方面具有典型代表性。另一方面，考虑研究材料的可得性，LG 镇政府工作人员为本研究提供了相关政策文件及材料，协助联络访谈对象。此外，还选择极重灾区 WC 县 YX 镇和 DJY 市 XE 乡作为参照研究地。

（二）访谈对象的选择

研究对象的选择主要考虑访谈对象的可接触性、访谈对象的多样化以及是否亲身经历汶川特大地震，并较为清晰地保存地震记忆等。访谈时长约 1~1.5 小时。访谈对象的基本情况如下表所示。

受访者基本情况记录表

姓名	性别	年龄	民族	学历	政治面貌	职业
LDF	男	48	汉	中专	党员	社区干部
LFX	女	58	汉	小学	群众	打零工（曾外出务工）
YZJ	女	47	羌	本科	群众	副校长
WRS	女	63	汉	小学	群众	务农
MFG	男	68	汉	小学	群众	木匠
ZTH	女	60	汉	无	群众	无业
DZH	男	61	汉	小学	群众	打零工（曾是医生）
LSQ	女	68	汉	小学	群众	务农
MGQ	女	74	汉	中学	党员	社区干部
YDQ	男	53	汉	中学	党员	政府干部
HYL	女	46	回	中学	群众	个体户
HY	男	48	羌	大专	党员	警察
JAY	女	45	汉	中学	群众	宾馆前台（曾做餐饮业）
LD	女	70	汉	小学	党员	退休
WCB	男	33	汉	中专	党员	社区干部
LYC	女	46	汉	小学	群众	打零工（曾外出务工）

注：表中受访者的姓名均为化名。

（三）资料分析与处理

采用扎根理论方法，进行资料分析。扎根理论是由 Glaser 和 Strauss（1967）提出，是建构理论的一种方法。研究者在没有任何理论假设基础上，直接从原始资料入手，建构出系统的理论。具体步骤包括：第一步，新建项目。将访谈录音转录为文字资料，导入到 Nvivo11 分析软件中待处理。第二步，资料编码。对资料进行逐行逐句编码，将资料划分为无数个意义单元。然后更有指向性的去聚焦编码，对初始编码进行筛选和归类。接着进行主轴编码，用更加简短的术语对编码建立关系模型。第三步，理论编码。将所有编码进行整理，使其更加系统化，从而构建出理论。

四、研究结果

（一）汶川地震灾区群众政府信任呈现“央强地弱”格局

不少研究均发现“政府信任层级差异”现象。但是正如李连江（2012）所提出的，虽然以往的研究已经有一定的积累，仍不足以确定这种现象是否真实存在，更难确立在多大程度上普遍存在。在针对汶川灾区群众的相关研究中，罗家德等（2017）通过对汶川震后灾民的追踪调查，发现灾区群众对各级政府的信任度和满意度并不一致，呈现为“央强地弱”的趋势。一些受访者提到中央政府时往往用“国家”这个词语作为代替，而提到当地政府时往往用“政府”“当官的”等词语作为代替，在他们的判断中国家与政府不是同一回事，“国家”是中央，“政府”“当官的”是地方政府。王正绪（2016）也提到，在访谈资料中“当官的”“干部”往往指地方政府。对这些特定主体的信任（Specific Trust）构成了地方政府信任的主要来源，而中央政府往往与“国家”相联系，是一种弥散的政府信任（Diffuse Trust）。笔者通过整理访谈材料，把一些受访者在访谈过程中提到“国家”（指代中央政府）与“政府”“当官的”（指代基层政府）时的语句分别列出来进行对比，更加清晰直观地看出其情感态度的差异。具体如下所示。

受访者对中央政府与基层政府情感态度对比表

	对中央政府	对基层政府
WRS	生活保障我就是说现在国家政策好嘛。	这个政府就是这点没给我们办公平。
LYC	不靠国家我们没法生活，全靠国家给我们扶持。	镇上政府他给你帮助啥，他又没得啥。
DZH	国家给你帮助，老百姓得不到。	政府给“铲铲”，国家援建的，政府就只是帮忙发一下。
LSQ	你感谢都找不到哪个去感谢人家，这等于说是国家的政策好。	我们这钱当官的给拿到了，老百姓晓都不晓得，我们还说不得。
LFX	国家把板房建好，国家还给我们发了铁床。	等于是都是这个当官的弄通完了的，你这些老百姓你啥子都不晓得。
SJ	好比说国家给你拨的资金，你老百姓咋得到嘛，想都想不到嘛。	这政府就是哪个当官的吃肥就调起走了，就是这样子的。
ZTH	像国家好好啊，像这个地震保险给你买了，啥子给你买了，钱拿起，是不是？	像我们在坎边边种了点菜，你政府给我们扯一回又扯一回，不许你种，给我们扯了，说老实话老百姓气得没法。

由此可见，汶川特大地震灾区群众对于中央政府和当地政府的态度迥然不同。受访者提到“国家”时所表现出来的情感态度大多是积极的，多用褒义词，说明对中央政府正面的评价在灾区群众中已经深入人心，他们认为汶川地震后国家不仅解决了灾区群众的衣食住行问题，更是出台了很多政策扶持灾区重建与发展。但是，受访者在

提到“政府”“当官的”时所表现出来的情感态度多是消极的，多用贬义词，说明这些对地方政府负面的评价在灾区群众中也已经根深蒂固。“他们始终是当官的，老百姓始终是老百姓”是笔者在访谈时经常听到的一句话，这说明在当地群众的潜意识里面，普通老百姓与地方政府干部是界限分明的两个角色。有学者认为访谈是生成意义的一个过程，受访者对自己的经历进行叙述时，需要对过去每件事的发生过程的具体细节进行回忆，所说的每一句话每个词语都可能代表他的主观意识。他们在提到“国家”“政府”“当官的”这些词语时充满了强烈的感情色彩，这些词汇便是他们意识的一个缩影。可见，十年以来汶川地震灾区群众政府信任确实呈现“央强地弱”的格局。

（二）汶川地震灾区群众对基层政府信任状况不容乐观

在特大灾害造成的社会危机下，灾区基层政府不仅承担起灾后救援与重建中的组织动员工作，还要依法执行上级政策，每天高速运转，任务繁重。在调研过程中，笔者发现，地震以后灾区政府工作人员每天都在超负荷工作，他们一方面要紧急投入到繁重的抗震救灾工作，另一方面还要承受自己家庭成员遇难的悲痛之情，工作量之大，工作压力之大，非一般人能承受。但是，在调研中，笔者发现大多数群众对基层政府的评价都很低，主要有三个方面：一是认为基层政府在地震中无所作为，“啥子都没做”。譬如，“国家给的米，一天一斤米，人家援建的，政府给“铲铲”[①]，人家援建的，政府帮忙发一下。”（YX–DZH–ZC–161029[②]）再如，“镇上政府他给你帮助啥，他又没得啥。”（LG–LYC–ZC–160721）二是认为基层政府处理事情不公平。“我们捏到是 5 楼，我们去请示，就是要求镇上给我们调到一楼，人家干部说的捏到哪里就在哪里，不得行。然后有关系的他们政府就给调了。”（LG–WRS–ZC–160721）三是认为基层政府做事过于强势。“人家说的，因为那个时候我们在那面，他们这面有闹，有开始就是不许挖的，不许挖咋子政府嘛就喊民兵把你拉开就是了。”（LG–LYC–ZC–160721）总之，汶川地震十年来，基层政府勤勤恳恳为灾区的恢复发展努力的付出，理应受到当地老百姓的拥护与爱戴；但是情况却截然相反，灾区群众却对当地政府的认可度不高，信任度也不高。

五、影响因素分析

显然，政府信任会受到多重因素的影响。本研究拟从灾区群众、基层政府、媒体的角度探寻灾区群众政府信任层级差异的原因与作用机制。

①四川方言，意为什么都没给。

②访谈文本代码，方便笔者整理访谈内容，具体含义为：调研地点—受访者姓名—采访人姓名—访谈日期。

（一）从灾区群众角度看

1. 根植于传统文化的权威主义价值观

数千年来，“皇权崇拜”这一观念深深地埋藏在人民心中（管玥，2012）。皇权更多地表现出父爱仁政的权威品格。所以一旦出现问题，人民便会觉得中央的政策是好的，但被基层的当官的执行偏差了。经过长时间的积淀，这逐渐成为传统文化的一部分，内化为一种集体无意识的威权文化，潜移默化的影响人们的政治态度与政治评价。在汶川特大地震之后，因为通信中断失去与外界联系，当地基层政府干部反复劝慰老百姓：没关系，国家会来救我们。北川县漩坪乡党委书记张康奇在地震后从办公室抢出来一面五星红旗，他说这面旗曾是他们被困时的精神支柱。所以当看到国家派出的大批救援队伍抵达灾区进行救援之后，多数群众会觉得自己有救了，当目睹国家领导人亲临灾区指挥抗震救灾，他们会觉得精神备受鼓舞，重新燃起对于生活的信心。

“我们看到国家派的救援部队的时候真的是眼泪都包不住，心里头觉得终于有救了呀。我一开始地震那么恼火我都没有哭，我看到国家派救援的人来了我没憋住，心里头终于轻松了。”（LG–JAY–ZC–170730）

认为重建中可能出现贪污的现象时，同样寄希望于国家，希望国家可以将惩处这些贪污分子，造福于民。在灾区群众的心里从未怀疑过中央的权威，更有甚者把希望寄托在中央政府进行“微服私访”上。灾区群众对中央政府的信任更像是一种“信仰”，而非现代所说基于契约的信任（李连江，2012）。

“国家应该派暗访组，暗访组要是下来老百姓就得反映，他们就得遭，晓得不？”（YX–SJ–ZC–161029）

不管是地震初希望国家给予援助，还是重建时希望国家反腐，都体现出了灾区群众从心底里对于国家、对于中央政权的依赖与崇拜，正是这种威权主义价值观的存在影响了灾区群众的政治态度与政治情感，使得他们做出对中央政府较为正面的评价，而对离自己较近且能直接接触的基层政权则抱有防范心理。地震这一突发事件使得灾区群众的这种权威主义价值观更加明晰地表现出来，所以被这种价值观深深影响的灾区群众对两级政府表现出不同的信任水平，这强化了政府信任层级差异状况。

2. 充斥人情世故的乡土文化

中国农村已经是一个“新乡土社会”（贺雪峰，2013）。这种“新乡土社会”仍然是一种“礼俗社会”，血缘和地缘积淀性地成为当地农民的交往基础。农民的“乡土本色”却是不容易改变或者说短时间内难以改变的。正是这种“乡土本色”作为影响当地群众政治态度的一种文化根源。因为“关系”观念中“人情交换”的属性，使得当地群众不假思索地认为利益的获得是因为“关系”，利益的受损也是因为“关系”，别人有“关系”“是当官的”，所以在地震后才可以获得更多的资源与支持。

“我们住的房子本来人家就是说是政府给的钱修的，我们全部是给完了的，但是

还有人没有给，到现在还没给，住到里面没给钱，都是那些跟干部有关系的。”（LG-LFX-ZC-160722）

因为“关系”观念的存在，基层政府作为实际利益的分配者自然成为怀疑的对象，在政府工作的人因为有权力，跟政府有关系的人可以借助权力，“自然”可以最大程度的获利，所以即使是政策上的规定，也会被不明真相的群众归结于“关系”。于是，基层政府处在一种尴尬的局面，不管做什么，只要不能让所有人满意，就会拿“关系”来说事。这种“礼俗社会”中的“关系”观念会使基层政府的“法理”处于一种不可靠、不值得信任的境地。LG 镇的社会关系网络是以“差序格局”为基本特征的，所以在这种社会网络中便形成了特有的口耳传播方式，而因为这种关系网的封闭性及亲密性，人们对于在自己关系网络中得到的信息没有丝毫怀疑。在访谈过程中，笔者发现受访者在描述自己经历或者看法之后，笔者进一步询问是否是亲身经历或亲自知道，受访者经常用“人家说的”“别人说的”“听说的”“都这么说的”之类的词语来印证自己的看法，即是自己并没有亲身经历。而这种在社会关系网络里面已经传播开来的信息往往直接指向基层政府的不作为、贪污等负面信息。

“听说他们说的新县城像我们这种领不到保险的有生活补贴，具体我们也不清楚。之前买不到，他们说的新县城领不到的人好像是有生活费。具体我也不清楚是不是。我们就是说为啥我们这没得新县城有。”（LG-LYC-ZC-160721）

不论受访者提到的事是否真的发生过，这种基于社会关系网络的口耳传播的方式，成为了小道消息不断发酵的温床，只要听说到的消息是对于自身有利的，他们便会把听到的信息与自身情况作比较。一旦不符合，便会产生一种相对剥夺感，认为实际利益的分配者即基层政府损害了自己的利益，而类似的消息听得多了，原本没根由的消息便成了人们心底里的事实。这种所谓的“事实”在每个人的社会网络中传播开来导致了小道消息充斥在乡镇社会的各个角落。笔者所调研的 LG 镇终归是一个新时代下的“乡土社会”，始终受到乡土文化的影响，孕育于乡土文化中的“关系”观念，对基层政府的不信任呈现为一种“先验”的状态，礼俗社会中“人情”始终大过于基层政府中的“法理”，而中央政府始终超脱于乡土社会之外，是想象中的“国家”，与当地群众的日常生活没有实质性的接触，使中央政府的正面形象在传播的过程变成了“神”一般的存在；而基层政府的负面消息在传播的过程中被反复“印证”，成为当地群众茶余饭后闲聊时的谈资，这种相互强化潜移默化的过程中也就变为听话者心中的所谓“事实”。

3. 比较逻辑下的主观评价

唐文方（2016）指出，“民粹威权主义”是理解中国政治支持的一个视角，该理论包括群众路线、低制度化、高度的人际信任和高政府回应性等维度，其中高度的政府回应是政治支持（信任）来源最为重要的因素。汶川地震发生后，从抗震救灾到灾后重建，群众的各方面需求是十分迫切的。因此，政府投入救援力量进行紧急救援，动员组织各方力量进行灾后重建，这些工作也可以从“民意回应”的角度进行理解。灾区群众能够直接感受到中央政府强大的动员能力与卓越的灾后重建效果，地方政府灾后的工作投入甚至完全被中央政府耀眼的光芒掩盖掉。因此，在灾区群众的主观评价中，中央政府进行了及时有效的“回应”，这种回应被实实在在地感知到，而地方政府几乎没有进行正向“回应”，甚至地方政府在群众的眼中是缺位的。用访谈对象的话来说就是“地方干部不知道跑到哪里去了，吓得瓜兮兮”。按照民粹威权主义的理论，地方政府较低的民意回应程度，导致政治支持和政治信任都不高。实际上，并不是地方政府没有作为，而是地方政府在灾后所付出的努力被选择性忽视；而且中央政府及其对口支援城市所负责的项目确实更有显示度并且施工速度更快，地方政府负责的项目进度较慢，在短时间内没有办法符合人们的预期。灾区的群众基于这样的比较逻辑，在地震后的不同阶段有意无意地去对中央政府与基层政府的所作所为进行对比，进而形成主观评价。有比较，就会有差异，有差异，所以才会有对中央政府与地方政府不同的评价，并因此导致对两级政府信任度的两极分化。

（二）从基层政府角度看

1. 政策执行的困境

在中央集权体制下，地方政府除了有琐碎复杂的治理任务，还要宣传中央政府出台的一系列政策并且去依法执行（叶敏等，2010）。汶川地震十年来，基层政府勤勤恳恳为灾区的恢复发展努力地付出，理应受到当地老百姓的拥护与爱戴，但灾区群众对当地政府的认可度不高，信任度也不高。人们潜意识里认为国家政策是好，但是当地政府没有按照政策去落实。“大政府，小社会”治理格局在带来治理效率的同时，也成了“无限责任”政府的深层次原因；掌握的资源分配权力，也给自身带来了前所未有的压力和麻烦，稍有不慎就会引起民众的不满和怀疑，严重的还会引起群体性事情，这是任何一个基层政府在危机时刻都不能掉以轻心的。在笔者访谈过程中，发现灾区群众与当地政府的主要矛盾主要集中在房子、土地、物资、补助这几个方面，这都需要当地政府具体去操作和实施，并且直接与老百姓面对面接触。中国的基层政府实际上是中央政府的代理机构与执行机构，在这样的权力体制下，基层政府有时需要去做一些中央政府不愿意也做不了的事情，直接与群众接触去解决问题，或者执行政策。客观来讲，基层政府并没有像灾区群众所认为的从中谋利，只是因为灾区政府这样一种身份的特殊性，在当前的制度环境下被动的处于这样一种不利的地位，这就决定了基层政府必定被卷入不信任的格局。

2. 信息的不对称

不对称的信息可能造成交易双方的不信任（侯琦，2004）。灾区政府的信息传达工作在一定程度上是做得不够到位的，因为灾区群众对于一些灾后的政策条例等并不是特别的了解，这会造成当地群众对情况一知半解或者理解的有很大的偏差。他们常说的一句话就是："国家是这样说的，而当地政府是那样做的。""我们这儿才建起的时候，电视上《新闻联播》就是说我们这儿，房子不给钱，到分房子分到的时候就要给钱了，人家电视头说的不给钱，我说不给钱我们就七百七（十元）一个平方，我说就照样给。"（YX-DZH-ZC-161029）一些人还认为当地政府不愿意告知对老百姓有利的政策。"整天不叫我们开一次会，啥子都不晓得。""当官的又不告诉我，又不喊你开一次会，有啥子问题他也不给你说，我看了新闻我就啥子都晓得，我尽看新闻，我把新闻看完我还要把焦点访谈看完。"（YX-LSQ-ZC-161030）国家的一些政策都是偏向于宏观层面，具体实施下来每一个地方还要根据自己的实际情况，在政策允许的范围内做一些调整。而当地政府并没有清楚的告知当地群众在执行中根据当地情况所做出的调整，所以灾区群众对于政策的理解出现了偏差，并误认为地方政府在执行中出了问题，造成对当地政府的不信任。而信息传递不到位的原因，一方面是因为重建完成后形成了新的社会结构，原来的社会关系网络被打破，原本属于同一个村民小组的人可能如今居住在不同的地方，但是还是采用地震前的消息通知方式，由原来的村干部把消息进行传达，如今分散的社会结构无疑增加了基层的干部将信息传达到位的难度；另一方面也因为部分基层干部不负责等自身原因造成的信息传递不到位。这些原因在一定程度上使得信息传递受阻。

（三）媒体角度出发

1. 央强地弱的媒介格局

媒体是影响政治信任的重要因素，这几乎是政治信任研究领域的共识（李艳霞，2014）。"党媒姓党"是具有中国特色的媒体制度（邓绍根，2016）。不同性质和级别媒介，由于传播能力、覆盖率和议程设置能力的不同，对于政治信任的解构或建构呈现巨大的差异。邵梓捷等（2015）采用大数据的方法，基于对《新闻联播》文本分析发现中央政府的行政权威是政治传播的主旋律。在灾区调研的过程中，笔者发现灾区群众会收看《新闻联播》等节目去了解相关政策，对于地方的媒体很少关注，并且认为自己如果不通过收看新闻去了解政策的话，那么当地政府根本就不会告知这些情况。

"中国共产党我们历来就相信，就相信这个政策好得很，哪一样都好，是实实在在的好，我一天看电视我一天都尽看新闻，我们要天天看新闻，当官的又不叫我，又不喊你开一次会，有啥子问题他也不给你说，我把新闻看完我还要把焦点访谈看完。"（YX-LSQ-ZC-161030）

中央媒体有较高的影响力是因为有较高的覆盖率、强大的议程设置能力以及雄厚的资金支持，这种影响力使得其对中央政府信任的建构作用十分明显。以《人民日报》为例，笔者整理《人民日报》对汶川特大地震的新闻报道，发现关于国家领导人、中央机关、部队官兵的报道占有相当多数比例，这些是国家"在场"的重要表征。如下表所示。

2008 年 5 月 13 日《人民日报》关于汶川特大地震的报道

序号	新闻标题	报道对象
1	万众一心、众志成城，迎难而上、百折不挠——救援！急赴汶川震区（热点解读·关注汶川地震）	中央、地方政府
2	中国地震局认为，除震中地区一带之外，全国及四川其他地区近期发生强地震的可能性不大	中央政府
3	地震后三峡大坝没有任何异常	中央政府
4	四川省汶川县发生 7.8 级地震；胡锦涛作出重要指示，要求尽快抢救伤员，确保灾区人民群众生命安全；温家宝赴灾区现场指挥抗震救灾工作	中央政府
5	就中国四川地震灾害一些国家及国际组织向中方表示慰问	中央政府
6	杨洁篪与联合国秘书长潘基文通话；外交部紧急启动应对四川地震灾情涉外工作应急机制	中央政府
7	中共中央政治局常务委员会召开会议，全面部署当前抗震救灾工作	中央政府

汶川地震强大的破坏力造成了严重的生命财产损失，灾区群众感到害怕绝望的同时也感到十分无助，此时国家的宣传报道能够缓解灾区群众紧张绝望的心理，使其认为可以依靠党和国家重建家园重新开始新生活，不断传递党和国家对灾区群众的深切关怀。而关于基层政府参与的救援活动则很少报道，尤其是，央媒对中央的救灾行为的持续关注以及对基层政府救援行为的忽略，容易给灾区群众形成一种“只有中央政府在投入救援”的错觉。

2. 媒体管制方式的差异化对待

有学者认为中国对媒体的管制特点为“上紧下松”，并用倒扣的漏斗加以比喻（唐文方，2005）。基层政府或官员相关的负面报道在这种媒体管制背景下纷纷爆出。有学者指出，批评性的报道俨然已经成为一种“治理技术”，是中央政府管制地方政府的重要手段（孙五三，2002）。中央电视台、《人民日报》《光明日报》等中央媒体，受到地方政府的影响很小，通过对地方政府违规行为的报道，有力的行使了舆论监督的职责。比如中央电视台的《焦点访谈》《新闻调查》等节目，近年来经常能够发现其曝光地方的环境污染问题、地方政府“四风”问题、地方干部贪污腐败问题等等。相反，这些媒体对中央政府的违规行为则鲜有报道。这种媒体管制的差别化，也是灾区群众政治信任“央强地弱”的重要原因。

（四）模型阐述

灾区群众、基层政府、媒体等三个层面的原因并不是孤立存在的，也不是独立发生作用的，它们之间是相互影响、相互作用，作为一个整体共同影响着灾区差序政府信任格局。基于访谈结果和上述分析，构建汶川地震灾区群众政府信任层级差异理论分析模型。如下图所示。

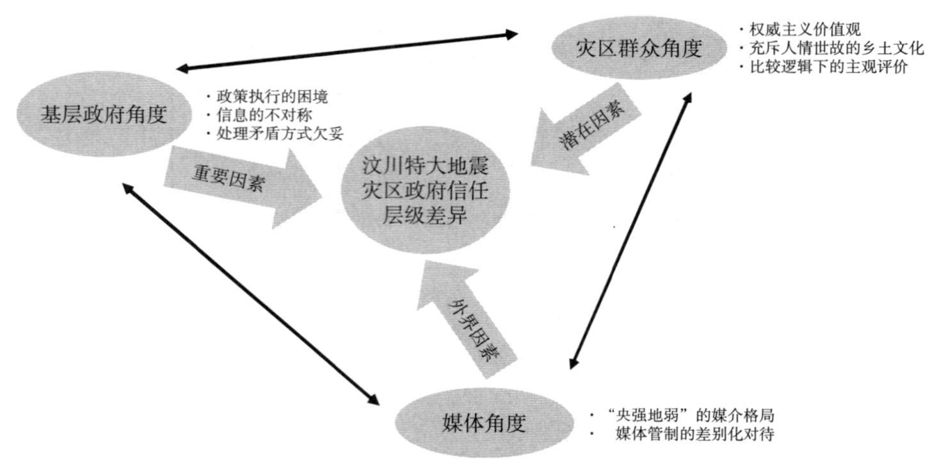

汶川特大地震灾区群众政府信任层级差异理论模型图

1. 灾区群众政府信任层级差异宏观背景

特定的文化场域、治理格局和媒体制度影响了灾区群众差序政府信任的生成，这是灾区群众政府信任层级差异的宏观背景。首先，从灾区群众的角度，根植于传统文化的权威主义价值观和以关系观念为核心的乡土文化，潜藏在灾区群众的思想观念中的比较逻辑是影响政治信任层级差异形成的潜在因素。受到地震这样一种紧急事件的激发，它们对政府信任主观评价的形成产生重要的影响。其次，从基层政府角度，政策执行的困境和政策信息的不对称是影响政府信任层级差异的重要因素。尽管基层政府在抗震救灾、灾后重建和可持续发展中做出了非常重要的贡献，但是因为利益分配的难题，以及政策宣传与沟通做得不到位，致使灾区群众的主观臆测严重影响到对基层政府的评价。最后，从媒体角度出发，大众传播媒介形塑了受众对于政府的主观评价。“央强地弱”的媒介格局有利于中央政府形象，而不利于基层政府。实际上基层政府承担了众多复杂繁重的救援和重建任务，而地方政府的实际工作成果在新闻媒体的报道中往往失语，甚至缺位。其次，媒体管制方式的差异，也加剧了政府信任的层级差异，中央媒体的批评性报道作为媒体监督，往往被用来作为约束地方政府行为的手段。

2. 灾区政府信任层级差异原因的微观机制

灾区政府信任评价发端于群众、政府和媒体之间的互动。这三个方面相辅相成，耦合互动，作为一个有机整体，影响到灾区群众对于地方政府和中央政府的信任评价。首先，从灾区群众和媒体的互动角度看，威权主义价值观和乡土文化根植于群众的文化观念中，影响着群众的价值判断和主观评价。作为灾区群众自身的潜在因素，受到媒体报道外在因素的激发和影响，产生对于中央政府和地方政府信任的初步判断；而“央强地弱”的媒介格局，一定程度上强化了差序的信任评价。其次，从灾区群众与基层政府的互动角度看，基层政府不恰当的治理行为强化了群众已然形成的信任格局。具体表现为：中央政府的强大动员能力和救援力量投入，在灾区群众的“比较逻辑”下，基层政府所做的政策执行工作显得微不足道。加上基层地方政府政策执行的能力有限，由此造成了政策执行的困境。实际上关于救援和重建政策，基层政府与灾区群众之间存在非常明显的信息鸿沟，灾区群众基于《新闻联播》了解到大政方针，产生了主观的政策预期和臆测，但是基层政府具体执行的政策，则是经过省、市“地方性知识”修正后的政策，这种信息的不对称进一步加剧了灾区群众和基层政府之间的矛盾。最后，从基层政府和媒介的互动角度看，媒体管制的差别化对待，使得基层政府处于不利的地位，尤其是中央政府将媒体的批判性报道作为一种治理手段，以约束地方政府的越轨行为（邓绍根，2016）。在这种情景下，关于基层政府在救援和重建过程中不恰当的行为被放大，进一步加剧了群众信任度的下降。

六、结论

信任是一种主观的评价判断，政府信任是公民与政府之间的相互关系的一种表征。在本研究中，政府信任的形成主体是灾区群众，政府信任评价的对象是基层政府和中央政府。灾区群众处于传统文化和乡土文化场域中，对基层政府和中央政府的治理行为有了一定的心理预期，这是政府信任评价的发端和起点。在信任生成的过程中，灾区群众觉察到了中央的强大动员能力和地方政府的所谓“不作为”“乱作为”，这种比较机制是差序政府信任形成的重要因素。需要特别指出的是，这种比较机制并不能够形成稳定的差序政府信任，从理论上来看，实际上它有两个可能的发展路径：一是基层政府充分认识到问题的严重性，改变政策行为，努力提升政府能力，从而提升灾区群众对于基层政府的信任评价。二是基层政府对自身行政行为的改善和提升不够，加剧了群众的不认同心理，于是对基层政府较低的信任评价日渐稳定，逐步变成稳态的政府信任层级差异。实际上，研究发现，初始的中央和地方的信任差异变成了一种稳态的差序信任。为什么第一条路径没有可能？是什么因素导致了这种初始的信任变成稳定的政治文化，成为中国与其他国家比较具有显著差异的评价格局？本研究认为，媒体的因素是这一演变的关键。正如前文所述，批判性报道作为一种“治理技术”以及“央强地弱”的媒介格局，使得信任评价遵循了第二条路径，即政府信任层级差异成为一种稳定的政治文化。

参考文献

[1] 罗家德，帅满，杨鲲昊．“央强地弱”政府信任格局的社会学分析——基于汶川震后三期追踪数据 [J]. 中国社会科学，2017（2）：84-101.

[2] 罗家德等．灾后重建纪事：社群社会资本对重建效果的分析 [M]. 北京：社会

科学文献出版社，2014.

[3] 尉建文，谢镇荣．灾后重建中的政府满意度——基于汶川地震的经验发现 [J]. 社会学研究，2015（1）：97-113.

[4] 李智超，孙中伟，方震平．政策公平、社会网络与灾后基层政府信任度研究——基于汶川灾区三年追踪调查数据的分析 [J]. 公共管理学报，2015（4）：47-57.

[5]Wang，Zhengxu.Before the emergence of critical citizens: Economic development and political trust in China[J].International Review of Sociology，2005（1）：155-171.

[6]Chen X，Shi T.Media effects on political confidence and trust in the People’s Republic of China in the post-Tiananmen period[J].East Asia，2001（3）：84-118.

[7]Shi，Tianjian.Cultural values and political trust: a comparison of the People’s Republic of China and Taiwan[J].Comparative Politic，2001（3）：401-419.

[8]Li,Lianjiang.Political trust in rural China[J].Modern China,2004(2): 228-258.

[9] 肖唐镖．当代中国政治改革与发展的体制资源——对地方官员的一项初步分析 [J]. 国家行政学院学报，2005（4）：70-74.

[10] 李连江．差序政府信任 [M]. 二十一世纪，2012.

[11] 高学德，翟学伟．政府信任的城乡比较 [J]. 社会学研究，2013（2）：1-27.

[12] 张洪忠，马思源，韩秀．中央与地方：网民的政府信任度比较 [J]. 新闻与传播研究，2016 增刊 78-84.

[13] 刘晖．政府绩效对合法性水平层级差异的作用机制——中央政府与地方政府的比较 [J]. 北京航空航天大学学报（社会科学版），2007（1）：34-37.

[14] 管玥．政治信任的层级差异及其解释：一项基于大学生群体的研究 [J]. 公共行政评论，2012（2）：67-99.

[15] 叶敏，彭妍．“央强地弱”政治信任结构的解析——关于央地关系一个新的阐释框架 [J]. 甘肃行政学院学报，2010（3）：49-57.

[16] 吕书鹏，肖唐镖．政府评价层级差异与差序政府信任——基于 2011 年全国调查数据的实证研究 [J]. 北京行政学院学报，2015（1）：29-37.

[17] 王正绪．东亚公民对政治机构的信任：制度与文化的差异 [J] 开放时代，2016（2）：119-137.

[18] 陈蓓蓓．汶川灾后重建于政府合法性的双轨效应 [D]. 华中科技大学博士论文，2012.

[19] 王玲．救灾政治——合法性经营视角下的现代国家与乡村社会 [D]. 华中科技大学博士论文，2012.

[20] 朱丽叶 .M. 科宾，安塞尔姆 .L. 施特劳斯．质性研究的基础：形成扎根理论的程序与方法（第三版）[M]. 重庆：重庆大学出版社，2015（5）.

[21] 阿健．在难中：深度访谈北川乡镇书记 [M]. 北京：人民文学出版社，2009（6）.

[22] 费孝通．乡土中国 [M]. 北京：人民出版社，2015.

[23] 贺雪峰．新乡土中国 [M]. 北京：北京大学出版社，2013（9）.

[24]Tang，W.Populist Authoritarianism: Chinese Political Culture and Regime Sustainability [M].Oxford University Press，2016.

[25] 邓绍根．"党媒姓党"的理论根基、历史渊源和现实逻辑 [J]. 新闻与传播研究，2016（8）：5-14.

[26] 侯琦．论信息不对称对政府信任的影响 [J]. 东北大学学报（社会科学版），2004（3）：199-201.

[27] 李艳霞．何种信任与为何信任？——当代中国公众政治信任现状与来源的实证分析 [J]. 公共管理学报，2014（2）：16-26.

[28] 邵梓捷、张小劲、孟天广．政治传播视角下《新闻联播》的宣传模式分析 [J]. 清华大学学报（哲学社会科学版），2015（3）：30-42.

[29]Tang，W.Public Opinion and Political Change in China[M].Stanford: Stanford University Press，2005.

[30] 孙五三．批评报道作为治理技术、市场转型期媒介的政治——社会运作机制 [J] 新闻与传播评论，2002.

[31] 贺东航，孔繁斌．公共政策执行的中国经验 [J]. 中国社会科学，2011（5）：61-79.

[32]《汶川特大地震抗震救灾志》编纂委员会．汶川特大地震抗震救灾志（卷一）•总述 [M]. 北京：方志出版社，2015（8）：8.

作者简介

张纯，女，1993 年生，河南南阳人。工作单位：中信银行海口分行，研究方向：政治文化、基层治理。

灾区群众自我认同重建研究

——以汶川特大地震极重灾区群众为例

曹燕

摘要：自我认同重建是灾区群众精神家园重建的重要组成部分。以汶川特大地震极重灾区群众为例，运用质性研究方法探究影响灾区群众自我认同重建的深层次原因，结果发现：社会支持是自我认同重建的外部影响因素；人际关系属于中介因素，支持灾区群众归属感重建；自我调节是内部因素，调节自我与自身的关系，对于自我认同重建具有关键性作用。最后，在讨论三个影响因素相互作用的基础上，构建“安全感—归属感—自尊自信”螺旋上升的自我重建模型，为灾区群众自我认同重建提供思路和经验总结。

关键词：汶川特大地震；灾区群众；自我认同；质性研究

一、引言

在日常生活中，人们会面临各种各样的压力和危机事件的冲击，在进行自我调节后，一般都能够保持内心稳定和精神平衡的状态。但是，在面对巨大冲击时，平衡状态势必会被打破，并且往往无法在短时间内恢复，从而出现紧张、焦虑、思维混乱的应急反应，甚至会长时间感到迷茫、失去自我存在的意义，迷失努力的方向等自我认同危机。2008 年 5 月 12 日，汶川特大地震爆发时，大地颤抖、山河破碎，房屋、道路、桥梁瞬间崩塌，面对家园的瞬间损毁，亲人的突然离世，灾区群众如何承受住如此沉重的打击，又如何重建自我认同?

地震距今已近十五年，重回灾区，我们可以看到干净的街道、崭新的建筑，还有已经安居乐业的灾区人民，他们有着特殊的灾难记忆和人生经历，从对生存的焦虑与迷茫，到对今后生活的默默探索，再到最后的安定和对未来充满希望，其间究竟经历过怎样的心路历程呢？纵然这属于个体精神世界的重建，但是我们相信，在如此漫长而复杂的历程中，政府、社会、家庭、个人这其中的每一个主体，都无法单方面发生效用。因此，通过对灾区群众自我认同重建的探寻，将能更深层次地理解“任何困难都难不倒英雄的中国人民”的深刻内涵，进而更好地构筑中国精神、中国价值和中国力量。

二、文献回顾

（一）自我认同研究

国外关于自我认同理论的研究始于埃里克森，他在《同一性：青少年与危机》（E.埃里克森，1968）中对自我认同做了多视角定义，“一种熟悉自身、知道自己未来目标的感觉、一种从他信赖的人们中获得所期待的认可的内在自信”，自我认同是青少年发展的重点阶段，也是一个循序渐进的进化过程。[1] 玛西亚沿用这个定义，并设立两个心理社会指标：第一是危机，即个人想要尝试不同角色和寻找美好理念的感觉，第二是承诺，即青少年克服危机后为自己找到自我定义，并为自己找到社会立足之地（玛西亚，1967）。依据这两个标准，玛西亚将自我认同归纳为认同成功、认同延缓、认同闭锁、认同混淆四种状态[2]，这一定义奠定了心理学对青少年自我认同的实证研究基础。随着研究的演进和时代背景变化，更多的学者从现代化与全球化视角进行分析，在这方面集大成者吉登斯（1998）认为自我认同就是个人依据个人的经验反思性地理解到自我，包括主观的自我和公共形象。话语特征体现为“主我、宾我、你”的语言分化，他进一步考察了自我认同与身体、耻辱感、尊严感、自豪感以及理想我之间的关系。[3]

国内学者在引进自我认同（Self-identity）概念时，采用了不同的译法，最多见的是自我同一性和自我认同两种。通常指的是个体在内心对自我本身的体验一致，包括在时间顺序上，前后时期保持一致，当自我不能发现和理解自身时，会使个人陷入不确定的状态。[4] 事实上，如果仅仅以自我为研究对象，很容易陷入从意识到意识的唯心论错误。李慧敏（2005）尝试从社会心理学角度出发来定义自我认同，即个体在建构自我意识的过程中，对价值观念、个人能力、交往关系及群体归属等方面的自我认知。[5] 从马克思自我认同观考虑，自我认同包含自我与社会、自我与自然、自我与自身关系。[6] 由此可见，自我认同就是对作为客体的自我以及“我”外在关系的认知和积极评价。

自我认同危机是对自我的否定，“危机”也并不是指非常严重的状态，而是指当原来的平衡被打破，面临新的转折点时的状态。因此，自我认同危机是自我认同重新确立的前一个阶段。与心理危机不同，自我认同危机是指“人的身份感的丧失”[7]，或者“自我价值感、自我意义感的丧失”[8]，表现为不能明白自己生存的价值或者是不能确定生活方向。[9] 由于地震发生后，灾区必然面临混乱、社会脆弱性、未来不确定性等困难局面，生活在其中的灾区群众对于自我的判断很容易变得消极，因此自我认同危机不是个别现象，而是灾区社会共同面临的严峻问题。

总而言之，对自我认同理论进行质性研究，除了须运用自我认同理论以外，更重要的是对其实现操作化，必须要结合中国文化背景和特殊的应用领域，设置科学合理的访谈提纲，目前关于这方面的努力并不多见。但自我认同的社会性决定了良好的自我认同状态既是人自身健康的重要因素，也是人实现自身人生目标和社会价值的基础条件，更是凝聚人心、促成社会整合和良性运转的强大动力。[10] 因此，汶川地震灾区群众自我认同重建是值得关注和研究的。

（二）精神家园重建

正如罗洛·梅（1991）所言，精神家园是一种与物质家园相对应的，建立在文化认同基础上的精神文化和价值系统，是人们建构起来的一种意义世界和理想境界。[11] 从内涵来看，包括广义的人类或民族的共同精神家园和狭义的个体精神家园，本文研究特指狭义的个人角度的精神家园含义。但民族共同的精神家园是个体精神家园的重要环境，汶川地震后，我国各级政府将这种共同的精神家园重建纳入重建规划中。针对如何重建精神家园的问题，廖冲绪等（2010）认为抗震救灾精神是精神家园建设的核心内容和强大动力，灾后精神家园建设要有国际视野、历史意识和地方特色[12]；灾后精神家园重建是汶川震后恢复重建的重要内容，四川省围绕弘扬巴蜀文化、弘扬与时俱进的改革创新精神、弘扬伟大的抗震救灾精神三方面的举措把重建精神家园融入灾后恢复重建全过程。[13]

灾区群众自我认同状况是灾区群众精神面貌的反映，影响了灾区家园重建的进程和效果，灾区群众自我认同的重建也是灾区精神家园的重要内容。对灾区群众自我认同感如何重建的探讨是一个复杂而有意义的课题，从普通个体角度反思历史，对于丰富抗震救灾研究和未来的灾区重建具有一定的启示意义。

三、研究设计

根据研究内容的要求，在大量文献基础上以质性研究方法中的半结构式深度访谈法为主收集资料，最后利用定性研究相关工具分析资料，建构理论。

（一）访谈对象

以汶川特大地震极重灾区汶川县映秀镇和北川县擂鼓镇群众为研究对象，以访谈提纲为基础，以信息饱和为原则寻找研究对象，进行口述访谈。研究对象的筛选标准主要为亲身经历“5·12”汶川大地震，并较为清晰地保存地震记忆的灾区群众。遵循质性研究的原则，访谈对象例数初定人不设上限，只有当资料达到饱和时才结束研究。为了全面了解灾区群众自我认同的情况，尽量选取不同年龄、性别、工作的访谈对象，访谈对象被问及地震时、地震后的情况、想法、行为等种种细节。访谈的时间介于1~1.5小时之间。但由于访谈过程处于开放状态，受访者的家人有时也会加入我们的访谈，由此形成一对多的访谈，尽管与我们初步设想不符，但这种情况为我们增添了更多访谈对象及相关信息。

受访者基本情况表（以姓氏首字母编号）

编号	年龄	学历	民族	职业
D	49	初中	汉	无
Z	50	初中	汉	居民小组长
Y1	58	无	汉	无
H	50	初中	回	餐饮老板
X1	55	小学	汉	无
L1	70	小学	汉	农民
C1	66	小学	羌	农民
J	48	小学	汉	无
F	45	小学	汉	职工
G	45	高中	汉	村主任
X2	55	小学	汉	无
T	43	中专	汉	志愿者（下岗）
C2	51	小学	汉	无
L2	52	小学	藏	农民工
Y2	58	小学	汉	农民
L2	65	无	汉	农民
L3	62	初中	汉	农民
W	72	初中	汉	农民
Y	50	初中	汉	自由职业
P	51	初中	汉	无
M	68	小学	汉	木匠

（二）访谈提纲的拟定

根据文献回顾、量化研究的研究结果以及自我认同量表和幸福感量表的各维度制定了指导语、知情同意书以及初始访谈提纲。第一部分是研究对象生活史的叙述。被访者讲述故事，并非只是在描述过去的经验，它们还是叙述者构建自身的重要方式之一（Andrews，2000：78）。叙述中的故事并非无意为之，通过对过去的故事的叙述，被访者可以达到一种“叙述性的自我认同（narrative identity）”（Widdershoven，1993：20）。在生活史的部分，主要了解研究对象在地震前、地震中、重建中以及重建完成后的生活工作状况。生活史叙述的作用，是在更为全面地了解被访者的生平情境中，建立起一个立体和鲜明的形象，发现在看似平淡无奇的日常生活中所隐藏的故事，探索规律，获取这些故事背后的经验教训。第二部分是研究对象的自我反思。从个体自身对自己的反思中，我们往往能把握研究对象总体的人生观、世界观、价值观，从而更好地总结经验。在这一部分，我们按照个人与自身、与他人、与社会的关系引导被访者自己对地震的经历作出反思，构建出不同时期被访者的自我认同状况。

初始访谈提纲制定后，我们随即进行了第一轮访谈，根据访谈的效果和所得结果对初始访谈提纲作出修改。我们采用半结构式深度访谈，访谈过程中访谈提纲只能作为提纲参考形式，具体访谈内容依据访谈过程随时变化。

（三）访谈过程

研究者的身份让我们很容易地找到访谈对象，接触这些基层群众让我们感受到老百姓的热情好客、真诚友善。大部分受访者听完我们的诉求表示愿意聊聊。但这也造成另一种困扰：一些群众可能会把我们当成暗访的记者，从而大篇幅向我们抱怨对当地基层干部的不满。也有群众担忧我们是当地政府故意派来巡视而拒绝接受访谈。因此，我们在一开始寻找访谈对象时就要向对方解释清楚我们的身份和目的，随着访谈的深入，了解访谈方向后，就会和我们建立起良好的关系，自愿接受我们多轮访谈。

（四）资料分析与处理

根据质性研究方法的特点，采用扎根理论进行资料分析。扎根理论是由格拉泽（Glaser）和斯特劳斯（Strauss）于著作《扎根理论的发现》（The Discovery of Grounded Theory，1967）中共同提出，它要求研究者在没有任何理论假设基础上，直接从原始资料入手，建构出系统的理论。可见，这种方法提倡基于资料数据的研究发展理论，而不是对已有理论的验证。

具体步骤包括：第一步，将研究对象的一般资料录入其中制成工作表，将访谈录音转录为文字录入相对应的文档，再将工作表、文档全部导入质性数据处理软件Nvivo11。第二步，通过Nvivo11软件的操作程序对资料进行编码。这里将按照扎根理论编码方式对资料进行开放式编码、聚焦编码、轴心编码，以及理论编码。第三步，建构最后的理论模型。

节点

名称	材料来源	参考点	创建日期	创建人	修改日期	修改人
支持系统	0	0	2017/8/11 12:02	CY	2017/8/11 12:02	CY
积极因素	0	0	2017/7/27 22:38	CY	2017/7/27 22:38	CY
情感联系	0	0	2017/8/12 11:37	CY	2017/8/12 11:37	CY
家庭支持　责任	0	0	2017/8/3 21:37	CY	2017/8/12 11:57	CY
“母亲”身份	0	0	2017/7/22 17:30	CY	2017/8/12 11:38	CY
家庭和谐	0	0	2017/8/3 20:21	CY	2017/8/12 11:39	CY
社会交流　感恩	0	0	2017/8/7 20:20	CY	2017/8/12 12:00	CY
朋友帮助	0	0	2017/8/3 21:21	CY	2017/8/3 21:21	CY
心理辅导	0	0	2017/8/3 20:42	CY	2017/8/3 20:42	CY
时间因素　缓释	1	1	2017/3/14 14:28	CY	2017/8/12 11:58	CY
物质基础	0	0	2017/8/7 20:18	CY	2017/8/12 11:58	CY
工作 缓释、自	1	1	2017/3/13 21:08	CY	2017/8/12 12:00	CY
社会支持 安全	0	0	2017/8/12 11:35	CY	2017/8/12 11:58	CY
性格特征	0	0	2017/8/12 11:40	CY	2017/8/12 11:40	CY
友善	1	2	2017/8/12 11:44	CY	2017/8/12 11:44	CY
自强	1	2	2017/8/12 11:56	CY	2017/8/12 11:56	CY

资料编码示例图

四、结果与分析

汶川特大地震，作为重大突发性事件，导致巨额财产损失和大量人员伤亡，其中直接经济损失竟高达 8451.4 亿元 [14]，造成了灾区群众的生存环境突变。由此产生的混乱和未来的不确定性导致灾区群众心理压力陡然增大，行为秩序混乱，表现出普遍的恐慌心理、巨大的哀伤心理、持久的紧张和焦虑等心理创伤表征。

（一）自我认同危机表现

经整理和分析口述访谈资料，根据马克思主义自我认同观，发现震后灾区群众的自我认同危机呈现三种状态。

第一阶段：主体缺位、混沌无序的状态导致了自我迷失。在地震发生之后的应急期，个体面临巨大的本体性生存威胁，被恐慌等情绪控制，对地震的恐惧都无法察觉，出现暂时性无意识。这时，受灾者不知道“我是谁”，从而对自我感到迷惑不解，对自己的行为不知如何协调，甚至沮丧不已、自暴自弃。[15] 在我们的访谈中发现，地震后大多数人暂时性失去自我意识，无法理解当前所处的环境，变得麻木、头脑空白。他们不知道下一步应该做什么，毫无方向感，任何决策变得困难。如果这种危机状态持续时间过久，必然会导致主体缺位，人格丧失。

第二阶段：自我连续性中断导致的自我整合受阻。突发性的自然灾害造成记忆中的历史事件中断，从眼前混乱的秩序中很难看到未来道路的走向。未来的不确定性和前后的不一致性或者是矛盾冲突导致个体难以理解，出现自我整合困难、自我割裂，例如他们会对地震前的自我感到陌生或者对地震前的自我目标表示无法理解，因此不能形成统一的自我观，即自我整合受阻。消极的人生观、世界观也对自我整合造成一定影响。地震灾难的突发，生命在大自然面前的脆弱性得到见证，他们意识到死亡是一件无法控制的事情。那么，“我之前的努力结果到哪里去了？”“我未来还应该努力吗？”。“及时行乐”成为部分人生活态度并通过社会互动蔓延到其他群众思想观念中。虽然一定程度上的快乐享受对灾区群众的心灵健康恢复有积极作用，但却易矫枉过正，造成毫无追求、不为下阶段计划安排的后果。在这种情况下，灾区人民很难形成正面的自我认同。

第三阶段：自我实现受阻导致，“我该如何做到”成为困境。首先，自我发展是自我实现的前提，而自我归属感的变迁导致灾区群众自我发展受阻。虽然外部对象独立于经验到它们的个体而存在，但是它们通过与他的经验或心灵的关系而获得某些特征。[16]对于老百姓而言，房子和土地的损毁成为一种心理事件。地震破坏了个体原来所拥有的房屋建筑、山林耕地，就相当于带走了灾区群众心中的核心利益所在。灾区群众暴露在未知的特大灾难面前，毫无安全意义可言，从自己搭建的棚子到避难场所，再到帐篷，直到住进板房，居住场所的不确定性又带来无所依存的漂泊感。这时归属需求占主导地位，他们就无法继续追寻更高需求的满足。在非连续的生活背景中，要重新认识和建构自我的认同感，往往面临着巨大的压力和焦虑。其次，灾后重建资源的获取也难以控制在个人能力范围内，只能依靠外界、政府的分发补给，这种少量的资源显然无法满足个体自我实现的需要。再加上自我主体性的迷失和自我整合受阻，灾区群众对自身及自身能力产生怀疑，不敢回顾灾害前的人生目标，又担忧未来不是自己能够左右的，只能随大流，等待救援。因此个体失去对自我价值、自我意义的积极感受，主要表现为人生意义的失落。

经过十余年重建和发展，灾区群众基本已经恢复正常有序的生活，他们对于灾区环境的变化表示非常认同，纷纷表示“相比地震前，至少前进了三十年”。曾经出现自我认同危机甚至严重危机的人也都慢慢平复下来，在稳定安全的居住环境中，他们不再担心惧怕地震，重新建立起自我的归属感。总体而言，灾区群众经过重建后对自我有完整的认识，对过去有客观的评价，对未来建立了一定的信心。

（二）影响因素分析

《汶川地震灾后恢复重建条例》（中华人民共和国国务院令第526号）第十七条规定：地震灾区的各级人民政府，应当组织受灾群众和企业开展生产自救，积极恢复生产，并做好受灾群众的心理援助工作。显然，物质家园重建是可以通过规划建设很快实现的，但精神家园的恢复重建是艰难复杂的。当受灾者克服伤痛，回顾历史时，就开始了自我反思，对历史的反思实质上是对自我生命历程的把握，从时间延续性中寻找自我前后的一致性，以达到自我的统一。但是，由于每个人危机感知程度不同，所需恢复重建的时间也不尽相同，自我认同危机程度较低，或者自我修复能力强的人们，所需时间较短，通常在过渡期就可以很好地恢复过来；反之，危机程度较高的人，可能会因为创伤性记忆地反复体验，所需恢复时间较长。

首先要说明的是，时间是影响自我认同重建的控制变量。从生理学来讲，由于人的记忆保存时间是有限的，经过一段时间，或者其他事件的冲释，人们对当时具体的场景无法再详细描述出来，可以逐步淡忘灾害中自己曾受的伤害。我们从对灾区群众自我认同重建历程的分析发现，在时间这个客观变量作用之外，起到根本作用的是社会支持、和谐的人际关系、自我调节等三个因素。

1. 社会支持——安全感重建

社会支持包括客观物质支持和主观上的情感支持，研究表明社会支持与主观幸福感之间呈显著正相关关系，即社会支持改变了个体生活中与社会支持有关的内容，进而改变了个体对这些部分满意程度的判断和情绪体验。[17]在灾难发生之后，它往往是一种应对资源，经常与幸存者的积极适应和福祉联系在一起。[18]一份关于汶川地震一年后对附近的龙门山断裂带进行横断面的调查研究发现（Jiuping Xu et al，2016），由于地震暴露，幸存者的风险知觉对心理健康必然产生负面影响，而社会支持是风险知觉对心理健康负效应的调节因素。[19]因此社会支持是灾区群众重建自我安全感的关键因素。

其一，应急救援期的社会支持——生命保障。当灾区群众突然被暴露于大地震的危险之下，生存面临未知的严峻威胁，原来勇于维持平衡的心理机制被迅速打破，生命安全得到保证无疑是自我至高无上的最迫切的需求。汶川地震发生后，政府在最短时间内成立抗震救灾指挥部，将大量的救援力量和应急物资及时输往灾区，保障了灾区群众生存安全，降低了灾害损失，“国家肯定不会不管我们”，这些政策与措施缓解了地震带来的被威胁感和破碎感，由此维系了信任基础上的安全感。

其二，过渡期的社会援助——物质保障。虽然不同灾区的重建模式不一致，但国家对每一个灾区人民补助生活费，例如，开始半年每人一天十元钱、一斤粮，重建开始后，每个人一个月五百五十元。与此同时，社会各界向他们继续捐赠了大量的食物、衣服等必需品，保证了其基本生活需要。板房医院、板房学校相继建立，以及包括抗震纪念馆的建设、默哀日的设立等等。总之，政府与社会各界协同所做的这些大量的工作，使得灾区群众能逐步安定下来，生活步入常规，从而淡忘灾难的创伤性记忆。一旦满足了安全感需要，向更高层次发展的需要立即占据主导地位。板房的搭建解决了一系列日常生活所需要的条件，由地震前后对比产生的不悦感和无助感得到逐步缓解，可以说板房生活期间是灾区群众自我认同从危机到重建的过渡时期。

“国家统一安排的安置点、避难场所在那里，打的（乘出租车）这些都不要钱，只要看到车上绑着红丝带的都不要钱，走哪里就拉到哪里，都是免费。所以说，人在出事的时候，这个是给心里的安慰比较大。”（D）

安置期的社会支持为灾区群众提供了信心与信任，一定程度上抵消了地震对灾区群众收入的消极影响。社会支持是一项长期的灾后干预政策，汶川地震后，全国共筹集捐赠款物 797.03 亿元[20]，并实施了对口援建政策，有力地支持了灾后重建。“那时候（什么都）没有，人家给你捐来，真的是雪中送炭，真的。”（D）灾区群众接受全国上下对灾区的物资帮助后，从中体会到集体主义优越性，作为灾区的一分子，他们更加愿意感恩奋进、回报社会，从而重新建立自我与社会的融洽关系。

2. 人际关系——归属感重建

良好的人际关系有助于培养自信心与归属感。在重建过程中，和谐的家庭关系和友善的社交关系是促进灾区群众自我认同重建的积极因素，对于地震后出现的弱势群体更是如此。一项关于灾后老年人生活质量的调查发现（Anna Rita Giuliani et al，2014），相比住房条件，社会活动以及社交关系更加影响灾后人们的幸福感。[21]

首先，有无家庭成员伤亡是影响灾区群众自我认同危机程度非常重要的因素，家庭成员的支持和帮助为彼此提供了情感联系和精神的寄托。在中国历史传统中，家庭为个体提供了身份感和归属感，“父母都是为了孩子而活”这样深深根植在人们心中的观点不仅仅指明人的生存意义，也是社会得以繁衍推进的动力之一。大量案例表明，几乎所有的父母在恢复意识后第一时间想到的都是自己的孩子，冒着生命危险也要救援自己的孩子，如若孩子遇难，父母可能在较长的时间都生活在阴影之中，难以自拔，甚至可能产生负罪感，影响与家庭其他成员的关系。在重建期间，积极的家庭氛围、家人之间的沟通交流和互相支持对于个体重建自我认同具有显著的影响。

其次，社会关系最为典型地体现在个人的朋友圈之中。在繁杂的重建过程中，大量外来人员涌入，流动性增大，无论是与邻里、同事还是与外来救援人员，个体在这期间形成的朋友圈是建立在共同患难的基础之上的，他们彼此拥有共同的交流符号和深厚的感情，更方便进行频繁的沟通和有效的互动。在我们的访谈中，受访者纷纷表示震后乡邻关系都很好，矛盾少，这与震后集中安置的居住环境以及宽松的人际交往环境是离不开的，“大灾大难都过去了，没有什么看不开了”，震后这种积极包容的人生观有利于自我走出灾难阴影。

3. 自我调节——自尊感、自信感重建

人的主观能动性决定了人具有自我调节的愿望和能力，自我调节以目标为导向，在过程上以自我监测与自我控制为核心，系统地引导自我的思维、情感和行为，以实现自己的目标。[22] 自我认同重建本身就是一个自我与自身、自我与他人、自我与社会关系重组的过程，影响自我认同重建的任何因素都必然会以“我”为中介，经过“我”的过滤和重组，最后才作用于个体的精神世界。人在自我调节的过程中就是解决人与自我的关系。

（1）应急期自我调节

积极心理学认为，从个体而言，积极的个人特质有助于提高个人素质和生活品质，获得最大意义上的生活满意度。在访谈过程中发现，从小养成的坚毅性格有助于克服地震造成的恐惧和紧张情绪，自动弱化而不是夸大地震带来的困难。这种克服并不是说不会产生消极情绪，而是将这种情绪适当地转移到其他事情中以得到消解，即使在重建中面临生存压力，拥有积极性格特征的人更容易释放压力，渡过危机期。例如，积极对他人进行施救，帮助他人解决困难，通过哭泣得到释放，更加主动承担责任等等。反之，如果一个人天性脆弱敏感，没有经历过较大的困难，在地震中感知的危机程度高，则其重建的过程可能会比较艰难，且历时较长。因此受灾者的性格特征在危机发生之初是一个初始条件。

“这种灾难是谁能预料到的？只能赶紧去（救人），能搭把手就搭把手，能帮助就帮助一下，那时就没想啥……（这是）作为个人观点和我的标准，还有一个，我本来就是当过兵的人，对这些事情不是看得很严重，基本上还是勇于向前。”（Z）

（2）过渡期自我调节

对于灾区群众而言，逆境与生活满意度、积极的中国文化信仰之间具有正相关关系。[23] 例如从小自立自强的人在经历地震后更相信自己的力量，“自己双手创造的才是最好的”，在这种创造中他们逐渐重获自信，认识到自己的价值，从而认可自我。这种逆境文化信仰有助于提高自我满意度。

“为啥我会把这个家撑起来？以前我修了四间房子，我一个人在那个河坝里背沙石，我背上背出来这么厚一个茧，那时我还有五六个人的土地，十几二十亩，我还要去做……自己双手创造出来的啥都有，自己做、劳动得出来的，啥都好。”（Y）

其次，吃苦耐劳作为中华民族优秀传统美德，在灾区群众身上得到充分的展现。灾区群众不仅要克服灾难，重新树立生存下去的信心和勇气，更要在社会各界帮助下自力更生，重建美好家园。

“你看我们现在老年人有吃有喝，再也不像往年那样愁。我那时养了两个娃，都笑我‘那个老婆子，这下就是残废人了，这辈子就废了’，还是国家主席好，把我弄到广西南宁给我医好了，医好后回来就喊我治家园。这下家园治好了，两个媳妇也说了，孙娃孙女都有了，你说我这样是不是就幸福了。”（Y）

感恩也是积极性格表现之一。知恩图报的人对国家和外界的援助更加敏感，他们能详细记住十年前国家对他们各个方面的扶助，并产生感激之情，这种报恩心理有助于产生一种积极的心理效应，使其克服生存压力，重振信心。地震诗歌的产生和流行就是受地震影响的人们的一种积极情绪表达。

（3）安置期自我调节

实践是人能动地改造客观世界的对象性活动，马克思认为，人通过实践创造生产了人的社会联系，实现了人的真正的本质。[24]个体的生存实践是自我利用各种资源进行自我调节的实践方式，是创造新的自我、最终重建自我认同的内在要素，从危机到过渡，再到自我重建完成，不是靠幻想和等待能够实现的，这个过程贯穿了灾区群众的生存与实践。

“人总是要生存的嘛，就自己慢慢地克服嘛。后来身边有一个熟人，他就来安慰我，因为在安置就有一些活在做，让我去给他们做饭，当时他跟我说，‘邓姐，你要出来干点什么才行，免得整天在家里光想那些’。我给他们做了一个多月饭……因为有一些事情做就要好一点点。”（D）

首先，生存实践是释放生存压力的重要途径。生存、压力是我们获取频度最大的两个关键词。恩格斯指出，人民首先必须吃、喝、住、穿，然后才能从事政治、科学、艺术、宗教等等。生存欲望是产生自我压力的应激源，也是促其最早从危机中主动重建的原始动机，在生存意识指引下的生存实践成为自我认同重建的主要线索。对于灾区群众而言，工作和养育下一代是最重要的实践内容，工作的顺利开展或者孩子的茁壮成长都是令受灾者获得自我满足感的途径。

如何让自己和家人在灾后生存下去以及如何让家庭变得更好更强大，这种生活压力为受灾者提供了生活的方向和责任感。对于D而言，女儿遇难事件造成她出现严重的自我认同危机。而小儿子的降生给这个家庭缓解了压力，并重新带来了生活的色彩。从此家里的注意力就从失去亲人的痛苦转移到哺育这个新生命上，她重新找回自己作为母亲的角色和责任，开始投入到小儿子的抚养中，把两个孩子抚养成人成为她新的人生目标。

“想着那些，没有经济来源，怎么生活嘛……我们就做事，毕竟要生存嘛，再大的事情也要做，也要做点事情充实，忙碌起来，才能忘掉有些事情。我们那时候在板房做生意的时候，生意还是有点好的嘛。忙得很，天天都在做，忙去了，没有想到那么多。如果像他们有些人一直耍着，那就一直走不出来。”（H）

其次，生存实践是提高家庭收入的重要因素。已有研究指出（Kasim Karata et al，2004），收入与自尊成正比，并在个人的持续和生活质量中扮演了关键作用。[25]资源的有限性决定了灾区群众必须依靠自己的生存实践提高震后家庭收入。本研究所选取的对象均为普通群众，大部分受教育程度低，工作方向大致包括种地、外出打工，或者是自己做小生意，选择项较少，由此决定了他们必须在仅有的几项选择中努力获取生存资源。我们在访谈中遇到一个特殊的家庭：受访者H在地震中失去了大儿子，丈夫因此日渐消沉而患上精神病，地震一年后两人离婚。在这样大的打击下，同时失去儿子和丈夫的H从此一个人承担起抚养小儿子的重任，她和妹妹一家人在本地合伙做起了餐饮生意，生意越做越好，深受大家喜欢。“在我们这儿吃的都是回头客”，受访者自豪地告诉我们，开饭店已经不仅仅是一份用来赚钱糊口的工作，而是受灾者充实自我、发现自我、重树自我的方式。正是在个体忙碌的工作和生活中，他们不再沉浸在过去的悲伤之中，逐步遗忘了那些创伤性记忆，开始摆脱危机，重建自我，树立自尊自信，获得新的身份认同感，满足自我实现的需求。另一位受访者 X 为我们描述了她在山东援建队中的工作——守仓库，这份简单的工作不仅解决了女儿读书的资金困难问题，还能让她发挥所长，新的环境和工作使得她很快忘记了失去丈夫的伤痛，坚定了靠自己生存下去并抚养孩子的勇气。

“他们待我们非常好。我去了一直在给他们管库房，他们所有的棉被、吃的、办公用品全部都堆在里面的。所以他们就非常信任我……他们带我小女儿去老北川看。一批的人走了，二批的人就把我介绍给三批的人，真的……我什么都不懂，山东的程 XX、张 XX 都教我，他们所有人都对我非常好。”（X）

由此可见，个体的自我调节对于自我认同重建具有关键性作用，其中生存实践是自我调节的最重要环节，为自我提供了目标和动力，有利于自尊感及自信感的重建。

（三）模型阐释

社会支持、自我调节、人际关系三大影响因素在时间变量中对于自我重建历程具有不同作用，各自成为一个影响面，最后构建成一个“安全感—归属感—自尊自信”螺旋上升的自我认同重建模型。

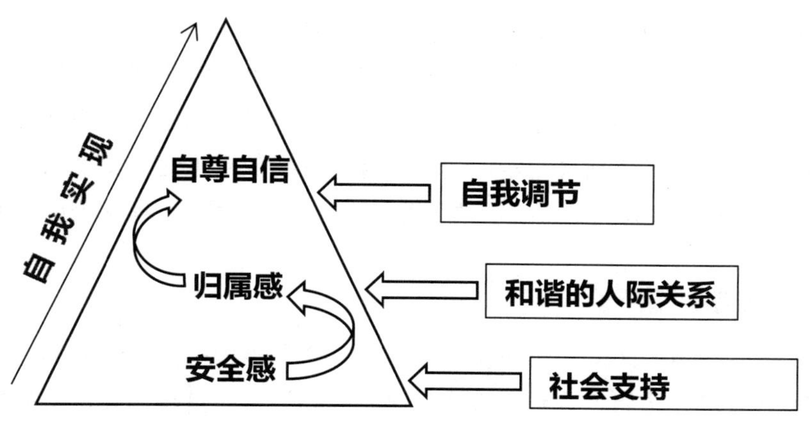

自我认同重建模型图

其一，在社会支持维度，受灾者在外界物资等援助中能够获得重建的物质环境和社会环境。全国上下第一时间开展的生命救援行动为灾区群众提供了安全保障，对被重大自然灾害冲击的个体及时提供了安全感，灾区群众对未知的危险“不再那么害怕”；物质是重建最本质的基础，足够的物资和资金援助使得灾区的自然环境和社会环境在短时间内完成重建，面对新的环境，灾区群众及早从非正常的生活状态中转换回来，重新找到了自己未来的方向，摆脱了“无根”的漂泊感；随着国家对灾区重建的政策的落实，灾区已经被建设得越来越好，“至少前进了三十年”，对于亲眼见到家园被毁的灾区群众而言，看到家乡如今可喜的变化，他们更加愿意相信国家，相信中国共产党，在信任基础上坚定对自我和社会的信心。

其二，在人际关系维度，完整的家庭关系是降低受灾者被剥夺感的重要原因，同时，家庭生存的目标成为个体存在的动力，责任和压力促使个体自主摆脱危机积极重建，而和谐的家庭关系为灾区群众提供了稳定的归属感；随着人际关系的扩展和社会互动的加深，由交流互动为彼此带来的积极情感联系持续增加，有利于灾区群众重新理解自我与他人的关系，能够自尊自爱，通过社会交流和对他人施以援手，获得感恩与爱的体验。

其三，在自我调节维度，不同性格特征的个体在灾难面前受到不同程度的危机冲击，积极的性格特征有助于建立有效危机防御机制，转化风险冲击，及时稳定自我安全体系；过渡期开始，自我往往开始反思，一方面整合灾害前与灾害后的经验过程，重新寻找定位和目标，另一方面开始了自我生存实践，工作的忙碌使得他们逐步淡忘创伤性记忆，最后自我在个人的实践创造中通过劳动得到他人的认可，由自己劳动创造又极大地提高了家庭收入，从而可以获得自我认同中最高程度的自尊自信，重新建立起稳定的自我系统。

总之，“安全感—归属感—自尊自信”螺旋上升的模型是个体在时间经验中重建自我系统的基本内容的集中概括，其中，安全感属于自我认同系统的基础层，有利于个体摆脱自我迷失危机，稳定自我。归属感的重获利于个体化解自我分割危机，把握生命延续感，将压力转化为生存动力。自尊自信感属于自我系统的最高层次，有利于提高自我效能感，最终达到自我实现。灾区群众自我认同重建“安全感—归属感—自尊自信”螺旋上升，逐渐达到金字塔的顶部，标志着其自我认同重建的基本完成。

五、结论与展望

综上所述，影响灾区群众自我认同重建的三个积极因素随着时间的推移，对于自我重建历程具有不同作用，分别实现了安全感、归属感、自尊与自信感的重建，最终达到三维目标，即自我实现。这三个维度之间互往往相影响，任何一个维度重建失败，都会影响到整体重建效果。尤其是自我调节维度，它关系着社会支持维度和人际关系维度是否能转化为正向调节自我与社会、他人和自身关系的影响因素。因此，在灾后重建中，应该高度重视对灾区群众个人的关注，利用社会支持与和谐的人际关系鼓励他们以各种形式主动参与灾后重建，从而使自我认同重建与家园重建能够相互作用，同向而行。灾区群众个体自我认同重建的完成标志着，随着灾区物质家园重建的完成，在新的自然环境和社会条件下，灾区群众的精神家园也逐步得到恢复和重建，群众的社会关系日渐和谐稳定，社会心态趋向理性平和，家园重建取得历史性成果。

由于笔者自身的经验和精力不足，以及一些客观原因，本研究尚存在一些不足之处。首先，灾后重建相关研究多是采用定量研究，而本文仅采用了质性研究。如果本文再采用定量研究对受灾群众自我认同危机状况和现状进行客观描述，相信会更加具有说服力。其次，本文仅以汶川特大地震极重灾区的普通群众为研究对象，研究对象范围较小。如果能扩大理论抽样，将更多地区和其他层次的访谈对象与受灾群众相比较，可能最终得到的理论模型将会更加全面。鉴于此，今后可以从以下两个方面来进一步完善本研究：第一，对更广泛的灾区群众和其他受灾者进行深度访谈和探讨。通过不同对象的对比研究，得出其存在的普遍规律以及出现差异的原因。第二，增加对灾区群众自我认同现象的定量分析。在定量分析的基础上，再设计访谈提纲，进行质性研究，将两种研究方法相互结合，相互检验，从而使结论更加客观。

基金项目

本文系国家社会科学基金重大项目“汶川特大地震抗震救灾精神口述史挖掘、整理与研究”的阶段性成果，项目编号：18ZDA014。

参考文献

[1] 艾瑞克·埃里克森．同一性：青少年与危机 [M]．孙名之译．杭州：浙江教育出版社，1998：198-199.

[2]James E.Marcia.Ego identity status: relationship to change in self-esteem, “general maladjustment,” and authoritarianism[J].Journal of Personality, 1967, 35（3）: 118-133.

[3] 安东尼·吉登斯．现代性与自我认同 [M]．赵旭东，方文译．上海：三联书店，1998：36-63.

[4] 夏洛特·布勒等．人本主义心理学导论 [M]．陈宝铠译．北京：华夏出版社，1990：60.

[5] 李慧敏．社会转型时期的自我认同与教育——以吉登斯自我认同理论为视角 [M]．北京：高等教育出版社，2005：43.

[6] 何岚．思想政治教育视野下的大学生自我认同 [D]．上海：华东师范大学，2010（5）.

[7] 王成兵．当代认同危机的人学解读 [M]．北京：中国社会科学出版社，2004：18.

[8]〔美〕罗洛·梅．人寻找自己 [M]．贵州：贵州人民出版社，1991：45.

[9] 桂守才，王道阳，姚本先．大学生自我认同感的差异 [J]．心理科学，2007(04)：869-872.

[10] 肖毓．现代性视域中自我认同的危机与重建 [D]．延安：延安大学，2009（2）.

[11] 宫丽．“精神家园”国内研究现状述评 [J]. 理论与现代化，2010（03）：73-79.

[12] 廖冲绪，涂秋生．弘扬抗震救灾精神　推进精神家园建设 [J]. 中华文化论坛，2010（03）：22-23.

[13] 中共四川省委政策研究室调研组，箫少秋，任丁．四川推动灾后精神家园重建的实践与探索 [J]. 四川行政学院学报，2010（03）：67-70.

[14] 赵亚辉，宋嵩．9 月 4 日，“5・12”地震直接损失数据正式发布（热点解读）[N]. 人民日报．2008-09-05（09）.

[15] 陈新海．自我评价论 [M]. 上海：上海人民出版社，2011：140.

[16]（美）乔治•H•米德．心灵、自我与社会 [M]. 赵月瑟译．上海：上海译文出版社，2005：103.

[17] 宋佳萌，范会勇．社会支持与主观幸福感关系的元分析 [J]. 心理学进展，2013（8）：1365.

[18]Chou，Frank Huang-Chih，Chou，Pesus，Su，Tom Tung-Ping. Survey of quality of life and related risk factors for a Taiwanese village population 3 years post-earthquake[J]. Australian and New Zealand Journal of Psychiatry，2006，40（4）：355-61.

[19]Jiuping Xu，Jiuzhou Dai，Renqiao Rao and Huaidong Xie. The association between exposure and psychological health in earthquake survivors from the Longmen Shan Fault area：the mediating effect of risk perceptio[J]. BMC Public Health，2016（16）：417.

[20] 地震捐赠款物审计未见重大违纪违规　全国共筹集捐赠款物 797.03 亿元 [N]. 人民日报．2010-01-07（11）.

[21]Anna Rita Giuliani，Antonella Mattei，Flavio Santilli. Well-Being and Perceived Quality of Life in Elderly People Displaced After the Earthquake in L’Aquila，Italy[J]. Journal of Community Health，2014，39（3）：531-537.

[22] 黎坚，庞博，张博，杜涵．自我调节：从基本理论到应用研究 [J]. 北京师范大学学报（社会科学版），2011（06）：5-13.

[23]Yunong Huang，Hung Wong，Ngoh Tiong Tan. Associations Among Chinese Cultural Beliefs of Adversity，Income Recovery，and Psychological Status of Wenchuan Earthquake Survivors[J]. Social Work in Mental Health，2014（12）：343-364.

[24] 马克思．1844 年经济学哲学手稿（附录为《詹姆斯・穆勒〈政治经济学原理〉一书的摘要》）[M]. 北京：人民出版社．2005（3）：170.

[25]Kasim Karata，Vell duyan. Self-Esteem and Trait-Anxiety Levels of Persons with Physical Disabilities Who Live in the Earthquake Region[J]. International Journal of Mental Health，2004，33（1）：67-80.

作者简介

曹燕，女，1992年生，四川广元人。法学硕士，助教，工作单位：吉利学院马克思主义学院，研究方向：思想政治教育。

汶川特大地震灾区群众社会心态现状、影响因素与对策

王雪

摘要：本文采用质性研究方法，通过对“5·12”特大地震极重灾区的群众进行深度访谈，获得丰厚的一手资料。然后遵循扎根理论的研究范式，利用质性研究的分析软件 Nvivo11 对获得的访谈资料进行编码分析，建构出灾区群众社会心态的现状及其影响因素。研究发现，灾区群众的社会心态呈现出积极与消极并存的态势，具体表现为以下四个方面：开放包容与相对剥夺感共生；积极乐观与焦虑迷茫相伴；自力更生与“等靠要”的依赖心理并存；感恩奋进与安于现状、不思进取的小农心态交织。基于以上现状，笔者对影响灾区群众社会心态的因素进行了深入分析，发现灾区群众的社会心态主要受物质利益、政策、文化心理因素的影响。最后，针对影响因素，提出通过多渠道增加灾区群众收入、提升基层治理能力，消除政策执行过程中的误解和不解以及强化思想引导等方式培育积极健康的社会心态。

关键词：“5·12”特大地震；灾区群众；社会心态

社会心态是与特定的社会运行状况或重大的社会变迁过程相联系的，在一定时期内广泛地存在于各类社会群体的情绪、情感、社会认知、行为意向和价值取向的总和。傅金珍认为（2011）社会存在决定社会心态，社会心态映照社会存在，社会变迁会引起社会心态的变化。汶川特大地震，造成灾区内外环境发生重大变化，灾区群众的社会心态也随之变化。虽然经过十余年的重建，灾区发生了翻天覆地的可喜变化，灾区群众的社会心态也明显趋于好转，但是部分灾区群众也存在一些不良社会心态，诸如习惯性“等靠要”的依赖心态，安于现状、得过且过、不思进取的小农心态，焦虑迷

茫的心态等，这些负面社会心态不仅会影响其个人的身心发展和家庭幸福，也会对整个灾区群众的社会心态造成消极影响，甚至会引起很多社会问题，不利于灾区和谐社会的构建，阻碍了灾区群众在创造美好生活上取得更大成绩。因此，本研究以汶川特大地震的极重灾区群众为研究对象，通过半结构式的深度访谈法来了解灾区群众的社会心态现状，分析影响灾区群众社会心态的深层次因素，并针对影响因素提出引导灾区群众树立积极健康社会心态的对策建议，在新时代具有重要的理论价值和实践意义。

一、研究对象与方法

（一）研究对象的选择

按照目的性抽样的原则，本文以汶川特大地震几个极重灾区北川、汶川、都江堰、茂县、安县、绵竹、彭州的群众为研究对象，研究对象的选择标准主要为亲身经历过“5·12”汶川特大地震，并对地震前后自身的经历、当地的变化情况、国家的政策等信息有所了解和有比较清晰的记忆，且有较好的表达能力同时愿意分享自己经历的灾区群众。本文研究的样本数量是以信息饱和原则确定的，一开始对访谈对象的数量不设上限，当发现即使在增添新的资料，也没有再出现新的观点时，即进入了理论饱和阶段，此时就可以停止资料的收集了。为了更加全面准确地把握灾区群众的社会心态状况及其影响因素，研究过程中尽量选取不同年龄、不同性别、不同民族的对象进行访谈，每个采访者采访时间大约在1~1.5小时，按照以上原则，本研究共采访了25名受灾群众，其中包括10名男性，15名女性，其中有3名是党员，其余均为普通群众；有8名受访者有职业，10名无职业，7名是农民。由于调研的地点多是少数民族和汉族杂居区县，当地少数民族也较多，所以访谈对象中有4名羌族，其余均为汉族。从学历来看，有1名高中学历，1名中专学历，12名初中学历，11名小学学历。另外基于实际情况考虑，本研究所选取的采访对象总体年龄偏高，主要以40~60岁的中老年人为主。这是因为“5·12”大地震已经过去了十余年，十多年前这些四五十岁的人正处于壮年期，对地震的情况、灾后重建、国家的政策等各方面都比较了解，可以为研究者提供丰富的资料。

受访者的基本情况如下表：考虑到个人隐私问题，表中受访者的姓名均用代码表示。

受访者基本情况表

代码	编码	性别	年龄	职业	政治面貌	学历	民族
A1	LJ	女	47	环卫工	群众	小学	汉
A2	LXR	女	29	收银员	群众	高中	汉
A3	HB	男	43	农民	群众	小学	羌
A4	XWL	女	42	企业管理人员	党员	中专	汉
A5	GXH	男	60	无	群众	初中	汉
A6	DX	女	42	无	群众	初中	汉
A7	DZH	男	61	农民	群众	小学	汉
A8	LFX	女	58	打零工	群众	小学	汉
A9	LYC	女	46	打零工	群众	小学	汉
A10	XYZ	女	47	无	群众	初中	汉
A11	YDC	女	49	环卫工	群众	初中	汉
A12	YJH	男	70	无	群众	小学	汉
	ZAY	女	49	无	群众	小学	汉
A13	WXL	男	50	农民	群众	初中	羌
	ZLB	女	53	无	群众	初中	羌
A14	ZXR	男	49	居民小组长	党员	初中	汉
A15	DG	男	42	务工	党员	初中	汉
A16	YDL	男	44	农民	群众	初中	羌
A17	LSP	男	61	无	群众	初中	汉
A18	LFG	女	49	无	群众	小学	汉
A19	TZG	男	51	农民	群众	初中	汉
A20	DSX	女	61	农民	群众	小学	汉
A21	WDY	女	80	无	群众	小学	汉
A22	PH	女	51	无	群众	初中	汉
A23	CNS	女	51	农民	群众	小学	汉

（二）研究方法

本文主要采用质性研究方法，在资料收集阶段，主要是采用深度访谈法，根据事先准备好的采访提纲，找到符合研究条件的受访者，向受访者如实地介绍此次访谈的目的、访谈的大概内容、访谈时间等信息，在取得访谈对象的同意后，选择一个比较安静的环境，准备正式访谈。访谈前请受访者先了解知情同意书，强调本次访谈完全是出于学术研究的需要，并向受访者承诺绝对不会外泄访谈内容，让受访者可以消除心理戒备，在访谈过程中畅所欲言。在受访者阅读完知情同意书后，开始正式访谈，在征得受访者同意的情况下，对访谈内容全程用录音笔或者手机进行录音，以便访谈结束后方便对访谈资料进行整理和分析。在资料分析阶段主要是运用扎根理论，借助Nvivo11 软件对收集到的原始资料进行层层编码建构出理论。

二、灾区群众社会心态现状

汶川特大地震发生后，灾区在党中央和各级党委、政府的坚强领导下，在全国人民的倾力援助下，在灾区干部和群众的共同努力下，实现了跨越式发展。与此同时，灾区群众的社会心态也明显趋好，但仍存在积极与消极并存的现象。

（一）开放包容与相对剥夺感共生

唯物辩证法的矛盾观认为，不同的事物有不同的特点。灾区群众虽然有相似的经历，但不同的人有不同的感受和想法，所以不同的人社会心态也不一样。乐观的人在地震后表现出更加开放包容的心态。A16：“经历过那么大的灾难，都挺过来了，心态也放宽了，各方面都要想开点，不要斤斤计较的。”A13：“经历过那么多磨难后，很多东西自然就看淡了，没得以前那么计较了。”地震给灾区群众带来了极大的损失，灾区群众在顷刻间经历了地动山摇、亲人离世、房屋倒塌等重大变故，体会到在大自然面前，人如蝼蚁般脆弱、不堪一击。所以地震后，大部分群众心态变得更加豁达、淡然，生命观和金钱观都发生了很大变化，把生命看得越来越重要，更在乎身体健康，把钱财、名利等身外之物看得很轻，不再斤斤计较。A18：“生命更重要，钱要赚嘛，身外之物，所以说没有钱就算了嘛，只要活着就好。”同时在灾后不同阶段大家互相帮助、共渡难关，克服重重困难走向幸福生活。地震中相似的经历、共同的遭遇使他们更懂得团结协作、理解包容。A17：“应该这样想，大灾大难都过来了，现在应该更加团结。”虽然大部分群众在地震后表现出更加包容的心态，但是仍有不少群众对自己的现状并不满意，相对剥夺感强烈。灾区群众的相对剥夺感主要表现在两方面。第一，基于横向比较产生的相对剥夺感。A18：“地震过后经历了那些拆迁，拆迁的时候强行拆你的房子，然后人家有关系的，同样的房子比你赔的多，你的房子比人家还要宽比人家赔的少，这就是差距。”地震后，国家出台了一系列灾后重建政策帮助灾区群众恢复生产、重建家园，但这些政策在具体实施过程中，各地根据当地的实际情况作出了一定的调整，导致各地的政策不完全一样，同一地区因为每家情况不一样政策也不完全一样。而灾区群众往往不考虑客观条件的不同，只看最终的结果，当拿自己的情况和其他人比较，发现自己的情况不如别人时，相对剥夺感油然而生。A23：“政府还是有点不公平，现在有些家里都还没交钱，还是住了这么多年。政府没强制执行，开始很强硬，后面还不是好多户没有交钱。”第二，基于纵向比较产生的相对剥夺感。纵向比较指的是人们将自己目前的境况与自己过去某一阶段的境况作对比。地震后灾区群众的生活方式、生产方式、住房情况、收入情况等都发生了巨大的变化。大部分群众各方面的条件变得越来越好，但是有一部分群众因为地震前各方面的条件较好，地震后生活、住房、工作、收入等情况还不如地震前好或者没有适应地震后的生产生活方式，所以通过地震前后的纵向对比，产生了相对剥夺感。A12：“地震以前的日子过得还舒服点，那个时候有地嘛，家里啥子都有嘛，不用去买嘛，地震后搬到这边来了，啥子都要给钱。”A13：“这个和我们那个房子比起来就差远了，以前那个房子面积宽，专门占地面积就100多平方米，我们修的是两层，一楼一底，还修了个院子，坝子里车都可以打调，现在就没法比了。”相对剥夺感会对个人或群体的态度和行为产生消极影响，其中包括压抑、自卑，并会引起集体行动。相对剥夺感的显化会使个体或群体显示出对社会的不满，当前灾区部分群众相对剥夺感强烈，政府应该高度重视和关注，防止小部分群众通过不合法的手段表达自己的不满，影响灾区社会整体稳定。

（二）积极乐观与焦虑迷茫相伴

随着抗震救灾和恢复重建的胜利完成，大部分灾区群众表现出积极乐观的心态，对未来生活充满信心。灾区群众积极乐观的心态主要表现在两个方面。第一，基于在地震中幸免于难产生的积极乐观情绪。国新办根据国务院抗震救灾总指挥部授权发布，“截至2008年9月25日，地震造成69227人遇难、17923人失踪、4625.6万人受灾、1510.6万余人需要紧急转移安置。”地震造成如此多的人死亡和受伤，而自己却能健康平安地活着，所以很大部分群众因为自己或者家人在地震中平安无事或者只是轻微受伤，感到很幸运，表现出积极乐观的社会心态。采访中很多群众表示，既然能活着，就要好好活下去。A2：“生活还得继续，只能说我们要往好的方面去想，慢慢的嘛，生活总会好起来的，加上政府给予的一些帮助。”A13：“只能想活着就好，我们那边当时还冲走那么多人，他们更惨，能活着就好。”第二，灾区群众的积极乐观心态还表现在对未来生活充满信心。A16：“有信心，这个未来的日子肯定是越来越好的，我们是充满信心的哦，现在在看电视、新闻，看到国家要咋个发展，农村要咋个弄，以后日子肯定越来越好，是充满信心的。”A13：“肯定有信心三，国家政策又好，肯定生活会越来越好了。”十余年来灾区恢复重建和发展振兴取得了重大成就，灾区发生了天翻地覆的巨大变化。在采访中，很多群众表示，地震使灾区各方面的发展水平至少前进了二十年，他们觉得如今灾区各方面条件都很好，国家政策也越来越好，所以大部分灾区群众对未来生活充满信心，相信以后的日子会更加美好。但是，有一部分群众因为地震后失去土地、工作等原因，现在经济条件并不理想，所以这部分群众表现出焦虑迷茫的心态。有的群众是因为没有稳定的工作而产生焦虑。A7：“哎呀，现在钱都找不到，怎么把生活过得好嘛。”A22：“都是打工嘛，都是农村人，又没得稳定的工作。”有的群众因为物价上涨产生焦虑。A10：“现在开支就是大，现在生活水平提高了，不管什么都贵得要命，你挣又只挣得了那么点钱。”有的焦虑下一代的生计问题。A13：“现在生活还是比以前好，有养老保险嘛还是过得去，现在生活最恼火的是小这一批，老也不老，还拿不到养老金，找工作呢，也不好找，打工也不好打。”总之，焦虑迷茫的心态在灾区群众中普遍存在，已经成为灾区群众创造美好生活的阻力。

因此，要积极引导灾区群众树立健康积极的心态。

（三）自力更生与“等靠要”的依赖心态并存

大地震给灾区群众带来巨大的财产损失，很多人前半生奋斗的一切因为一场灾难毁于一旦，房屋没了，家具没了，钱没了。正如采访中一位群众所言：“啥子都没有了，等于我们的前半生啥子都没有了，白干了，房子修了钱也没了。”在一无所有的状况下，灾区群众表现出了两种不同的矛盾心理。大部分群众表现出自力更生，积极进取的心态，在各界的帮助下辛勤劳作，靠自己的双手一步步重建家园，过上幸福生活。A3：“我就去开三轮嘛，跑去拉货嘛，人家装修我就去背沙子，背材料嘛，我就是通过干这些挣钱修的房子。”A22：“不管咋个说，国家咋个照顾你，还是主要要靠自己，国家总不会照顾你一辈子嘛，还是要自力更生。”但是有一小部分群众却因地震后国家对灾区的政策太好，认为国家的帮助是理所应当，养成了“等靠要”的依赖心理。地震后，特别是灾后重建阶段，中央政府出台了一系列优惠政策帮助灾区重建发展，比如住房维修重建政策、就业援助和社会保险政策、产业扶持政策、对口援建政策。这些政策涉及灾区群众生活的方方面面，基本上解除了灾区群众当时的生活之忧。然而这种大包大揽的救灾模式却强化了部分灾区群众的依赖心理，甚至有人认为国家应该一包到底，扶持他们一辈子。

（四）感恩奋进与安于现状、不思进取的小农心态交织

地震发生后，各界纷纷伸出援助之手，这些外援不仅给灾区群众带来了巨大的物质支持，更为重要的是给灾区群众带来了巨大的精神力量，解放军、志愿者、灾区干部等身上表现出的抗震救灾精神感染了灾区群众，让灾区群众逐渐从失去亲人、失去家园财产的悲痛中站起来，激励他们积极进取、奋发向上。A4：“还是满意嘛，不靠国家，我们现在日子还更苦。还是全靠国家，真的。不是中国共产党，我们不知道会是什么情况。”A7：“还是要靠部队，大部分困难还是要靠部队，没得部队不得行，当地想不出办法来，当地人都整昏了。”但是，也有少部分群众因为在地震中损失太严重，或者地震后国家政策太好而安于现状、不思进取，得过且过。虽然地震后很多群众过上了比地震前更好的生活，住上了比地震前更好的房子，但是地震给部分灾区群众留下的心理阴影仍然没有随着时间的推移和生活条件的改善而完全恢复。一部分灾区群众没有安全感，觉得生活有很多不确定性，部分群众觉得自己前半生辛苦打拼的一切，一场灾难就什么都没了，所以现在不想太拼，没有干劲，宁愿安于现状。A13：“你奋斗了一辈子，累了一辈子，一个地震，一个泥石流就啥子都没得了，买了这个房子今年才把账还完。地震之后房子垮了，重新修房子，刚刚把房子修完，加上家具这些，一共花了 30 多万，一个泥石流就冲完了，家里还有几百块的现金都冲走了。所以现在没有了干劲，能过得走就行了，啥子都不想了。”A22：“我们都 50 多岁的

人了，没啥子打算规划的，就平平淡淡过一生就对了。”另外，地震后，灾区很多群众买了养老保险，虽然养老保险的收入并不是很高，但是基本能够生活开支，部分群众因为有了养老保险作为生活保障，觉得自己不需要奋斗，日子也能过得下去。

三、影响灾区群众社会心态的主要因素

灾区群众社会心态受多种因素综合影响。研究发现，影响灾区群众社会心态的因素主要有物质利益因素、政策因素、文化心理因素。这三个因素不是孤立存在的，也不是独立发生作用的，它们之间相互影响、共同作用，作为一个统一体共同影响着灾区群众的社会心态。

（一）物质利益因素

利益是影响灾区群众社会心态的决定性因素，灾区群众的社会心态随着不同阶段的利益得失而变化。地震刚刚发生后，灾区群众遭遇巨大的物质利益损失，房屋倒塌、耕地林地受损、工厂倒闭，这一切外部环境的变化导致灾区群众的生产生活方式也发生巨大变化，致使大部分人都处于一种绝望、迷茫、痛苦、焦虑的状态。在抗震救灾和灾后重建阶段，随着国家一系列政策的出台、社会各界的支持源源不断涌入灾区，给灾区群众带来的一系列可见的物质利益。生活条件、住房条件的逐步改善，灾区群众逐步恢复了正常的生产生活。随着生产生活的稳定，灾区群众的社会心态也逐渐好转，由最开始的绝望、焦虑、迷茫，到看到一点点希望，到重塑未来生活的信心，到最后对未来充满信心。同时灾区群众从社会各界的支持中感受到了“一方有难，八方支援”的大爱，看到全国人民都那么支持他们，他们更愿意感恩奋进，回报社会。在灾区发展振兴阶段，灾区群众的生产生活基本已经稳定，这时候外援已经很少了，他们获得的物质利益主要靠自己创造。因此，这个阶段影响灾区群众社会心态的最主要物质利益因素就是收入水平。调研发现，收入水平比较高的家庭，社会心态往往比较乐观、积极，一般都心怀感恩，更能够理性看待和分析问题，对未来生活也充满信心；而收入水平较低的家庭，社会心态一般偏向消极，容易产生抱怨、不满、焦虑、迷茫等心态，对未来的生活持悲观态度。

（二）政策因素

政策是影响灾区群众社会心态的重要因素。首先，从政策制定的角度看。地震后，中央政府针对灾区出台了一系列优惠政策，如住房维修重建政策、就业援助政策、对口援建政策，这些优惠政策帮助灾区群众迅速重建家园，恢复生产。随着家园重建、生产恢复、收入稳步提高，灾区群众心态也逐步好转。采访发现，几乎所有的群众都对党和政府感恩、对国家制定的政策满意，在国家的帮助下他们更愿意感恩奋进，积极进取。其次，从政策执行的角度看，由于少部分灾区基层干部在落实相关政策的过

程中存在一定程度上的利益分配不均和贪污腐败行为，使得灾区群众相对剥夺感强烈。虽然这种现象只是极少数，但是在抗震救灾的特殊环境下，人们对腐败的容忍度极低，对涉及自身利益的事情比平时更敏感，所以灾区群众往往会使用放大镜看待这类问题，然后再一传十，十传百，加深了其对基层政府的不信任。同时，由于震后行政事项繁杂，基层政府长期忙于政务，对相关政策宣传不到位，灾区群众对很多政策了解不够，认识片面，导致对基层干部产生误解。

（三）文化心理因素

灾区群众的社会心态不仅要受物质利益和政策的影响，还要受文化心理因素的影响。费孝通先生在《乡土中国》一书中阐述了中国传统农村社会的特征，他认为中国传统农村社会是一个不靠法律制约而是由礼俗、传统生成秩序的熟人社会，传统习俗、人情、“关系”、道德等制约和影响着人们的行为。熟人社会形成了重“关系”，讲人情的社会风气和文化氛围，所以长久以来“关系观念”在农村社会普遍存在。虽然今天灾区的农村和费孝通先生所处时代的农村已经有很大的不同了，特别是地震后，灾区群众生产生活方式都发生了很大变化，灾后重建使得灾区很多农村直接步入城镇化，如今的灾区基础设施、公共设施都颇具现代化，民众的生活水平也大大提高。尽管外在的环境发生了很大改变，但根植于乡土文化的“关系观念”在灾区群众中仍然根深蒂固。A20：“像我们这儿的生产队，队长他把社保名额拿来，就把名额给那些和他关系好的，关系不好的你就拿不到，就是这样子的。”正是这种“关系观念”的存在，所以灾区群众在考虑利益的分配时总是会与“关系”挂钩。他们会觉得某人获得利益是因为和基层干部有关系，而自己没有获利是因为自己没有“关系”，不管是救灾物资、板房还是安置房、农资、社保名额等的分配，灾区群众都会想到“关系”。即使有时候是政策上的规定，或者合理的分配，灾区群众也会认为别人获利是因为有“关系”，“关系观念”的存在加深了灾区群众自身的被剥夺感。

此外，灾区群众的社会心态还受其自身心理因素影响。由于地震这一特殊事件，比较心理在灾区群众中普遍存在。研究表明，向上比较会降低人们的满足感和幸福感，向下比较会增强人们的满足感和幸福感。目前，比较心理在灾区群众中普遍存在，很多群众喜欢把自身的情况拿来和别人作比较或者拿自己目前的状况和地震前的状况相比较，当自己目前的状况比别人或者地震前好时，就会产生积极乐观的情绪。A4：“我们当时就是看到周围嘛，你看，比如有的失去父母或者很小的孩子就失去父亲的家庭那种，打击就更沉重。比起我们房屋车子损失还要惨，所以我们就想我们那会儿还是比较幸运的。”当把自身的情况拿来和别人作比较或者拿自己目前的状况和地震前的状况相比较，发现自己目前的状况比别人或者地震前差时，就会产生相对剥夺感。

四、引导灾区群众树立积极健康社会心态的对策

为培育积极健康的社会心态，有关部门要采取措施，一方面推动灾区经济社会的可持续发展，帮助灾区群众过上美好生活；另一方面要提升基层治理水平，消除群众对政府治理的不解和误解；还要加强思想建设，为灾区人民提供精神指引。

（一）推进灾区可持续发展，多渠道提高灾区群众收入水平

物质利益是影响灾区群众社会心态的根本性因素。调研发现，目前灾区群众面临的最直接、最现实、最普遍的利益问题主要有收入不高、不稳定的问题。因此，要引导灾区群众树立健康的社会心态，首要解决灾区群众的收入问题。首先，因地制宜，鼓励灾区群众大力发展特色农业。灾区群众大部分是农民，农业是灾区群众增收的重要途径。广大灾区气候、水源、土壤、光照等自然环境很适合发展特色农业。要鼓励灾区群众充分利用当地自然资源的优势，因地制宜，大力发展水果、蔬菜、药材、茶叶、畜牧业等优势特色产业。其次，积极发展旅游业，带动农家乐、餐饮、工艺品等产业的发展。地震后，灾区发生了翻天覆地的变化，基础设施、卫生环境等都得到了很大改善，一部分重要的地震遗址也得到保护，成为重要的文化资源基地。同时，很多灾区也是少数民族聚居地，当地有很多独具特色的民族文化和地方特产，如羌族的羌绣，藏族的唐卡，特色年画，以及民族服装、首饰、工艺品等手工制品。土特产有牦牛肉、中药材等。灾区可以借助这些优势，充分利用抗震救灾和恢复重建过程中创造的宝贵物质财富和精神财富以及当地独具特色的民族文化资源，积极打造以少数民族风情和地震为主题的特色旅游，带动当地农家乐、餐饮、土特产等行业发展，增加灾区群众收入。最后，鼓励有条件、有能力的灾区群众自主创业。自主创业不仅能解决自身的就业和收入问题，还能创造更多就业岗位帮助其他人解决就业问题。当前国家正鼓励“大众创业、万众创新”，灾区要抓住这个政策机遇，积极鼓励有条件、有创业意愿的群众创业。

（二）提升基层治理能力，消除政策执行过程中的误解

政策因素是影响灾区群众社会心态的重要因素。灾区群众对国家政策普遍表示满意，但是基层政府落实政策的情况却让灾区群众产生不满和怀疑。因此，要进一步提升公众参与能力和水平，消除政策执行过程中的对政府的误解。首先，加强基层建设，提升治理能力。基层干部作为党和国家政策的具体执行者，是与群众直接打交道的人员，其作风和素质直接影响群众对党和政府的整体评价。在采访中，有不少群众反映当地的基层干部存在不作为或者乱作为的情况，特别是个别基层干部的腐败行为直接导致了灾区群众对基层政府的不满，使群众产生强烈的相对剥夺感。因此，在今后的工作中，灾区基层政府要加强自身建设，提高治理能力。其次，要加强信息公开和宣传，提高政策和信息透明度，扩大群众知情权。灾区群众对有关政策的不了解、不知情是其对

基层干部产生误解和不信任的最主要原因。基层政府要做好信息公开和政策宣传工作，特别是低保名额、农业补助的钱款、农资补贴的去向、名额等要及时公之于众；另外，要加强政策的宣传，对于群众存在的疑惑要及时解释，帮助群众了解，知晓国家政策，才能减少灾区群众对基层干部的误会，提高群众对基层政府的信任度从而使灾区群众形成积极健康的社会心态。

（三）强化思想引导，培育健康社会心态

要加强对灾区群众的思想引导，通过引导其树立正确的思想、文化、观念，消减其消极的思想、观念。第一，纠正认知偏差，培养理性思维。习近平总书记在十九大报告中强调："加强社会心理服务体系建设，培育自尊自信、理性平和、积极向上的社会心态"。理性平和是当前国家和社会倡导的社会心态，然而当前一部分灾区群众缺乏理性平和的心态。因此，必须要纠正灾区群众的认知偏差，引导灾区群众理性地看待和分析问题。第二，大力弘扬抗震救灾精神。弘扬抗震救灾精神有利于引导灾区群众树立感恩奋进、自力更生的社会心态，激发他们的爱党、爱国热情。具体而言，通过宣传在灾难中催人泪下的感人事迹、宣扬灾难后灾区群众不怕困难、奋起自救的不屈精神，激发灾区群众自力更生、艰苦奋斗的斗志。同时，通过宣扬各级政府在抗震救灾、灾后重建阶段对灾区的殷切关怀、宣扬社会各界对灾区群众无私无畏的帮助等事迹，让灾区群众摆脱相对剥夺感、常怀感恩之心，在感恩中奋发向上。第三，弘扬劳动精神，树立劳动光荣理念。习近平总书记多次强调："幸福不会从天而降，好日子是干出来的。"然而，目前灾区有一部分群众却养成了"等靠要"的依赖思想，不思进取、安于现状的小农心态。这些消极思想的存在不仅会影响灾区群众个人的家庭幸福，而且会影响整个灾区的经济发展，阻碍灾区群众在创造美好生活上取得更大成绩。因此，要在灾区积极弘扬劳动精神，传播劳动光荣的观念，鼓励灾区群众通过劳动创造美好生活，反对一切不劳而获、贪图享乐的思想。

基金项目

本文系国家社会科学基金重大项目"汶川特大地震抗震救灾精神口述史挖掘、整理与研究"的阶段性成果，项目编号：18ZDA014。

参考文献

[1] 马广海．论社会心态：概念辨析及其操作化 [J]．社会科学，2008（10）．

[2] 傅金珍．社会心态失衡与治理对策研究 [J]．中共福建省委党校报，2011（10）．

[3] 杨宜英，王俊秀．当代中国社会心态研究 [M]．北京：社会科学文献出版社，2013.

[4] 汶川特大地震抗震救灾志编纂委员会．汶川特大地震抗震救灾志（卷一）．总述 [M]. 北京：方志出版社，2015.

[5] 习近平，刘云山等．党的十九大报告辅导读本 [M]. 北京：人民出版社，2017.

[6] 中共中央宣传部．习近平总书记系列重要讲话读本（2016 年版）[M]. 北京：学习出版社、人民出版社，2016.

[7] 习近平．习近平谈治国理政（第一卷）[M]. 北京：外文出版社，2018.

[8] 胡红生．社会心态论 [M]. 北京：中国社会科学出版社，2011.

[9] 费孝通．乡土中国 [M]. 北京：人民出版社，2015.

[10] 汶川特大地震抗震救灾志编纂委员会．汶川特大地震抗震救灾志（卷六）．灾区生活志 [M]. 北京：方志出版社，2015.

[11] 胡子祥、何云庵．抗震救灾精神口述史——汶川特大地震十周年纪念专辑 [M]. 成都：西南交通大学出版社，2017.

作者简介

王雪，女，1994 年生，四川泸州人。硕士研究生，四川三江汇海商业保理有限公司纪检专员，研究方向：思想政治教育。

抗震救灾精神融入党员干部教育的时代价值与实践路径

李慧

摘要：红色文化资源有着独特的教化和育人功能，在党员干部教育培训中有着极其重要的作用。“万众一心、众志成城，不畏艰险、百折不挠，以人为本、尊重科学”的伟大抗震救灾精神是我们战胜地震灾难的坚强支撑，是中国共产党和中国人民精神品格和精神风貌的鲜明写照，也是我们党员干部教育培训的生动教材。在新时代背景下，我国面临着国内外局势的转变，党员干部肩负的责任与义务也变得不同于以往，我们更需要把抗震救灾精神融入党员干部教育中，不断增强教育培训的针对性、实效性，为实现中华民族伟大复兴贡献磅礴力量。

关键词：抗震救灾精神；党员干部教育；时代价值

习近平总书记指出：“大灾大难是检验党组织和党员干部的时候，也是锻炼提高党组织和党员干部的时候，要引导各级党组织强化整体功能，教育党员干部提高思想政治素质、自觉改进作风，做到哪里危险多、哪里困难大、哪里有群众需要，哪里就有共产党员的身影、哪里就有共产党人的奋斗”。红色文化资源有着独特的教化和育人功能，在党员干部教育培训中有着极其重要的作用。“万众一心、众志成城，不畏艰险、百折不挠，以人为本、尊重科学”的伟大的抗震救灾精神，彰显了中国共产党和中国人民精神品格和精神风貌，是我们战胜地震灾难的坚强支撑，也是我们党员干部教育培训的生动教材。在新时代背景下，我国面临着国内外局势的转变，党员干部肩负的责任与义务也变得不同于以往，我们更需要把抗震救灾精神融入党员干部教育中，不断增强教育培训的针对性、实效性，激励广大党员干部为实现中华民族伟大复兴贡献磅礴力量。

一、价值意蕴：抗震救灾对党员干部有哪些最现实最直接的考验

“大灾大难面前，一个基层党组织就是一个坚强战斗堡垒，一名党员就是一面光辉旗帜。”灾难，从一定意义上来说，也是一块试金石、一个检阅场、一个大考场。越是险情当前，越能考验广大党员干部的为民情怀；越是关键时刻，越能考验党员干部的党性；越是情况危急，越能考验广大党员的应急能力。抗震救灾是对党员干部的为民服务境界、先锋模范作用和应急处置能力的直接考验。

（一）抗震救灾考验党员干部的为民服务境界高不高

抗震救灾是考验党员干部为民服务境界到底高不高的“试金石”。全心全意为人民服务是我们党的根本宗旨，而坚持人民至上是抗震救灾中党员干部无私奉献的价值坚守。当灾难来临时，能否把人民生命安全放在首位；能否急人民群众之所急，解人民群众之所难；能否以对党和人民高度负责的态度投入到抗震救灾中，这是对党员干部践行党的宗旨的直接考验。一大批党员干部在抗击“5·12”汶川特大地震的考验中交出了满意的答卷。如从4999米高空缺氧状态下空降灾区的15名战士，为灾区幼儿喂奶的“警察妈妈”蒋晓娟，高喊让“党员干部留下，学生先走！”的时任北川县县长经大忠等等，他们以无私奉献的实际行动践行了“随时准备为党和人民牺牲一切”的入党誓言。在雅安震后第一时间，雅安市由2278个乡、村党组织组成的突击小分队，冲在救灾一线抢救和转运伤员达10974人。10万名党员干部在抢险救灾最前沿承担了各项急难险重任务……每当人民生命财产安全受到严重威胁时，无数党员干部牢记宗旨、奋不顾身，深入一线积极救助受灾群众，转移安置群众，用鲜血和生命谱写了一曲曲为人民服务之歌。抗震救灾中，中国共产党始终与人民同甘苦、共患难，始终与人民同呼吸、共命运，始终与人民同冷暖、共休戚的执政理念在无数共产党员身上得到了充分彰显。

（二）抗震救灾考验党员干部的先锋模范作用发挥得好不好

抗震救灾是考验党员干部的先锋模范作用发挥得好不好的“检阅场”。党章规定：“中国共产党党员是中国工人阶级的有共产主义觉悟的先锋战士。”抗震救灾冲锋在前，是共产党员的崇高使命，是共产党员先进性的直接体现。当灾难来临时，能否召之即来，来之能战，战之能胜；能否豁得出来、冲得上去；能否敢于冲到灾情最重、困难最大的地方去，这是对党员干部党性的直接考验。抗震救灾中，面对争分夺秒地搜救被困群众、全力救治受伤人员、安排好受灾群众基本生活、抢修基础设施、灾后重建等每一项艰巨的任务，需要我们党员干部挺身而出、战斗在最前沿，发挥党员的先锋模范作用。汶川特大地震中冲锋陷阵的2000多个“党员突击队”，在痛失亲人或家里受灾的情况下坚持奋战在一线的近5000名党员；芦山地震后，2300多名党员干部紧急奔赴重灾区龙门乡、太平镇，1500多名党员干部组成救灾突击队深入垮塌楼宇抢救伤员……

每当灾难来袭时，无数党员干部积极响应组织号召，听从人民的呼唤，在最危险的地方、在最艰巨任务面前发挥先锋模范作用，用行动践行了“我们的党员，我们的干部，要冲在第一线！”“我是党员，跟我上。”“我是党员，冲锋在前。”的铿锵誓言。抗震救灾中，在抗震救灾一线高高飘扬的一面面鲜红的党旗，见证了广大党员干部充分发挥了先锋模范作用。

（三）抗震救灾考验党员干部的应急处置能力强不强

抗震救灾是考验党员干部的应急处置能力强不强的“大考场”。进入21世纪以来，全球地震灾害频发，这对党员干部来说，是一次次危机，也是一次次大考。危机事件发生时，从救援活动到医疗救助与避难收容，从物资筹措与发放到交通保障和维持社会秩序，从强化信息公开到灾后善后处理等，党员干部能否快速反应坚决执行党中央重大决策部署；能否第一时间做出科学决策，并根据实际情况将决策进行有效的贯彻执行；能否及时组织发动引导群众参与抗震救灾，这是对党员干部的应急处置能力的考验。地震发生时，应对及时并且处置得当，不仅能最大限度地减少地震灾害带来的损失，同时还能为政府赢得民众的信任，将危机转化为机遇。每当灾难来袭时，党中央、国务院及地方各级党委和政府始终坚持人民至上，生命至上，采取“最高层领导第一时间行动、应急响应机制第一时间启动、决策部署第一时间作出、各个阶层第一时间投入”的高效领导决策机制，在党中央、国务院和中央军委的强有力的领导和指挥下，各省区市、各部门、各行业、各民主党派、各人民团体、社会各界沉着有序、快速及时地动员和组织起来，迅速展开各地区、各部门的组织协调和各种资源的有效调动，救援速度之快、效率之高，得到了全国人民和国际社会的普遍好评，充分彰显了我们党应对重大自然灾害的应急能力、动员能力、组织能力、指挥能力和救助能力。抗震救灾中，广大党员干部的地震应急处置能力和自然灾害应对水平得到了考验和提升。

二、现实意义：新时代为什么要把抗震救灾精神融入党员干部教育

精神的力量是无穷的。正是因为有强大的精神支撑，我们才能够在灾难中凤凰涅槃，取得抗震救灾的伟大胜利。在充满光荣与梦想的新征程上，我们要实现中国梦、应对各种风险与挑战、巩固党的执政基础，需要把抗震救灾精神融入党员干部教育中，用伟大的抗震救灾精神凝聚起感恩奋进、继往开来、建功新时代的共识和强大精神动力。

（一）“万众一心、众志成城”的团结精神是实现中华民族伟大复兴中国梦的重要支撑

“中国人民是具有伟大团结精神的人民”。地震发生时，举国上下，万众一心、守望相助、紧急行动：党中央、国务院紧急号令，中央各部门紧急行动，人民子弟兵千里驰援，社会各界捐款捐物，基层党组织积极开展就地自救……没有任何一个国家

救灾行动能如此的广泛动员，也没有任何一个民族能如此的患难与共，从抗震救灾的过程中，我们体会到了危难时刻中华民族“万众一心、众志成城”的强大凝聚力。“多难兴邦”。灾难带来的悲痛激发出的灾区群众战胜困难的勇气，党员干部的表率作用激发出的群众团结拼搏的决心，是实现民族伟大复兴的重要支撑。俗话说，众人划桨开大船。今天中国取得的令世人瞩目的发展成就靠的就是中国各族人民大团结的力量，靠的就是 14 亿人心往一处想、劲往一处使汇集起来的力量。实现中华民族伟大复兴的中国梦是所有中华儿女的共同心愿和理想追求。今天，我们比历史上任何时期都更接近、更有信心和能力实现中华民族伟大复兴的目标。但宏伟蓝图不可能一蹴而就，伟大梦想不可能轻轻松松就能实现。团结就是力量，团结才能前进。在建设现代化强国的新征程上，我们也许还会遇到各种各样的艰难险阻，我们更需要把抗震救灾精神融入党员干部教育中，在广大党员干部中生动地开展团结精神教育，使党员干部拿出众人划桨开大船的干劲，最大限度地团结一切可以团结的力量，形成推动中华民族伟大复兴、实现中国梦的磅礴精神动力，万众一心迈向美好未来。

（二）“不畏艰险、百折不挠”的奋斗精神是新时代党员干部应对各种风险挑战的价值遵循

自古以来勤劳勇敢的中华民族从来不会在任何困难和风险面前放弃和退缩。凭着不畏艰险、百折不挠的精神，地震后的灾区人民展开了一场场与时间赛跑、抢险救人的攻坚战。也正是靠这种精神的鼓舞，灾区人民不抱怨、不徘徊、不伸手，用自己勤劳的双手和聪明才智，在破碎的山河之上、在残垣断壁之中重建家园。党的二十大擘画了全面建设社会主义现代化国家和全面推进中华民族伟大复兴的宏伟蓝图。在国内外形势发生深刻复杂变化、我国仍处于发展重要战略机遇期的关键时刻，我们既要清晰地看到光明的前景，也清醒地认识到面临的严峻挑战。“伟大的事业之所以伟大，不仅因为这种事业是正义的、宏大的，而且因为这种事业不是一帆风顺的。”所以，我们必须清醒地认识到，在世界多极化曲折发展进程中，中国越是靠近世界舞台中心，面对的压力和阻力越大。从国内来看，越是接近民族复兴，面临的困难、矛盾和风险越多:如发展不平衡不充分的问题还没有得到解决，推进高质量发展还存在许多卡点瓶颈，重点领域改革还有不少硬骨头要啃，意识形态领域斗争依然复杂，生态环境保护任重道远，党的建设方面也还有不少薄弱的环节等等。要实现党的奋斗目标，规避发展风险，我们更需要把抗震救灾精神融入党员干部教育中，在广大党员干部中持久开展奋斗精神教育，使党员干部无论遇到什么样的困难和艰辛都能始终保持迎难而上、艰苦奋斗的英雄本色，都能始终拿出百折不挠的决心和勇气，积极应对各种挑战，登高望远、居安思危，敢于吃苦、勇挑重担，以昂扬向上的奋斗姿态和埋头苦干的实际行动创造实实在在的业绩。

（三）“以人为本、尊重科学”的实践精神是巩固党的执政地位、夯实党的执政基础的内涵要义

中华民族自古以来就具有重人文、讲伦理的优良传统。地震灾害直击人民群众的生命底线，这个时候以人为本的精神就愈显鲜活而深刻。“把抢救生命作为首要任务，千方百计救援受灾群众”，“科学施救，最大限度减少伤亡”，72 小时黄金救援期过去依然拉网式搜救，地震伤员全部免费治疗……这一切充分凸显了中国共产党在灾难面前坚持“人民至上，生命至上”的情怀和担当的分量。抗震救灾中党中央和国务院的集中指挥、统一部署，卫星遥感与卫星导航设备、遥感技术和航空遥感飞等充分体现了共产党人实事求是、尊重科学的理性维度。每一次抗震救灾全过程都是建立在科学理性的基础上的，同时体现着共产党人的民生情怀。在新的历史条件下，能否坚持执政为民的思想，能否牢固树立以人为本的理念，直接关系到我们党的执政地位的巩固。党的二十大报告指出“江山就是人民，人民就是江山。中国共产党领导人民打江山、守江山，守的是人民的心。”人民立场是中国共产党的根本政治立场，是马克思主义政党区别于其他政党的显著标志。代表最广大人民根本利益的中国共产党，只有牢牢树立以人为本、尊重科学的理念，把人民群众看成是历史的创造者和社会生活的主人，实事求是地从人民群众中汲取智慧和力量，才能生存、发展和壮大。要实现好、维护好、发展好最广大人民根本利益，我们更需要把抗震救灾精神融入党员干部教育中，大力弘扬以人为本、尊重科学的伟大抗震救灾精神，使党员干部在新时代新征程中，始终坚持以人民为中心的发展思想，积极发挥群众的首创精神，不断进取、开拓创新，为着力提升人民群众的幸福感、获得感和安全感而不懈奋斗。

三、实践路径：新时代如何把抗震救灾精神融入党员干部教育

伟大的抗震救灾精神永远是党和人民宝贵的精神财富。深入学习、大力弘扬抗震救灾精神，为建设社会主义现代化强国提供强大精神动力，是新时代党员干部教育培训的题中之意。因此，在党员干部教育培训中融入抗震救灾精神，要做到以下几点。

（一）充分利用地震纪念馆、展览馆、遗址遗迹等载体，为党员干部教育提供丰富的资源硬环境

地震纪念场馆、地震遗址纪念地等载体，肩负着传承和弘扬伟大抗震救灾精神、开展爱国主义教育的历史重任。要加大力度整合抗震救灾红色资源，以有特色的优势资源为党员干部教育提供生动的“学用载体”。要做好红色资源的升级配套工作。相关部门要提升对所辖地区抗震救灾红色资源的开发利用意识，尤其是政府部门要充分发挥其主导作用，进行统一筹划和开发利用，出台相关制度和指导意见，立足红色资源，在传承保护中借力乡村振兴中文化振兴的优势，全力提升地震遗址、地震纪念馆等点

位品质，实现抗震救灾红色资源规模化开发、集群式发展、统一性宣传。将红色地标串联起来，在点线开发中做大做强教育阵地。针对抗震救灾红色教学点位设计精品教学线路，串联特色现场教学点，开展现场情景教学，以真实感人的鲜活故事，引发学员的情感上的共鸣，形成集培训、参与、观摩为一体的培训模式，让抗震救灾精神走进学员的内心，增强党性教育的生动性和实效性，推进党性教育实践系统化，让党员干部不仅能感动“一阵子”，更能受用“一辈子”。

（二）创新形式多样的教学方法，为党员干部教育提供深刻的课堂体验

党校和相关的党员干部培训机构，要将丰富的抗震救灾红色资源转化进课堂，通过党员干部喜闻乐见的方式如专题讲授、现场教学、情景模拟体验、案例研讨、应急演练、红色人物访谈等教学方式，为党员干部教育提供实用的“体验载体”。专题讲授法，可以开设《抗震救灾精神及当代价值》《抗震救灾的经验与启示》等系列课程，通过专家老师的专题讲授，使党员干部对抗震救灾精神有深刻的理解和认知。现场教学法，可以通过现场参观、观看微视频、重温入党誓词、现场微党课等形式，让学员增强现场的体验感和代入感。情景模拟体验法，可以针对地震突发事件设置特定的场景、任务、事件，学员通过抽签、小组推荐等方法进入相关角色，通过情景模拟实训课，学员理论水平和实践能力得到提升。如教师设置好问题如“某某地方突发地震，在无法与外界取得联系的第一时间，你作为这个镇的党委书记该如何迅速应急处置？”等研讨问题，在研讨的过程中引导学员思考，研讨结束教师点评总结提升，从而达到良好的党性教育效果。应急演练，“5・12”地震后很多调研和现场采访表明，很多党员干部对于地震应急知识非常欠缺。通过这次灾难，普遍认识到了应急方案的重要性，因此应急演练进课堂更显得非常必要。

（三）加强对抗震救灾精神的深入研究，为党员干部教育提供深厚的理论支撑

每一个抗震救灾红色资源点都蕴含着丰富的精神给养，而这些精神给养给党员干部教育培训提供了鲜活生动的教材。抗震救灾红色资源点应主动邀请省市内外专家学者组建抗震救灾红色资源保护、开发、提升的智囊团，统一打造专业授课团队，统一授课内容和流程，确保现场教学政治方向和教育效果，以有内涵的精品教材为党员干部提供有效的“学习套餐”。要结合新时代发展的需要，对现有的抗震救灾红色文化资源进一步开展深入研究和解读。把抗震救灾精神和地方区域经济文化建设、乡村振兴战略、基层治理、文旅融合发展等结合起来，组织开展系列调研活动，加强理论研究，组织召开相关的研讨会，阐释抗震救灾精神的新时代价值。基地可以委托社科联发布抗震救灾精神研究方面的课题，及时进行科研课题立项，结项课题成果可以转化为干部培训的生动教材。

（四）加大人才队伍建设和资金投入力度，为党员干部教育提供坚强的制度保障

把抗震救灾精神融入党员干部教育中，需要在人力、财力上给予充分的保障。加强抗震救灾纪念馆等现场教学点的人才队伍建设。全面扩充研究队伍，将研究与宣传相结合，形成博物馆、纪念馆、档案馆、党史研究室、文化宣传部门、党校以及高校、社会各界人士综合性开发与研究的新模式。完善人才输入机制，加大人才培养、培训力度，使之能站在大局和全局的高度去讲解、宣传、培训、教育引导党员干部。多方位筹措资金，提高工作人员薪酬，激励更多人投身到抗震救灾红色资源的保护、研究、开发工作中去。同时，吸纳更多的志愿者群体加入讲解宣传队伍。加大资金投入力度，健全县级以上抗震救灾红色资源的保护管理机制体制，设置专门的管理机构，配备专门的管理人员，划拨专门的管理经费。对于急需挖掘、修缮和扩建的抗震救灾红色资源，在经费使用上要重点优先解决。对于博物馆、纪念馆等场馆的管理运行经费，所辖地区的财政要给予充分保障。

作者简介

李慧，女，1980 年生，四川绵阳盐亭人。大学学历，讲师，中共盐亭县委党校校务委员，研究方向：党史党建。

新媒体环境下抗震救灾精神宣传教育的成效、问题及对策

王思雨 陈淑丽

摘要：抗震救灾精神是中国共产党人精神谱系的重要组成部分，新媒体在弘扬抗震救灾精神方面发挥着重要作用。本文借鉴信息生态学、思政教育和传播学等领域的理论，以5·12汶川特大地震纪念馆为研究对象。分别从主体、内容、方式、环境四个维度，回顾自抗震救灾精神正式诞生以来宣传教育所取得的成效。而后针对主体维度的信息化意识较薄弱、专业能力亟待强化、主体传播力差异大；内容维度的主题类型较为固化、内容组织形式简单、理论实践融合度低；方式维度的叙事角度相对单一、媒体矩阵融合较低；环境维度的制度体系有待改善、专项资金投入较少、网络文化环境复杂等四个维度存在的问题，深入分析产生的原因并提出相应的对策和建议。

关键词：新媒体；抗震救灾精神；宣传教育；成效；对策

2022年7月，教育部等十部门印发《全面推进“大思政课”建设的工作方案》中提出“挖掘地方红色文化，将伟大精神引入课堂；有条件的学校可与有关基地建立长效合作机制，加强研究和资源开发；打造网络教育宣传云平台。”[1]同年8月，教育部办公厅等八部门公布了453家“大思政课”实践教学基地名单，5·12汶川特大地震纪念馆入选。这充分显示出党中央高度重视红色文化资源与网络平台在思想政治教育中的作用。

2022年8月，CNNIC发布的第50次《中国互联网络发展状况统计报告》显示，截至2022年6月，我国网民规模为10.51亿，互联网普及率达74.4%，网民年龄分布10~29岁占比为30.7%。[2]网络已经成为网民群体学习、沟通、娱乐等的主要载体，微信、

微博、抖音、B 站等新媒体网络平台具有即时性、开放性和交互性等特点，在青年群体中备受青睐。

抗震救灾精神蕴含着爱国主义、集体主义、社会主义等众多精神财富，是中华民族伟大精神力量在当代中国的集中体现，是社会主义核心价值体系的建设成果，是实现中华民族伟大复兴的宝贵精神资源。[3] 我们要在全党全社会大力弘扬伟大抗震救灾精神，使之转化为艰苦奋斗、重建家园的坚定意志，转化为推动经济社会又好又快发展的强大力量。[4] 而从已有研究来看，抗震救灾精神研究取得的成效主要围绕其意义、内涵、时代特征、研学等并与高校思政工作相结合，对于主体、内容、途径、环境方面所取得的成效、问题及对策没有系统的认识与研究。因而，本文积极响应政策文件，结合新媒体时代的网络现状，从四个维度出发，以期为提升抗震救灾精神宣传教育实效性提供参考。

一、新媒体环境下抗震救灾精神宣传教育的成效

（一）形成多元主体力量

自弘扬抗震救灾精神以来，党政部门不断鼓励其他社会主体加入弘扬抗震救灾精神的队伍中，逐渐摆脱由党政部门独自开展抗震救灾精神宣传教育的局面，融入了多元主体力量。依据角色功能的不同，大致可以划分为生产者、分解者、消费者和监管者四大主体。生产者作为宣传教育中的关键主体，是抗震救灾精神的挖掘者和加工者，在当下主要包括抗震救灾景区管理部门和党政部门。分解者作为生产者和消费者之间沟通的桥梁，是抗震救灾精神的传播者和分享者，主要包含政府部门、抗震救灾景区管理部门、新闻媒体和游客等。消费者是抗震救灾精神的使用者和受益者，主要包括党政干部、各级各类学校和游客等。监管者是抗震救灾精神宣传教育中的监督者和管理者，主要是政府新闻宣传监管部门。

（二）内容贴合时代特色

与时俱进、贴合时代的内容能够提升内容吸引力，增强关注度，是有效弘扬抗震救灾精神的重要条件之一。在抗震救灾精神宣传教育进程中，相关主体部门不断探索其精神内核，将主要内容分为爱国主义教育、党性教育、社会主义核心价值观培育三大主题。以爱国主义为基础，密切联系时代热点，结合社会对“四史”以及社会主义核心价值观的持续关注，注重挖掘抗震救灾精神中蕴含的有关党的建设和价值观教育的内容，建成了爱国主义教育示范基地、党史教育基地、党性教育基地、培育和践行社会主义核心价值观示范点。

（三）宣传教育方式多样

新媒体技术的广泛运用逐渐打破传统的宣传教育局面，开拓着网络宣传阵地。抗震救灾精神宣传教育相关部门积极实现新旧媒体融合，并采用线下线上相融合的传播方式，针对性地为大众提供多样化的渠道，不同群体既可以选择使用报纸、电视、旅游推送获取相关信息，也可以选择利用微信、抖音、微博等移动终端应用浏览。宣传教育借助“媒体融合”手段的互动化、社交化、视频化优势，基本实现多渠道、多平台、多层次的宣传教育效果，具有可借鉴、可推广的现实意义。[5]

（四）环境总体态势良好

抗震救灾精神宣传教育环境主要分为政治环境、经济环境、文化环境三个方面。政治环境方面，政府部门较为重视抗震救灾精神宣传教育的现实状况，鼓励人们深入学习抗震救灾精神；经济环境方面，国家定期提供一定财政支持，红色旅游产业发展欣欣向荣；文化环境方面，国家重视文化强国的建设，文化软实力不断加强。人民对精神文化的需要逐渐增大，对自身文化具有较高的认同感和自信度。综合而言，不论是在经济、政治还是文化环境方面，抗震救灾精神宣传教育所处的环境总体上是积极的、正向的。

二、新媒体环境下抗震救灾精神宣传教育的不足

（一）主体队伍构成

1. 信息化意识较薄弱

意识是行为的先导，而所谓信息化意识，是指运用信息化技术、新时代下的信息化设备对工作内容进行高效处理的意识。主体的信息化意识深刻影响着新媒体环境下抗震救灾精神的宣传教育效果。信息化意识薄弱主要表现为两个方面：一是抗震救灾精神宣传教育的管理部门更侧重于在线下实地展开活动，而新媒体线上宣传教育只是辅助手段，并且有着单向输出，缺乏互动性的缺点。二是从参观抗震救灾纪念馆的人员调查中显示，大部分游客是通过朋友介绍和电视新闻报道等得知相关信息，而通过抗震救灾景区相关“三微一端”新媒体平台获得所需信息的相对较少，说明其从新媒体平台获取信息的意识不强。

2. 专业能力亟待强化

有关党政部门、地震纪念场馆以及新闻媒体机构是抗震救灾精神宣传教育中的重要主体，他们利用各自的优势在宣传教育中发挥着不可替代的作用。地震纪念场馆和党政部门中的宣传教育的主体队伍中缺乏计算机、新闻传播和信息管理等专业背景的青年人才，且以兼职人员为主，专职运营宣传人才较为缺乏。导致运用新媒体技术的

经验不够充足，无法全面且熟练掌握使用方法使其运用于抗震救灾精神宣传教育过程之中。其虽对抗震救灾精神有深厚的理解，有着深厚的理论知识，但却不能够充分运用新媒体技术使抗震救灾精神得到更好的宣传教育效果。此外，新闻媒体机构拥有专业人才队伍，具有熟练运用新媒体技术的优势，但因其对抗震救灾精神的理解缺乏系统性，在宣传教育过程中无法深入的阐释其蕴含的价值内涵，容易出现“重形式，轻内涵”的现象，使宣传教育效果不够理想。

3. 主体传播力差异大

传播主体是抗震救灾精神的挖掘者、加工者和传播者，主要由生产者和分解者两大主体融合而形成，但消费者和监管者一定条件下也是传播的重要主体，主要包括党政部门、抗震救灾景区管理部门、新闻媒体和个体传播者。关于对抗震救灾精神了解程度的问卷调查中显示，对其有一定了解的大部分群体是党政部门工作人员和高校师生，而他们有的是通过微信公众号、官方网站、学习强国以及青年大学习等平台自主了解相关信息，有的则是由部门组织通过实地旅游、调研、专题讲座集中学习抗震救灾精神。由此可见，党政机关和学校依然是抗震救灾精神宣传教育过程中的首要力量，投入了较丰富的资源和精力，具有较高的权威性。但未能有效调动其他社会组织、社会个体传播者的力量，如社会组织、游客、新媒体工作人员等传播力量，造成不同传播主体力量差异较大。因而，需要不断整合汇集其他传播主体，从而形成全社会共同参与的强大传播合力。

（二）内容主题类型

1. 主题类型较为固化

抗震救灾精神总体概括为“万众一心、众志成城，不畏艰险、百折不挠，以人为本、尊重科学”，是爱国主义、集体主义、社会主义精神的集中体现，蕴含丰富的精神内核，因而宣传教育挖掘的内容也应是丰富多样的。[6] 虽然宣传教育主体较为密切的联系时代特点调整宣传教育内容，将其分为爱国主义教育、党性教育、社会主义核心价值观培育三大主题，但一定程度上也局限于上述三大方面，而对于此外的宣传教育内容关注过少，以至于构建的抗震救灾精神价值体系不够完整，具有片面性，受众对于抗震救灾精神的理解也不够全面和严谨，不能够发挥宣传教育的最大价值。

2. 内容组织形式简单

新媒体时代的传播形式具有集文字、声音、图像、动画和视频等多功能感知为一体的强大功能。[7] 多元化、重点化、趣味化的内容组织形式能够极大地调动视觉、听觉等感官，更加符合大众的需求。对 5・12 汶川特大地震纪念馆的“三微一端”的平台内容分析发现，官方网站以图像、文字组合居多；微信公众号及其关联的视频号和微博以新闻报道、理论宣讲视频的形式呈现；抖音则是以理论宣讲和云游直播为主。

总体来看，在文案排版中存在形式较为单一、重点不够突出的问题，在视频制作中，缺乏吸引力、创新性，对于提升抗震救灾精神的社会关注度有不利影响。此外，由于关注的粉丝量不多，浏览量、点赞量、评论量、转发量均较少，宣传教育效果欠佳。

3. 理论实践融合度低

理论与实践之间存在一定的脱节是抗震救灾精神宣传教育中存在的一大难题，这常常表现为在宣传教育过程中注重对理论的掌握而忽视实践的重要性，受众总处于被动状态，无法良好地调动他们的积极性、主动性、创造性，从而导致宣传教育效果不理想；宣传教育人员知道要将理论和实践结合起来，但是却忽视了宣传教育之间的连续性，出现理论学习后较长时间再进行实践或实践完成后较长时间再进行理论总结的状况，导致宣传教育内容具有滞后性，受众无法及时将理论与实践相关联，无法及时实现理论与实践的融合学习，严重降低了宣传教育实际效果。

（三）宣传教育方式

1. 叙事角度相对单一

不同的叙事角度适用于不同受众群体，并且对宣传教育的效果也有着一定的影响。就新时代的抗震救灾精神宣传教育而言，其在该过程中实质上未较好实现宏观叙事与微观叙事的结合，更偏重从宏观角度来开展宣传教育，侧重于全面性、历史性、政治性的叙述，忽略了微观叙事的重要性，不仅无法贴近个体生活，实现情感之间有机联系，而且形式单调、内容空洞容易给人造成“距离感”和“说教化”的感觉。同时，宏观视角下的叙事显得理论化和政治化，多适用于党政群体以及学生群体，对于知识水平有较高要求，不能够实现全民覆盖的基本要求。因而，要与微观叙事相结合，把握抗震救灾精神中的细节，把细节中蕴含的哲理用生活化、口语化的方式表达出来，折射出新时代人民赞扬的精神风貌和普遍的价值追求，巧妙地构建抗震救灾精神宣传教育传播体系。

2. 媒体矩阵融合较低

新媒体的运用为抗震救灾精神宣传教育带来新的契机，它能搭建无限的信息空间，满足用户即时化、精准化、个性化、差异化传播的需求。为此，宣传教育主体队伍利用新媒体优势，基本实现线下、线上两种宣传方式的结合，但媒体矩阵的构建仍存在不足，如对微博、抖音、B 站等用户量高的平台建设不充分，受众关注度不高，线上宣传能力明显不足，无法较好的弥补因地域、时间限制导致传播范围有限的短板。其次，矩阵间各媒体的链接不够密切，传统媒体和新媒体之间相互独立，处于一种分离态势，阻碍媒体矩阵融合。因而，要做好两大抓手，提高媒体矩阵融合度。

（四）环境体系构建

1. 制度体系有待改善

制度体系的构建作为顶层设计，能够为抗震救灾精神宣传教育目前存在的问题提供借鉴方向。调查研究发现目前还没有出台专门针对新媒体环境下抗震救灾精神宣传教育解决方案的有关文件，更多是学者的调查研究、学术报告，如《新时代抗震救灾精神的世界意义与国际传播策略》《抗震救灾精神理论与实践研究》《大力弘扬伟大的抗震救灾精神》。因而，尚未形成系统的新时代抗震救灾精神宣传教育政策。

2. 专项资金投入较少

充足的资金投入是抗震救灾精神宣传教育的重要保障，能够为人员培训、设施建设、活动开展提供资金支持。抗震救灾精神宣传教育活动具有公益性，因此主要资金来源于政府财政拨款，但由于文物保护、工资支出、园区新媒体开发和运营等都需要持续的资金投入，所以目前用于抗震救灾精神宣传教育方面的专项资金投入力度还远远不够，无法满足其不断探索创新宣传路径的需求。

3. 网络文化环境复杂

习近平总书记在党的二十大报告中提出，加强全媒体传播体系建设，塑造主流舆论新格局。健全网络综合治理体系，推动形成良好网络生态。高度重视网络空间的建设，但是网络文化环境仍然存在众多的问题，一是网络环境娱乐化、商业化、庸俗化，影响大众价值观的构建。二是网络文化内容庞杂，影响大众价值判断。三是网络的国际化传播与文化渗透，影响本国人民文化自信度提高的效果；四是网络舆情传播，影响大众言行举止。[8]要做好抗震救灾精神宣传教育工作必须逐步解决目前存在的问题，营造清朗的宣传教育网络空间。

三、新媒体环境下抗震救灾精神宣传教育的对策

（一）强化队伍建设

1. 增强信息化的意识

信息化意识的提升需要从抗震救灾景区宣传教育人员和受众两个方面着手。一方面要求抗震救灾景区宣传教育部门要利用“线上＋线下”相结合的方式定期开展新媒体技术培训，介绍常用推广宣传技巧，培育一批熟练运用信息技术的新媒体工作人员，强化网络信息化意识。另一方面，参访人员要增强运用抗震救灾纪念馆相关微信公众号、官网、微博、抖音等新媒体平台的意识，积极主动从网络获得所需信息。

2. 提升队伍专业能力

面对抗震救灾精神宣传教育队伍对新媒体技术掌握不到位以及新媒体工作人员对

抗震救灾精神学习不到位的两大问题迫切需要解决，主要有以下两点建议：第一，加大对抗震救灾精神宣传队伍人员的新媒体运用培训力度，定期系统的分专题进行培训，尤其是加强使用率高的软件的培训，可与专业新媒体人员之间开展合作，加强交流。同时，积极吸纳新鲜血液，打造独具特色的老中青宣传教育队伍，相互合作，最大程度发挥每个人的作用。第二，针对新媒体工作人员存在的问题，要组织并鼓励其走进抗震救灾纪念馆，亲身感悟抗震救灾精神的力量，开展抗震救灾精神主题培训活动，组织观看有关抗震救灾精神的微课、电影等，加强与抗震救灾精神宣传队伍之间的交流合作，从而实现“走出去”的目标。

3. 强化多元主体力量

新媒体环境下的抗震救灾精神宣传教育不再是党和政府的独角戏，而是不断整合其他社会主体力量，共同发挥作用的时代。[9] 首先，建设高校宣传教育阵地，与相关组织进行密切配合，发挥高校教师的作用，利用思政课堂进行抗震救灾精神宣传教育，打造一批理论知识丰富，实践经验充足，技术掌握到位的老中青高校传播队伍。其次，重视个体传播者在非正式组织宣传教育中的重要作用，因为其具有双向性的特点，不仅是消费者，在一定条件下也是传播者，能够弥补正式组织宣传教育不到位的缺点，但值得注意的是要打破“平行线”的传播方式，实现纵向传播与横向传播的有效结合。再次，新媒体时代要利用信息化的便捷性与实效性，注重新媒体工作人员在宣传教育中的重要作用，借助其对信息技术的熟练运用以及拥有丰富的资源，不断开辟线上阵地，扩大传播范围。最后，应当发挥有影响力的公众人物、模范榜样、明星群体等的宣传教育作用，使其为抗震救灾精神宣传教育“代言”，成为宣传大使，提升在社会中的感召力和影响力。

（二）丰富内容资源

1. 挖掘丰富主题内涵

抗震救灾精神是在新中国成立以来，党领导人民群众在抗击自然灾害以及重建家园的历史实践中形成的宝贵经验，是中国精神的具体体现。但回顾抗震救灾精神宣传教育的过程中，对其主体内涵的挖掘主要贴合时代宣传爱国主义、党性教育、社会主义核心价值观三方面，一定程度上忽视宣传其他精神内核。因而，首先应当挖掘其深刻内涵，挖掘“万众一心、众志成城”的团结协作精神与互爱互助精神；挖掘“不畏艰险、百折不挠”的顽强拼搏精神与艰苦奋斗精神；挖掘“以人为本、尊重科学”的乐于实践精神与以人为本精神，将其结合具体实际融入抗震救灾精神的宣传教育之中。其次，应当结合新时代环境，展现抗震救灾精神爱国性、团结性、战斗性、民族性、人文性的时代特征，从而使其成为夺取抗震救灾胜利的有力武器，形成战胜一切艰难困苦的重要法宝，为中国特色社会主义建设注入强大精神动力。[10]

2. 优化内容组织形式

新媒体时代，互联网的普及要求抗震救灾精神宣传教育顺应互联网传播移动化、社交化、视频化、互动化趋势，筑牢线上传播阵地。首先，要打破传统传播形式，融入新元素，创作符合受众阅读需求、浏览习惯的作品，并采用受众喜闻乐见的方式呈现，如短视频、漫画、歌曲、影视作品。其次，要优化“三微一端”组织形式和页面布局，将文字、图片、音频、视频有机组合，为受众提供多元的浏览方式，如创作 H5 产品，同时呈现内容要突出重点，满足当代群体的碎片化需求。最后，应当关注用户的使用情况，设立问卷反馈机制，征求他们的意见和建议，不断改进内容组织形式，提高用户满意度。

3. 理论与实践相结合

理论与实践相结合的宣传教育模式能够改善传统方式存在的不足，使其由被动变为主动，提高参与者的积极性，有利于深化抗震救灾精神理论知识，实现“理论知识指导实践，实践过程总结理论”的双向推动效果。因此，首先应当打破传统思维模式，学习“理论与实践一体化”教学模式，实行“学中做，做中学”的策略，引导参与者参观抗震救灾纪念馆，在参观中讲解抗震救灾精神理论知识，调动视觉观看抗震救灾历史遗址，利用听觉感悟抗震救灾历史故事，深入思考其中的价值内涵，而不是简单的走马观花。并且可以设立反馈评价机制，对宣传教育过程中的不足、优点进行建议，对自身学习的内容进行总结。其次，可以利用现有基地资源，打造抗震救灾精神宣传教育基地，在与学校形成联系的同时，吸纳其他对抗震救灾精神感兴趣的人，筑构特色宣传教育课程，设置有关课题研究，形成小组实地调研、讨论、总结，由学术专家进行点评，不断优化课题研究成果。同时，要注意理论课程与实践课程之间的衔接程度，合理把握教学节奏，合理设置理论实践课题内容以及时间，要及时在理论课程之后进行实践或实践后总结所学习到的理论。

（三）改善宣传策略

1. 多角度叙事相开展

多角度叙事主要指微观叙事和宏观叙事两大叙事角度，宏观叙事要实现抗震救灾精神与主流价值观的同向构建，微观叙事要实现高语境传播方式与低语境传播方式的结合，共同推动“故事理念化”“理念故事化”的叙事策略。[11] 第一，抗震救灾精神作为中国精神的具体体现，契合社会主义核心价值观的精神理念，在宏观叙事角度中因当融合国家倡导的主流价值观，从而更加贴合时代特点，发挥抗震救灾精神的引领作用，实现与主流价值观的同向构建。第二，高语境注重对理论的直接灌输，低语境注重对日常生活的叙事，前者对多数群体来说可读性不强，需要后者对其缺陷进行弥补，将其转化为具体、通俗的叙事方式，才能够让人民群众喜闻乐见，易于接受。例如，利用网络平台的评论功能，各抒己见，讨论本次宣传教育中自己所理解到的抗震救灾精神。第三，要利用“故事理念化”和“理念故事化”的叙事策略，要突出故事的问题性、情境性、意义性，从细小的抗震救灾故事中凝练出蕴含的精神，使故事激励人民群众，树立激励机制。而“理念故事化”是把需要宣传教育的主题，运用人民群众喜闻乐见的讲故事的方式表达出来，把握细节的刻画，激起情感的共鸣，能够将宣传教育的理念深入浅出、情景交融地展示给受众。同时，故事化的方式也符合新时代环境下碎片化、快餐化、娱乐化的现状，能够减少宣传教育的痕迹，具有潜移默化的良好效果。

2. 构建新媒体的矩阵

随着互联网的普及，“三微一端”平台用户的不断增加，亟须改变传统宣传教育模式，构建新媒体的矩阵。首先，要明确各新媒体平台的优势，做好内容与用户定位，根据不同平台特点，定期、定量的发布高质量的抗震救灾精神宣传内容。如在抖音、B站平台上要结合青少年需求，以形式新颖的视频为主。其次，要实现传统媒体与新媒体的融合，新媒体之间的融合，加强媒体间的联系，使各媒体平台相互配合，提升矩阵的稳定性。[12] 此外，要将数字技术、网络技术、其他现代传播技术有机结合，利用算法推荐技术，精准向网络用户群体推送信息，增强用户黏性，提升抗震救灾精神的传播数字力和影响力，增强抗震救灾精神吸引力、感染力、亲和力。

（四）优化传播环境

1. 完善政策制度体系

为助力抗震救灾精神在新时代环境下探索具有创新性的宣传教育模式营造良好的环境，应当不断完善有关政策制度。首先，要邀请有关部门、专家参与政策制度的制定，广泛的听取意见和建议，提升政策的民主性、合理性、科学性。其次，纪念场馆及相关部门应当根据有关政策制度，结合实际情况，邀请政府、新媒体部门、高校专家开展交流会，探讨并制定符合自身的具有创新性的宣传教育管理制度，为后续宣传教育的开展提供方向指引。

2. 增加专项投入资金

抗震救灾精神宣传教育创新发展在队伍建设、平台建设、技术应用等方面都需要投入大量的资金，但目前却存在专项资金不充足的情况，不利于宣传教育的进一步发展。因而，首先需要政府部门优化财政支出结构，优先支持红色文化、中国精神相关项目开展，并为其配套中央与地方财政资金支持，鼓励社会组织进行公益合作，推广宣传红色文化与中国精神。其次，地震纪念场馆要积极申报省级、国家级博物馆、高校思想政治理论实践教学基地、加强院校合作，争取获得专项资金支持。最后，场馆可以改善经营管理模式，集红色旅游、红色研学、红色培训为一体，实现参观、培训、餐饮、住宿的融合，拓宽盈利创收渠道，但也要注意避免过度商业化。

3. 改善网络环境空间

互联网具有开放、自由的性质，能够便捷的发表言论，并实现平台和网民的双向互动，但也因此具有复杂性，需要针对性地改善网络空间目前存在的问题。首先要加强网络监管，完善有关法律体系，打击错误言论与思想，严格按照“谁发布，谁负责”的监管原则，进行追责。其次，要加强网络媒体自律，提高信息发布的可靠性、真实性，杜绝虚假信息的宣传，引导受众获得正能量的思想。此外，可以建设大众监督机制，建设网上举报机制，畅通有关部门与群众的沟通渠道，发挥群众监督优势，防止网络中拜金主义、享乐主义、极端个人主义和历史虚无主义等错误思潮的影响。[13]

基金项目

四川省大学生创新创业训练计划项目“新媒体环境下红色研学基地育人路径创新研究——以绵阳市为例”，项目编号：S202210624091。

参考文献

[1] 教育部，等．全面推进“大思政课”建设的工作方案[EB/OL].[2022-07-25]（2022-10-09）.

[2] 中国互联网络信息中心．第50次中国互联网络发展状况统计报告[R/OL].[2022-09-14]（2022-10-09）.

[3] 郑兴刚，文木．弘扬抗震救灾精神的几点思考[J]. 北京青年政治学院学报，2009，18（01）：53-56+68.

[4] 李影，裴睿．把抗震救灾精神落实到实际行动中[N]. 成都日报，2008-10-20（A02）.

[5] 陈宗章．“媒体融合”与社会主义核心价值观的传播路径创新[J]. 重庆邮电大学学报（社会科学版），2016，28（04）：67-72.

[6] 王素，李明泉，胡卫东．精神家园的价值建构与实践路径[J]. 中华文化论坛，2010，（03）：19-22.

[7] 宋之霞．新媒体语境下红色文化传播的机遇、现实困境与有效路径[J]. 嘉兴学院学报，2020，32（02）：45-50.

[8] 李丹丹．网络文化环境下大学生思想政治教育研究[D]. 沈阳：辽宁大学，2016.

[9] 岳彬，张彤彤．论社会主义核心价值观具体化、形象化、生活化及其实践[C]. 甘肃省培育和践行社会主义核心价值观理论研讨会一等奖论文论文集，2015：202-208.

[10] 尹海清，张生荣．抗震救灾精神的基本内涵及其重大现实意义 [J]. 理论月刊，2008（09）：113-117.

[11] 张明海，刘绍云．论增强社会主义核心价值观网络传播有效性的着力点 [J]. 思想理论教育导刊，2018，（04）：64-68.

[12] 郭雅．媒体融合下传统媒体矩阵构建路径研究 [D]. 西宁：青海师范大学，2021.

[13] 彭芃．网络监督功效分析与深化发展研究 [D]. 天津：天津大学，2007.

作者简介

王思雨，女，2002 年生，四川北川人。成都理工大学马克思主义学院在读学生，研究方向：思想政治教育。

陈淑丽，女，1983 年生，河南许昌人。成都理工大学马克思主义学院副教授，博士，硕士生导师，研究方向：大学生思想政治教育理论与实践。

依托灾难场馆构建区域中小学生生命教育实践基地的探索

安卫忠　朱祺　肖亚

摘要：生命教育是人本教育，是伴随人一生的教育，当前国内生命教育的研究和实施存在形式单一、资源整合利用有限、校外实践活动开展不足等问题。灾难场馆作为人类弥足珍贵的教育资源，在开展生命教育，引导中小学生反思生命，思考人与自然、人与人、人与社会、生与死等问题上起到不可替代的作用。依托如5·12汶川特大地震纪念馆等灾难场馆构建中小学生生命教育基地有利于补足学校生命教育短板，为中小学生人生观、价值观、生命观的养成起到很好的辅助作用。

关键词：生命教育；灾难场馆；实践基地

一、引言

本文论述的灾难场馆是指为纪念遭受自然灾害、意外事故等给人类造成巨大伤害保留的遗址、遗迹或建立的具有纪念意义和教育意义的专题纪念场馆。中国是一个多自然灾害国家，除了火山爆发外，地震、泥石流、台风、洪涝灾害等，几乎涵盖了地球上所有自然灾害。灾难给人们带来巨大人员伤亡和经济损失的同时也留下了宝贵的教育资源。为了铭记灾难，发挥纪念、教育、展示等功能，唐山抗震纪念馆、5·12汶川特大地震纪念馆、4·20芦山强烈地震纪念馆、舟曲特大山洪泥石流灾害纪念馆、台湾9·21地震教育园区等纪念场馆、纪念地逐步走进公众视野。研究如何利用灾难场馆开展教育一直是专家学者和教育部门的一项重要课题。中小学生作为全民最为关心关注的群体之一，近年来频频出现的自杀、校园暴力、漠视生命、因缺乏生存技能导致非自然死亡等社会现象越来越严重，备受社会关注。一大批学者和相关行业从业工作者致力于解决该社会问题，做了很多基础研究，生命教育也逐渐走上教育舞台。本文就如何发挥灾难场馆的教育功能，抓住中小学生“拔节孕穗”的关键时期开展生命教育，及补齐区域中小学生生命教育短板的举措、路径进行讨论。旨在集中灾难场馆的资源优势针对青少年开展生命教育，对中小学生进行生命与健康、生命与安全、生命与成长、生命与价值、生命与关怀等的教育，使学生学习并掌握必要的生存技能，感悟生命的意义和价值，培养学生尊重生命、珍爱生命的态度，学会欣赏和热爱自己的生命，进而学会尊重、关怀和欣赏他人生命，树立积极的人生观。以期对当代青少年的人生观、价值观、生命观进行正向引导和重塑。

二、生命教育的意义

生命仅有一次，是人最宝贵的不可替代的财富。生命有三个属性：自然属性、社会属性和精神属性。自然属性即自然生命，决定着人的生命长度；社会属性即社会生命，决定着人的生命宽度；生命的精神属性也即精神生命，决定着人的生命高度。生命教育是一切教育的前提和基础，跳出生命本身谈论任何教育都是枉然，同时生命教育也是教育的终身追求，它应该是伴随人一生的教育内容。

生命教育是“舶来品”，对生命教育的定义各国有各国的侧重点，在中国，学术界对生命教育维度的划分也众说纷纭。人力资源和社会保障部中国就业培训技术指导中心于2012年5月推出的职业培训课程《生命教育导师》中指出：“生命教育，即是直面生命和人的生死问题的教育，其目标在于使人们学会尊重生命、理解生命的意义以及生命与天人物我之间的关系，学会积极地生存、健康的生活与独立的发展，并通过彼此间对生命的呵护、记录、感恩和分享，由此获得身心灵的和谐，事业成功，生活幸福，从而实现自我生命的最大价值。”

（一）开展生命教育是个体生存所需

从个体层面来看，我国的人口基数大，2021年的统计结果显示中国人口已突破14亿人，一旦发生突发公共危机事件，需要有足够的应对能力。同时，我国的自然灾害呈现出种类多，发生频率高，灾情严重等特点。除了现代火山活动外，地球上几乎所有的自然灾害类型在我国都发生过。我国70%以上的城市、50%以上的人口分布在气象、地震、地质、海洋等灾害的高风险区。21世纪以来，我国每年因自然灾害造成的直接经济损失超过3000亿元，因自然灾害每年有大约3亿人次受灾。[1]而我国绝大多数人应对自然灾害和抗风险能力是不足的。因此，开展生命教育是生存需求，是环境所迫。

（二）开展生命教育是社会和谐稳定的现实需求

从社会层面来看，在网络信息技术飞速发展的今天，我们在享受其带来便利的同时也衍生出了诸多问题和矛盾。尤其是中国的青少年群体正面临着中国传统文化与中国现代文化的冲突，外来文化与本土文化的冲突，面临着文化多维的社会现实。中国青少年在接受“井喷式”信息时，部分青少年由于缺少正向引导，容易被“洗脑”而出现漠视生命、冷漠无情、自私自利等社会问题，青少年自杀、杀人、校园暴力等事件频频发生。正向引导和重塑当代青少年的人生观、价值观、生命观是极端重要的课题。开展生命教育，是问题导向，是形势所迫。

（三）开展生命教育是人本教育的顶层需求

从国家层面来看，2004 年中共中央、国务院 8 号文件和 16 号文件分别针对中小学生和大学生开展生命教育提出要求。2020 年 2 月，在疫情肆虐华夏大地之时，教育部办公厅、工业和信息化部办公厅联合发布《关于中小学延期开学期间“停课不停学”有关工作安排的通知》。通知中明确指出：要坚持国家课程学习与疫情防控知识学习相结合，注重加强爱国主义教育、生命教育和心理健康教育，鼓励学生锻炼身体、开展课外阅读。2021 年 2 月在教育部等五部门关于大力加强中小学线上教育教学资源建设与应用的意见（教基〔2021〕1 号）中明确提出：“以培育和践行社会主义核心价值观为核心，丰富专题教育资源，包括爱国主义教育、宪法法治教育、品德教育、劳动教育、中华优秀传统文化教育、生命与安全教育、心理健康教育、家庭教育、生态文明教育、经典阅读、研学实践、影视教育等。根据国家课程方案和各学科课程标准，统筹利用好现有资源成果，充分考虑不同年级学生学习特点，遵循线上学习规律，系统化体系化建设课程教学资源，覆盖中小学各年级各学科。”为各地区进一步开展生命教育提供了政策支持和理论依据。开展生命教育也是顶层设计所需，亦是大势所趋。

三、灾难场馆、学校、家庭开展生命教育的现状分析

纵观全国中小学生生命教育情况不容乐观，各地因经济发展水平、教育投入力度等先行保障各异，呈现出生命教育发展不平衡，开展频次和教育效果参差不齐等现象。

围绕区域中小学生教育情况，以绵阳为例开展实地调研，结果显示，绵阳作为教育强市，在学校教育中致力于学生全面发展、综合能力提升路径上做了很多研究，取得了一定的成效，如游仙区盐泉学校提出了“依托实践研学基地，夯实学校劳动教育，”开设了“一馆三基地”校外劳动实训基地；富乐实验小学组织参加机器人竞赛；绵阳高新区火炬三小以生命教育为主题开设特色课程等。同时，绵阳十分重视学生生命安全教育，定期开展了防火、防溺水、防拐、防疫等安全、健康教育，并在体育课程教学中注重学生体能锻炼，在潜移默化中注入生命教育理念。在开展生命教育过程中积累了一定的经验，尤其在校本教育中有一些成功的案例值得推广和借鉴。但在中小学生开展生命教育中也存在一些局限和短板，为此课题组就中小学开展生命教育情况随机从全市选取了 10 所小学、6 所初中、2 所高中开展调研，从结果来看高中因面临升

学压力大、学科任务重的问题几乎没有设置专题生命教育课程，仅通过国家生命安全教育平台发布的视频及教学课程自主学习（每学期5堂课）。初中开展生命安全教育主要依托主题班会、体育课等开展防溺水、火灾等安全教育；小学阶段主要通过班主任以课堂讲述及研学旅行等形式开展生命安全教育，但因疫情影响近两年来几乎没有开展过研学实践活动。

近年来重大灾害频频发生，灾难场馆备受关注，不少专家学者以灾难场馆的特色资源为素材开展了学术研究工作。很多灾难场馆依托举行高质量学术交流会、论坛、座谈会等形式扎实稳步推进学术研究工作并取得了较好的理论研究成果。以5·12汶川特大地震纪念馆为例，内设学术研究部门，组织专业技术人员开展抗震救灾精神研究，社会教育、观众调查、藏品研究、展览展示等方面均有一定成果；加强了与高校和专业机构的联系对接，共同申报和开展了有关课题并取得了一些成果。并设置生命教育主题讲座，利用纪念馆资源，通过现场教学、进校园等方式开展生命教育活动，但从查阅的资料和调研情况来看，当前生命教育总体表现为在学校中被弱化、在家庭中被软化、在社会中被淡化。

（一）生命教育实践形式单一

前期查阅相关资料发现，当前国内很多地区中小学都在开展形式各异的生命教育实践课程和活动，内容涉及生命安全教育、感知自然、培训实训和开展演练等。具体表现为：形式单一，主要以校内课堂讲授生存技能性知识传授为主；互动性差，学生被动接受“说教”多于沉浸式参与项目；开展频次低，未形成生命安全教育常态化机制；家校共建脱节，大部分家长只重视成绩而忽视孩子在成长过程中出现的种种问题；其中以体育课为载体开展生命教育教学活动最为常见，搭建校外实训基地集中优势资源开发特色教育校本教程，定期开展主题教育的课程仍是众多学校的短板，对人生观、价值观、生命观的重塑和正向引导还有很大提升空间。

（二）死亡教育开展相对落后

死亡教育是向人们传递死亡相关知识，培养和提升死亡事件应对及处置能力，同时应用于实践中的特殊教育，旨在帮助人们树立科学正确的生死价值观念。自20世纪中叶在美国兴起后，死亡教育在国外发展迅速，目前已形成了较成熟和系统的教育模式。由于我国社会公众广泛受“重生忌死”的生死教育理念，死亡教育在引入我国后，其理论和实践推广至今仍停留在起步探索阶段。近年来，随着我国青少年自杀、暴力伤害等事件频发，死亡教育再次被广泛关注，笔者在中国知网全库以“死亡教育”为搜索条件，共搜索到论文5545条（2013—2022年），有很大一部分学者已经开始思考和着手研究死亡教育，但在生活中，中国人往往会忌讳有关死亡的话题，因此作为生命教育非常重要的一部分，死亡教育作为对学生反省自己的生命意义、价值的最好学习材料被很多学校遗忘、忽视甚至避讳。这必然难以发挥教育塑造健康人格的功能。

（三）家庭生命教育普遍缺位

家庭教育、学校教育、社会教育是伴随人一生的三大教育，家庭教育既是启蒙教育也是终身教育。随着现代化进程的推进，家庭教育迎来了新的挑战，很大一部分家长不了解青少年成长的身心发展规律，忽视孩子渴望得到爱与尊重的需求。当代家庭教育中常常出现放任自流、过度宠溺、大包大揽、漠不关心等现象。有相当一部分家长对孩子期望值很高，却仅仅以学习成绩作为评判孩子的唯一标准。这种现象加剧了部分青少年学生心理问题的出现，导致厌学、叛逆、抑郁、自杀、犯罪的情况时有发生。

（四）灾难场馆生命教育受限

校外教育实践活动不同于校内教育活动，其面临诸多现实问题。很多学校有组织学生外出实训意愿，但受限于交通、生活、疫情及学校教育进度等客观因素，使研学旅行等活动计划实施困难。同时受应试教育思维影响，校外教育还没有引起学校、家庭、社会的足够重视。很多老师和家长重视学生应试能力的培养重于综合能力的提升，甚至有人认为外出实践纯属浪费学习时间，没有意义，从思想上对校外实践、培训活动是抵触的。当前的校外实践、培训活动以音乐、美术、舞蹈等技能型培训为主，缺少参观、展览、考察、讲解等形式，如：绵阳当地学生到北川老县城地震遗址开展生命教育的研学实践活动组织不充分，学校与灾难场馆生命教育结合不紧密，深度不够。接受校外生命教育，广大教师、家长的思想上需要一个过程。

四、灾难场馆构建生命教育实践基地的路径思考

习近平总书记强调：“一座博物馆就是一所大学校。”灾难场馆与传统博物馆一样，具有很强的教育属性，除此之外还具备引导观众反思的特定功能。灾难类场馆往往会依托于灾难原址或遗址兴建，在开展教育时有着更强的代入感、互动性和现场体验性。以某一特定灾难为主题的纪念馆、遗址博物馆等均有着不可复制的资源优势，是开展生命教育的重要实践地。

（一）核定命名生命教育基地保障运行

构建区域中小学生生命教育实践基地，灾难场馆虽承担主要工作，但更需要政府、社会、学校、家庭共同努力方能实现。建设生命教育基地是开展生命教育的有效路径，灾难场馆要与当地教育部门、生命教育培训机构、心理协会、志愿者协会等联合建设、核定共建馆校生命教育基地，国家教育部门印发生命教育基地建设标准，经验收后发文命名，有助于各学校、场馆等致力于生命教育实践探索；设置生命教育基地管理机构是生命教育有序开展的支撑；设置常设机构是开展基地工作的内在需要，是发挥基

地功能、开展生命教育的保障。方式一：由当地教育部门及灾难场馆共同组建常设机构，成立办公室负责基地运行管理、学生组织、讲师培训等工作；方式二：在当地寻找有合作意愿高校与灾难场馆共同成立基地管理中心（办公室），由合作双方共同承担办公室相关经费保障生命教育活动开展；方式三：当地财政、教育、灾难场馆等，将生命教育基地运行管理经费纳入财政预算，保障专项经费，建立开展生命教育的机制，定期会商解决运行中的困难，助推生命教育活动正常开展。

（二）深入挖掘生命教育资源活化利用

灾难场馆作为基地的直接运营、管理者需要做足功课，深入挖掘区域重要教育资源。组织灾难场馆专业技术人员梳理生命教育资源，找到契合点、突破口。将直面死亡、灾难逃生、应急救援、心理危机干预、人与自然等课题化整为零，分别进行再梳理、再研究；邀请国内外教育学、心理学、防灾减灾、应急救护等相关领域的专家学者指导，深入分析和整理素材，为开展生命教育创造先行条件；邀请国内外生命教育领域相关专家、教授，定期召开生命教育研讨会，充分吸收研讨会成果用于指导开展区域生命教育实践。

（三）积极开展生命教育主题特色活动

灾难场馆一般依托于灾难原址或遗址兴建，如 5・12 汶川特大地震纪念馆、映秀震中地震纪念馆、台湾 9・21 地震教育园区等场馆均在灾害原址，开展生命教育实践性、互动性和参与性更强，同时，在灾难发生地组织开展实训演练相较于学校开展理论教育更能达到教学效果。灾难场馆应在梳理、提炼生命教育素材上下功夫，在现有参观线路上增加生命教育板块，优化讲解词，针对不同年龄段的学生撰写生命教育讲稿。开展生命教育特色社教活动，以实地授课和进校园活动相结合，从理论和实践两个层面丰富生命教育开展形式。以 5・12 汶川特大地震纪念馆为例，主题展览“山川永纪”陈列了“5・12”汶川特大地震波及的包括四川、陕西、甘肃等地的地震文物，真实记录了从灾难发生、抗震救灾、过渡安置、灾后重建、发展振兴的全过程，是弘扬和传承伟大抗震救灾精神的重要窗口；地震科普体验馆展示和讲述了地震形成原因的分析、自救互救技能等；北川老县城地震遗址是全世界唯一整体原址原貌保护的规模最大、破坏类型最全面、次生灾害最典型的地震灾难遗址区，是开展生命教育很好的场所，是开展校外教学实践、实训的重要场所，可满足应急逃生、次生灾害、紧急避难、防震减灾和应急救援等现场教学需要。所以，灾难场馆的社会教育人员就要深入学习生命教育理论、路径等，结合自身资源开发生命教育案例、录制微视频等开展主题特色活动，通过官方微信公众号、抖音号、微信视频号等新媒体宣传推广，创新开展生命教育的路径。

（四）馆校共建开发生命教育校本课程

校本课程始于20世纪70年代的英、美等国，我国的校本课程是在学校本土生成的，既能体现各校的办学宗旨、学生的特别需要和该校的资源优势，又与国家课程、地方课程紧密结合的一种具有多样性和可选择性的课程。灾难场馆的生命教育资源适合并能满足区域中小学生校本课程的开发。会同当地教育部门组织遴选优秀教师开发特色生命教育课程；邀请从事学生安全工作和心理健康教育工作的老师及高校相关学科的教授组建专家团队，为中小学生编写含灾难场馆资源的校本课程（含课堂教育及基地实训内容）。按程序审定后纳入中小学校本课程体系；在辖区范围内选定几所试点学校不断总结提升，筛选优秀经典案例进行推广，并在辖区普及。

（五）协同组建和培养生命教育专业讲师团队

经查阅文献资料和在实地调研中发现，目前很多地方并没有构建专门的生命教育师资队伍。在教育教学活动中，讲师是传播知识的主体和重要介质。“工欲善其事，必先利其器”。想开展好生命教育活动必须打造一支理论水平高、实践经验丰富的师资队伍。要充分整合区域教育资源，多途径组建讲师队伍，加强团队建设。在灾难场馆社会教育队伍中选出品行端正、思想政治素质过硬的专职讲师进行针对性培训，通过考核后持证上岗；在当地中小学老师队伍中组织生命教育赛课活动，遴选优秀兼职生命教育讲师发放聘书并按课时支付相应薪酬；在周边高校中寻找师资，由学校指派，基地发放聘书，按课时给予相应酬劳。

（六）着力开展生命教育之死亡教育研究

灾难场馆往往记录和展示着灾难给人类带来的创伤，是开展死亡教育的“活标本”。当前在中国的生命教育课程体系中，因受传统观念影响，死亡教育成为一大短板，导致生命教育不完整。面对死亡，中国人往往是恐惧和忌讳的，即使是至圣孔子提到：“朝闻道，夕死可矣”时，也是注重于闻道，而非死亡。事实上生与死并非对立存在，死亡是个体生命完整性不可或缺的一部分。耶鲁大学雪莱·卡根教授的《耶鲁大学公开课：死亡》是网上最受欢迎的名校公开课之一。他认为死亡与活人毫不相干，因为一切都在人的感知中，而死亡是感知的丧失。灾难场馆应充分利用资源优势，填补死亡教育缺口，让大众摒弃对死亡的恐惧和忌讳，开展好完整的生命教育。

（七）大力加强生命教育中家庭的引导作用

2020年的政府工作报告两次提到“生命至上”，“生命教育”成为人们关注的热点议题，然而在实际开展过程中往往不尽如人意，其中生命教育在家庭中被软化是重要因素之一。随着教育功利化现象日趋严重，家庭教育更注重学生应试成绩而忽视了其在成长过程中身心健康需要，导致悲剧发生。灾难场馆在针对中小学生开展好生命教育课程的同时，应开发家长生命教育观方面的图文、视频等，加强对家长生命教育认知的引导，形成家、校、馆共建的良性循环。

五、结束语

生命教育是人本教育，应伴随人的一生。中小学生处于人生观、价值观、生命观养成的重要阶段。生命教育应引起灾难场馆、学校、家庭、社会等高度重视，形成教育合力，借助灾难场馆资源不断研究生命教育理论，创新生命教育形式，发挥灾难场馆功能作用，引导全社会对中小学生持续开展生命与健康、生命与安全、生命与成长、生命与价值、生命与关怀等教育，使学生学习并掌握必要的生存技能，感悟生命的意义和价值，培养学生尊重生命、爱惜生命的态度，学会欣赏和热爱自己的生命，进而学会尊重、关怀和欣赏他人生命，树立积极的人生观、价值观、生命观。

参考文献

[1] 李宏斌，王强，梁琦．关于青少年生命安全教育现状的调查报告——以河南省十八个地市 152 所学校为例 [R]. 中州体育·少林与太极，2016（1）.

[2] 潘敏，叶淑香．关于小学生生命安全教育的探讨 [J]. 辽宁师专学报，2017（6）.

[3] 唐励．学生应对灾害能力的培养研究 [J]. 湖南科技学院学报，2010（1）.

[4] 王洪喜．校园及中小学生安全教育与管理初探 [J]. 经营管理者，2010（12）.

作者简介

安卫忠，男，1988 年生，四川攀枝花人。文博馆员，工作单位：绵阳市汇泽投资有限公司，研究方向：社会教育。

朱祺，女，1986 年生，四川绵阳北川人。本科学历，助理馆员，工作单位：5·12 汶川特大地震纪念馆，研究方向：社会教育。

肖亚，女，1990 年生，四川绵阳人。大学学历，助理馆员，工作单位：绵阳市汇泽投资有限公司，研究方向：社会教育。

抗震救灾精神融入“00 后”大学生思想政治教育的价值与路径

苟明娇

摘要：抗震救灾精神是在“5·12”抗震救灾实践中，所凝铸的伟大实践精神，这是民族精神和时代精神的象征，同时也是大学生思想政治教育的重要内容。在新时代背景下，“00 后”大学生思想呈现多样化、自由化特征，弘扬伟大抗震救灾精神，能提升“00”后大学生思想政治素养，加强和改进高校思想政治教育工作的有效性。本文结合抗震救灾精神的丰富内涵和时代价值，以新时期“00 后”大学生思想现状为基础，通过课堂引导：将抗震救灾精神融入课堂教学；文化熏陶：将抗震救灾精神融入校园文化建设；实践导航：将抗震救灾精神融入社会实践。探究抗震救灾精神融入“00 后”大学生思想政治教育的路径，加强“00 后”大学生思想政治教育，进一步提高“00 后”大学生的思想政治素质。

关键词：抗震救灾精神；“00 后”大学生；思想政治教育

2008 年 5 月 12 日 14 时 28 分，四川汶川发生里氏 8.0 级特大地震，人民群众的生命财产均遭受重创。在党中央、国务院的坚强领导下，全国上下万众一心，全力以赴开展救援，铸就了“万众一心、众志成城，不畏艰险、百折不挠，以人为本、尊重科学”的伟大的抗震救灾精神。地震后，灾区经历了生死大救援、灾民安置、灾后重建。抗震救灾精神在时代洪流中赓续绵延，这不仅是抗灾和重建的动力，也是对“00 后”大学生进行思想政治教育的重要资源。

一、抗震救灾精神的丰富内涵

（一）万众一心、众志成城

面对突如其来的自然灾害，在党中央、国务院的坚强领导下，全国各族人民万众一心、众志成城，铸成抗震救灾的堡垒，积极参与到抢险救援、灾民安置、灾后重建中，全国上下以实际行动践行着“一方有难、八方支援”的大爱精神。“万众一心、众志成城”诠释了中国人民相互配合、团结奋斗的磅礴力量，这是中华民族的精神传承，也是中华民族凝聚力和向心力的体现，更是敢担当、肯奋斗的精神面貌。[1] 中国人民在此次抗震救灾中所表现出的伟大精神让全世界为之感动，一个个令人振奋的事迹鼓舞着全世界人民。法国《欧洲时报》社论指出：“在天灾面前，人们又一次体会到中国人民同心同德，万众一心，齐心协力为灾区人民献爱心的高尚品德”。波兰《选举报》说，“汶川地震使中国人紧密团结在一起，使中国出现了从未有过的齐心协力、努力互助的巨大力量。”

（二）不畏艰险、百折不挠

地震发生后，救援人员本着“舍小家、顾大家”的英勇精神义无反顾地奔赴灾区，冒着生命危险到震中抢救伤员，不畏艰险地与时间赛跑。无论是中共党员还是人民群众，都积极投身到抗震救灾的实践行动中，他们的英勇行为展现了中国人民百折不挠的伟大精神，也体现了中华儿女在大难面前能够不怕牺牲、英勇奋战的大无畏精神，更表明了中华民族拥有敢于牺牲、自强不息的高尚品格。在抗震救灾过程中，中国人民所展现出的这种不畏艰险、百折不挠的伟大精神，让全世界为之震撼，美国前总统布什在中国大使馆吊唁簿上留言：“我对中国人民面对这场自然灾害时表现出的高尚思想和坚毅性格感到钦佩。”俄新社发表题为《中国，挺住》的文章说，“中国经历的磨难太多，但从没在磨难中倒下。”

（三）以人为本、尊重科学

在地震发生后，从生死救援到心理抚慰，从抗震救灾到灾后重建，从国家到地方，都本着“以人为本、尊重科学”的原则，尊重个体生命，在灾难面前临危不乱、科学决策，让抗震救灾的每一个阶段都能有序进行。期间利用卫星遥感、生命探测仪等先进技术和设备，在有限的时间里赢得了宝贵生命，同时将先进技术运用到灾后重建等各项工作中，为灾后重建提供了基础保障。“5·12”特大地震让灾区房屋、道路、桥梁均遭受重创，经济损失达到数千亿元，中国人民始终践行着“一方有难、八方支援”的精神，全国各地均向灾区人民伸出援助之手，给予物资捐款和精神支持，关爱每一位受灾群众的身体和身心健康。“以人为本、尊重科学”正是高度尊重的体现，国际上对中国共产党以人为本的执政理念表示高度赞同，在突发自然灾难面前，中国共产党和政府领导将人民安危放在首要位置，带领全国人民以坚强的意志抗震救灾，创造出一个又一个奇迹。

二、伟大抗震救灾精神的时代价值

（一）凝聚向心价值

“5·12”特大地震发生后，社会凝聚力在整个抗震救灾过程中得以充分展现，在灾害面前，海内外各界人士整合为一股超强的社会力量，各界人士都将集体利益、国家利益放在首要位置，不顾个人安危，中华民族的凝聚力得到空前高涨，以令人难以想象的速度投入到伤员救治、心理援助、灾后重建等各环节中，在这个过程中中华民族的凝聚力、向心力得到集中彰显。抗震救灾精神的核心是爱国主义，爱国主义精神在抗震救灾过程中得以不断塑造、历练，最终形成伟大的抗震救灾精神，这也是群众心理上的幸福感和归属感不断得以强化的过程。

（二）感召激励价值

震后，在党中央、国务院的坚强领导下，全国各地积极响应，向灾区人民伸出援助之手，无论是在感召力还是激励力上，海内外各界人士都将这种价值诠释在了抗震救灾的实际行动中。抗震救灾精神对人们的这种统一召唤，我们将其归纳为感召激励价值，是激发鼓励的表现，主要体现为：一是鼓舞人，给人以必胜的决心和信心；二是激励人，给人以勇敢面对困难的力量；三是感染人，给人以奋发和向上的精神状态；四是感动人，给人以内在价值的交融。正是这种丰富又饱满的感召激励价值的作用发挥，才能赋予抗震救灾精神更多活力和力量，让抗震救灾工作更加顺利开展。

（三）规范导向价值

规范导向价值主要是指抗震救灾精神对人的行为选择、价值取向、品质形成都具有规范引导的作用，正向方面主要表现为能让人的精神境界得以提升，鼓舞人勇于克服困难，敢于去追求务实的工作态度，以积极的态度面对工作和事业，不断去追求生活目标，让人得以进步和完善。[2] 这些被规范导向价值激励的人，也正是抗震救灾精神的实现者，他们在抗震救灾的实践中不断更新精神价值，让抗震救灾精神得以绵延和赓续。

（四）教育塑造价值

教育塑造价值主要是指抗震救灾精神对人们行为规范、思想观念、价值取向等方面的教育和塑造作用。要将抗震救灾精神中的教育塑造价值科学地运用到教育人、培养人上，让思想教育更加规范化、科学化，这种教育是根本性的塑造，是教育内容的重要参考范本。这种根本性的教育能对人的思想、行为、情感和意志都产生积极向上的影响，让“善”在人性中更好发挥作用，让人的精神得以寄托，从而被塑造成为一种更加深厚的精神和品质。

三、新时期“00后”大学生思想现状分析

（一）部分学生缺乏感恩意识，信奉利己主义

感恩是一种感激，也表现为对他人的回报，这是中国传统文化的一部分，如“知恩图报”“滴水之恩当涌泉相报”。对于大学生群体而言，感恩更是一项不可缺少的高尚品质，但随着经济社会的快速发展，人们越来越追求物质和精神层面的享受，愈加强调自身利益，感恩意识逐渐淡薄。感恩意识缺失主要表现为：一是淡忘父母养育之恩，部分大学生进入大学之后，不顾自身家庭实际经济条件，与人攀比，追求生活高消费，甚至骗取父母钱财，将父母的养育之恩抛之脑后。二是对学校的情感淡薄，高校始终坚持立德树人，为学生提供教育资源和设施，同时为学生的身体和身心健康保驾护航，在学生能力提升、就业指导与服务方面起着关键性作用，但个别学生因自身利益得不到满足，便对学校进行抱怨或攻击，损害学校声誉。三是缺少社会责任意识，社会为学生学习提供了稳定环境，但个别大学生因利己主义思想，缺乏艰苦奋斗精神，不能融入社会和集体，过度强调自我，不愿为社会作贡献和奉献青春力量。

（二）部分学生缺乏家国情怀，民族意识淡薄

家国情怀是人们对祖国和人民的一种情怀，也是对国家富强和人民幸福的盼望，表现为幸福感和归属感，更是一份使命和责任。爱国主义情怀始终在中华文化中绵延，在中国人民思想中根深蒂固。目前，个别大学生对家国情怀的认识还不够深入，只停留在理论上，缺少实际行动，知行合一意识淡薄。当前国际形势日益复杂，大学生作为国家的希望，担负着民族复兴的伟大重任，应当主动作为，发挥主力军作用。事实上许多“00后”大学生思想趋向多元化、自由化，民族意识淡薄，部分大学生出国留学后选择在国外定居，放弃回国为祖国作贡献和奉献青春的机会，甚至有个别大学生为获得热度，出现个别诋毁祖国的行为。[3]面对国内环境污染、食品安全、官员腐败等社会问题，未能深入思考，仔细甄别，盲目转发和发表不当言论，造成不良的社会影响。加上西方国家不断对中华文化进行渗透和扭曲，部分大学生不能抵制诱惑，片面相信和追求西方国家的民主、平等、自由，民族和文化认同感逐渐降低。

（三）部分学生缺乏艰苦奋斗精神

目标和梦想的实现都需努力奋斗，任何美好理想都不可能唾手可得，幸福都是奋斗出来的。艰苦奋斗精神是中华民族战胜一切困难的精神法宝，不断促进国家强盛和祖国繁荣，也将最大化激励大学生在新时代奋发图强、勇于拼搏。当代“00后”大学

生以独生子女较多，未经历太多苦难，普遍缺乏艰苦奋斗精神，更多停留在理论和口号上，付诸实践的行动少，不能亲身体会到努力奋斗的重要性和意义。加上生活在大学校园中，与社会的交集不深入，心智还不够成熟，明辨是非的能力较低，容易在社会诱惑中迷失自我，导致逐渐滋生贪图享受的思想。比如，在学习上，经常旷课、迟到，沉迷网络游戏；在生活上，依赖性较强，攀比心理严重；在心理上，心理承受能力低，丧失自信心；在就业上，缺乏奋斗精神，不愿到基层或祖国需要的地方奉献青春。

四、抗震救灾精神融入“00后”大学生思想政治教育的路径

（一）课堂引导：将抗震救灾精神融入课堂教学

大学课堂是大学生接受高等教育最直接的途径，在课堂上学习专业知识和通识文化，提升综合能力，也是高校将抗震救灾精神融入“00后”大学生思想政治教育的主要渠道之一。首先，高校思想政治教育工作需要挖掘抗震救灾精神素材，在教学中将抗震救灾精神与大学生思想政治教育充分融合，二者相互促进，产生积极效应。在课堂中对基本原理和理论进行解读时，融入抗震救灾的理念与方法、英雄事迹，能激活教材中的原理和理论，让学生有效且充分理解和吸收精髓，从而丰富课堂内容，增强理解。[4]其次，高校在思想政治教育工作开展过程中，还可以开设抗震救灾网络学习专栏，鼓励学校师生观看学习，认真领悟这一伟大精神，同时，还可通过邀请专家、场馆工作人员和地震亲历者到学校开展相关主题讲座，让师生进一步了解抗震救灾精神，激活相关课程的思政元素。第三，办好校外课堂。高校可以组织学生到地震主题场馆参观学习，在遗址遗迹和纪念馆里感受艰苦卓绝的抗震救灾历程，培植和传承红色基因。

（二）文化熏陶：将抗震救灾精神融入校园文化建设

大学校园文化充分展现着学校的特色、行为规范、价值观念，包括校园景观、校园建筑等物质文化，也包括学校的科技、校风、学风等精神文化。校园文化对大学生的身心健康起着引导作用，这是一种潜移默化的力量，能够有效推动抗震救灾精神在“00后”大学生思想政治教育中的融合，并成为有效的载体。首先，将抗震救灾精神融入学校的建筑和人文景观中，例如，充分利用学校的文化墙、寝室和教室的走廊空间，用画报的方式，将抗震救灾精神突显出来，让抗震救灾精神与建筑、景观相融合，让这一伟大精神充分融入学生的学习、生活中，让学生潜移默化地被感染与熏陶。其次，重视宣传的影响，一方面，积极发挥校园新媒体、广播的宣传作用，在校园的教学楼、寝室、活动区域开设抗震救灾精神学习专栏，宣传抗震救灾典型，讲述感人事迹，用英雄故事去感染大学生，做新时代的奋进者，营造积极向上的校园文化氛围。[5]另一方面，新媒体为抗震救灾精神的宣传起到了助推作用，同时也提供了新的平台与机遇，让大学生可以在微博、易班、微信公众号和抖音等新媒体平台上学习到伟大抗震救灾

精神的内容。再次，在大学生思想政治教育中，在开展校园文件建设时，要将抗震救灾精神有效融入进去，通过主题教育、文艺表演、经典诵读与观看影片等形式，全方位、多层次地向大学生呈现抗震救灾精神的内涵和时代价值，在校园文化的熏陶中提升大学生思想政治素质。

（三）实践导航：将伟大抗震救灾精神融入社会实践

社会实践是第二课堂，是对学校教学内容的补充与完善，社会实践能帮助大学生增长知识，增强社会责任感，可以利用这一途径将抗震救灾精神融入“00后”大学生思想政治教育中。高校在开设思政理论课之外，还应注重社会实践的教学作用，将第一课堂与第二课堂结合起来，让大学生在学习理论知识的同时，做到知行合一。将抗震救灾精神融入课堂的同时，还应注重实际应用，可组织相关的实践活动，让学生在具体实践工作中体会抗震救灾精神的丰富内涵和时代价值。让学生到地震纪念馆、地震遗址开展实地调查活动，让学生在实践调研过程中了解地震的成因，抗震救灾历史，感受这一伟大精神的内涵，在心灵上产生共鸣，历史就是最好的教科书，引导激励学生从中汲取奋进力量。[6] 学生还可以通过书籍、文献、影片等资源了解抗震救灾的整个过程。此外，还可以组织学生通过开展座谈交流、演讲比赛等实践活动宣传抗震救灾精神，号召更多大学生坚定理想信念，培育爱国主义情怀，为民族复兴贡献力量。

综上所述，抗震救灾是中华民族在与自然斗争的过程中，在“5·12”特大地震中凝练和集中体现出来的伟大精神财富，是中华民族精神的凝聚和升华，也是中华民族最真实的精神面貌写照，具有鲜明的文化内涵和时代特征，激励着全国各族人民不懈奋斗，努力开创更加美好的明天。伟大抗震救灾精神是重要的精神源泉和思政教育资源，传承和弘扬伟大抗震救灾精神将有效激励高校在大学生思想政治教育工作中贯彻落实教育部16号文件精神，特别是其中提到的加强和改进大学生思想政治教育的六条基本原则，即坚持教书与育人相结合，坚持教育与自我教育相结合，坚持政治理论教育与社会实践相结合，坚持解决思想问题与解决实际问题相结合，坚持教育与管理相结合，坚持继承优良传统与改进创新相结合，具有重要的理论价值和现实指导意义。我们可以从抗震救灾精神的宝库中，获取精神力量，找到理论渊源和价值法则。高校在开展大学生思想政治教育工作过程中，要紧密结合抗震救灾这一伟大实践，让这一伟大精神进教材、进课堂、入心入脑，有效利用抗震救灾实践中的先进典型和英雄故事，多形式、全方位、多层次地开展思想政治教育，让抗震救灾精神和社会主义核心价值教育落到实处。同时，还要引导学生发挥主观能动性，加强自主教育，让大学生能主动反思，主动作为，达到升华灵魂，净化心灵的作用，将抗震救灾精神转化为自身的思想政治素质，成为德智体美劳全面发展的新时代中国特色社会主义事业的合格建设者和可靠接班人，成为有理想、有本领、有担当的时代青年，让伟大的抗震救灾精神不断得到弘扬和传承。

参考文献

[1] 习近平在中央党校建校 80 周年庆祝大会暨 2013 年春季学期开学典礼上的讲话 [N]. 人民日报，2013-03-03（002）.

[2] 习近平 . 习近平谈治国理政 [M]. 北京：外文出版社，2014.

[3] 习近平 . 纪念孔子诞辰 2565 周年国际学术研讨会暨国际儒学联合会第五届会员大会开幕会上的讲话 [N]. 人民日报，2014-09-25（002）.

[4] 胡锦涛 . 在抗震救灾先进基层党组织和优秀共产党员代表座谈会上的讲话 [J]. 党建研究，2008（7）：45-51.

[5] 颜倩 . 新形势下中国优秀传统文化融入大学生思想政治教育探索研究 [J]. 黑龙江教育学院学报，2015，34（9）：88-92.

[6] 吕春燕 . 试析中国传统文化的科学精神 [J]. 文化研究，2011，6（22）：123-127.

作者简介

苟明娇，女，1992 年生，四川广安人。研究生，讲师，工作单位：西南财经大学天府学院，研究方向：思想政治教育。

5·12汶川特大地震纪念馆在绵阳西部文化旅游强市建设中的作用研究

杨孟昀　马晓燕　曾明

文化是城市的灵魂，展现城市的综合竞争力，成为城市可持续发展的重要力量之一。旅游是文化传播的特别途径，是低碳绿色产业、富民产业。文旅产业是现代服务业的重要支撑、经济增长重要引擎。绵阳在构建以国内大循环为主体、国内国际双循环相互促进的新发展格局的战略驱动下，促进文旅消费、拓展文旅市场、拉动文旅经济上下足功夫。5·12汶川特大地震纪念馆是展示绵阳文化旅游的窗口，在推进西部文化强市、旅游强市建设中有核心引领、宣传教育、辐射带动作用。

一、5·12汶川特大地震纪念馆主要特点

（一）资源唯一珍贵

5·12汶川特大地震纪念馆（以下简称地震纪念馆）是灾难性遗址类博物馆、事件类纪念馆，留存地震灾难的记忆。位于北川羌族自治县曲山镇，包括主馆、副馆，北川老县城地震遗址、沙坝地震断层遗址、唐家山堰塞湖遗迹和防灾减灾宣传教育中心。主副馆占地14.23万平方米，建筑面积1.428万平方米，建筑方案“裂缝”寓意“将灾难时刻闪电般定格在大地之间，留给后人永恒的记忆”。主馆基本陈展“山川永纪”陈展面积10748平方米，总展线1900米。副馆基本陈展以“感受地震、传播知识、关爱生命”为主题，陈展面积1560平方米，总展线512米。北川老县城地震遗址是“5·12”地震形成的全世界整体原址原貌保护的规模最大、破坏类型最全面、次生灾害最典型的地震遗址，核定为四川省文物保护单位，规划保护面积266公顷，具有唯一性和不可复制性。沙坝断层是“5·12”汶川特大地震形成的最大垂直位移点，垂直位移达10.5米。唐家山堰塞湖是“5·12”汶川特大地震形成的最大堰塞湖，创造了地震次生灾害堰塞湖处置的奇迹。

（二）品牌响亮知名

地震纪念馆致力于品牌塑造，“以创促建，以创促评，以创促改”，提升知名度和影响力，是绵阳唯一的国家一级博物馆、国家 AAAAA 级旅游景区北川羌城旅游区的核心景点，先后被授予全国爱国主义教育示范基地、海峡两岸交流基地、国家防震减灾科普教育基地、全国中小学生研学实践教育基地、全国科普教育基地、全国社会科学普及教育基地、全国红色旅游经典景区、四川省中共党史教育基地、四川省党员教育培训省级示范基地、四川省廉洁文化基地、巴蜀文化旅游走廊新地标等基地称号。

（三）价值意义特殊

地震纪念馆集中展示了抗震救灾、灾后恢复重建、科学发展的奇迹，是弘扬“万众一心、众志成城，不畏艰险、百折不挠，以人为本、尊重科学”伟大抗震救灾精神、培育践行社会主义核心价值观的重要载体。抗震救灾，是中国特色社会主义制度集中力量办大事优势的集中体现，是对中国共产党执政能力的最现实最直接的考验，是党的各级组织和广大党员、干部始终同人民同呼吸、同命运、心连心的真实写照，是我们党的历史的重要组成部分。伟大抗震救灾精神，是新时代民族精神、中国精神的重要组成部分，是中国共产党人精神谱系的组成部分，是党和人民极为宝贵的精神财富。整体来看，地震纪念馆征集收藏的文献实物资料、图片和老县城地震遗址具有历史见证、精神教育、科研科考和减灾科普等价值。

二、5·12 汶川特大地震纪念馆在绵阳文化事业旅游产业发展中的地位作用

文化建设是中国特色社会主义事业总体布局的重要组成部分，博物馆、纪念馆是社会文化事业的重要组成部分。地震纪念馆是绵阳城市公共服务设施之一，是绵阳文化强市、旅游强市的重要支撑、绵阳城市文化名片之一。

绵阳正深入实施“大文旅”发展战略，统筹抓好构建文旅经济发展新格局、实施文旅融合重点工程、培育文旅经济市场主体等工作，地震纪念馆纳入巴蜀文化旅游走廊、四川藏羌彝文化产业走廊发展区、“大九寨”世界遗产旅游区和羌族文化生态保护区的范围，作为四川省“白马西羌，民族风情”文化旅游精品线路宣传推介。

绵阳是伟大抗震救灾精神、大爱文化的孕育、发展地，也是伟大抗震救灾精神、大爱文化的传承、弘扬地，地震纪念馆基本陈列中的一张张图片、一个个场景、一件件实物，北川老县城的震损建筑物、构筑物、遗迹等，具有历史事件的纪念、教育、展示意义，是展示中国特色社会主义制度无比优越、中国共产党坚强领导、改革开放经济社会发展、中国特色社会主义道路巨大凝聚力、中国精神强大辐射力的重要窗口，已成为宣传、展示、弘扬抗震救灾精神的载体，是绵阳文化旅游资源的核心地标，是

党和国家历史的红色基因库。用好红色资源，传承好红色基因，讲好抗震救灾故事，发挥地震纪念馆强大的社会效益，必将使红色基因渗进血液、浸入心扉。由此，地震纪念馆在绵阳建设西部文化旅游强市中具有核心引领作用。

地震纪念馆核定为全国第一批中小学生研学实践教育基地，已研发、实施部分研学课程，反响较好，已成为弘扬伟大抗震救灾精神、践行社会主义核心价值观、开展地震科普教育、防灾减灾应急能力培训的基地。发挥社会教育第二课堂的作用，进一步探索馆校合作育人模式，抓好思政育人工作，已是对外宣传展示绵阳文化教育成效的重要窗口。由此，地震纪念馆在绵阳文化旅游强市建设中具有宣传教育作用。

地震纪念馆作为绵阳北川文化旅游的核心部分、文化旅游新地标，“天府旅游名县”的核心景点，吸引人流，聚集人气。周边区域群众通过经营旅游商品、餐饮、停车、住宿等配套服务，增加就业岗位。直接带动任家坪、擂鼓、北川新县城区域餐饮、住宿、销售等服务业发展，增加就业机会，群众真正得到实惠，满意度和社会认可度高。由此，地震纪念馆在绵阳文化旅游强市建设中具有辐射带动作用。

总体客观分析，地震纪念馆在绵阳文化旅游产业发展中的地位、作用还不够突出，远远不及其在省内外的知名度和影响力。其主要原因是随着时间的推移，地震纪念馆的热度、关注度逐渐下降，在四川省、绵阳市文化旅游产业发展规划中定位不够清晰，“地震纪念馆＋文化＋旅游”的融合度不高，为绵阳建设西部文化旅游强市的贡献度还不足。

三、在绵阳建设西部文化旅游强市中贡献地震纪念馆力量的策略建议

地震纪念馆牢记习近平总书记：“一定要把地震遗址保护好，使其成为重要的爱国主义教育基地”“传承红色基因，赓续红色血脉”的殷切嘱托，科学准确定位，立足实际，充分发挥功能作用，有效保护利用挖掘资源，为绵阳建设西部文化强市、旅游强市贡献力量。

（一）着力融入文旅发展规划

规划引领，科学定位，集聚旅游＋地震纪念馆的合力，才能共享共赢，助推融合发展、高质量发展。按照四川省文旅经济“一核五带”总体布局和巴蜀文化旅游走廊建设总体要求，地震纪念馆的品牌、资源和未来发展的目标要积极主动衔接省、市文化旅游部门，将地震纪念馆的中远期发展目标融入省市文化旅游发展规划之中，将全国爱国主义教育示范基地建设、国家一级博物馆运行管理、国家AAAAA级旅游景区品牌建设、成渝地区防灾减灾研究与实践、中小学生研学实践教育等纳入《巴蜀文化旅游走廊建设规划》《藏羌彝文化产业走廊总体规划》《绵阳文化旅游产业“十四五”规划》《北川全域旅游示范区建设规划》，纳入“大九寨”“大遗址”“大蜀道”、四川红色旅游精品线路、成渝地区文旅产品等设计和营销推介，逐步扩大知晓范围。

（二）着力挖掘保护利用资源

研究利用是绵阳文化水平的重要展现方式，也是地震纪念馆的最基础的工作，更是核心和灵魂，与地震纪念馆的知名度关系密切。提升对资源的挖掘、保护、研究和利用能力需要长期积累，久久为功，鼓励职工参与，营造浓厚的学术研究氛围。一是聘请四川、绵阳大爱文化、感恩文化方面的专家，深入研究阐释弘扬传承的途径，主办专题文艺演出、诗词朗诵、书法作品大赛等，弘扬大爱文化、感恩文化。二是地震纪念馆支持鼓励干部职工代表地震纪念馆参加国际、国内学术交流会议等，以此赢得社会各界的关注理解和支持尊重。三是聘请思政理论、遗址保护、陈列展览等方面的知名专家组建地震纪念馆学术委员会，定期研究资源挖掘、保护、利用工作的总体方向和主题，为纪念馆发展提供智力支撑。四是以弘扬伟大抗震救灾精神、培育和践行社会主义核心价值观、增强防灾减灾救灾能力、长久有效保护地震遗址为研究主题，加强与成渝地区场馆院校深度合作交流，借助校（院、所）的科研力量，借智借力，多渠道合作申报国家社科基金、省部级关于“伟大抗震救灾精神研究”“北川老县城地震遗址保护方案研究”“5·12汶川特大地震建设社会主义核心价值观载体的思考”等方面的研究方向。五是举办全国、省部级层面的专家咨询会、研讨会、座谈会，加强与映秀震中纪念馆、芦山强烈地震纪念馆、三星堆遗址博物馆等场馆、遗址管理机构的交流联系，分享吸收遗址保护、社会教育等经验。召开北川老县城地震遗址遗迹保护专家咨询会，专题讨论地震遗址保护方法。向中宣部、省委、省政府和省委宣传部等汇报沟通，策划筹备绵阳“5·12”汶川特大地震15周年纪念大会、伟大抗震救灾精神研讨会等。六是会同相关院校、机构、企业建设国家级防震减灾科普教育基地、地震灾害及次生灾害研究基地，为防灾减灾救灾这个人类生存发展永恒的课题贡献绵阳智慧。七是积极争取地震遗址保护项目和资金，稳妥实施震损建筑物、构筑物及地震遗迹保护工程。

（三）着力增强社会教育成效

塑造地震纪念馆的社会教育品牌，是建设绵阳文化品牌的主要途径之一。通过一场报告会、一场庄重的仪式、一堂社会教育课等，展示一个场馆的形象和水平，更能丰富提升绵阳文化的软实力。一是邀请专家、学者解读“伟大的抗震救灾精神”“大爱文化”内涵与价值，深入挖掘抗震救灾感人故事、英雄事迹和文物（实物、图片）背后的故事，总结凝练融合理论，形成一堂能引起共鸣的、点睛的、富有教育意义的专题党课报告，组建“绵阳市抗震救灾精神宣讲报告团”，结合“五进”活动，深入学校、机关、社区等开展宣教活动，为推进文化强市凝聚强大精神力量。二是配合市委组织部、市直机关工委组织评选优秀党员教育课程、案例。开发感恩教育、廉政教育、党性教育为主题的课程，编写爱国主义教育、防灾减灾教育案例。三是组织展演党性教育情景剧、微党课。联合社会力量，深入挖掘故事，编排情景剧、微党课等，增强观众的仪式感、参与感，用鲜活的故事，为中国精神、中国力量增强正能量。四是开展“金牌讲解”“红色故事我来讲”等活动，讲解员全员参与录制经典感人抗震救灾、灾后恢复重建和科学发展故事，在喜马拉雅、抖音、虎牙等新媒体平台发布，为社会公众提供个性化的点读服务，同时在场馆内、地震遗址设置二维码，方便社会公众扫描观看收听珍贵文物故事、场景介绍等内容。五是深入推动中小学生研学实践活动，传授地震科普知识，开展应急防灾减灾救灾技能培训，增强中小学生防灾减灾意识。

（四）着力优化陈列展览质量

地震纪念馆基本陈列、临时展览代表绵阳文化的层次和水平，有特色、有质量的展览必将增强场馆的吸引力，陈列展览的水平也体现了地震纪念馆的综合实力。一是组建基本陈列优化提升工作专班。通过研讨交流，用更广的视角、更新的手段策划地震纪念馆“山川永纪”基本陈列优化提升方案，运用数字技术、多媒体技术、互联网交互技术等，布设沉浸式、体验式、互动式基本陈列展览。二是围绕抗震救灾、党建、感恩等主题策划临时展览，如：“北川重生成就展”“不能忘记的橄榄绿”“来自基层一线的力量”“鲁川一家亲——山东帮扶北川灾后重建成果展”等临展。展览选题经地震纪念馆讨论通过后，再确定大纲撰写的总体框架，落实执笔人完成初稿，再组织专家评审，最后公开招标选择专业陈列展览公司实施。三是与唐山地震遗址公园、上海地震科普馆、广西地震科普馆等同类型场馆开展临时展览互设工作。策划“5・12汶川特大地震抗震救灾纪实”“绵阳经济社会发展新貌”等临时展览在灾害类场馆、防灾减灾场馆展出，也可以联系到其他革命类纪念场馆中展出。

（五）着力创新拓展宣传渠道

提升绵阳文化旅游活动的知名度、美誉度的有效手段是多渠道宣传营销，创新开发社会公众最喜欢的平台、方式方便获取信息。一是地震纪念馆会同市委宣传部、市教育和体育局、市社科联等部门继续举办“地震纪念馆杯”践行社会主义核心价值观为主题的比赛活动，吸引四川、绵阳青少年学生参与，发挥场馆思政育人功能。二是地震纪念馆会同省市文联等举办“爱满四川”书法、文学作品大赛，相关作品作为藏品保存地震纪念馆。三是优化改版官方网站，规范运营管理微博、微信，建成网上地震纪念馆，定期发布微党课、微故事等，高水平策划并多渠道开展线上直播等宣传推广活动，与网民加强互动交流，增加关注度。四是利用报纸、电视、新闻网站等媒体宣传抗震救灾精神和大爱文化研究阐释、防灾减灾能力建设、陈列展览开放等活动信息。

（六）着力征集保存实物资料

地震文献实物资料是开展陈列展览、学术研究活动的基础，丰富的馆藏、安全洁净的藏品保存环境也成为展示地震纪念馆实力的主要依据。一是坚持“自愿无偿捐赠”“广泛常态化征集和重点征集”原则，继续面向中央国家部委及四川、甘肃、陕西机关单位、企业及社会公众多渠道征集“5·12”汶川特大地震文献实物资料。分析梳理新闻宣传报道的典型人物、机关单位、社会组织等，制定文物征集清单，有序开展征集工作，采集地震亲历者口述史，按程序鉴定地震珍贵文物。二是建成“5·12”汶川特大地震文献实物资料库，按照文物库房标准配齐消防、恒温恒湿等设备设施，运用现代电子信息技术建立文献实物资料数字化档案，研究地震藏品保管方法。三是健全文物库房管理制度，落实管理责任，规范整理保存文物，实行文物库房分区管理制，文物分类存放，建立珍贵文物档案，文物实物资料摆放有序。四是严格调控库房温湿度、光照度等，切实落实好防潮、防霉等措施，保持库房环境满足藏品、文物保存条件。

（七）着力优化参观服务环境

服务环境是公众参观的第一印象，是提升公众认可度、满意度最基本的要素。服务形象也是提升纪念馆吸引力的关键，同时也是绵阳文明城市发展的基本要求。对照国家AAAAA级旅游景区、“天府旅游名县”关于环境、导览、安全等标准，完善设备设施，提供人性化的服务环境，提升工作人员的形象和服务质量。一是地震纪念馆与美团等智慧平台开展合作，建立参观预约、讲解服务、咨询投诉等管理平台，运用大数据开展游客分析，为公众提供人性化的导览服务。二是优化配置自动语音讲解设备，提供免费讲解服务和微信、手机APP移动终端等智慧导览服务。三是优化配置座椅、充电、饮水等设施，专人负责志愿者服务岗，发挥红十字救护站作用，发放宣传资料、提供咨询引导服务等。四是营造干净整洁参观环境。通过每周巡查、定期考核检查等形式，督促物业公司加强员工教育管理，明确标准，从严考核，保持干净、整洁参观环境。五是致力于地震纪念馆讲解队伍、票务咨询队伍、安全管理队伍建设，实行合同制和动态管理，优胜劣汰，评选“服务之星”“优秀示范岗”等。

（八）锻炼培养专业人才队伍

绵阳文化建设需要文博事业的支撑，促进纪念馆有序、健康发展，人才的引入、培育、开发是纪念馆发展的关键所在。一是科学制定长期、短期员工岗位技能、专业技术提升培训计划，增强员工学习意识，注重专业技术人才的梯队建设，尤其要支持培养文物保护、陈列展览、学术研究等专业人才参加学习、进修，提升员工的综合素质。二是组织纪念馆干部职工深入贯彻落实习近平总书记对文化文物工作的重要论述和指示批示精神，学习《新时代公民道德建设实施纲要》《新时代爱国主义教育实施纲要》《关于在重大活动中进一步发挥全国爱国主义教育示范基地作用的通知》等政策文件，切实提高政治站位，提升政治素养。三是组织开展“思想大提升”“作风大转变”讨论交流会，对标对表找差距、找短板，谈体会、谈工作建议，深刻领会精神实质，充分认识到地震纪念馆是激发爱国热情、凝聚人民力量、培育民族精神的重要场所，务必要求干部职工切实增强工作责任感和使命感。四是优化薪酬结构，强化绩效激励机制，开展“岗位大练兵”，提高业务素质，建设一支“思想素质高、业务能力强、吃苦耐劳、爱岗敬业”的职工队伍。五是实施专业技术岗位和管理岗位竞争聘任制，衔接市人社局优化纪念馆专业人才中高级职称比例和“评聘分开”制度，科学制定《中高级职称聘用办法》，激发专业技术人员干事创业的激情和活力。

展望新时代，开启新征程。地震纪念馆要充分发挥功能作用，积极主动参与绵阳文化旅游强市建设，用社会主义核心价值观引领社会思潮，凝聚共识。大力弘扬伟大抗震救灾精神，为全面建设社会主义现代化国家、实现中华民族伟大复兴的中国梦凝聚强大精神力量。

参考文献

[1]2019 年 4 月，中共四川省委、四川省人民政府《关于大力发展文旅经济　加快建设文化强省旅游强省的意见》.

[2]2019 年 8 月，中共绵阳市委、绵阳市人民政府印发《关于大力发展文旅经济和加快建设文化强市旅游强市的实施意见》（绵委发〔2019〕12 号）.

[3]2020 年 11 月，绵阳市委、市政府加快推动全市文旅经济融合成势能级提升、推动西部文化强市旅游强市建设工作会议精神等.

[4]2020 年 4 月 1 日，四川省绵阳市·重庆市北碚区推动成渝地区双城经济圈建设党政联席会议精神.

[5] 贾敏. 谈新时期博物馆事业发展与文化强市的关系——以云浮地区博物馆建设为例 [J]. 丝绸之路·文博工作，2011（08）.

作者简介

杨孟昀，男，1977 年生，四川绵阳人。5·12 汶川特大地震纪念馆学术研究科科长，研究方向：场馆运行管理、社会教育。

马晓燕，女，1980 年生，四川绵阳北川人。研究生学历，工作单位：5·12 汶川特大地震纪念馆，研究方向：社会教育。

曾明，男，1983 年生，四川绵阳北川人。本科学历，工作单位：5·12 汶川特大地震纪念馆，研究方向：遗址保护。

文旅融合背景下县级国有文化旅游投资（集团）公司的调研与思考

——以绵阳市为例

张定春　梁辉明　吕陈姣

近年来，随着我国经济的快速发展，在居民收入水平稳步提高以及消费观念转变的带动下，居民消费从注重量的满足转向追求质的提升，消费结构不断改善，以文化、旅游为代表的休闲消费市场不断扩大、消费产品不断升级，带动我国文化旅游产业取得了蓬勃发展。2018 年 3 月，国务院机构改革方案提出，国家旅游局与文化部合并，组建新的文化和旅游部，开启了“文化”与“旅游”文旅融合的机制和机构整合的顶层设计，更是为我国文化旅游产业的发展明确了主题与方向。

“十四五”以来，我国文化旅游产业需求和供给市场都出现重大变化，伴随文化、旅游等消费比重稳步上升，文旅融合成为发展新常态，文旅市场、文旅产业进入了高品质、高质量发展的新时代。

文化和旅游的融合，让我们可以更深刻直观地感受到中华传统文化的博大精深，提高了国家文化软实力，增强了文化自信；同时充分满足了游客对个性化、多样化、高品质文化体验和休闲旅游生活的追求。一方面，文化向旅游活动的延伸和扩展，打造富有文化特质的旅游品牌，使文化的底蕴和感受能够更加具体的展现在某一项具体的旅游活动项目中，既实现了文化的传播与品牌塑造，又促进了旅游行业的进一步特色发展，用自有的特色留住、打动游客。

另一方面，旅游进入发展的新阶段，从传统的观光游发展到集观光、休闲、体验等于一体的复合状态，需要文化元素的注入与涵养。推动旅游的特色化发展，使旅游的“体验感”与“获得感”进一步增强，需要将“文化”的元素和韵味，穿插到旅游线路或者旅游产品的策划、建设和营销之中，从而既实现旅游融入文化体验，又促进文化品牌的进一步传播和推广。

在此背景下，文化旅游产业被作为国民经济的战略性支柱产业和人民群众更加满意的现代服务业来培育，各级地方政府利用手上稀缺的土地资源或金融资源，纷纷切入文旅产业和市场，成立国有文化旅游投资（集团）公司，积极参与文旅项目的投资开发和运营，目的在于作为区域文化旅游投融资、旅游基础设施体系建设、旅游综合开发、资源整合和运营等功能的重要平台，引领区域旅游目的地建设和区域文化旅游产业高质量发展。

根据相关资料统计，截至 2022 年 8 月，除了类似于中国旅游集团、华侨城集团等这样的央企级旅游集团外，中国大陆的 31 个省、直辖市和自治区，全部成立省级国有文化旅游类投资（集团）公司；各地级市中，约有 70% 成立了地市级国有文化旅游类投资（集团）公司；各县区级中，约有 50% 成立了县区级国有文化旅游类投资（集团）公司（以下简称县级国有旅投公司，且仅指县级平台公司），他们共同形成央企、省企、市企、县企等四级文化旅游企业的国家队，成为我国文化旅游产业发展中的重要组成部分。

然而，在上述四级文化旅游企业的国家队中，相比之下，县级国有旅投公司由于地方政府支持力度有限，资源资产体量较小、自我“造血”功能不足，无疑其存在感、发挥的功能作用是最小的，有些县级国有旅投公司甚至因负债过高而出现经营困难。为进一步摸清县级国有旅投公司运营管理现状，笔者以四川省绵阳市为例，对绵阳市各县级国有旅投公司进行了资料收集，并对部分区县级国有旅投公司现状问题与发展方向进行了详细的调研，现将调研有关情况报告如下。

一、绵阳市县级国有旅投公司基本概况

据不完全统计，截至 2022 年 8 月，绵阳市已有安州区、仙海区、江油市、三台县、盐亭县、平武县、北川羌族自治县等区县成立县级国有旅投公司（其中部分为二级平台公司），超过区县比例的一半以上，其中安州区、江油市、盐亭县、北川羌族自治县国有旅投公司基本情况如下。

（一）绵阳市安州区旅投文化产业发展有限公司

绵阳市安州区旅投文化产业发展有限公司（以下简称安州旅投）是经绵阳市安州区人民政府批准设立的国有独资公司，注册资本 2.01 亿元（其前身为绵阳市安州文化旅游开发有限责任公司）。截至 2022 年 7 月，公司总资产 17.19 亿元，其中负债 2.27 亿元，公司投资开发资金来源主要为银行贷款。

通过天眼查发现，安州旅投由四川安州发展集团有限公司代表绵阳市安州区国有资产监督管理办公室履行出资人，控股或参股绵阳山海创境文化旅游发展有限公司、

绵阳古海洋温泉开发有限公司等10个子公司，涉及文化传媒、温泉水销售、水力发电、出版物印刷等行业。

（二）江油文旅投资（集团）有限公司

江油市文化旅游发展有限公司（以下简称江油文旅公司）由江油鸿飞投资（集团）有限公司（市属国企）、国开发展基金有限公司共同出资成立，注册资金2.88亿元。公司下设或实际控制江油市矿机汽车驾驶培训学校有限责任公司、江油市畅游旅行社有限公司、江油市蜀龙湾旅游发展有限公司、江油市李白故居文化旅游开发有限公司等多个分公司或子公司。

2022年4月，江油市委组织部、市国有资产监督管理办公室等部门发布《关于2022年江油市公开招聘市属国有企业管理人员的公告》显示，江油市拟在整合江油市文化旅游发展有限公司、江油画屏尚景景区管理有限责任公司（实际运营管理江油市窦圌山AAAA景区）基础上，新成立江油文旅投资（集团）有限公司（以下简称江油文旅集团）。

（三）盐亭丝路源文化旅游发展有限公司

盐亭丝路源文化旅游发展有限公司（以下简称盐亭文旅公司）注册资本5亿元，出资人为盐亭县财政局（盐亭国有资产监督管理办公室）且全额控股。是盐亭县委县政府立足盐亭旅游资源，进一步整合全县文化、旅游、体育资源，充分发挥国有企业平台优势，促进县域文旅产业融合发展，快速实现“文旅活县”目标而打造的国有文化旅游企业。

通过天眼查发现，盐亭文旅公司拥有盐亭丝路源国际旅行社有限公司、盐亭国学教育科技发展有限公司等子公司7个。

（四）北川禹泉文旅集团有限公司

北川禹泉文旅集团有限公司（以下简称北川禹泉文旅集团）注册资金5亿元，由北川羌族自治县财政局代表县人民政府履行出资人职责且全额控股。公司承担全县文旅产业的招商、投资、建设、开发和管理，特色旅游产品研发、营销、资产租赁等业务，全力打造高品质生活宜居地、全国禹羌文化旅游目的地。

通过天眼查发现，公司下设北川禹兴文化旅游服务有限公司、北川禹泉旅行社有限公司等5个全资子公司，公司拥有北川羌族自治县林峰国营综合林场等固定资产。

二、绵阳市县级国有旅投公司存在的问题和不足

通过对绵阳市县级国有旅投公司现状进行初步调研分析，总体来看，绵阳市县级国有旅投公司成立的时间普遍较晚，部分甚至为最近几年才成立，企业经营规模较小，

经营风险较大，专业化运营管理水平不高，主要体现在以下几个方面。

（一）企业成立时间较晚，经营规模普遍较小

受区域文化旅游资源状况、地方政府重视程度、发展文化旅游成熟条件等多种因素影响，从成立时间上来看，普遍较晚，企业经营规模偏小。绵阳仙海文化旅游发展集团有限公司成立于 2013 年 9 月，时间相对较早；安州旅投成立于 2020 年 9 月（其前身绵阳市安州文化旅游开发有限责任公司成立于 2015 年 10 月），现有员工 60 人；江油文旅公司成立于 2015 年 7 月，现有员工 107 人，截至 2022 年底，后续拟在其基础上组建的江油文旅集团也还处于筹备阶段，还未正式成立；平武县龙洲文化旅游开发有限公司（以下简称平武龙洲文旅）成立于 2018 年 2 月；北川禹泉文旅集团成立于 2021 年 10 月，现有员工 35 人；盐亭文旅公司成立于 2022 年 1 月，现有员工 16 人。

从公司经营收入上来看，2021 年，安州旅投主营业务收入 1287 万元，经营利润为亏损 268.01 万元，经营收益和其资产极不匹配，经营利润还处于亏损状态；北川禹泉文旅集团、盐亭文旅公司成立时间不久，经营收入也十分有限。总体来看，这些县级国有旅投公司成立时间普遍较近，一是当前所拥有或形成的固定资产实体较少；二是公司经营规模普遍较小，市场竞争能力和抗风险能力较弱。

（二）目标定位不明确，中长期缺乏战略指引

战略规划是现代企业正确发展的有力保障，也是企业未来发展的方向指引。作为新成立的公司，受目标考核、行政干预等因素的影响，县级国有旅投公司目标定位不明确，容易出现急于求成、重短期效益、轻长远发展的思想，普遍存在战略管理理念缺乏，对中长期发展战略重视程度不够等问题，不利于公司长期稳定的发展。经不完全调研统计，绵阳市县级国有旅投公司中，目前仅有北川禹泉文旅集团正编制其战略发展规划。

（三）人才资源紧缺，专业化管理水平有待提升

调研发现，县级国有旅投公司在成立时，由于客观原因，一部分管理层或职工直接来源于政府直接任命、其他平台公司或机构抽调，少部分人员面向社会公开招聘。如安州旅投董事长、总经理均来源于安州区政府委派任命；盐亭文旅公司董事长、总经理均由县委组织部委派任命，其他员工均从其他平台公司抽调；北川禹泉文旅集团董事长由县委县政府委派任命，总经理通过社会公开招聘任命，其他员工为社会公开竞聘上岗；2022 年 7 月，根据江油市政府发布的相关公告显示，江油市政府已经正式委派任命江油文旅集团董事长、总经理人选，并面向社会公开招聘了一名集团副总经理。

由于相当比例的职工专业不对口或从其他行业转型而来，从事文化旅游类项目时间短、经验缺乏等原因，整体上对文化旅游项目投资建设、运营管理专业化水平能力

和经验不足，严重制约公司各项业务专业化发展。

（四）自我“造血”功能弱，经营开展困难

一方面，县级国有旅投公司承担着政府安排的公益项目或基础项目如博物馆、旅游集散中心等的建设和运营职能，这些项目通常盈利性差，甚至不少是运营亏损，无法实现自给自足，给公司运营带来极大压力；另一方面，文化旅游项目具有投资金额大、投资回收期长、投资收益率低等特点，作为县级国有旅投公司，由于固定资产体量普遍不足、无形资产评估及抵押业务难开展，加之地方财政吃紧，对公司支持力度有限，导致普遍存在融资困难，对公司投资经营业务造成较大影响。

（五）文旅资源数质双不足，文旅主题属性不强

由于成立时间普遍较晚，优质文化旅游资源大多早已被开发利用，多数县级国有旅投公司并没有整合到更多区域内的优质文化旅游资源，县级国有旅投公司作为政府平台公司，其拥有文化旅游类固定资产也较少，所属文化旅游资源在数量、质量上双双不足。据不完全统计，文旅类资产类项目，安州旅投旗下有安州白水湖景区（正在创 AAAA）；江油文旅公司有李白文化博物馆、鹰嘴岩国际攀岩公园；盐亭文旅公司有盐亭嫘祖陵景区、盐亭文同诗竹园景区（两个景区均正在创 AAA）等两个景区的运营权；北川禹泉文旅集团负责北川羌城旅游区（AAAAA）的运营管理。总体来看，绝大多数公司所拥有的文化旅游项目数量较少，主营业务的文化旅游主题属性不明显，更多在围绕文化旅游等作为主线，开展上下游产业链业务，如成立文化传播公司、旅行社等。

三、国内部分县级国有旅投公司发展现状

国内县级国有旅投公司的成立早晚不一、只有少数文化旅游资源丰富、资源开发较早的县级国有旅投公司，经过多年的积累与探索，已经走在了全国前列，所拥有的文化旅游资源丰富、资产庞大、抗风险能力强，如重庆市武隆喀斯特旅游产业（集团）有限公司。但也有部分县级国有旅投公司因运营成本过高、产品局限等因素，陷入经营困难，如赤水旅游发展股份有限公司。但整体来看，大部分的县级国有旅投公司发展还不成熟，成立时间普遍较短、体量较小，多数还处在探索、起步阶段。

（一）重庆市武隆喀斯特旅游产业（集团）有限公司

重庆市武隆喀斯特旅游（集团）有限公司（以下简称重庆武隆喀斯特公司）成立于 2007 年 9 月，注册资本 1 亿元，由重庆武隆旅游产业（集团）有限公司代表重庆市武隆区国有资产监督管理委员会履行出资人职责。拥有重庆市武隆区喀斯特国际旅行社有限公司、重庆市白马山旅游开发有限责任公司、重庆市武隆区喀斯特印象文化发

展股份有限公司等 13 家子公司（其中 2 家已经注销），现有员工 1500 余人，资产总额达 146 亿元。2019 年，喀斯特公司全年累计接待持票游客 516 万人次，实现经营收入 5.68 亿元。

正如“冰冻三尺，非一日之寒”，重庆武隆旅游（重庆武隆喀斯特公司）取得的优异成绩，来源于武隆以优质文化旅游资源为基础，坚持以文化旅游产业为支柱产业的发展理念。自 20 世纪 90 年代以来，凭借优质的自然资源，武隆历届县（区）委政府均一致性地作出了大力发展旅游的战略决策，投入大量人力物力财物，开启“做大游客总量、做强旅游经济”的旅游发展之路。

一是政府聚焦文旅产业发展。一方面，成立重庆市武隆喀斯特旅游投资有限公司（重庆武隆喀斯特公司前身）统一负责全区旅游项目、旅游地产的投资与开发，旅游基础设施建设、旅游商品的开发与生产。利用森林等资源进行融资，向民营企业先后回购了天生三硚、仙女山等 6 个已开发景区，统筹整合全区重点旅游资源，申报世界自然遗产、国家 AAAAA 景区，推动重庆武隆喀斯特公司固定资产由小变大、经营规模由弱变强。另一方面，围绕加快建设世界知名旅游目的地，在区域范围内突出全景区式打造，各大片区既差异发展、又优势互补；引导“全社会参与”，并出台系列支持政策，鼓励各类市场主体组建涉旅公司；推进“全方位服务”，加快旅游服务标准化建设，为游客提供全方位、人性化的服务。

二是实施“全球化营销”。坚持全方位、高强度、宽领域、多媒体营销。与央视、新华社等各级媒体以及与知名网站、抖音、今日头条等新兴媒体开展合作，并成为《变形金刚 4》《爸爸去哪儿》等综艺活动外景拍摄地；在全市组建首个旅游境外营销专业网站（i-WuLong 国际网站），在 Facebook、Twitter 等全球顶级社交媒体大力宣传武隆旅游形象广告、线路产品、营销活动等图文讯息，2019 年，接待境外游客达到 76 万人次。

三是推进“旅游 +”融合发展。深化旅游产业供给侧结构性改革，大力发展旅游 + 文化、体育、农业、工业等产业融合，丰富产业业态、延伸产业链条，加快从“门票经济”向产业经济转型升级，将部门联合和产业融合作为旅游发展新的增长点，形成多点支撑、融合发展的“大旅游、大市场、大产业”格局。比如，通过深入挖掘乌江“纤夫文化”，与国际知名导演张艺谋联合打造的大型山水实景“印象武隆”，先后获得了“中国首届视界大赏年度最佳旅游演出奖”“中国旅游总评榜年度旅游品牌大奖”等 20 余项品牌荣誉，成为全市文旅融合的典范。

武隆文化旅游的发展，促进了城市基础设施的更新与完善，刺激了旅游衍生产业发展，创造了劳动岗位，成为重庆市旅游的一张靓丽名片和全国旅游脱贫的典范，重庆武隆喀斯特公司已经发展成为具有较高知名度和影响力的全国一流县级文旅集团。

（二）赤水旅游发展股份有限公司

贵州省赤水旅游发展股份有限公司（以下简称赤水旅发）成立于 2011 年 11 月，原由赤水市国有资产投资发展公司和遵义交旅投资（集团）有限公司分别持股，目前公司注册资本 1.815 亿元，总资产近 23 亿元，员工 400 余人。公司控股或参股赤水红色旅游文化传播有限公司等3家子公司，现拥有著名的赤水丹霞旅游区（大瀑布、佛光岩、燕子岩）AAAAA 景区、四洞沟、竹海国家森林公园以及桫椤国家级自然保护区等景区。

2022 年 2 月，旅游界媒体《闻旅》的一篇《欠税 + 未履行总金额超 1.1 亿元，新晋 AAAAA 景区的赤水旅发“玩脱了”》报道，却揭开了赤水旅发经营的困境。

根据其报道，赤水旅发旗下景区游客量 2019 年为 417.42 万人次，发展形势较为乐观。然而受疫情严重影响，2020 年，暴跌至 104.54 万人次，经营收入严重下滑。

2022 年 2 月，国家税务总局遵义市税务局发布了 23 条赤水旅游发展股份有限公司（以下简称“赤水旅发”）欠税公告，公告显示，赤水旅发当前新发生欠税总金额为 524.21 万元，欠税余额总金额高达 3176.99 万元，欠税包括增值税、地方教育附加、城市维护建设税、房产税、城镇土地使用税等。截至 2022 年底，赤水旅发终本案件未履行总金额 7931.04 万元，未履行比例 100%，身负 13 条限消令，赤水旅发现已被列入失信人名单。

根据相关资料分析总结，赤水旅发陷入如今困境，主要原因一是赤水旅发因创 AAAAA 等原因，重资产投入基础设施建设，原有的开发建设投资极大，导致现在资金偿还压力大，资金成本占经营成本比例较高，现状继续融资困难，公司经营现金流出现短缺；二是赤水的旅游客群一直都是以川渝及周边省市为主，但受近年疫情防控常态化推出的跨省游熔断机制，导致其原有的跨区域产品线路和既有市场遭遇剧烈冲击，本地市场游客量有限，无法填补因疫情造成的市场空白，导致客流量锐减，经营收入严重下滑；三是中国的喀斯特地貌幅员广阔，从观赏性和视觉震撼来看，赤水丹霞类景区放眼全国同类型其他几个地方，资源类型较为单一，且周边交通及客源市场对比并无优势，其旅游品牌主题性、独特性识别度不强；四是赤水旅发旗下景区向去门票、度假化转型步伐迟缓，产品更新迭代不足，跟不上当前旅游市场的发展和需求，不能迎合当前消费者新的需求和喜好。

四、绵阳市县级国有旅投公司发展的思考与建议

在地方政府高度重视文化旅游产业发展、纷纷成立县级国有旅投公司的背景下，绵阳市县级国有旅投公司如何利用好当前文化旅游产业高度发展的机遇，规避自身实力弱小、优质资源不足的短板，笔者在此提出如下思考与建议。

（一）整合文旅及其他资源，做大做强公司实体

在全域旅游发展的背景下，县级国有旅投公司已经成为县域内文旅综合开发的重要平台，承担着区域内文旅项目开发、资源整合、基础设施建设、整体营销等职能。建议一是从宏观视角对区域内文旅资源进行整合，统一规划、开发、运营，避免无序竞争，错位发展，夯实公司基底；二是加快推进文旅资源开发及项目建设，快速形成经营性资产，从而实现文旅资源向资产甚至资本的转化；三是地方政府加大扶持发展力度，将区域内的相关土地、建筑、项目经营权等资产无偿注入，充实县级国有旅投公司的权益；四是对现有成熟优质或因资金短缺但有发展潜力的其他企业的文化旅游项目，开展科学评估，通过收购兼并、参股重组等多种方式进行公司资产、资本扩张。

（二）制定公司发展战略，明确总体发展方向

作为普遍新成立不久的县级国有旅投公司，面对国资国企深化改革的要求和激烈的市场化竞争，面临着既要履行好政府平台公司发挥其社会功能，又要思考资产规模如何扩大、经营收益如何提升实现经济上可持续发展等系列问题和困境，因此在前期制定用于指导其科学化发展的公司发展战略，显得尤为重要。

通过公司发展战略的制定，对其内部资源进行分析评估，明确优势和劣势，并在资源整合、项目规划、机构设置、管控体系等方面提出实施建议；通过对宏观经济环境、文化旅游发展趋势、区域文旅产业发展基础等进行分析评估，厘清困难、寻找机遇，明确其长远发展战略方向、发展模式、人才培养、品牌打造等，快速提升公司竞争力。

如在战略方向选择上，一定要从自身实际出发，选择有利于形成优质产品项目和核心主营业务的文旅发展方向，才能够提高县级国有旅投公司对本地文旅产业发展的控制力及影响力，并形成独特竞争力。同时，也可以思考寻求合作共同发展，加入中央、省级大型文旅集团的下属队伍中，在原有地方政府支持的基础上，同时获取大型文旅集团集群式发展、全产业链融合的支持和优势。

（三）建立科学化人才管理体系，加强人才队伍建设

一是采用外部公开招聘、内部加强培养、与大型文旅集团合作互相派人挂职锻炼等方式，多渠道建设专业化人才队伍；二是采取以目标为导向的薪酬体系、员工持股计划和混和所有制改革等多种激励方式，激发人才活力。

（四）控制运营风险，提升运营管理水平

县级国有旅投公司的姗姗起步，需要一系列的配套措施进行支持和保障。一是加快“去行政化”，融入市场化经营机制，完善决策流程和治理结构，激发运营管理活力；二是思考引入第三方专业机构合作机制，由第三方专业公司提供法务财务、投资决策、运营风险的咨询和评估，减少风险的发生；三是在纵向延长现有文旅产业链的同时，

布局非文旅行业的其他资源，加强产业链的横向扩张，实现公司多元化产业的布局和经营，降低单一行业带来的风险。

例如，县级国有旅投公司可新投资或整合县域城市停车场基础设施项目（含城市街区道路两侧停车场或专业化停车场），利用停车场这一市政工程中少数能直接、快速产生经营收入和较高利润的项目，形成现金流，降低单一文旅产业链受到如疫情影响等形成的巨大风险，做到未雨绸缪。

（五）创新文旅资源认识，打造优质文旅项目

中国旅游经过多年发展，优质且有市场条件的自然资源已经所剩无几，但中华民族的传统文化源远流长，博大精深，其开发潜力巨大。2019 年以来，四川省启动省、市、县三级联动机制，历时两年全面完成全省 21 个市（州）183 县（市、区）的文化和旅游资源“双普查”任务，这些普查成果具有较高的科学价值和广泛的应用前景，为科学保护管理、合理开发利用文化旅游资源提供了科学的决策依据和支撑。绵阳市县级国有旅投平台公司应以全新的思维视角，加强对本区域内资源普查报告的分析研判，从中发掘、提取优质的文化、旅游元素，进行有机整合、创意开发，结合当前文化旅游消费的市场趋势，打造成优质文化旅游项目。

例如对江油市的文化旅游产业发展来说，一是以肥肠为主要代表的美食、烧烤远近闻名，二是以李白为代表的文化绚丽多彩，三是方特东方神画的引流提高了游客过夜游的比例，四是即将通车的绵九高速将把江油充分融入大九寨国际黄金旅游线路，五是江油景城一体化形成的旅游基础设施较为完善。因此，江油文旅集团可以探索思考依托江油丰富的美食、优质的文化这两个元素的融合，结合市场优势，通过与第三方专业公司合作，打造以美食享受、文化体验相结合的江油“夜间旅游经济”文化旅游综合体项目，作为江油文旅集团成立后的重点开发打造项目。

（六）盘活存量资产，提升融资能力

2022 年 7 月，人民银行、文化和旅游部联合印发《关于金融支持文化和旅游行业恢复发展的通知》，将在一定程度上发挥金融管理部门、文化和旅游行政部门、金融机构各方合力，有助于文化旅游行业的融资开展。县级国有旅投公司可利用当前有利的融资政策与条件，盘活存量资产和公共资源，策划包装项目，灵活运用固定资产或经营权质押融资、资产租赁、合资合作、资产转让、公司债券、ABS、公募 REITS、IPO 等多种方式，提高其融资能力。

（七）注重高质量发展，从重资产投资转型轻资产运营

长时间以来，以文旅类为代表的政府平台公司基于以扩大“地盘”为代表的传统做大理念，同时依靠“旅游地产”的高周转、高回报率来进行平衡，文旅企业热衷于重资产化的投资，资金较多投入于土地和硬件设施的打造和完善。然而，随着近年来国家宏观政策的调整，房地产市场已显疲软，同时受 2020 以来的新冠疫情影响文旅市

场一片惨淡、旅游消费形式逐步改变，文旅企业生存压力剧增，加之县级地方政府财政吃紧，县级国有旅投公司思考如何从重资产投资转型轻资产运营，并在逆境中生存下来实现实高质量可持续发展成为必然的选择。

县级国有旅投公司轻资产运营、高质量可持续发展，更多关注的是科学化管理、创意化开发、体验化内容、精准化营销为主的运营模式，而减少在产品之外的其他重资产投入比重，如功能作用发挥越来越差的大广场、大游客中心等形象工程。在文旅项目投资开发中也更加注重运营前置，重视项目的投资回报率和可持续发展，减少重大资金的无效沉积，而不是如同以往实施的只管贪大、不管结果的非理性投资。

参考文献

[1] 任国才．中国旅游：是“国进民退”，还是“国企救市”？[J]．执惠，2022-08-29.

[2] 杨凡．欠税＋未履行总金额超 1.1 亿元，新晋 AAAAA 景区的赤水旅发“玩脱了”[J]．闻旅，2022-02-25.

[3] 学好用好“两山论”走深走实“两化路”——重庆市武隆区旅游扶贫案例．中国旅游新闻网，2021-11-2.

[4] 省市级国有旅游公司“十四五”战略升级思考．正略咨询，2020-06-24.

[5] 师武超．文旅融合新形势下，国有文旅集团及政府平台类企业的转型升级之路．执惠，2019-08-06.

[6] 杨柳．新时代文旅融合背景下的发展之路初探——以湖北省图书馆为例．卷宗[J]，2020（18）：133-134.

[7] 绵阳市安州区旅投文化产业发展有限公司 2021 年度工作总结报告（内部资料）.

[8] 北川禹泉文旅集团有限公司 2021 年度工作总结报告（内部资料）.

作者简介

张定春，男，1977 年生，四川邻水人。工作单位：5·12 汶川特大地震纪念馆，研究方向：博物馆运营、景区运营、旅游规划。

梁辉明，男，1973 年生，四川北川人。研究生学历，工作单位：5·12 汶川特大地震纪念馆，研究方向：旅游管理。

吕陈娇，女，1987 年生，四川绵阳人。本科学历，工程师，工作单位：5·12 汶川特大地震纪念馆，研究方向：城市规划、景观设计。

地震遗址文旅融合创新与发展思考

——以汉旺东汽工业遗址纪念地为例

何海芳

摘要：“文化是旅游的灵魂，旅游是文化的载体”。2009 年，原文化部、国家旅游局联合印发《关于促进文化与旅游结合发展的指导意见》，提出要在新形势下促进文化与旅游深度结合。2018 年 3 月，中共中央提出整合文化部和国家旅游局的行政职能，组建文化和旅游部，揭开了我国文化和旅游深度整合的新篇章。与此同时，国务院办公厅下发《关于促进全域旅游发展的指导意见》，提出要“科学利用传统村落、文物遗迹及博物馆、纪念馆等文化场所开展文化、文物旅游”。在文旅融合发展的大形势下，如何将地震遗址融入地方文旅创新发展，是广大文旅（博）人需要思考与探索的课题。

关键词：地震遗址；文旅整合；创新；发展

2008 年 5 月 12 日 14 时 28 分，四川汶川发生 8.0 级强震，灾难骤然来袭，大地颤抖，山河移位，满目疮痍，特大地震震惊世界，震痛中华，人们面临生离死别……这是中华人民共和国成立以来破坏性最强、波及范围最广的一次地震。

享有“川西明珠”和“洞天福地”美誉的绵竹距震中仅 30 多千米，绵竹地震烈度达到 9 度以上。特大地震使绵竹遭到严重创伤，造成绵竹市 11117 人遇难，251 人失踪，37209 人受伤。汉旺镇位于绵竹西北方，在龙门山脉和川西平原的连接处，处于龙门山地震断裂带上，与汶川直线距离不到 30 千米，汉旺遇难人数高达 4857 人，60 余座高层建筑无一完好。特大地震让汉旺满目疮痍，只剩下断壁残垣、片片废墟。汉旺东方汽轮机厂惨遭劫难，全厂辖区职工和家属 308 人遇难，10 人失踪，1000 余人受伤；5100 余户职工住房遭到破坏，厂区及住房损毁面积 97 万平方米；2200 余台生产设备损坏，直接经济损失近27亿元。

“5·12”地震发生后，汉旺老镇、东汽厂区受灾严重，镇区房屋建筑几乎损毁，全部作为遗址保留。2008年9月19日，《国务院关于印发汶川地震灾后恢复重建总体规划的通知》，在第十二章精神家园重建部分，写到“保护北川县城、映秀镇、汉旺镇等地震遗址，建设博物馆及其他纪念地、纪念设施”。汉旺东汽工业遗址纪念地与北川地震纪念馆、映秀震中地震遗址纪念地、都江堰虹口深溪沟地震遗迹纪念地被列为四川省灾后精神家园重建的“一馆三地”。2009年5月，被中宣部命名为全国爱国主义教育示范基地。

地震遗址作为历史的见证和文化的载体，具有重要的历史、文化和科学价值，在文旅融合发展的大形势下，作为“5·12”特大地震形成的具有唯一性与独特性的工业遗址纪念地，不仅具有深厚的工业历史文化底蕴，同时还具有极高的自然风光、休闲旅游观光价值，遗址资源丰富，如何与当地文旅资源融合发展，深化创新“文化+旅游”发展模式，通过科学规划、合理开发，推进遗址的保护与利用，让遗址不再是人们心中的“阴影地”，能真正融入当地的社会生活，充分发挥好博物馆（纪念地）的社会教育功能，提升公共文化服务水平。

在文旅融合背景下，结合绵竹地方悠久的历史文化底蕴与丰富的旅游资源特色，如何将汉旺的人文历史、自然风光，地震遗址形成的背景与资源特色，积极融入绵竹全域旅游发展中，不断挖掘资源特色，多元化创新发展，增强吸引力，真正实现文旅融合创新发展。

一、资源禀赋——夯实绵竹文旅融合发展的基础

绵竹是四川历史文化名城，全国文化模范市，文化特色尤为鲜明。有中国四大年画之一的绵竹年画，有荣获2004年“中国十大考古发现”的四川省绵竹城关剑南春酒坊遗址，有中国古代“二十四孝”“涌泉跃鲤”的孝文化之乡，有蜀汉文化遗址诸葛双忠祠，有“天下第一禅林”祥符寺，有道教圣地严仙观，有保存完好的明代建筑瑰宝三溪寺，还有因“5·12”特大地震形成的、兼具工业遗产与地震遗址双重价值的汉旺东汽工业遗址纪念地等。绵竹是年画之乡、名酒之乡、生态旅游之乡。

（一）双忠祠与诸葛瞻父子墓

双忠祠和诸葛瞻父子墓位于绵竹市区西门，占地20余亩，是四川省重要的蜀汉遗迹之一，与成都武侯祠遥遥相对，都是为了纪念诸葛一门“三世忠贞”而建。墓园高大，墓周长30米，封土高3米，周嵌石栏，琴剑图案，雕刻精巧。双忠祠因墓而建，始建于清乾隆三年（1738），有忠孝门、拜殿、过厅、正殿、启圣殿、西庑、东厢、官舍、客堂等。现存的古建筑尚有启圣殿和拜殿，启圣殿建于乾隆三年，拜殿建于道光七年

（1827）。拜殿内彩塑了《魂壮绵竹关》现代雕塑，以祀诸葛瞻父子为坚守绵竹关，寸土不让，以死报国的悲壮情景，再现当年蜀汉古战场一角。拜殿的匾额“魂壮绵竹关”为我国著名戏剧大师曹禺先生亲笔所题。诸葛瞻父子战死绵竹是蜀汉历史上悲壮的最后一幕，也是三国旅游线上的一出压轴戏。现双忠祠和诸葛瞻父子墓双双载入《中国名胜辞典》。

（二）千年名刹吉祥寺

吉祥寺位于距绵竹市区 10 公里的武都镇（现属汉旺镇）内，坐落在风景秀丽的白云山下，与相传东汉光武帝刘秀的点将台遥相对应。传说吉祥寺是东汉刘庄为父皇刘秀开基而破土修建的我国第二座佛寺。寺内有东汉捕虏大将军马武的衣冠冢。殿堂依山而上，天王殿、地藏殿、观音殿、佛母殿、大雄宝殿、藏经楼，殿宇雄立，气势非凡，真可谓“荡胸真涧依风月，极目太华府乾坤。”寺内香火不断，游人如织。藏经楼有从唐代保留至今的 12 部贝叶经。其大雄宝殿的高度、长度以及占地面积等，在西南地区首屈一指。最值得一提的是观音殿内的千年观音神像，乃香樟木雕刻而成，已有 1800 年的历史，至今仍然香气袭人。

（三）严仙观

严仙观，又名君平庄，在绵竹城北约6公里处，今汉旺镇武都村。清道光版《绵竹县志》载：“严仙观，在县城北二十里，康熙四十三年，道人陈阳紫建修，乾隆二十三年道人刘本全重修，有紫薇二珠。”严仙观在中国道教史上影响很大，民国时期曾列为省级文物保护单位，在宋代就有“天下第一名观”之誉，是西汉道家学者、思想家严君平出生的地方，距今已 2000 多年。重重殿堂掩映在苍松翠柏之间，每逢朝雾晚霞笼罩，似有紫气缭绕，前人赞为“西蜀一洞天”。

（四）国家 AAAA 级旅游景区——九龙山—麓棠山旅游区

九龙山—麓棠山旅游区是全国农业旅游示范点，距市区 6.5 公里。主要景点有扬州水街、灵官楼、现代农业观光示范园、农耕博物馆、滑翔滑草基地、湿地沟、无隐寺、鸳鸯湖等，是一处集农业观光、科普教育、健身娱乐、宗教游览、休闲度假等功能为一体的特色乡村旅游区。

（五）国家 AAAA 级旅游景区——中国绵竹年画村景区

位于绵竹南派年画的发源地孝德镇年画村，距市区 5 公里。主要景点有年画邨、年画湖、现代农业示范园、年画展示馆、年画街坊等。在这里游客可亲身感受、体验绵竹年画制作的独特魅力，又可品尝极具川西风味的特色美食。于 2011 年 4 月获得“国家 AAAA 级景区”称号，同年 11 月，被评为“四川省省级文化产业示范基地”以及“国家级非物质文化遗产生产性保护基地”“四川省文化创意产业基地”。

（六）国家 AAAA 级旅游景区——金色清平景区

金色清平景区位于绵竹市清平镇，景区面积约 5.35 平方公里，境内自然生态环境优越，有包括珙桐、杜鹃、水杉、大熊猫、金丝猴等为代表的各类野生动植物 2400 余种，风光旖旎，气候宜人，羌汉文化交融，民俗风情浓郁，自然生态与历史人文完美结合。

清平镇加快产业结构调整，以文化旅游产业为切入点，以优美的山水自然环境为基底，大力挖掘区域内具有绝对优势和相对优势的资源特质标签，巧妙地融入亲子童话文化创意，打造以“金色清平·童话小镇”为主题，集亲子游乐、研学旅游、康养度假、文创体验于一体的综合性旅游目的地，实现了“矿区变景区，矿车变观光小火车，矿工变第三产业工人”的华丽转身。目前景区内有萤飞谷、观光小火车、咖啡聚落、滨水长廊、泥石流遗址公园、羌汉特色民宿、芳草地、冷水鱼观赏、水上乐园、真人 CS、观景台、羌汉山歌演艺等多个旅游休闲娱乐体验项目。

（七）国家 AAA 级旅游景区——剑南老街

剑南老街位于绵竹市老城区，是剑南春集团以全国十大考古发现“剑南春酒坊遗址”以及全国重点文物保护单位“天益老号”酒坊为依托，总投资 6 亿元，按国家 AAAA 级标准规划建设的剑南春酒文化街区，剑南老街总长 500 余米，完全按照明清风格恢复建设。

整个剑南老街景区由三大文化组团构成：分别是酒文化组团、年画文化组团和三国文化组团，其中，酒文化是一条主线，展现顶级名酒剑南春的风采。

沿“街”前行，一边贯穿起“天益老号”酒坊、古窖池群等“剑南春”独有的御酒历史；一边贯穿起川酒会馆、历代酒肆、关帝庙、古戏台、年画坊等美酒文化。丰富的历史文化资源景点沿老街两边分布，仿古建筑墙体上线条流畅的年画，叙述着绵竹酒文化与年画文化同生共长的历史渊源；三国文化中的“桃园三结义”“温酒斩华雄”等历史场景，生动演绎着中国酒文化的独特魅力。

（八）国家 AAA 级旅游景区——绵竹市汉旺地震遗址公园

绵竹市汉旺地震遗址公园总面积为 1.72 平方公里，包括遗址保护区（东汽厂区、汉旺老城区）、纪念区（绵竹市抗震救灾·灾后重建纪念馆、“5·12”钟楼及纪念广场）、科普区（科普馆）、游客中心等区域。

进入东汽厂区遗址、汉旺场镇遗址区，可以感受地震留下的“依偎楼”“农经大厦”“塔坚强”“断层楼”“绝缘桥”“原汉旺政府遗址”……

绵竹市抗震救灾·灾后重建纪念馆占地 2600 平方米，是汶川特大地震灾区唯一一个原址建设的遗址纪念馆，全年免费对外开放。纪念馆充分运用虚拟技术、网络等数字化手段，通过图片、文字、实物、音像、视频等方式，并在全国首家采用 360° 矩形沉浸式 4D 影院技术，以独特的板房安置生活和“8·13 清平泥石流”片段，亲身体验地震，真实再现抗震救灾、灾后重建全过程。纪念馆全面反映了绵竹各级领导带领人民群众抗震救灾和灾后重建的历程，全方位展示“5·12”特大地震极重灾区绵竹从悲壮走向豪迈的奋斗历程，彰显和弘扬伟大的抗震救灾精神。绵竹市汉旺广场的大钟指针，永久定格在14:28的特殊位置，成为极具意义的建筑，也是“5·12”汶川特大地震最好的纪念碑。

遗址公园2011年11月开始建设，2012年9月21日正式对社会公众开放。开馆至今已11年，接待全国各地参观游客400万人次。

二、地震遗址如何融入全域旅游发展

近年来，绵竹市深入挖掘年画文化、南轩文化、三国文化、德孝文化等，利用优越的自然条件，连续20年成功举办绵竹年画节、梨花节、赏果节，先后创建3个国家AAAA级景区、2个国家AAA级景区、1个省级旅游度假区、1个红色景色，其中绵竹市汉旺地震遗址公园既属AAA景区又属红色景区，形成“历史文化游”“休闲度假游”“自然生态游”“运动康体游”和“特色乡村游”五大特色旅游精品，打造“到了绵竹就是年”的城市营销品牌，使旅游业拥有了独具特色的文化灵魂，呈现出强大的人文吸引力。

绵竹以创建国家全域旅游示范区和争创四川省旅游强县为抓手，用足用好省、市支持政策措施，全力推进中国熊猫谷、中国玫瑰谷、中国年文化小镇、天府冰雪小镇等一批重大文旅项目建设，加快完善“快进、内畅、慢游”旅游交通体系，不断健全旅游管理体制机制，创新旅游业态和营销模式，全面强化“吃、住、行、游、购、娱”旅游六要素品质，提升旅游服务水平、旅游业整体品质和旅游产业综合效益，努力打造“多业融合，全域联动”的发展格局。2020年11月，被文化和旅游部入选为第二批国家全域旅游示范区。为巩固国家全域旅游示范区创建成果，不断夯实建设“高颜值旅游目的地”工作基础，促进绵竹文化和旅游资源优势转化为发展优势，加快推动文旅融合发展，进一步提升绵竹旅游供给力、增强绵竹旅游吸引力、彰显绢竹文化影响力。力求在优化空间布局上做“靓”、在提升文化品位上做“特”、在旅游项目上做“精”，守好旅游底色、凸显地域文化、串联美丽风景，促进“文化+旅游”柞融相盛。

在成德同城化发展的大背景下，绵竹以全域旅游为契机，把文化旅游产业作为高质量发展的转型重点和主攻方向，加速融入成德同城，加快旅游交通的“外联”与“内畅”。加快成都三绕绵竹连接线、成兰铁路、山地轨道交通、绵茂公路等项目建设。积极争取天府大道北延线连接线、成都外环铁路绵竹段（站）、S53茂遂高速（绵竹段）等项目纳入国省规划，进一步畅通绵竹与成都、德阳以及西北的道路联系。

高标准建设月季大道、玫瑰大道、川西旅游环线等60千米的旅游风景道、100千米绵竹绿道慢行系统和16千米美丽竹林风景线等，成功创建省“四好农村路”示范县。2019年，绵竹市首次发现野生活体大熊猫，加快推进大熊猫国家公园创新示范区、中国玫瑰谷、天府冰雪小镇、绿地博大绿泽全域旅游一期项目等一批文旅项目建设。

汉旺地震遗址公园积极融入绵竹全域旅游发展中，2019年成功创建成为国家AAA级旅游景区，是红色旅游景点、红色研学和地学研学实践基地，周边文化与旅游资源丰富，包括汉旺新城、吉祥寺、严仙观、大柏林、云悟寺、楠木沟、金色清平、文家沟泥石流现场等。形成了“人文绵竹，酒画之乡”的历史文化游线路：中国绵竹年画村—绵竹剑南老街景区—双忠祠—绵竹市博物馆—祥符寺—严仙观—汉旺地震遗址公园—金色清平。

同时，2018年底，绵竹市人民政府和北京卡宾滑雪集团签订《天府（德阳）冰雪小镇项目投资建设协议书》，总投资人民币20亿元，总占地面积约3000亩的天府（德阳）冰雪小镇项目正式落户绵竹。2020年，省发改委和省文旅厅印发《四川省山地轨道交通规划（2020—2035）》，位于绵竹市境内的天府（德阳）冰雪小镇支线纳入该规划。

天府（德阳）冰雪小镇支线线路，将从汉旺经天池至清平，串联汉旺地震遗址、天府冰雪小镇、金色清平等景区景点，是龙门山山地度假旅游线（主线）的重要“经脉”。天府（德阳）冰雪小镇支线线路项目的建设将进一步推动完善绵竹市全域旅游交通体系，助推文旅产业与一、二、三产业深度融合，实现“文旅+”融合发展，提升全域旅游新层次。

此外，2022年12月，绵茂公路通车，该条公路起于汉旺镇，沿绵远河上行，途经清平镇，穿越九顶山自然保护区、大熊猫国家公园，止于土地岭隧道北出口（北川段）与茂北线相接，将茂县、阿坝与成都平原相连，结束了德阳与阿坝、绵竹与茂县“相邻不相通”的历史，缩短了成都与九寨沟的距离，被认为是一条未来的黄金旅游线，将促进区域的文化旅游交流，带动区域经济协调发展。

三、地震遗址文旅融合创新发展探讨

地震遗址作为红色经典景区，应该加大对遗址的保护力度，并合理做好利用，探索如何采用保护与利用并举的方式，让地震文物真正活起来，探索文旅融合创新发展。

（一）工业遗址的保护意识有待增强

汉旺作为工业遗址纪念地，有深厚的工业历史文化底蕴。1966年开始，东方汽轮机厂、天池煤矿、清平磷矿等多家国企入驻汉旺，形成了良好的工业基础。20世纪70年代汉旺成为四川省五大工业重镇之一，并且以全国三大汽轮机生产企业之一的东方汽轮机厂和全国四大磷矿基地之一的清平磷矿而闻名全国。东方汽轮机厂，创建于1966年，1974年建成投产。2006年12月28日，东汽厂改制为东方汽轮机有限公司和东汽投资发展有限公司，隶属于中国东方电气集团公司。东汽是中国研究、设计、制造大型电站汽轮机的高新技术国有骨干企业和四川省重大技术装备制造基地的龙头企业。它关系着国家安全和国民经济命脉，与上汽、哈气鼎足而立，共同为中国，乃至世界提供可持续发展的能源保障。

2008 年“5·12”特大地震后，东汽整体搬迁至德阳建设新基地，汉旺东汽厂区作为遗址保留，成为全国爱国主义教育基地、东汽职工爱厂教育场所，由于企业自身对工业文化遗产保护意识不强，致使大量工业资源遭受破坏和浪费。比如企业在搬迁、撤离过程中，将可展现企业发展历程的重要设施设备廉价变卖、完全流失，失去了遗址遗迹参观旅游价值。且汉旺属工业重镇，清平磷矿、天池煤矿震后的小火车站、装载机、矿山救护车等工业遗产元素都未得到妥善保管。加之企业移交绵竹市政府过渡时期较长，致使厂区遗址内许多的工业物件与资源流失严重。

按照保护与利用相结合的原则，工业遗址遗迹必须聘请专业公司，制定详细规划，积极引导民间文化投资者合理开发利用工业遗址，引进项目，发展地方旅游经济，深入挖掘宝贵的工业文化遗产内涵，让工业遗址名副其实、更好地发挥其作用，积极融入绵竹全域旅游发展，充分发挥好区域文化特点和优势，增强地方文旅产业核心竞争力。

（二）红色资源如何融入文旅创新发展

“把红色资源利用好，把红色传统发扬好，把红色基因传承好”，党的十八大以来，习近平总书记多次强调要用好红色资源，传承好红色基因。2021 年 6 月，四川省制定并通过《四川省红色资源保护传承条例》，明确提出：县级以上地方人民政府应当加强对红色资源的保护包括见证红军长征、川陕苏区、抗日救亡、四川解放、川藏公路建设、三线建设、两弹一星研发、抗震救灾与灾后恢复重建、脱贫攻坚等的遗址、遗迹和代表性实物。2021 年，绵竹市汉旺地震遗址公园被列为全国 300 处红色旅游经典景区之一、四川省 11 条红色旅游精品线路——“抗震救灾”五日游线路，同时被认定为“四川省首批中小学红色教育研学实践基地”和“首批四川省地学研学旅行实践基地”。被列入四川省中小学红色教育研学实践活动 9 条精品线路之中（线路 2：“绵竹市汉旺地震遗址公园—中国工程物理研究院科学技术馆—中国两弹城—苍溪县红军渡—旺苍县中国红军城”）。

《四川省红色资源保护传承条例》，明确县级以上宣传部门牵头建立红色资源保护传承联席会议机制，牵头建立红色资源保护传承专家委员会，县级以上财政部门应当将红色资源保护传承经费列入本级财政预算。绵竹市委宣传部正在制定本地区红色资源保护相关政策文件，绵竹将紧抓成渝双城经济圈建设、成德眉资同城化发展等战略机遇，深度融入旅游发展新格局，依托厚重文化底蕴和丰富旅游资源，坚持旅游全域化、产业融合化、业态多样化，大力推动文化旅游融合发展，高水平融入环成都文旅经济带和巴蜀文化旅游走廊建设，走出一条彰显绵竹特色的文旅融合新路子。

四、结语

汉旺东汽工业遗址纪念地作为全国爱国主义教育示范基地、国家AAA级旅游景区、国家三级博物馆、全国科普教育基地，兼具“三线建设”和“抗震救灾”精神内涵，具有强大的正能量作用，是红色教育基地，形成了独具特色的具有历史背景、地域背景的遗产特色，同时也被列入四川省内红色旅游精品线路，将积极融入省内与绵竹地方文旅融合创新发展中，将红色旅游资源与地方旅游资源有机整合，多元化创新发展，增强吸引力。建议地方政府文化和旅游主管部门应当加强红色旅游的跨区域合作推广，发挥区域优势，建设红色旅游联盟，提升红色旅游内涵品质，丰富旅游产品，打造点线结合、线面结合的红色旅游圈，创新文旅融合模式，推进区域文旅产业高质量发展。

参考文献

[1] 四川省绵竹县志编纂委员会编．绵竹县志 [M]. 成都：四川科学技术出版社，1992.

[2] 中国人民政治协商会议绵竹市委员会编．绵竹政协文史资料选辑，第三十辑（绵竹旅游）[J]. 政协绵竹市委员会，2011-8.

[3] 关于促进文化与旅游结合发展的指导意见．文化部、国家旅游局，2009-08-31.

[4]《国务院办公厅关于促进全域旅游发展的指导意见》（国办发〔2018〕15 号），国务院办公厅，2018-03-09.

[5]《四川省红色资源保护传承条例》，四川省人民代表大会常务委员会，2021-06-25.

[6]《四川省红色资源保护传承条例》实施办法，四川省人民政府，2022-05-18.

作者简介

何海芳，女，1983 年生，四川绵竹人。大专学历，工作单位：绵竹市汉旺地震遗址公园管理委员会，研究方向：地震遗址文旅融合。

抗震救灾精神在实施乡村振兴战略中的作用研究

胡茂　贾丹

摘要：民族要复兴，乡村必振兴。2021 年 12 月 25 日，习近平总书记在中央工作会议上强调“三农”工作仍然是农业农村稳定发展的重心，要着眼于国家战略，采取强硬措施稳产保供，应对各种风险挑战。乡村振兴的前提是巩固脱贫攻坚成果，要持续抓紧抓好，让脱贫群众生活更上一层楼。剖析伟大抗震救灾精神的内涵，探究高质量乡村振兴下的目标任务，将抗震救灾的集体主义精神、奋斗精神、实践精神积极运用到：激活农业市场、主体、要素、政策、组织等方面；引领农民、政府、企业、科技、社会形成以乡村振兴为中心的五位一体协同发展；协调乡村与城市的发展、政府与市场的配合、农村人口与劳动力之间的协调、乡村振兴内涵与表象的转换、长期发展与短期目标之间的把控。通过这三条路径实现“产业兴旺、生态宜居、乡风文明、治理有效、生活富裕”。

关键词：乡村振兴；抗震救灾精神；脱贫攻坚；三农

一、引言

虽然“5·12”汶川特大地震距今已经过去 15 年了，但在这 15 年间四川经济整体迅猛发展，很好地完成了灾后重建任务，并进一步巩固相应的经济成果。同时在党中央的领导下完成了脱贫摘帽工作，四川人民生活幸福感进一步提升。回望所取得的这些成果，不可忽视的是四川人民自地震中所汲取的抗震救灾的精神养分，为后续四川的灾后重建、经济发展、脱贫攻坚等所带来的坚实支撑。目前正值脱贫攻坚取得全面胜利之际，党和国家为了人民生活水平的不断提高，最终实现共同富裕，进一步提出乡村振兴战略。值此建设农业农村现代化时刻，进一步弘扬抗震救灾精神，将其在实施乡村振兴战略中的作用进行研究，让乡村振兴的道路走得更快更稳，具有重要研究意义。

抗震救灾精神是爱国主义、集体主义的集中体现，是以中国共产党的领导为方针，广大人民群众积极参与为基础，全国一心战胜困难与挑战，具有深刻的精神内涵。国内关于抗震救灾精神的研究的文献不少，一方面是关于抗震救灾的纪实文献如《汶川特大地震水利抗震救灾志》《重大突发事件应对》《惊天动地战汶川》这些文献大多是对抗震救灾中涌现的大量感人事迹进行歌颂以及坚定党的领导核心作用。另一方面是剖析抗震救灾精神与爱国主义情怀及社会主义核心价值观，如祝伶俐，胡子祥（2019）提出抗震救灾精神体现中华民族、中国共产党人爱国奋斗的优良传统，彰显了新时代爱国主义精神的特质和价值旨归；刘丹（2010）提出应通过抗震救灾精神增强思想政治教育的实效性；曹燕、胡子祥、张利民、雷芳（2017）认为抗震救灾精神具有丰富育人价值，是实现民族复兴的内在要求。

可以看出抗震救灾精神在社会文明提升、精神价值升华等方面具有重要的研究价值。同时，也可以看出将抗震救灾精神应用于当前乡村振兴的国家战略之中，指导乡村振兴战略全面有效的实施具有理论研究意义。习近平总书记在十九大报告中提出乡村振兴战略，二十大强调要全面推进关系到国计民生的重要问题，实现中华民族的伟大复兴离不开乡村振兴的支撑。继续弘扬和挖掘抗震救灾精神的重要内涵，将其融入乡村振兴战略中，以实现高质量的乡村振兴。

通过对已有乡村振兴研究归纳总结，发现随着经济社会的发展以及现代化进程的推进，城镇化加速，农村人口减少，城乡发展不协调，乡村治理总体效能低下等一些问题突出。针对上述问题，我国许多学者对此进行研究，关于乡村振兴战略的研究成果比较丰富，根据对象和要素的不同，主要分为宏观和微观两类。宏观层面相关研究成果主要有：刘合光（2018）提出乡村振兴战略必须掌握战略关键点，通过机制、产业、科技、创新、人才培育四种途经打造适应新形势要求的城乡一体化发展新格局；刘彦随（2018）以城乡融合为视角研究乡村振兴，提出现阶段我国乡村振兴发展战略；张军建议在国家层面上制定“乡村振兴法”，创新乡村振兴体制机制。微观层面具体研究某一地区乡村振兴具体策略，相关的研究成果有：王燕、刘晗、赵连明、黎毅（2018）探讨了西部地区 5 种具有代表性的典型农业科技协同创新实践，提出了新时代乡村振兴战略下西部地区“5+2”农业科技协同创新模式；郭燕妮（2019）提出遵循因地制宜、渐进式与可持续发展的基本原则，采取有针对性的措施加以改进。通过制定和完善积极的产业发展对策，以期促进延安乡村产业在新形势下实现突破性发展；李文辉（2014）结合陕北黄土丘陵区的区域特点和产业发展具体状况，分析了该地区产业发展目前存在的主要问题，并提出其产业结构进一步调整优化的具体措施和方案。国外许多国家提出了相关的乡村发展计划，如德国在 20 世纪 60 年代提出了乡村竞赛发展计划，法国在 21 世纪初提出了农村发展计划，亚洲的日本提出了振兴农村的发展计划——“造村运动”，韩国提出了振兴农村的发展计划——“新村运动”。还有很多学者研究了乡村复兴、再造与发展中各种治理要素所发挥的关键作用，如：美国学者 Gladwin.C.H 认为农民创业精神是农村振兴的一个关键，Johnson.T.G 探讨区域经济多样性合多样化，Ayobami.O.K 研究了公益旅游在乡村振兴中的作用，Greene.M.J 认为多功能人工智能是改善农业发展的重要途径。

综上所述，国内外关于乡村振兴战略不论从宏观和微观层面都有大量学者做了系统的研究，对抗震精神的内涵以及时代价值也有着较为全面的研究。但是在将抗震救灾精神融入乡村振兴战略方面还缺乏相关理论研究。

二、抗震救灾精神的内涵

抗震救灾精神是爱国主义、集体主义的集中体现，是以中国共产党的领导为方针，广大人民群众积极参与为基础，全国一心战胜困难与挑战，具有深刻的精神内涵。

（一）万众一心、同舟共济的集体主义精神

中华民族历经千年磨难，早已骨子里深知团结协作的力量。在地震救援中，我们看到了全国人民拧成一股绳，形成巨大的合力，齐心协力拯救同胞。彰显了集体主义的强大力量。举国上下万众一心，同舟共济，肩负起解救国家危难的重任。万众一心、同舟共济是推动中华民族不断向前发展源源不断的动力，是推动民族复兴的亘要精神源泉。

（二）百折不挠、自强不息的奋斗精神

伟大的抗震救灾精神展现了中国人民百折不挠、自强不息的民族气节。抗震救灾的伟大胜利蕴含着党和人民不怕困难、自强不息的精神，奋斗精神根深于中华民族的优秀传统中，是对革命精神的传承。这种英勇无畏、慷慨赴难的英雄气概，顽强不息的奋斗意志，用行动向世界展现了一个生生不息、坚韧不拔的中华民族。

（三）尊重科学、以人为本的实践精神

尊重科学、以人为本是马克思思想现代化的发展与进化，是根植于中华民族文化传统中，贯穿于我国治国理政理念之中。地震灾害危及生命，以人为本的精神是支撑疲惫救护人员最伟大的信念。尊重人的价值，关注人的生存，重视人的发展。人民群众是我们党最强的底气，推动历史前进，中华民族的伟大复兴离不开坚持人民群众主体这一宗旨，从群众中来，到群众中去。抗震救灾实践的伟大胜利离不开人民群众的实践性、创造性。尊重科学的抗震实践精神是指尊重客观规律，运用科学有效的方法有序的展开救援。

三、乡村振兴战略下的目标任务

党的十九大报告明确实施乡村振兴战略的“二十字”方针，

方针要求按照“产业兴旺、生态宜居、乡风文明、治理有效、生活富裕”建立健全城乡融合发展机制以实现乡村振兴。党的二十大报告专门提出，全面推进乡村振兴，始终坚持优先发展农业农村，实现农业强国离不开农业农村现代化的建设。充分弘扬抗震救灾中的奋斗、实践和集体主义精神，将其融入“二十字”方针，明确我国高质量乡村振兴战略下的目标任务。

“产业兴旺”不局限于第一产业，而且涵盖以智慧产业、信息产业为媒介连接第一、第二、第三产业融合发展的新发展理念。重构现代新型农业产业体系、经营体系以及革新生产体系；充分将产业发展与环境、地理、社会、政策等各种规划因素相结合，实现产业结构优化发展，利用产业聚集，促进农业产业的分工与协作；通过发展与农业产品相辅相成的旅游产业达到延长产业链的目的，增加产业链上的附加价值。北川充分发挥“万众一心”的集体主义精神，团结当地农民群众、政府、企业等发展以茶叶为主导的产业，通过政府牵头，创建地理标志产品，以“公司＋基地＋农户”的模式，“非遗＋羌茶＋旅游”“产学研一体化”等方式实现茶文旅融合发展，带动了周边餐饮、住宿、特色农产品的发展；促进农业朝着绿色化、可持续化、品牌化发展；通过合作社、供销社等实现小农户与市场的衔接。

“生态宜居”是乡村振兴的环境要求，指经济社会环境协调发展，创造适宜工作生活的环境，满足乡村百姓和城市居民对美好生活环境的向往。践行抗震救灾精神中“以人为本”的实践精神，将人的生存和发展条件置于首位，对生态环境保护政策进行改革创新，例如“农村厕所革命”、农村生活垃圾治理、农药包装废物回收处理等方面进行引导及约束。同时注重生态与产业的协同发展，将可持续发展作为生态宜居发展的核心之一，在实现产业增长的同时更要保护好生态。北川羌族自治县2019年成为绵阳首个发布县域GEP（生态系统生产总值）的区县，GEP为590.03亿元，实现了生态环境价值增值。

“乡风文明”是当前提出的乡村振兴工作重要的精神内涵，实现乡村振兴工作任重而道远，必须建立在以农民群众为核心，建设文明、健康的生活方式。通过乡村自治，乡规民约，多彩的文娱活动都在无形中提升其综合素养，构建精神文化内涵。培养遵纪守法，礼貌待人；艰苦奋斗、勤劳致富；尊老爱幼，邻里和谐等精神文明。在面对地震、疫情等灾难时，基层群众都积极主动担当起志愿者，延续着抗震救灾中“同舟共济”团结精神，体现出强大的责任和集体意识。文明乡风培养和熏陶农民群众的优良品质，从人文、精神层面推动乡村振兴建设，吸引城市资本、人才流向乡村，推动城乡之间衔接发展。

“治理有效”是根基，乡村振兴工作要想取得相应治理效果，必须要明确党的领导、政府负责、社会协同、法制保障、科学发展的治理体系。发扬抗震救灾中“尊重科学”的精神内涵，在乡村治理中要保证以科学方法为指导，坚持法制与德治相结合，充分发挥乡村自治。加大农村普法知识宣传，政府协同司法部门共同推进“法律进乡村”，引导基层农民群众学法、懂法、守法、用法。同时加强农村安全体系的建设，北川羌族自治县制定法制宣传教育第八个五年规划，科学的引导普法教育，“法律七进”将法律带进学校、企业、乡村等，为推进乡村振兴战略营造一个良好的社会环境。

“生活富裕”是乡村振兴的最大目标。乡村振兴所要实现的生活富裕是在经济可持续发展的基础上，加强民生工作建设。这就要求农民群众充分发挥主观能动性，弘扬灾后重建“百折不挠、自强不息”的奋斗精神，高速高效地建设农业农村事业，同时要求政府牵头解决医疗、教育、就业等面临的难题，完善现有保障体系，提升居民生活质量；推进发展优质、高产、高效、绿色的现代化农业，提高农业的经济效益；充分发挥乡村党组织的带头作用，培养一批党员带领村民致富。

四、抗震救灾精神在实施乡村振兴战略中的作用研究

在明确乡村振兴战略目标与掌握抗震救灾精神深刻含义的同时，确立三条路径同步协调推进路径框架：通过“万众一心、同舟共济”的集体主义精神激活市场、主体、要素、政策、组织五个方面；通过“百折不挠、自强不息”的奋斗精神实现农民主体、政府主导、企业引领、科技支撑、社会协同参与的协同机制；通过“尊重科学、以人为本”的实践精神把握乡村与城市的发展、政府与市场的配合、农村人口与劳动力的协调、表象与内涵的转换、长期发展与短期目标之间的关系。

（一）“万众一心、同舟共济”的集体主义精神激活农业经济市场

要推进乡村振兴，必须搞活经济。充分发挥“万众一心，同舟共济”的集体主义精神，通过深化改革来激活农业市场、主体、要素、政策、组织。

激发农业市场经济，主要涉及两个方面的内容：一是完善市场机制。尽可能保障生产要素自由公平流动、实现产权激励、企业直接公平竞争、市场失灵时及时宏观调控。二是要尽快转变政府职能。乡村振兴是个长期的工程，不能仅仅依靠政府主导和投入。减少政府对企业和市场干预，实现市场和政府协作分工，充分发挥市场的调控作用，依靠供需关系调节产业结构，企业才能优胜劣汰，行业才能进步。

激活乡村振兴的经营主体，在活跃市场环境下充分发挥农户、合作社、企业等经营主体的作用，在逐渐弱化政府作用的同时通过产权制度和经营制度的改革发挥经营主体的作用，使得广大农户、合作社、企业能够有更多的自主经营权。同时搭建农业信息网络平台缓解信息不对称不及时的状况，使得农业从业者能够更快把握一手真实

信息，对生产进行及时的调整。

土地资源、人力资源、资金以及配套技术和专业的领导是激活农业产业的主要要素。科学配置生产要素，使之达到最佳产出。因地制宜，根据具体的自然气候、地理位置条件种植农作物；通过合作社、行业协会、供销社等途经培养专业技术人员；完善农业金融体制，为中小农户提供更加便利的贷款，政府积极招商引资，牵头发展当地农业；加快农业技术的转换率，以宣讲、补贴的形式加强对科技成果的应用与传播；政府协同高校培养农业与管理交叉学科的人才，为农业企业输送既懂管理又懂农业的人才。

激活农业政策就是要依据国家“十四五”规划、一号文件、二十大对农业的战略规划，应当根据当地实际农业产业发展情况及资源配给，政府做好相应细则制定。政府要做好引导工作，为农业从业者做好政策的解读和政策的落实。同时政府要发挥“看得见的手”的宏观调控作用，弥补市场失灵，支持农业发展，确保农业市场经济能够健康运行。

激活组织就是要激活农业产业链上的所有参与者，肥料、种子供应商、农业从业者、农副产品零售商和批发商、物流供应链、金融机构对农业扶持等。促进产业链上的企业协同发展，通过增加产业链上的附件价值，形成价值链。

（二）“百折不挠、自强不息”的奋斗精神引领五位一体的协同发展

乡村振兴工作目标的实现，不是靠一家一户的努力奋斗，而是需要多部门、多产业的协同配合。发扬“百折不挠、自强不息”的奋斗精神，探索农民为主体、政府主导、企业引领、科技支撑、社会参与的“五位一体”协同发展。

坚持以“农民主体”为乡村振兴的主体力量。明确农民才是乡村振兴的主体力量，确立农民在乡村的主体地位。首先，赋予农民主体权利和责任，强化农民这一主体的自主意识和自治功能。其次，农民应该是组织化的概念，例如合作社、供销社、农业企业等，小农小户难以担当起乡村振兴的主体责任。因此，农民组织化程度是乡村振兴的重要环节，农民组织化是农业集约化、规模化的重要前提。努力提升农民素质，促使传统农民朝着专业农民转化，优化农村人力资源结构。

坚持“政府主导”在乡村振兴战略实施中发挥的引导作用。政府的引导作用体现在两个层面：一是中央政府关于乡村振兴战略的方向与实施的科学顶层设计。关于乡村振兴的内涵、战略方向、发展目标、阶段任务等，确保乡村振兴朝着正确的方向前进。二是各级地方政府要根据中央政府的顶层设计，根据当地实际情况，制定具体的实施方案与细则。政府的引导体现在三个方面：一是政策引导，近年来我国政府加大对农业发展的重视，中央一号文件、二十大都将乡村振兴置于重要的地位，国家层面出台了相关政策方针，从实际情况来看，政策与农户之间存在断层，国家政策和地方政策的协同性欠缺。二是在示范引导，政策要能够调动主体积极性必须从实际上看到政策

效果，由此政府引导示范区的建设将成为领头羊作用，通过示范区的抛砖引玉，搭建产业链体系，带动行业的健康发展。三是资本引导，政府要做好招商引资，通过对资本的引入结合当地特色，形成当地基本的产业布局。在乡村振兴战略中政府起着主导作用，对带动农业经济的发展至关重要。

坚持“企业引领”在乡村振兴工作中的带头作用。乡村振兴必须要企业振兴，企业的引领优势主要体现在以下三个方面：一是投资引领，农业产业存在着周期长、受自然条件限制大、进入壁垒低、市场波动大。无论是投资者还是小农户热情都较低，鼓励和一二产业投资农业，支持相关企业进入农业产业，与个体农业户协同推进农业产业的发展。二是产业融合引领，农村三产融合是农业产业化发展和一体化经营的要求。产业融合是增加产业价值链的重要实现途径，龙头企业的引领是加快建设和完善的重要手段。三是带动小农户的引领。企业作为农业政策的践行者，农业科技的先行者，是作为现代化农业和传统农业的桥梁。基于“大国小农”这一基本国情，小农户的现代化发展水平也是衡量乡村振兴的重要指标。通过企业引领，在探索我国小农经济的过程中起着重要的参考作用。

坚持“科技支撑”在乡村振兴中发挥的核心支持作用。科技是第一生产力，是行业不断革新的动力，现代农业和传统农业重要的区别就是科技的运用，也是从农户转变成农业企业的重要生产要素。农业企业要克服自然条件和市场两方面带来的波动，除了土地和资本、人力等资源的协调，农业技术也是扭转盈亏点的重要因素。在农业技术应用中，首先要加快促进科技成果的转化率，建立科研院所、学校与农业企业、乡镇政府、合作社等之间的联系；其次要重视技术集成与组合的应用效率，不仅要单项科技与农业企业结合，而且更加应该重视多项技术综合与产业的协同效应；最后充分发挥互联网技术对产业的连接与支撑作用，充分利用互联网将科技渗入到小农户中。充分发挥科技在乡村振兴中的支撑作用，实现公共服务体系的构建、小农组织化的建立等。

坚持“社会参与”作为乡村振兴的重要力量。乡村振兴不仅要求农业主体积极参与，同时需要社会多部门协调，事业单位、社会团体、民间组织等通过自主或合作的方式参与到乡村振兴的建设。同时科研机构、高校要做好农业技术研发和人才培养，积极引导高校就业方向朝着农村发展，培养一批懂技术、懂管理的职业农民。加快建立和完善社会参与乡村振兴战略的体制机制，例如政府搭建农产品信息网络平台，为农业从业者提供最真实可靠的信息；高校协同地方政府搭建乡村就业鼓励机制；农业银行、农村信用社出台针对农业贷款优惠政策和简化农业贷款手续，鼓励返乡创业；充分发挥供销社连接农户和市场的桥梁作用。

（三）“尊重科学、以人为本”的实践精神把控五对关系

乡村振兴工作的开展，必须与城市发展、政府市场配合、农村人口与劳动力的协调、表象与内涵的转换、短期长期目标相结合。

乡村振兴离不开城市发展。城市化进程离不开农业支撑，同理乡村振兴战略实施也离不开城市的带动。城市化与乡村振兴不是矛盾的、冲突的，反而两者间相互协调，相辅相成。我国目前小农户比重较大，导致我国农业从业人口比重远远大于农业在国内生产总值的比重，通过城市化进程转移部分产值较低农业从业者，调节农业产业和就业结构不协调，转移部分农业从业者可能会加重农业撂荒，尽快建立小农组织保障体制，集中农田，规模化生产。这就要求乡村振兴战略和城市化要有效衔接，双轮驱动。由新型城市化为动力核心，带动乡村振兴发展，实现两大战略目标的协同合作与衔接。

准确把握政府与市场的关系。政府应当充分发挥资源配置作用，在乡村振兴战略中，既要有引导作用，又得起到市场与乡村战略间的润滑作用。政府和市场共同构成社会最重要的治理架构，两者合理分工。通过政府的制度安排，保障市场处于公平公正的竞争环境，同时保证公共产品的供给；通过市场的供需调节，激活市场主体的活力，提高竞争效率，降低产业成本，优胜劣汰，促进行业的进步。在实际运行中，要把握好政府与市场的协调作用，不要过度地发挥政府的支配作用，忽略市场本身的运行规律。如政府提供公共服务或公共产品，交由市场来运行；政府前期牵头带动和扶持产业的发展，后续逐步降低补贴，将企业交由市场。另外，政府要在市场失灵的情况下主动担当起责任，当自然灾害导致农产品短缺，及时调动其他区域和粮食储备来应对市场供应不足，缓解价格大幅度波动的问题，保障消费者的权益。当市场供应过量，及时以最低粮食支持价格收购来保障生产者的权益。

协调农村人口与劳动力之间的关系。我国乡村振兴面临着留守人口成为乡村振兴主力的问题，农村人口基数大，但是劳动力不足，留守人口成了农业的主要群体，这部分农业从业者还停留在传统农业，依靠传统工具和设施进行农业生产，对新技术的接收能力和新设施的运用能力还十分欠缺，停留在“靠天吃饭、靠手劳作”的状态。非农业从业人口向城市迁移不彻底，具体表现为：乡村年轻人因大城市发展机会多，选择城市发展，但是多为短暂性迁移，在城市定居的人口少；农村人口向城市流动的特点导致了农村劳动力不足，多为留守老人、儿童。农田出现撂荒的情况。春节、国庆等节假日，农村人口呈现出短暂时增加，其余时间均体现出劳动力供应不足。要解决农村人口和劳动力不协调的现状，需要从这几方面考虑：第一，以农业发展本身为关键，以现代化、产业化、规模化的农业产业吸引乡村外出人口返乡创业；第二，要破解城乡二元体制实现城乡一体化发展，城乡之间劳动力的自由流动；三是通过三产融合发展，优化乡村人口在城市和农村的布局，进一步优化人口布局和产业布局。

把握乡村振兴表象与内涵之间的转换。乡村振兴包含着外在表现形式和本质，也

就是乡村振兴的表象和内涵。外在表现形式体现在不同资源禀赋形成的产业分布，在实施乡村振兴的过程中要坚定不移地按照当地生态特点进行规划，因地制宜，开展适宜本地发展的农业产业布局。乡村振兴的内在本质决定了乡村能否振兴，制定适合农业农村发展的体制机制，完善乡村治理结构，如乡村生态环境保护与利用机制，完善乡村医疗、社保制度，如乡村文化的塑造；宣扬积极向上的文明乡风；乡村振兴应该牢牢地抓住内涵建设，以内涵促进表象建设。

把控短期目标与长期发展之间的关系。乡村振兴战略是国家关于农业农村建设的长期规划，必须从长远的发展考虑，不单纯追求短期利益，不以外在乡村形态为目标，政府要牵头做好长远规划，脚踏实地稳步前进。乡村振兴要充分考虑可持续发展的问题，在产业规划布局上要考虑对环境的保护，保护不可再生资源，适度开发可再生资源，考虑战略目标与建设项目长短期相结合。在不破坏环境的前提下，落实并积极推进改革的思路与举措，力争取得成效并有所创新。地方政府充分发挥主观能动性，以自身实际发展情况为依据，在没有明确的具体改革情况下，根据原则性指导方向，对当地发展进行探索和尝试，以自己的实践为同类情况提供经验与思路。

五、结论

在高质量乡村振兴的新时代，中华民族经历了地震、疫情、国际经济环境等带来的巨大冲击，持续发挥抗震救灾精神中的集体主义精神、伟大的实践精神以及奋斗精神积极推进乡村振兴战略。通过不断深化改革，从市场、主体、政策、要素、组织多方位调动参与各方的积极性，是搞活经济的重要途径；坚持农民为主体、政府主导、企业引领、以科技为支撑的格局下构建农业产业布局，培养农民作为现代农业的主体力量，促进农业产业改革升级；在推进乡村振兴的过程中仍要注重城乡二元结构问题，城镇化和乡村振兴并重发展，政府要处理好与市场的关系，引导市场发展而非主宰市场，重视乡村劳动力不足的问题，优化农村劳动力结构，把握乡村振兴表象与内涵之间的关系，以可持续发展为前提把控乡村振兴短期目标与长期发展的协调问题。

乡村振兴是我国短时期不会改变的目标，稳定高效推进乡村振兴战略是实现农业农村现代化的基石，是中华民族伟大复兴的必然要求，是实现共同富裕的根本保障。我们要继续传承和弘扬伟大抗震救灾精神，从中汲取精神养料，助力乡村振兴战略落实落地。

参考文献

[1] 刘合光．乡村振兴战略的关键点、发展路径与风险规避 [J]．新疆师范大学学报（哲学社会科学版），2018，39（03）：25-33.

[2] 刘彦随．中国新时代城乡融合与乡村振兴 [J]．地理学报，2018，73（04）：

637-650.

[3] 张军．乡村价值定位与乡村振兴 [J]. 中国农村经济，2018（01）：2-10.

[4] 王燕，刘晗，赵连明，黎毅．乡村振兴战略下西部地区农业科技协同创新模式选择与实现路径 [J]. 管理世界，2018，34（06）：12-23.

[5] 郭燕妮．乡村振兴战略背景下延安乡村产业振兴研究 [D]. 延安大学，2019.

[6] 李文辉．陕北黄土丘陵沟壑区产业结构优化对策研究 [J]. 生态经济，2014，30（11）：83-88.

[7]《汶川特大地震水利抗震救灾志》编纂委员会．汶川特大地震水利抗震救灾志 [M]. 北京：中国水利水电出版社，2015.

[8] 陆亚娜．重大突发事件应对 [M]. 南京：南京师范大学出版社，2016（02）：197.

[9] 贾永，曹智，黎云，解放军报记者徐生．惊天动地战汶川 [N]. 人民日报，2008-05-30（001）.

[10] 祝伶俐，胡子祥．抗震救灾精神：爱国主义情怀的时代展现 [J]. 红色文化学刊，2019（01）：73-79+111.

[11] 刘丹．抗震救灾精神对思想政治教育作用研究 [D]. 南华大学，2010.

[12] 曹燕，胡子祥，张利民，雷芳．灾区人民抗震救灾精神及其时代价值 [J]. 西南交通大学学报（社会科学版），2017，18（05）：121-127.

[13] 陈磊，曲文俏．解读日本的造村运动 [J]. 当代亚太，2006（06）：29-35.

[14] 金英姬．韩国的新村运动 [J]. 当代亚太，2006（06）：13-22.

[15] 李周，温铁军，魏后凯，杜志雄，李成贵，金文成．加快推进农业农村现代化："三农"专家深度解读中共中央一号文件精神 [J]. 中国农村经济，2021（04）：2-20.

[16] 金敏，李海星，刘大可，林红，杜丕谦，田恒国，顾越利，肖剑南，孙秀艳，胡熠，罗海成，何建津，温敬元．学习贯彻党的二十大精神笔谈 [J/OL]. 中共福建省委党校（福建行政学院）学报：1-29[2022-11-26].

[17]Gladwin CH，Long BF，Babb EM，et al.Rural entrepreneurship：One key to rural revitalization[J].American Journal of Agricultural Economics，1989，71（5）：1305-1314.

[18]Siegel PB，Johnson TG，Alwang J.Regional economic diversity and diversification[J]. Growth and change，1995，26（2）：261-284.

[19]Ayobami OK，Ismail HNB.The exploration of value domain attribute in Argungu community with an emergent voluntourism economy and its accrued benefits[C]//International Conference on Urban and Regional Planning.2014：9-11.

[20]Parr CS，Lemay DG，Owen CL，etal. Multimodal AI to Improve Agriculture[J]. IT Professional，2021，23（3）：53-57.

作者简介

胡茂，男，1968年生，重庆酉阳人。研究生学历，副教授，工作单位：西南科技大学生命科学与工程学院，研究方向：农业管理。

贯丹，女，1994年生，四川绵阳人。西南科技大学生命科学与工程学院研究生，研究方向：农业管理。

盐亭灾后重建对全面推进乡村振兴的经验与启示

李绪鹏

摘要：“5·12”汶川特大地震抗震救灾，充分彰显了社会主义制度的优越性和我们党强大的感召力、凝聚力、组织力，在抗震救灾中，形成了“万众一心、众志成城，不畏艰险、百折不挠，以人为本、尊重科学”的伟大抗震救灾精神。在波澜壮阔的抗震救灾和灾后重建工作中，盐亭人民用理想凝聚力量，用信念铸就坚强，用真情凝结关爱，在党中央和省委、市委的坚强领导下，圆满完成灾后恢复重建任务。坚持精准扶贫、尽锐出战，撸起袖子加油干、风雨无阻向前行，打赢了脱贫攻坚战，全面建成小康社会，实现第一个百年奋斗目标。

关键词：“5·12”特大地震；灾后重建；乡村振兴；经验启示

2008年“5·12”汶川特大地震发生后，党中央作出了举全国之力进行抗震救灾的决定，号召各省市对口援建灾区市县，充分彰显了社会主义制度的优越性和我们党强大的感召力、凝聚力、组织力，在抗震救灾中，形成了“万众一心、众志成城，不畏艰险、百折不挠，以人为本、尊重科学”的伟大抗震救灾精神。在波澜壮阔的抗震救灾和灾后重建工作中，盐亭人民用理想凝聚力量，用信念铸就坚强，用真情凝结关爱，在党中央和省委、市委的坚强领导下，圆满完成灾后恢复重建任务。坚持精准扶贫、尽锐出战，撸起袖子加油干、风雨无阻向前行，打赢了脱贫攻坚战，全面建成小康社会，实现第一个百年奋斗目标。

党的二十大指出，全面建设社会主义现代化国家，最艰巨最繁重的任务仍然在农村。坚持农业农村优先发展，坚持城乡融合发展，畅通城乡要素流动。加快建设农业强国，扎实推动乡村产业、人才、文化、生态、组织振兴。实施乡村振兴战略是开启全面建设社会主义国家新征程、全面建设社会主义现代化强国的必然要求。灾后重建和脱贫攻坚为乡村振兴奠定了坚实基础，积累了丰富经验和启示。

一、盐亭灾后重建为全面推进乡村振兴提供宝贵经验

（一）坚持以产业强县强基，开辟产业振兴新天地，为全面推进乡村振兴奠定坚实基础

推动农村产业经济发展，壮大农村集体经济，是灾后恢复重建的首要任务。“5·12”地震使农村产业受到重创，在灾后重建中大力发展现代农业，积极培育龙头企业，做强优势产业，转变农业发展方式，推动“三农”工作发展成为重中之重。盐亭县委坚持以高质量发展为主题，以农业供给侧结构性改革为主线，加快建设成渝地区生态经济强县，按照“一乡一业”“一村一品”的产业布局，科学编制产业发展规划，大力发展生猪、蔬菜、稻油、种子、黑桃、藤椒等主导产业，打造优质农产品基地，做大做强“川椒王子”、亚隆牌黑桃油等优势产业，擦亮盐亭农业金字招牌，“三农”工作焕发生机活力，农业发展全面推进，农村和谐稳定，农民持续增收。加快构建新型工业，不断壮大生物医药、绿色食品、清洁能源主导产业，建设绿色生态园区，延长农业产业链，全面提高农产品附加值。高起点谋划发展战略，着力打造国家级药物提取技术研发和产业化中心，高水平优化产业布局，加快构建功能复合、配套完善的生物医药产业功能区，高质量打造产业集群，培养壮大龙头企业。大力发展生态农业，打造一批具有全省乃至全国知名度的盐亭特色品牌。大力发展电子商务、文化旅游、商贸流通、现代物流等服务业。全面发展扶贫产业，推进脱贫攻坚与乡村振兴的有效衔接，农村集体经济稳定发展，农民生产积极性持续高涨，返乡创业能手不断涌现，有文化、懂技术、会经营的新型农民层出不穷，全面实现由农业大县向农业强县转变，为全面推进乡村振兴，加快建设成渝地区生态经济强县和社会主义现代化盐亭奠定了坚实基础。

（二）坚持以文旅活县铸魂，打造和谐美丽新福地，为全面推进乡村振兴增强文化自信

盐亭历史文化厚重，嫘祖文化、岐伯文化、文同文化交相辉映，“5·12”地震使盐亭文化也受到重创，始建于清光绪时期的盐亭笔塔在地震中倒塌，字库塔、嫘祖陵景区等多处文化古迹受损严重，加快文化重建，增强文化自信刻不容缓。盐亭县委紧紧抓住灾后重建机遇，高标准、高质量在原址重建的笔塔再现昔日风华，字库塔修葺一新，以嫘祖文化圣地建设铸魂，挖掘文化潜能，打造盐亭文化品牌。加快建设嫘祖陵公园，该公园是中台办、国台办批准设立的“海峡两岸交流基地”，是中国侨联授

予的“中国华侨国际文化交流基地”，是中华炎黄文化研究会认定的“嫘祖文化圣地”，四川省“海峡两岸交流基地”。通过打造把嫘祖陵风景区建设成集嫘祖文化传播、休闲娱乐度假于一体的AAAAA级风景区。高标准、高规格办好一年一度祭祖盛典，为两岸同胞搭建回顾历史、品味嫘祖文化、畅叙亲情、深化两岸融合发展的平台，提升嫘祖文化的影响力，实现文化搭台，经济唱戏，筑巢引凤。加快建设“嫘祖圣境”项目，秉承“文化为魂、景观塑形、业态复合、功能健全”的理念，以嫘祖文化为主题，整合区域旅游资源，打造盐亭城市文化会客厅，进一步挖掘盐亭历史文化潜能，增强盐亭历史文化的厚重感。

（三）坚持以人才兴县聚力，开辟人才振兴新境界，为全面推进乡村振兴提供智力支持

“5·12”特大地震，导致盐亭人才外流严重，特别是农村尤为突出，大量青壮年劳动力外出务工，针对人才流失严重，村两委干部年龄老化、学历较低，能力不足等突出问题，县委把人才振兴放在灾后重建、脱贫攻坚和乡村振兴的重要位置，严格贯彻落实中共中央、国务院《关于加快推进乡村人才振兴的意见》，制定《鼓励支持盐亭籍在外人员回乡发展政策措施》。依托县委党校、职业技术学校和就业培训中心，强化人才培养，努力培养和造就一支懂农业、爱农村、爱农民的“三农”工作队伍，激发广大农民群众积极性、主动性、创造性为全面推进乡村振兴。积极鼓励和吸引新乡贤、返乡大学生、退伍军人在灾后重建、脱贫攻坚和乡村振兴中建功立业，完善人才激励机制，花巨资、出台优惠政策，制定资助细则，建设人才公寓，引进高端人才，为加快农业农村现代化，全面推进乡村振兴提供有力人才支撑。

（四）坚持以生态宜居塑形，提升魅力盐亭新形象，为全面推进乡村振兴迸发开放活力

深入贯彻习近平生态文明思想，努力践行绿水青山就是金山银山的绿色发展理念，始终坚持生态优先、绿色发展，进一步落实污染防治攻坚等生态文明建设重大举措，强化弥江河污水综合整治。深入开展农村人居环境整治，把生态环境保护作为招商引资的前提和基础，坚决杜绝高污染、高能耗企业入驻，提升全民环保意识，整合综合行政执法力量，加大执法力度。加快城乡基础设施建设，全面提升绿化、美化、亮化和净化水平和城乡居民的幸福指数。倡导低碳出行，形成自然、简约、文明的生活方式。擦亮盐亭全国绿化百强县、省级文明城市、国家生态文明建设示范县金字招牌，努力建设美丽宜居盐亭。

（五）坚持以组织建设固本，激发党建引领新活力，为全面推进乡村振兴强化组织保障

组织振兴是灾后重建、脱贫攻坚和乡村振兴的政治基础，在灾后重建中各级党组织和全县共产党员，充分发挥党组织战斗堡垒作用和党员的先锋模范作用，为盐亭灾后重建提供了强有力的组织保障。基层党组织是实施灾后重建、脱贫攻坚和乡村振兴的战斗堡垒，加强基层党组织建设，必须严格把握用人导向，注重从致富能手、农民合作社负责人、农民企业家、外出务工经商人员中选拔出组织放心、群众满意、敢于担当的村党组织书记，为灾后重建、脱贫攻坚和乡村振兴提供坚强组织保障。在全面推进乡村振兴战略中，必须充分发挥党员在乡村振兴中的先锋模范作用。要依托县委党校强化基层党组织书记培训，努力造就一批会管理、懂技术、爱农村、善经营的基层干部队伍。必须建立健全干部待遇稳定增长机制，鼓励村干部干事创业，切实解决村干部的后顾之忧。选派一批优秀干部到乡村振兴一线岗位，把乡村振兴作为培养锻炼干部的广阔舞台。必须强化监督检查，明确党委在乡村振兴中的主体责任，组织部门要制定奖惩办法，纪委要强化监督检查，加大考核力度，为全面推进乡村振兴保驾护航。

二、盐亭灾后重建对全面推进乡村振兴的启示

（一）组织坚强领导是保证

全面建设社会主义现代化国家、全面推进中华民族伟大复兴，关键在党。中国共产党的领导是中国特色社会主义最本质的特征，是中国特色社会主义制度的最大优势，中国共产党是最高政治领导力量，党政军民学、东西南北中，党是领导一切的。面对突如其来的大地震，盐亭县委闻令而动，视灾情如命令、责任如泰山，第一时间成立盐亭县抗震救灾指挥部，统一指挥全县抗震救灾工作，立即启动突发公共事件应急预案，构建起上下协调、高效运转的指挥系统，紧急动员党员干部群众迅速投身抗震救灾的各项工作中，在关键时刻发挥快速反应、指挥有力、协调一致的坚强领导作用，确保抗震救灾各项工作领导有力、紧张有序、落实到位。灾情就是命令，时间就是生命，全县各级党组织凝心聚力、众志成城、同心同行，组织带领全县广大党员干部和人民群众团结奋战，努力把灾害损失降到最低，彰显一个党组织就是一座堡垒、一名党员就是一面旗帜。积极引导全县党员干部冷静面对形势和困难，把思想和行动统一到中央、省市和县委的工作部署上来。在县委的坚强领导下，全县人民万众一心、众志成城，全县各级党组织坚持“人民至上、生命至上”理念，充分发挥基层党组织的战斗堡垒作用，迅速组织动员全体党员干部和各方资源、力量，团结带领群众做好科学防灾避险工作，第一时间投入抗震救灾和排查处置各项工作中，全力确保人民群众生命和财产安全，

让党旗高高飘扬在抗震救灾第一线，为抗震救灾提供坚强有力的组织保障。同时把抗震救灾作为组织创先进、党员争优秀的最大实践，全力以赴做好受灾群众安置、生活必需品供应等工作。积极开展基层党组织结对帮扶，进一步发动社会各界开展捐助活动，帮助灾区渡过难关。大力宣传和弘扬基层党组织、党员干部和广大党员带领群众抗震救灾中的先进事迹。经过顽强努力，抗震救灾斗争取得了重大阶段性成果，显示了党和人民的伟大力量，弘扬了中华民族的伟大精神，增强了广大干部群众战胜艰难险阻、重建家园的强大决心和勇气。用实际行动彰显了立党为公、执政为民，全心全意为人民服务的根本宗旨。实践证明，只要有党的坚强领导，就一定能够凝聚起万众一心、无坚不摧、无往不胜的磅礴伟力。坚持党的领导是国家的根本所在、命脉所在，是全国人民的利益所系、幸福所系。

（二）以人民为中心是根本

全心全意为人民服务是我们党的根本宗旨，中国共产党除了人民利益外没有任何私利，习近平总书记在党的二十大报告中指出："江山就是人民，人民就是江山，中国共产党领导人民打江山、守江山，守的是人民的心。治国有常，利民为本。为民造福是立党为公、执政为民的本质要求"。习近平总书记在二十届中共中央政治局常委同中外记者见面时强调："始终坚持一切为了人民，一切依靠人民，与人民风雨同舟、与人民心心相印，想人民之所想，行人民之所嘱，不断把人民对美好生活的向往变为现实，以中国式现代化全面推进中华民族伟大复兴"。

在波澜壮阔的抗震救灾和灾后重建中，我们党始终把人民利益放在首位，坚持以人民为中心的发展思想，全力保障人民群众生命安全，把人民生命至上理念融入群众安置和抗灾救灾工作实践中。集中力量，高效有序，扎实做好抗震救灾、转移安置等工作，妥善安排受灾群众，切实保障基本生活。及时调拨发放帐篷、被褥、食物等救灾物资，确保受灾群众有安全地方住，有热饭吃，有干净水喝，有病及时救治。搞好卫生防疫，确保不发生疫情。加快受损房屋重建。搞好受损房屋安全鉴定，对贫困户受损房屋，充分运用扶持政策，发挥政策叠加作用，提高救灾效果。把群众安危冷暖放在心上，加快住房修缮重建，保质保量按时完成建设任务，确保受灾群众得到妥善安置。党员干部深入基层，全力指导搞好抗灾救灾。认真核准核实灾情，加大资金支持力度，确保抗灾救灾工作顺利实施。有序开展工农业生产自救。深入灾区、受灾企业和农户，因地、因企施策，帮助因灾停产的工业企业和受灾农户排忧解难。鼓励外出务工，拓宽增收渠道，弥补受灾损失。统筹兼顾做好各项工作。在保证有条不紊抗震救灾的同时，扎实抓好稳增长、调结构、促改革、惠民生、防风险工作，推动经济社会平稳健康发展，众志成城、勠力同心重建美好家园。

（三）党员率先垂范是前提

党员干部在抗震救灾斗争中的充分发挥模范带头作用是对党员干部最现实最直接的考验。全县党员领导干部必须牢固树立政治意识、大局意识和责任意识。亮党旗、亮身份，真正成为“主心骨”，让群众感到党始终就在身边。必须牢固树立人民利益高于一切、群众生命重于一切的思想，充分发挥示范带头作用，始终战斗在抗震救灾第一线，身先士卒，靠前指挥，既当指挥员，又当战斗员，做组织抗震救灾的带头人，做完成急难险重任务的带头人，做帮助受灾群众解决困难的带头人，做维护灾区社会稳定的带头人。到灾情最严重、抢险最困难、群众最需要的地方，加强现场指挥，从严落实责任，把各项防范应对措施抓实抓细，千方百计做好受灾情况摸排、受灾群众转移、受灾群众疏导、救灾物资发放等各项工作，主动担当、自强互助、关心群众，以自己的模范行动，影响和带动受灾群众增强信心，战胜困难。尽自己最大的力量主动帮助受灾群众解决困难，把救灾物资优先及时送到受灾群众手中。要争做抗震救灾的先锋和旗帜，让党员领导干部在危难关头成为稳定群众情绪、带领群众抗震的顶梁柱、主心骨和贴心人。在抗震救灾和灾后中全县党员干部，用鲜血和汗水抢险救人，参加先锋服务队、抢险突击队、志愿者服务队，践行入党时的铮铮誓言，以实际行动诠释全心全意为人民服务的根本宗旨，彰显了共产党员的先进性、纯洁性和高尚的精神境界。

（四）群众参与支持是关键

人民群众是灾后重建的主体，只有充分组织群众、发动群众，灾后重建才有坚实的基础。抗震救灾和灾后重建，必须充分调动群众的积极性，发挥主动性和创造性，激发群众的主人翁意识，教育和引导受灾群众自强不息、自力更生，艰苦奋斗、量力而行、自救互救，充分发动和组织群众，依靠自身力量，自己动手，尽快恢复生产，重建家园。

灾后重建必须按照“政府主导、农户主体、经济实用、质量优先”的原则，采取“5+2”“白 + 黑”的工作机制，扎实开展“领导挂点、部门包村、干部帮户”和对口帮扶举措，为加快建设灾后美好新家园注入强大动力。在灾后恢复重建过程中，政府一味地大包大揽，只是“授人以鱼”，不能从根本上解决问题，必须尊重征求受灾群众对灾后重建的意见和想法，让群众满意，激发群众参与灾后重建家园的积极性。必须坚决摒弃“等靠要”思想，依靠自我，渡过难关。

灾后重建规划要得到群众的拥护，必须充分反映和满足群众的合理愿望和诉求，这就需要领导干部深入基层，主动和群众打成一片，广纳群言，集中民智，尊重意愿，信息公开，务实透明。群众广泛有效参与，使灾后重建面临的众多问题和矛盾得到化解，极大地减轻政府部门的工作压力，提高群众参与灾后重建的积极性。

要动员社会力量广泛开展救灾募捐献爱心活动，党政机关、企事业单位的领导干部要带头参与捐献活动。要严肃救灾工作纪律，救灾物资的发放要有完善的管理和监督机制，切实做到公开、公平、公正，救灾资金要确保专款专用，任何单位和个人绝不能截留挪用。在安排救灾资金和分配救灾物资时，不准平均分配，不准优亲厚友，不准层层克扣，不准贪污挪用。对优亲厚友、贪污挪用的，要予以严肃查处。对在救灾工作中表现突出的单位和个人，及时予以表彰奖励。

（五）集中财力办大事是基础

“5·12”汶川特大地震发生后，党中央、国务院第一时间作出重要指示，迅速启动国家救灾一级响应，组织开展救援，充分体现了社会主义集中力量办大事的制度优势，国务院出台了《关于支持汶川地震灾后恢复重建政策措施的意见》，提出了三年重建两年基本完成的重建目标，中央财政向灾区紧急下拨救灾资金，各省、自治区、直辖市集中人、财、物对灾区市县进行对口援建，海内外华人华侨及社会各界人士向灾区捐资捐物，重建资金向灾区聚集，灾区干部群众积极抗灾自救，确保了在两年内基本完成三年重建任务。为了全面打赢脱贫攻坚战，党中央提出了精准脱贫，帮扶部门和单位在人财物等方面给予了大力支持，促进了扶贫产业发展，确保了 2020 年全面建成小康社会，实现了第一个百年奋斗目标。脱贫攻坚的完成，促进了贫困村集体经济的发展，但非贫困村产业发展严重滞后，集体经济相当脆弱，全面推进乡村振兴，产业振兴是支撑，财政部提前下达 2023 年中央财政衔接推进乡村振兴补助资金 1485 亿元，支持地方政府提前谋划 2023 年巩固衔接工作，但是仅靠中央财政支持，显然是不够的，乡村振兴需要强大的资金支持，必须借鉴灾后重建和脱贫攻坚的经验，充分发挥中国特色社会主义集中力量办大事的制度优势，举全国之力，多向发力，千方百计筹“钱”，改革创新管“钱”，靶向精准用“钱”，确保有限资金用在刀刃上，为乡村振兴凝聚磅礴力量。

实践证明，只要始终坚持一切为了人民，一切依靠人民，充分发挥广大干部群众的主体作用，任何困难都难不倒英雄的中国人民。抗震救灾和脱贫攻坚为全面推进乡村振兴积累了丰富经验，全面推进乡村振兴，需要进一步激发干部群众的主人翁意识，充分调动干部群众的积极性、主动性、创造性，为全面建设社会主义现代化国家，以中国式现代化全面推进中华民族伟大复兴而团结奋斗。

参考文献

[1] 中共绵阳市委党史研究室编．绵阳市抗震救灾重建家园实录 [M]. 北京：中共党史出版社，2009.

[2] 盐亭县“5·12”特大地震灾后恢复重建实施规划（内部资料）.

[3] 中共中央、国务院《关于全面推进乡村振兴加快农业农村现代化的意见》（2021年中央1号文件），2021.2.

[4] 盐亭县委书记何长鹰在中国共产党盐亭县第十四次代表大会上作《关于实施“三大战略”，奋进“三大目标”为全面建设成渝地区生态经济强县和社会主义现代化盐亭而努力奋斗》的报告（内部资料），2021.9.

作者简介

李绪鹏，男，1965年生，四川绵阳盐亭人。大学学历，高级讲师，工作单位：中共盐亭县委党，研究方向：党史党建。

践行抗震救灾精神，全面推进乡村振兴

刘金

摘要：抗震救灾精神是党的伟大精神谱系重要组成部分。新时代新征程，我们务必牢牢把握其深刻内涵，在以党建引领、农科振兴、产业振兴、人才振兴、推进共同富裕等方面推进乡村振兴中加以传承和弘扬，在推进中国式现代化建设中不断践行。

关键词：抗震救灾精神；乡村振兴

党中央提出伟大的抗震救灾精神——万众一心、众志成城，不畏艰险、百折不挠，以人为本、尊重科学。伟大的抗震救灾精神是中华民族宝贵的精神财富，对深化和丰富中国共产党人精神谱系具有十分重要的意义。乡村振兴对于中国走出“中等发达国家陷阱”，解决好发展不均衡、不充分的社会主要矛盾，特别是广大农村的发展不充分的问题，是战略性重大选择。新时代新征程，我们更要与时俱进地大力弘扬伟大抗震救灾精神，致力推进乡村振兴，走好新的赶考路，为实现中华民族伟大复兴注入强大精神力量。

一、抗震救灾精神的内涵

抗震救灾精神集中体现了党领导中国人民，以人民为中心，团结互助，不怕牺牲，不屈不挠，勇毅向前，不向困难低头，夺取胜利的精神。激励我们砥砺前行、勇毅推进中国式现代化建设的精神源泉。

（一）抗震救灾精神深刻体现万众一心，众志成城的互助精神

“万众一心、众志成城”是一个民族在一定的目标与利益基础上形成的、促进人们在思想与行动上和谐统一的凝聚力和向心力。我国各族人民在漫长的历史演变过程

中，共同斗争、劳动和生活，逐渐形成“万众一心、众志成城”的民族互助精神。这种精神在捍卫国家领土完整、维护民族独立、发展国家统一中发挥了极其重要的作用。“万众一心、众志成城”的互助精神彰显了伟大力量，在汶川特大地震抗震救灾整个过程中，中华儿女心连着心、同呼吸、共命运，在灾难和死神面前，彰显舍己救人、不屈不挠的大爱精神，凸显拯救危急生命的坚定从容，体现忠于职守的高度责任担当等，都为“万众一心、众志成城”的伟大互助精神赋予了新的时代内涵。正如习近平总书记指出，铸牢中华民族共同体意识是实现中华民族伟大复兴的必然要求，只有铸牢中华民族共同体意识，才能有效应对实现中华民族伟大复兴过程中民族领域可能发生的风险挑战，才能为党和国家兴旺发达、长治久安提供重要思想保证。[①]“万众一心、众志成城”的伟大互助精神已经深深融进中华儿女的血脉里，集中体现在各族人民踔厉奋进新征程的具体行动实践中。

（二）抗震救灾精神深刻体现不畏艰险、百折不挠的拼搏精神

习近平总书记指出，中华民族历史上经历过很多磨难，但从来没有被压垮过，而是愈挫愈勇，不断在磨难中成长、从磨难中奋起。[②]在破坏性惊人、突如其来的地震中，面对亲人离散、房屋倒塌、良田被毁等生活创伤时，灾区人民的斗志和意志都经受着极大考验。马克思说过，人为了能创造历史，必须要能够生活。要继续生活下去，防范次生灾害和重建家园的任务艰巨而紧迫，在党中央深切的关怀、社会各界的爱心援助下，灾区人民强忍悲痛，勇往直前，克服地震带来的心理阴影，继承不畏艰险、百折不挠的拼搏精神，鼓足重建家园的勇气，下定重新过上美好生活的决心。地震后，面对家园破碎，亲人伤亡，房屋倒塌，中国人民没到倒下。“房子可以垮，精神不能垮！”灾区人民开展恢复生产，这是灾区普通群众面对困难时所表现出来的昂扬斗志。灾区人民这种自力更生、艰苦奋斗的拼搏精神，影响抗震救灾、恢复生产的整个历程，必将为新时代新征程的乡村振兴提供源源不断的精神力量。

（三）抗震救灾精神深刻体现以人为本，尊重科学的人本精神

“以人为本、尊重科学”是以人为本目的性和尊重科学规律的和谐统一。“以人为本、尊重科学”的人本精神是民族精神与时代精神的高度融合。以人为本的思想根植于中华民族的传统文化，贯穿于中国历代执政思想理念之中。“尊重科学”是尊重规律、改革创新、求真务实、崇尚理性的时代精神的体现。在抗震救灾伟大实践中，中国共产党把维护人民群众的生命安全作为根本的出发点和落脚点，地震灾害面前，党始终坚持尊重科学的理念，用科学的方式和力量战胜自然灾害，科学决策、科学指挥，

---

①王鹏，《铸牢中华民族共同体意识是实现祖国完全统一和中华民族伟大复兴的必然要求》，载于腾讯网 2021 年 8 月 30 日。

②潘旭涛，何玥：《中华民族从来没有被压垮过》，载于人民网 2020 年 2 月 28 日。

充分借助现代科技手段实施救援，更有效地保障人的生命安全。在灾后恢复重建及灾区可持续发展中，中国共产党坚持以人为本，坚持民生优先，充分运用科学理念和技术恢复重建，推动灾区跨越式、可持续式发展。地震灾害直击生命底线，以人为本的精神愈显鲜活而深刻。无论在强大的地震灾害面前，还是新冠疫情面前，党领导广大人民群众积极运用科学技术，弘扬科学精神，时刻坚持科学的理念，处处彰显中国共产党人以人民为中心的发展理念。

二、抗震救灾精神是乡村振兴的磅礴精神动力

抗震救灾精神是中国共产党伟大精神谱系的重要组成部分，集中体现党的初心和使命，彰显党的宗旨，是乡村振兴的磅礴精神动力，必将推进农业农村现代化建设，实现包括广大农民在内的全体中国人民共同富裕。

（一）推进乡村振兴是对抗震救灾等党的系列精神光荣传承

乡村振兴作为推动中华民族伟大复兴的重大战略任务，将全力推动中国式现代化建设，着力解决几千年来都没能够解决的重大课题，其战略部署具有远见卓识，成为当前和今后一段时期，全党上下必须着重抓好的头等大事。抗震救灾精神是中国共产党伟大精神谱系的重要内容，在抗震救灾救灾和灾后重建中发挥了根本性作用，对于推动开展其他工作亦是重要精神力量源泉。推进乡村振兴，涉及任务重、事项繁杂，必须有一股强大的内在精神作为推动力，汇聚全党全国全社会之智力财力物力人力，以增强民生幸福为己任，自力更生、艰苦奋斗，致力农村社会体制机制改革，不断提升基层党组织的组织能力建设，加大科技信息投入，不断推动农业产业规模化发展，改善农村落后面貌，提升农民收入，不实现目标决不罢休，推动乡村振兴，为中国式现代化建设注入强劲精神动力。而抗震救灾精神就是这样一个凝聚民心的重要载体，必定对振兴乡村起到强大的推动作用。

（二）践行抗震救灾精神和推进乡村振兴都是党的宗旨的具体体现

为广大人民谋幸福，是中国共产党永恒不变的初心和使命。乡村振兴战略就是几代中国共产党人长期以来为中国农民谋解放、谋富裕、谋幸福作出的历史抉择，凝结着新时代亿万农民对幸福美好生活的深切期盼。乡村振兴正是从乡村经济建设，乡村生态文明建设，乡村文化建设，乡村社会治理和乡村民生改善等方面体现党的宗旨，更是为乡村振兴工作指明了正确方向。习近平总书记强调，全党同志要站稳人民立场，践行党的宗旨，贯彻党的群众路线，保持党同人民群众的血肉联系，自觉把以人民为中心的发展思想贯穿到各项工作之中，扎实推进共同富裕，让现代化建设成果更多更公平惠及全体人民。①新时代中国共产党人要始终坚守自己的初心和使命，全面实现乡

①胡逸：《践行群众路线要坚持站稳群众立场》，载于人民网2014年3月4日。

村振兴战略总要求，使农民收入更稳定，经济更宽裕，生活更幸福，实现乡村全面振兴。

（三）践行抗震救灾精神推进乡村振兴是实现共同富裕的迫切要求

习近平总书记指出，消除贫困、改善民生、实现共同富裕，是社会主义的本质要求。从某种意义上讲，发展最不平衡的是城乡发展不平衡，最不充分的是乡村发展不充分。在农村不少地方确实缺少生机、缺少活力，主要是老人和孩子留守，“空心化”的问题的确在不同程度上存在，这种现象折射出了乡村发展不平衡、不充分的问题。“三农”问题是关系国计民生的根本性问题，没有农业农村的现代化就没有中国式现代化，实施乡村振兴战略，就是解决新时代我国社会主要矛盾的迫切要求。实施乡村振兴战略，是以习近平同志为核心的党中央经过深思熟虑作出的重大决策，是如期建成中国式现代化的必然要求，是推进以国内大循环为主体、国际国内双循环的模式，推动经济持续健康发展的迫切需要，具有鲜明的时代特色，反映了中国特色社会主义发展的必然，更反映了人民的期盼，在我国农业农村发展历史进程中具有里程碑意义。实施乡村振兴战略，让广大农民共同分享现代化成果，这样的现代化才能得到包括亿万农民在内的全体人民认可，才能经得起实践和历史的检验。

三、践行抗震救灾精神，致力推进乡村全面振兴

新征程，面临的风险考验只会越来越复杂，甚至可能遇到难以想象的惊涛骇浪，这就要求我们赓续共产党人精神血脉，弘扬践行伟大的抗震救灾精神，致力推进乡村全面振兴，努力为中国式现代化建设，为实现中华民族伟大复兴注入强大精神力量。

（一）践行抗震救灾精神，以党建引领为乡村振兴聚合力

践行抗震救灾精神，要始终坚持党的领导。地震后，党中央作出全面部署，运筹帷幄，科学谋划。各级党组织坚定贯彻落实党中央指示要求，迅速行动，协同并进。广大党员舍身忘我，冲锋在前，为夺取抗震救灾，恢复重建取得胜利提供坚强保障。习近平总书记指出，乡村振兴的各项政策最终要靠农村基层党组织来落实。[①]村看村，户看户，农民看支部。实施乡村振兴，关键在党，核心在党的基层组织。要以提升组织力为重点，突出政治功能，健全基层组织，优化组织设置，理顺隶属关系，创新活动方式，扩大基层党组织覆盖和工作领导。村党支部是乡村振兴的主心骨，是全面推进乡村振兴战略的根本保障，组织振兴是乡村振兴的目标和根本保证。村党支部是党在农村的领导力量，是党在农村工作的全部基础，是联系群众服务群众的桥梁和纽带，是实施乡村振兴的指挥者、先锋队和战斗员，选优配强村两委班子至关重要。要进一步加大村两委主要负责人的选拔培养力度。把基层党组织延伸到专业合作社，把党小组建在产业链上，扩大党组织的影响力，实现基层党组织的全覆盖，努力打造一支思想

①李宇鹏：《建强农村基层党组织　助推乡村振兴》，载于《经济日报》2020 年 9 月 11 日。

素质高、干事创业有激情、敢于担当的村干部队伍。要加强和完善农村党支部工作制度、村务监督制度，为乡村振兴提供制度保障。要进一步落实基层党建考核、党务工作责任制，为乡村振兴提供制度支撑和坚强组织保证。

（二）践行抗震救灾精神，以农科振兴为乡村振兴聚活力

践行抗震救灾精神，要始终坚持科技创新驱动。防灾减灾救灾离不开科学发展和技术创新。习近平总书记指出，要着眼于加快农业现代化步伐，在稳定粮食和重要农产品产量、保障国家粮食安全和重要农产品有效供给的同时，加快转变农业发展方式，加快农业技术创新步伐，走出一条高效、安全、集约、持续的现代农业发展道路。①在新时代践行抗震救灾精神，必须进一步弘扬和尊重科学精神，坚持面向国家重大需求，面向人民生命健康，深入实施科教兴国战略、人才强国战略、创新驱动发展战略，始终为新时代推进中国特色社会主义伟大事业提供强大科技支撑。随着我国社会经济的不断发展，我国农业取得了较大的进步空间，但农业的科技发展水平较低，农业科技在农业生产过程中存在基础较为薄弱，农业科研资金短缺，农业科技人才不足，创新性不强等方面。在乡村振兴的背景下，要增强我国农业科技创新能力，提高我国农业科技水平，促进我国农业现代化的发展，抓政策促落地。积极开展产学研协同创新，推动产学研合作，促进农业科技成果示范应用。发挥农村科技服务超市等创新平台作用，围绕绿色蔬菜、特色畜禽、经济林果、特种水产、苗木花卉等农业优势特色产业开展科技集成创新，成果试验示范与推广应用，深入开展科技咨询、专家和人才引进、信息服务、职业农民科技培训等。

（三）践行抗震救灾精神，以人才引进为乡村振兴聚人力

新征程践行抗震救灾精神，务必加强人才引进，推进乡村建设急需引进和培养人才。全面推进乡村振兴，关键在人才振兴。通过脱贫攻坚已培养和锻炼包括第一书记在内的一批优秀务实的扶贫干部和乡村人才队伍。在脱贫攻坚到乡村振兴过渡时期，要进一步完善脱贫攻坚基层干部提拔晋升的激励政策，畅通渠道，形成下得去、留得住、干得好、流得动的人才机制，大力营造浓厚的返乡创业氛围，支持农民工、大学生和退伍军人返乡创业，鼓励各类人才回乡创新创业，使之成为乡村振兴的生力军，为农业现代化和城乡融合发展注入持久新动能，为乡村振兴提供人才保障。

（四）践行抗震救灾精神，以产业振兴为乡村振兴聚持续力

正如习近平总书记所讲，要全面推进乡村振兴，加快农业产业化，盘活农村资产，增加农民财产性收入，使更多农村居民勤劳致富。②无论是乡村振兴还是灾后重建，产业振兴都是整个乡村振兴的基础和前提。有了产业振兴，农业就有发展方向，农村改

---

①侯建斌：《农地三权分置助农业加速迈向现代化》，载于中国经济网2020年10月09日。

②张红宇：《接续全面推进乡村振兴》，载于人民网2022年4月6日。

造就有支撑，农民收入就有保证，往下办任何事情都会顺风顺水，水到渠成。解决好产业振兴问题，就是解决“输血与造血矛盾”的关键。产业振兴就是如何通过发挥自身优势，解决自身如何发展的出路。现代农业生产不再是以数量为主，而要注重优质、绿色、生态和高效，在保护传统农业生产的同时，更要大力引进现代生产要素，保障国家粮食安全和实现农业现代化。通过发展农产品加工业和拓展农业多功能性，建立充满活力、功能完备、结构合理的乡村产业体系。抓住了产业振兴这个“牛鼻子”，人才振兴、文化振兴、生态振兴、组织振兴等再齐步跟上，乡村振兴的“四梁八柱”就会牢牢地扎根于中国大地上。

（五）践行抗震救灾精神，以共同富裕为乡村振兴聚内生动力

践行抗震救灾精神，要始终坚持人民至上、生命至上。在抗震救灾斗争中，从中央领导到普通群众，都把人民至上、生命至上放在最高位置，成为贯穿整个抗震救灾的主题主线。在新时代践行抗震救灾精神，必须继续坚持人民至上，时刻牢记把人民对美好生活的需求放在第一位，既要科学把握自然灾害发生的规律与特点，建立健全防灾减灾救灾体系，坚决维护人民群众生命财产安全，又要切实解决好人民群众在就业创业、社会保障、公共服务等方面的实际困难，努力实现共同富裕，让人民群众的获得感更强、幸福感更足、安全感更高。正如习近平总书记在二十大报告中指出的，中国式现代化是全体人民共同富裕的现代化。促进全体人民共同富裕，必须全面推进乡村振兴。①这是中国发展的必然选择，也是中国国情和中国特色的内在要求，更是中国式现代化的底层逻辑。全面推进乡村振兴，重点是城乡融合发展，难点是城乡要素流动，痛点是创新城乡融合发展和畅通城乡要素流动的体制机制和政策体系。鼓励集体经济因地制宜发展生态农业、生态旅游、生态工业项目，建立健全生态产品价值实现机制，在绿水青山中真正孕育金山银山。

新时代新征程，全面贯彻落实乡村振兴战略，需要伟大抗震救灾精神在中国人民内心生根发力，传承弘扬抗震救灾精神，以党建引领为乡村振兴聚合力、以农科振兴为乡村振兴聚活力、以人才引进为乡村振兴聚人力、以产业振兴为乡村振兴聚持续力、以共同富裕为乡村振兴聚内生动力。

参考文献

[1] 雷芳，何云庵．抗震救灾精神内涵及育人价值 [J]. 人民教育，2021（12）.

[2] 韩剑征．大力推进现代农业产业园创建促进乡村产业振兴 [J]. 河南农业，2022（8）.

[3] 刘明松，曹席．从乡村振兴战略总要求看党的初心和使命 [J]. 湖北社会科学，

①李姗晏：《中国式现代化是共同富裕的现代化》，载于《南京日报》2022 年 9 月 21 日。

2020（7）.

[4] 李勇，李理．全面推进乡村振兴　促进农民农村共同富裕 [J]. 北方经济，2022（4）.

[5] 汤志华，李延．在高质量发展中稳步推进共同富裕 [J]. 当代广西，2022（2）.

[6] 倪良新、欧树同．共同富裕视角下全面推进乡村振兴研究 [J]. 安徽农业大学学报（社会科学版），2022（10）.

[7] 刘坪，坚定践行抗震救灾精神 [J]. 学习时报，2021（12）.

[8] 鹤壁市淇滨区嵩山小学，传承民族精神　汇聚先锋力量 [J]. 博雅党建·专题教育，第 14 期，2022（6）.

[9] 何云庵．同舟共济　不畏艰险——抗震救灾精神的内涵及育人价值——中国共产党精神谱系解读与传承 [J]. 人民教育，2021（12）.

作者简介

刘金，男，1978 年生，四川绵阳盐亭人。讲师，工作单位：中共盐亭县委党校，研究方向：公共管理和习近平生态文明思想。

弘扬抗震救灾精神，构建应急管理新格局

——盐亭县“1+2+3”应急管理模式的调查与思考

汪钦

摘要：地震是无法避免的自然灾害中很重要的一个类型，其中高烈度破坏性地震会造成大量的人员伤亡和财产损失，就显得平时的应急管理十分重要。应急管理是国家治理体系和治理能力的重要组成部分，承担防范化解重大安全风险、及时应对处置各类灾害事故的重要职责，担负保护人民群众生命财产安全和维护社会稳定的重要使命。

关键词：抗震救灾；应急管理；救援能力

当前，面对新时代应急管理的新任务、新矛盾，基层一些部门和干部依然停留于过去传统的思维模式，对现行应急管理体制机制的认识存在偏差和分歧，主要体现在重视程度不够，职责关系扯不清，责任边界理不清，出现了统分尺度失衡、防救职责割裂、上下职权错位等问题。针对各种自然灾害，各级党委政府及相关部门都应从抗震救灾中总结出一整套应急管理经验，提升综合应急管理能力。针对以上问题，盐亭县应急管理局弘扬抗震救灾精神，不断总结经验，另辟蹊径，在应急管理工作中创新举措，探索出“123”应急管理新模式，着力提升基层应急管理能力，推动盐亭县经济社会高质量发展。

一、盐亭县的基本做法

盐亭县通过“1+2+3”工作模式，建立健全应急管理体制机制，围绕应急救援队伍建设和“半小时救援圈”打造，深入推进基层应急管理“统筹规划、专兼结合、平战一体”建设，全面提高基层应急管理规范化、专业化、综合化水平，切实守护人民群众生命

财产安全，为全面推进县域社会经济高质量发展保驾护航，使群众拥有更多的安全感、获得感、幸福感。目前，全县已建立应急队 39 支、应急分队 254 支，开展演练 30 余次，进行救援行动 20 余次，参与各种保障 10 余次，救援遇险群众 30 余人次。

（一）“1”个结构，强化统一指挥筑实管理基础

设立应急管理总指挥部，将应急管理局、交通局、自然资源局、水利局、气象局等相关部门的监测系统整合，集地灾防治、险情预报等功能于一体，突破部门单位“各自为战”的局面，实现视讯、数据等资源同频共享。依托总指挥部的统筹协调作用，建立信息互通、会商研判和协调联动工作机制，将地灾气象风险预警等信息直连发送 23 个地质灾害防治指挥部成员单位、17 乡镇（街道）以及 254 个行政村（居），及时掌握地质灾害动态信息，进一步做实“扁平化”网格治理体系，减去冗余环节，预警信息、指挥动作传达效率大幅提升。

（二）“2”个体系，发挥融合优势优化救援能力

1. 吹响应急队伍体系建设“集结号”

组建 20 人以上乡镇（街道）应急队、10 人以上村（社区）应急分队合计 272 支（不包含单位部门应急队伍 39 支），基本形成“一主两辅”基层应急队伍体系；搭建政府与社会应急力量互动交流平台。联合中援重工志愿队、蒲公英救援队等社会救援队伍，扩充“一主两辅”消防救援力量，形成应急救援联合体，在车祸救援、遇险搜救、洪涝灾害等应急事件中发挥重要作用，至今已进行救援行动 20 余次，参与大型赛事保障 16 次，救援遇险群众 30 余人次。

2. 筑牢半小时救援体系“生命线”

调整防治救险片区，在北片升级建设岐伯镇、文通镇标准化消防站，配置 10~15 名专职消防员，投入 400 余万元购置消防车、配置消防设备，投入资金 100 余万元对南片富驿中心消防救援站进行提档改造。投入使用以后，实现了 30 分钟内达到辖区最远边界，救援范围辐射原站点外多个区域，救援能力得到大幅提升；投入 100 万元在西部片区高渠镇建立救援专用停机坪，完善相关保障措施，填补空中应急救援空白，正式接入陆空一体救援圈。县域内各站点纳入“119”指挥平台接受统一调度，站点同时与急救物资仓库形成点对点支援形势。目前“半小时救援圈”面积覆盖率达到 96%，基本实现城乡救援一体化目标。

（三）“3”个节点，紧扣关键环节提升防治水平

1. 宣传“立体化”聚焦基层靶点

线下发放防灾宣传资料 2 万余份，现场回复地灾知识咨询 1000 余人次，开展专项防灾演练 38 次；线上归集 10 类风险源信息、7 类防护目标信息、18 种应急物资信息，

累计投放17.4万余条，促进群众思想观念从“要我防灾”向“我要防灾”转变，全面提升全县群众防灾避灾意识、识灾避灾技能和应急避险能力。

2. 联防“覆盖化”扫清隐患盲点

会同专业技术人员采取全方位、全覆盖、拉网式的方式全面核查地灾隐患点，确定地质灾害隐患点38处，设置警示标志58处。完善防灾预案。建立县、乡镇、村、组、点五级“网格化”防灾责任体系，建立群测群防监测点38处，配齐报警电话38部。通过无人机编队巡航、森林巡查员等方式定期实地勘察，扫清盲点死角，实现群测群防信息“全覆盖”。

3. 技防“数字化”破除监测难点

勘察技术人员借助高分辨率光学和干涉雷达卫星遥感、航空遥感等先进技术手段，进行自动化实时监测，实现地灾监测“数字化”，脱离高成本人工勘验。结合数字高程模型等地理信息资源对多处滑坡处安装自动化雨量监测器、位移监测器各6组，破除“预测预防”难题，全面提高科学监测防治水平。

二、存在的困难和问题

（一）缺乏科学的规划布局

根据四川省《提升基层应急管理能力工作方案》要求，“各县要建立乡镇应急救援物资、应急队伍装备、应急救灾物资综合储备机制，物资储备适当向中心镇集中；事故灾害风险较大或边远山区的乡镇，依托中心消防救援站等建立应急物资储备点，适时前置应急物资”。盐亭县于2017年3月印发的《盐亭县应急物资储备规划（2016—2020）》，没有对应急物资储备库（站、点）进行统一规划和建设布局，加之，“十四五”相关规划也还没有提上议事日程，致使盐亭县应急物资储备库（站、点）建设无相关规划依据。

（二）应急管理组织机构不健全

目前，基层应急管理机构改革还处在推进、磨合阶段。不少乡（镇）、街道的基层应急管理机构改革尚未到位，大多没有统一的机构规划和人员编制，多是挂靠在党政办公室或由其他人员兼职负责。同时，农村、社区等村级基层应急管理组织结构也不完善。组织机构不健全，在很大程度上影响了基层应急管理工作的有效开展。

（三）应急管理制度化规范化水平不高

制度建设带有根本性、全局性、稳定性和长期性。应急管理的效能来源于科学完备的制度保障，突发事件应对的关键在于建章立制，用制度管人管事，实现制度化、标准化响应，提高规范化、程序化水平。当前，盐亭县虽然建立有县乡村三级应急物资管理机制制度，但管理体系和管理能力有待提升。主要表现为：应急物资储备信息库建设滞后，统筹管理不到位，采购、征收、调拨和配送机制不健全，更新、轮换、补偿政策不完善；应急物资数字化管理能力弱，信息共享和智慧化应用程度低；家庭应急物资储备存在短板，应对突发事故和灾害作用不明显。

（四）基础设施抗灾韧性不够强

基础设施在经历大发展之后，面临着抗灾韧性不足的问题。老旧基础设施众多，但年久失修，安全隐患多，如人口聚集、管道老龄化、油气管道与城市管网交叉并行等。有的乡村交通、生态、水利、环保等基础设施长期投入不足，年久失修，抗灾减灾能力比较薄弱。一是县级储备库建设标准偏低。按照《救灾物资储备库建设标准》，县级应急物资储备库应具备财务室、车库，并配置装卸设备，但查阅台账资料和实地调研发现，盐亭县县级应急物资储备库建设标准较低，缺乏这 3 项主要建设内容，且应急物资的出入库主要依靠人力，没有实现机械化。二是应急物资供需匹配不精准。应急物资储备数量与实际需求不匹配；储备品种与实际需求不匹配，难以实现动态调整；应急物资储备形式比较单一，除实物储备、协议储备以外，生产能力、技术和信息储备不够。

三、对策建议

（一）因地制宜，科学布局

1. 联系实际，制定规划

紧密结合“两项”改革后半篇文章和盐亭“十四五”经济社会发展需要，综合考量盐亭城市和乡村发展趋势、国家省委政策导向、区域灾害特点、自然地理条件、人口分布和人口密度、交通运输等实际，统筹推进全县应急物资储备库（站、点）的规划建设、改造升级和整合拆并。同时，坚持以灾害灾种、风险水平和人口数量为依据，科学确定各类应急物资的存储规模，科学编制“十四五”盐亭应急物资储备专项规划。

2. 明确任务，细化措施

年初应制定工作计划，明确工作任务。盐亭目前应急管理能力建设重点任务是优化消防站点和紧急避难场所、转移安置点、避险点布局，新建岐伯镇、文通镇中心消防救援站 2 个，对富驿镇中心消防站提档升级。出台应急队伍建设标准、职责任务、训练演练、管理保障、考核奖惩“五张清单”，全覆盖组建乡镇（街道）应急队、村（社区）应急分队，形成“一主两辅”的基层应急力量体系。加强应急指挥调度信息化建设，完善应急值守、区域联动等制度。加强应急物资站（点）建设，建立乡镇（街道）应急救援物资、应急队伍装备、应急救灾物资综合储备机制。常态化开展安全生产、防灾减灾教育培训。各地各部门要按照年初的重点任务事项，逐项细化明确具体工作方案和措施，摸清本地基层应急能力建设现状，进一步明确工作任务，突出消防救援站点、镇村应急队伍、物资储备、应急避难场所建设。要补齐基层应急能力建设七项重点工作任务存在的短板，特别是基层应急体系建设存在的问题，健全完善各项制度，狠抓工作落实，高效完成县委、县政府下达的重点工作任务。

（二）加强组织机构和队伍建设，强化管理责任

1. 建立综合性应急指挥领导机构

一是以综治中心为依托，建立县乡统一领导、统一指挥的综合性应急指挥体系。经开区、乡镇（街道）统筹建立由村（社区）、社会组织、公民个人协同参与的基层综合性应急指挥机构，负责组织辖区应急管理工作，防范化解辖区生产安全事故和自然灾害风险，指挥灾害事故初期处置。经开区、乡镇（街道）党政主要领导要担负综合性应急指挥领导机构的统筹指挥职责，经开区、乡镇（街道）班子成员和村（社区）负责同志作为综合性应急指挥领导机构成员，分工负责管辖范围的应急管理有关具体工作。二是明确基层应急管理日常工作机构。整合安全生产、城乡消防、防汛抗旱、森林防灭火、地震与地质灾害防治、应急救援等职能职责，结合各地应急管理工作的特点需求，在经开区、乡镇（街道）机构设置限额内设立应急管理办公室，负责综合性应急指挥领导机构的日常工作，组织落实辖区应急管理工作。经开区、乡镇（街道）应急管理办公室在县应急管理部门指导下履行职责。

2. 整合管理机构，强化责任意识

乡级应急物资储备站的整合优化。应遵循资源节约、成本节约、针对性强的基本导向，综合考量区域交通、常见灾情、人口分布等因素，整合现有消防救援站、便民服务中心以及“两项”改革后闲置的办公用房等资产，进一步优化储备站的设置布局和辐射能力，有条件的地区可以实现两个或多个乡镇共建共享 1 个较高水准的储备站，比如，富驿和大兴、永泰和九龙均在同一交通干线上且属于相邻乡镇，可以统筹考虑共建共享 1 个站。村级应急物资储备点的规划设置，应坚持实事求是、有的放矢的原则分类规划、分类施策，对县乡两级能覆盖到的村不再设置储备点，对离交通干线较远且乡级储备站不能有效辐射的偏远村要因地制宜利用现有村办公室等设置单独的储备点。

3. 建立综合应急救援队伍

经开区、各乡镇（街道）除依托国家综合性消防救援队伍外，要统筹辖区乡镇（街道）、村（社区）党员干部、民兵、志愿者和群众中的积极分子，整合本地公安、消防、自然资源、水利、卫生、企业人员和各类网格员等，各组建一支不少于 30 人的综合性应急救援队伍，各村（社区）应同时组建不少于 10 人的综合性应急救援分队，各地应急

队伍具体人数可根据辖区安全生产、应急救援、防灾减灾工作实际需要来确定。经开区、乡镇（街道）、村（社区）综合性应急救援队伍实行统筹布局、分级管理、统一调度、集中培训。

4. 建强中心消防救援站

一是对中心消防站提档升级，消防小镇消防站，建强中心消防救援站。二是加强人员招募和管理。督促指导中心消防救援站按每个中心消防救援站 8 人配备，由县级财政负责保障，专职消防队员参照消防员标准面向社会招聘配齐，依法签订劳动合同，执行纪律部队标准，并进行统一管理、统一训练和统一指挥。三是提升应急装备水平。督促指导消防救援站的装备配备，驻地在中心镇的不低于 1 车、8 人，其他中心消防救援站参照《乡镇消防队》（GB/T 35547–2017）配备。

（三）建立机制，规范管理

1. 制定制度，督促指导

一是制定乡镇、村（社区）应急队伍巡查检查、应急值守、预警预报、区域联动、先期处置、转移疏散、避险管控等 7 项制度。确保“三个避让”“三个紧急转移”等刚性要求落实到位。同步建立物资储备台账，建立基础工作装备台账，建立应急指挥通讯录（涵盖指挥、值班、救援），建立预警转移清单，建立所辖区域企业、学校、医院、车站、旅游景点等人员密集场所的联络通讯录。二是建立乡镇（街道）应急指挥体系。由乡镇党委政府主要领导任指挥长，分管领导任常务副指挥长，其他领导任副指挥长，村（社区）、企事业单位主要负责人为成员的指挥体系形成制度汇编。建立一本应急指挥部、应急管理办公室及应急队、应急分队的日常工作制度汇编。三是制定一套简单明了的日常工作规范。将值班值守、信息报送、会商研判、预警发布、隐患排查、工作装备和应急物资管理等工作与各类清单有机结合。

2. 制定综合性应急预案并开展演练

一是督促指导制定综合性应急预案并开展演练。结合乡镇、村（社区）应急管理工作实际，按照“一案多类”模式，制定和修订完善一套综合性应急预案、专项处置方案或工作流程。每年定期组织开展 1 至 2 次综合、专项及实战化应急演练。应急队、应急分队实现信息传递通畅，指令传达到位。二是不断完善应急联动机制。建立与县应急管理局、中心消防救援站、紧邻乡镇街道（村社区）以及相关企业、学校、医院、社会组织等单位的应急联动机制，实现信息互通、救援装备和救灾物资共用、会商研判和隐患排查治理联动、应急救援协调联动、联演联训机制。

3. 建立健全应急物质管理制度

一是建立应急物资储备体系。经开区、乡镇（街道）在县委、县政府统一安排部署下，立足防大灾、救大灾要求，结合易发灾情及可能的受灾人数，规划建设应急物资储备站，按救助类、抢险类、防疫类等类别，明确物资设备品种、数量，以仓储、企业代储等方式科学计划、前置储备；完善应急物资储备台账，逐年开展盘库补库工作。边远山村要结合工作实际，建立应急物资储备点，确保应急物资应灾调用。二是建立救灾应急物资的入库验收制度，严把质量关。每种捐赠物质和救灾物品在未办理入库手续之前都不能入库。物品入库时需要入库单，仓库管理人员应按入库单上所列物品名称、品种、数量和规格进行一一核实点收，清点无误后在入库单上签字。仓管员在物品入库后需及时入账、登记。三是建立健全救灾应急储备物资保管管理制度，严把入库关。将所有入库的物品按货位分类整齐摆放。物品分新品、旧品两区，并按照成衣、棉被（褥、毯）、床上用品、生活用品、文化用品、食品、其他用品等类别进行分类摆放，并在包装袋（箱）上予以标明。仓库内要及时清理，保持整洁。无关人员不得进入库房。四是建立和完善救灾储备物资安全管理制度，严把安全关。工作人员应熟悉消防常识、消防器材的性能、使用方法及喷淋系统的正确操作。严禁在库区内吸烟或将火种带入库房，严禁将易燃易爆及强酸强碱等危险品、腐蚀物品带入库内。库存物品摆放高度严禁超过消防喷淋系统，库内要留有消防通道。仓管员对入库的物品应当开包（箱）进行检查，确定安全无隐患后，方可登记入库。

4. 建立基层应急管理工作运行体系

一是建立综合性应急预案。经开区、乡镇（街道）、村（社区）要针对事故灾害风险特点和规律，结合生产安全事故和水旱灾害、地震、地灾、森林火灾等灾害应急处置实际，按照“一案多类”模式，制定一套综合性应急预案，明确处置规范和要求。经开区、乡镇（街道）要制定应急预案，村（社区）要制定处置方案，明确处置规范和要求，每年组织开展实战化应急演练，优化预案内容，提升应对处置突发事件的能力。二是健全基层应急值守制度和应急联动机制。健全经开区、乡镇（街道）应急值守规范，严格执行领导带班和 24 小时专人值班制度，特别是主汛期、森林防火期，经开区、乡镇（街道）、村（社区）值守人员应 24 小时保持通讯畅通。建立以经开区、乡镇（街道）为中枢，以事故灾害应对处置为核心，贯穿县乡村组四级一体的应急处置联动响应机制，统筹抓好值守联动、信息互通、会商研判、队伍调动、预案启动、队伍调动、物资调用、善后处置等工作。特别是相邻乡镇（街道）、村（社区）的应急管理工作要在县委、县政府的统一领导下协同开展、联运推进。做实监测预警工作，充分利用广播、手机、电台、铜锣等现代和传统的通信手段，及时将预警信息、避险要求传送到户、到人，保证避险防灾到位。三是建立风险防控和隐患排查治理“双重预防机制”。坚持“预防为主、防治救相结合”的原则，在经开区、乡镇（街道）的领导下，通过县级部门支持或购买社会化服务等方式，分年度、季度或特殊时段，评估辖区安全风险，组织全域性或专门行业领域风险防控和隐患排查治理，建立台账，动态掌握，及时上报，闭环管理。基层风险防范化解和隐患排查治理要制度化、责任化，形成高效落实的工作机制。

（四）改造升级应急物资储备库，增强基础设施抗灾韧性

1. 升级处理，完善功能

一是改造加宽道路设施，畅通运输渠道。根据盐亭实际情况对通往应急物资储备库的道路进行加宽加厚处理，并按要求进行硬化黑化，有效化解道路不畅的矛盾。实现取放方便，随到随取，按需取物的目标。二是完善功能，实现智能化搬运。加强县级应急物资储备库机械化改造提升，减少人工劳动强度，提升应急物资出入库效率。统筹用好储备库一、二层，在现有基础条件下按标准设置布局财务室、车库。运用大数据、物联网等现代科技，推进“智慧储备”建设，加快储备库及配套设施标准化和智能化改造。引进运用“云端储备”，推动物资储备信息互联、资源共享，做好物资动态补仓，对具备充足产能储备的物资“零库存储备”。三是维修基础设施，提升物资储备能力，将应急物资储备库的维修列入年初预算，由应急管理局按照县级应急物资储备库标准化建设的要求，对应急仓库的基础设施实行改造维修，提升物资储备能力。

2. 整合资源，统筹管理

一是整合应急物资，实行统一规范存储。进一步整合政府、企事业单位、社会组织及家庭等主体储备资源，推动建立政府、企业、社会协同合作的应急物资储备新格局。将全县的应急物质实行统一规范储备，制定实施家庭应急物资储备建议清单，推动政府储备与企商业储备、实物储备与生产能力储备、分散储备与集中储备、社会化储备和专业化储备有机结合，着力提升盐亭县应急物资储备效能。二是整合物资数据，建立应急物资台账。立足县情实际，坚持以按需储备、精准储备为导向，科学合理确定储备物资的品种和规模。由应急部门牵头，发改、卫健、工信、公安、商务、市场监管、交通运输、财政等部门配合，加强应急物资储备信息库建设，加强应急物资目录动态管理。比如，生活保障方面，应建立各有侧重、结构合理、品种丰富的储备目录，对能够通过产能储备、协议储备的，应减少政府实物储备规模；公共卫生方面，应根据疫情防控、药品安全等新形势新要求，及时更新调整医药物资储备品种和规模，重点储备人员安全防护、紧急医疗救护等应急物资；抢险救援方面，应紧密结合北部山区、梓江流域等不同地区易发多发的灾害特点，重点加强洪涝、坍塌、火灾以及交通事故等抢险救援设备储备。

参考文献

[1] 黄毅．构建应急管理新格局之管见 [J]. 中国应急管理科学，2022（08）.

[2] 高计伟．浅谈河南省乡镇（街道）应急管理体系建设 [J]. 现代职业安全，2020（06）.

[3] 习近平在中央政治局第十九次集体学习时强调：充分发挥我国应急管理体系特色和优势，积极推进我国应急管理体系和能力现代化 [J]. 吉林劳动保护，2019（11）.

[4] 卯稳国．稳步推进、开拓创新，建立健全云南应急管理体系 [J]. 中国应急管理，2013（11）.

[5] 李斌，徐文标．任务重人员少，能力建设亟待加强——浙江省台州市应急管理体系调查 [J]. 中国应急管理，2020（12）.

[6] 王建明，于东东．学习习近平应急管理重要论述，推进我省应急管理体系和能力现代化 [J]. 吉林劳动保护，2020（01）.

[7] 关于应急管理体系建设情况的调研报告 [J]. 福建省人民代表大会常务委员会公报，2021（04）.

[8] 余洛阳．如何推动陆丰市应急管理体系和能力现代化 [J]. 消防界（电子版），2022（20）.

[9] 关辉国，张雅淇．县域应急管理体系建设困境及对策分析 [J]. 西北民族大学学报（哲学社会科学版），2021（05）.

作者简介

汪钦，女，1978 年出生，四川盐亭人。本科学历，中共盐亭县委党校副校长，党建高级讲师，研究方向：党史党建。

用抗震救灾精神推动乡村振兴伟大实践

李琴

摘要："5·12"特大地震给我们带来前所未有的灾难，灾区人民在党的领导下，万众一心，艰苦奋斗，用勤劳的双手医治创伤，铸就了"万众一心、众志成城，不畏艰险、百折不挠，以人为本、尊重科学"的伟大抗震救灾精神。党的二十大，吹响了以中国式现代化全面推进中华民族伟大复兴的号角。在新征程中，农业农村肩负着促进自身发展和提供战略支撑的双重使命，全面推进乡村振兴、建设与现代化强国相称的强大农业、宜居宜业和美乡村，我们要用伟大抗震救灾精神作为推动乡村振兴强大的精神动力，去更好地丰富和传承这种精神伟力。

关键词：抗震救灾精神；推动；乡村振兴

翻开中华民族五千年的历史，我们会看到祖辈们长期在这块土地上与灾难的搏击与共生。从上古传说中的女娲炼石补天、后羿拉弓射日，到有史可查的文献，丰富的史料记载了中华民族长期与河流水患、地震、冰雹、干旱等自然灾害打交道，都体现了人与自然的长期斗争与共存。正是在这样的一次次斗争，一次次血与泪的挥洒中，造就了我们赖以生存的美好家园，成为中华儿女深情依恋的故土乡村，才形成了团结统一、爱好和平、勤劳勇敢、自强不息的伟大民族精神。

每一次灾难的磨砺，都是对我们考验，都是对我们的锻造，对我们的提升。"5·12"特大地震后，在北川中学的帐篷教室里，时任国务院总理温家宝写下"多难兴邦"四个大字。他是教育我们从民族精神中汲取养料，鼓励我们从大灾大难中凤凰涅槃，浴火重生。

"5·12"大地震过去已经十五年了，如果不是去参观地震遗址，我们已经看不到灾难的印迹。一个个风貌独特的民族风情小镇，一幢幢簇新的民房，一个个兴旺的县城，一处处热闹的集市，一张张幸福喜庆的笑脸，青山依旧，绿水长流，北川的吉娜羌寨，汶川的映秀、水磨，理县的甘堡藏寨等都成了人们争相打卡的特色旅游小镇，羌绣、特色水果、工业产业也兴盛起来。然而在灾难来临的时刻，人们奋力自救，在灾后重建家园过程中，艰苦创业，铸就了“万众一心、众志成城，不畏艰险、百折不挠，以人为本、尊重科学”的伟大抗震救灾精神，却永远融入了中华民族的血液，成为炎黄子孙集体人格的一部分，在后来战胜众多灾难中得到不断的弘扬和传承。它不仅丰富了中华民族的精神谱系，也打上了鲜明的时代特色，让五千年的文明时时有新的活水源头，永葆常青之态。

传统中国是一个乡村社会，新中国成立后，广大的乡村，为社会稳定和发展作出了巨大的贡献，然而，随着城市化的发展，乡村的衰落成为比较普遍的现象，乡村振兴关系到我国是否能从根本上解决城乡差别、乡村发展不平衡、不充分的问题，也关系到中国整体发展是否均衡，是否能实现城乡统筹、农业一体的可持续发展的问题。党的十九大提出乡村振兴战略，并对乡村振兴行动明确了目标任务，提出了具体工作要求。作为西部农村，我们如何在乡村振兴中充分传承和弘扬抗震救灾精神，让它作为一种精神力量，激励各级基层党组织永葆为人民服务的初心，聚集发展力量，鼓舞人民群众的发展信心，端正科学理性的发展态度等提供帮助。

一、抗震救灾精神的深刻内涵和时代价值

（一）抗震救灾是一曲真心为民的初心颂歌

人们永远也不会忘记，当灾难降临的时刻，党中央第一时间把抢救人民的生命当作第一紧急任务，人民军队、各级党组织紧急行动，组织人员有序进入灾区，对志愿者完全开放，七十二小时的黄金时间过去了，我们依然把救人放在第一位。灾后安置，我们首先也是恢复灾区人民的生活，人民群众的住房、医院、学校等是首先建设的项目。在短短三个月内 220 多万户群众就得到过渡性安置，修建这些帐篷、活动板房原本需要近一年时间才能完成。国家利用社会主义制度集中力量办大事的优势，创造了对口援建的模式，调动一切可以调动的力量，帮助灾区人民重建家园。从他们的衣食住行等日常生活，到心理抚慰，到恢复生产；从上学、就医、就业，到无微不至的关怀。在党的基层组织，党员干部在灾后始终冲在最前面，在大灾大难面前，他们成了人民的“主心骨”，把人民群众紧紧团结在一起，凝聚起强大的力量，他们顾不上自己的亲人，顾不上自己的损失，始终与人民群众在一起，把他们的伤痛、诉求放在第一位。习近平总书记多次到灾区看望慰问，认真地走访察看，真切关怀灾区群众的生产生活。其后，在地震灾区兴起了一股“感恩文化潮”，人民群众用发自内心的诗歌、歌曲、戏剧、绘画等各种文艺作品，表达对党、对人民子弟兵、对社会的感恩之心。中国共产党又一次用行动践行了党的初心，谱写了一曲初心的颂歌。

（二）抗震救灾是一曲自强不息的英雄颂歌

在抗震救灾中出现了一大批英雄人物，有从 4999 米高空缺氧状态下空降灾区的 15 名勇士，有为救学生牺牲自己的教师谭千秋，有为灾区幼儿喂奶的“警察妈妈”蒋晓娟，有勇救同学的小英雄林浩，有从废墟下爬出来就投入到组织抢险的时任北川县县长金大忠等，还有许许多多无名的英雄，许许多多普通的党员干部在灾后带领人民群众投入到自救、转移、安置、防疫和保障等工作中，灾区百姓不等不靠，在短时间内重返家园，在国家的帮助下，自己动手搭建简易临时安置住房，并着力恢复生产，在灾区很多地方老百姓的房前挂着“有手有脚有条命，天大的困难能战胜”，“出自己的力流自己的汗，自己的事情自己干”的对联，这些发自人民群众内心的朴实语言，体现了灾区人民自力更生的精神，和战无不胜的英雄气概。原定三年重建的任务，在两年时间内基本完成，在灾难中变成废墟的家园，重新展现勃勃生机；如今的北川新县城、吉娜羌寨、汶川大禹故里、水磨小镇都是独具民族风情的特色旅游打卡地，灾区人民医治好了创伤，正以崭新的面貌迎接新的生活，如今他们生活幸福，生产兴旺。2021 年，四川省与全国一道迈入全面小康，共同踏上第二个百年的追梦之行。

（三）抗震救灾是一曲和衷共济的团结颂歌

面对空前的灾难，中华民族展现了前所未有的团结、友爱和互助，展现了血浓于水的骨肉深情。500 多万人次的志愿者报名参与救灾，川内志愿者高达 300 多万人次，全国直接或间接参与救灾的人数高达 400 多万，全国各族人民捐款捐物、踊跃献血，受灾群众所到之处，群众自发提供帮助，伤员得到全国二十多个省的医院接纳、救治。企业也积极参与到抗震救灾中来，中国人寿“国寿慈善基金会”承担了灾区所有孤儿的成长费用，江苏黄埔再生资源有限公司董事长黄光标亲自带领 120 人的队伍和 60 多台机械，日夜兼程几乎与解放军同时抵达灾区，成为首支民间救灾队伍。来自唐山的“十三好汉”，得知地震消息后，几经辗转来到灾情最重的北川县城，他们用最原始的方法——铁锤砸、钢钎撬、徒手刨，不断寻找幸存者。只要哪里需要，他们就到哪里。他们与解放军、武警战士一起，抢救出 25 名幸存者，刨出近 60 名遇难者遗体。国家为灾区群众设立哀悼日，在当天，全国各地同时停下工作，汽车、火车、舰船鸣笛，防空警报拉响，全国各族人民向遇难同胞默哀三分钟。5 月 19 日在天安门广场举行的哀悼活动结束后，群众久久不愿意离去，手拉手在烈日下流着泪水高喊“四川加油”“汶川加油”。对口援建的省、市把援建当作最紧急任务，争分夺秒地投入建设，在人力、财力、科技等方面不遗余力地支持灾区建设，如今四川各地留下的“辽宁大道”“山东大道”“江苏小区”“天津小区”“同心路”等特色地名，见证了中华民族的同舟共济，团结一心。

（四）抗震救灾是一曲尊重科学的理性颂歌

经过“5·12”特大地震后，我们进行了理性的反思，面对灾难我们如何做得更好。我们必须从灾难中学习和进步，科学认识自然规律，运用自然规律。在建设发展中，做到了科学规划，合理选址。我们的建筑，特别是学校、民房如何达到抵抗高震级地震的标准，都给我们提出了更高的要求，特别是农房建设，以前普遍是农民自筹自建，没有相关部门的专业指导，如何科学选址，如何科学设计，如何使用建筑材料，如何安全施工，都没有相关的标准，而灾区重建在这方面进行了规划和统筹，特别是集中安置，对相关标准进行了统一规划，施工进行全面监督，确保人民群众的住房经得起更大灾难的考验，比如北川县城的整体搬迁，以更高的成本和代价消除了隐患。加强了地震预警的科学研究，现在我们可以在地震来临前的几十秒提前预警，给群众留下更多的避震时间，还有抵御灾难的相关知识的普及、应急预案制定、演练都成为学校、社区等单位的必修课，不再把预案放在文件柜中，把方案挂在墙上，建立起了科学的防灾减灾体系，国家抵御自然灾害的能力有了很大的提升，也让我们学习到更多与自然和谐相处之道，让我们面对自然的时候更加成熟，更加从容。

二、用抗震救灾精神推动乡村振兴伟大实践

“万众一心、众志成城，不畏艰险、百折不挠，以人为本、尊重科学”的伟大抗震救灾精神是我们在抵御自然灾难中用热血和汗水铸就的，在长期与灾难的斗争中得到不断的弘扬和传承。党的二十大，吹响了以中国式现代化全面推进中华民族伟大复兴的号角。在新征程中，农业农村肩负着促进自身发展和提供战略支撑的双重使命，必须持续全面推进乡村振兴、加快农业农村现代化步伐，建设与现代化强国相称的强大农业、宜居宜业的和美乡村。我们要用抗震救灾精神作为推动乡村振兴的强大动力，去更好地丰富和传承这笔宝贵的精神财富。

（一）弘扬抗震救灾精神就要强化基层组织建设

基层组织是党在基层的战斗堡垒，是离人民群众最近的机构，是服务人民群众的“最后一公里”，坚强有力的基层组织是人民群众的“主心骨”和“领头羊”，只有得到人民群众的支持和认可才能带领人民群众实现乡村振兴。弘扬抗震救灾精神，必须建设好党的基层组织，选择理想信念坚定，政治素质过硬，人民群众信任，有情怀、有担当、有能力的人进村两委班子。建立起有战斗力、有凝聚力、有号召力的乡村领导班子，要对基层组织进行强化培训学习，学习理论知识，坚定服务人民的意识，学习时政新闻，紧跟党的步伐，学习先进典型，保持奋斗激情。组织党员干部参观地震纪念馆，再次感受灾难的巨大威力，警钟长鸣；参观灾后重建的巨大成就，感受党的为民初心，和人民群众的伟大力量，感悟抗震救灾精神的巨大力量。充分调动基层普

通党员的积极性，让每一个党员都能感受到组织的召唤，特别是要强化农村流动党员的教育和管理，一方面在思想上提高他们服务人民，振兴乡村的积极性，一方面，为他们在乡村产业发展、文明新风树立、环境改善保护、服务人民群众搭建平台，为他们干事创业强组织、搭平台、引路子，鼓励他们亮明党员身份，充当先锋模范，起到“村看村，户看户，群众看党员”的带头作用。

（二）弘扬抗震救灾精神就要引导人民群众发挥主体作用

乡村振兴是国家战略，但主体还是人民群众。只有广大人民群众真正自强自立，奋发图强，才会最终赢得这场战斗的胜利。目前乡村存在不同程度的空心化，留守的大多数的老人，对于新生事物接受能力不强，存在安于现状的思想。还有一些人存在着“等”“靠”“要”思想，总是盼望国家给予和相关单位的帮扶，这些都制约着乡村振兴的发展。弘扬抗震救灾精神就要教育引导人民群众发扬奋斗精神。灾区人民能够在山河破碎，家园摧毁，痛失亲人后，坚强地在废墟中站起来，自强自立，树立起自力更生的信念，流血流汗去重建家园，重建美好的幸福生活，以自己的奋斗告慰亲人，感恩祖国和社会。灾后重建中的感人事迹，可以用来教育引导人民群众，激发他们创新创业的决心和信心，唤醒人民群众对土地的热情，对家乡的热爱，充分调动人民群众对本地发展资源的挖掘，找到适合的发展产业。打造好招商环境，引导更多的年轻人回归乡村，回报家乡，服务更多有志于农业产业的企业和个人，为他们提供更多的方便和服务，搭建更广阔的平台，解决发展中的实际困难，让农村火起来，热起来，真正成为创业的热土，成为广阔的天地，让从事农业、农村工作的人大有作为。

（三）弘扬抗震救灾精神就要聚集力量服务群众发展生产

乡村振兴是一篇大文章，必须聚集多方力量才能更好地完成。由于城市化的发展，乡村发展需要的人才、资金、技术等要素得不到及时的补充，出现不同程度的空心化，由以前人多地少的矛盾转化为地无人种的担忧，出现土地荒芜，人员外流等现象。弘扬抗震救灾精神就要聚集多方力量，支援乡村振兴。动员引导在外成功人士回乡创业，招引企业投资，争取国家相关项目等，聚集乡村发展的力量。这还需要乡村干部抓住机遇，教育引导群众提高思想认识，涵养纯朴、文明的乡村家风、民风；打造好招商引资的环境，抓好基础设施建设，根据土地、气候、文化氛围、发展基础等科学规划发展适合的产业，打造初步的规模，营造产业发展环境，协调好企业与农民的关系，创新灵活多样的合作模式，培育本土品牌等。栽好梧桐树，才能引来金凤凰。在发展过程中协调好多方关系，关注各方利益，解决发展中的土地、资金、人力等方面的问题，服务好群众和企业，培育龙头企业和龙头产品，为乡村振兴打下坚实的产业发展基础。

（四）弘扬抗震救灾精神就要尊重科学理性务实

乡村振兴是长远的发展目标，必须有长远的规划和科学的安排，不能盲目求快。要对本土资源进行深入的调研，充分发挥人民群众的主观能动性，分清楚发展的优势和不足，多方面征求意见和建议，在此基础上进行充分论证，明确发展方向，然后一以贯之地坚持，形成鲜明的地方特色，才能在市场上站稳脚跟。切忌招商焦急症，盲目发展，跟风发展。最后形成恶性竞争，浪费资源，伤害人民群众的发展热情。弘扬抗震救灾精神就要用科学理性的态度对待乡村振兴，深入调研，深入人民群众，多走出去，学习别人的经验，多请进来，邀请相关专家进行科学论证、科学规划，避免盲目性，才能奠定坚实的基础，少走弯路。坚持科学发展还必须坚持绿色发展道路，坚持人与自然和谐共生的理念。产业发展要进行科学论证，不能对土地、空气、森林、湿地水体造成伤害，既要金山银山，又要绿水青山。科学发展还要注重地方特色的保留与发扬。北川的巴拿卡、吉娜羌寨、理县的甘堡藏寨、汶川的映秀、水磨等旅游小镇，如今都成了网红打卡地，就是因为保留了独特的羌藏民居特色，让人们能够体会到少数民族的饮食文化、服饰文化、民居文化，感受到纯朴的民风，多样的动植物资源，奇异的山水。同时，还注重对大禹文化进行挖掘和弘扬，发挥了历史文化名人的社会影响力，让游客感受到大禹故里的底蕴和特色。同样，在乡村振兴中每一个乡村都要充分挖掘本土的文化和特色，形成各自独特的风格，进行科学的规划，长久地坚持，才能走出一条绿色、生态、持久的发展之路。

“5・12”特大地震远去了，灾难的创伤逐渐愈合，灾后恢复重建结束了，伟大的抗震救灾精神还将历久弥新。中国共产党历经了百年的奋斗，初心没有褪色，越是在艰难时刻，越是显现出对人民的赤子之心；中华民族历经了重重苦难，今天意气风发踏上复兴的新征程；越是经过灾难的洗礼，越是显现出血肉亲情；越是经过血与火的战斗，中华民族的脊梁越是坚挺；越是经过灾难的磨砺，越是迸发科学理性；在灾难的废墟上，我们描绘出更新更美的画面，在乡村振兴的新征程上我们也将用我们的双手开创出更伟大的事业，建设起更加美丽的家园。

作者简介

李琴，女，1969 年生，四川省盐亭县人。本科学历，高级讲师，工作单位：中共盐亭县委党校，研究方向：基层党建。

后记

《抗震救灾精神研究》凝结着文化、文物、教育等社科工作者对弘扬传承伟大抗震救灾精神的思考和研究，从不同的视角和领域解读精神内涵、传承保护、实践路径。在内容编排上整体按照内容逻辑排列，未按照论文作者知名度和稿件质量排列，对部分作者的稿件进行了删减调整，另受篇幅和字数限制，部分作者的文稿未能尽悉收录，向参与本次论文征集的作者们致谢。

论文集得以出版，是 5·12 汶川特大地震纪念馆、绵阳市社会科学界联合会及论文作者集体智慧的成果，感谢西南交通大学马克主义学院、绵阳师范学院等院校和相关单位的鼎力支持，感谢出版社编辑的细心编校，感谢社科工作者们的辛勤付出。

由于我们理论研究水平、编辑水平有限，论文集里难免存在错误或疏漏之处，恳请各位专家、读者批评指正。

把抗震救灾精神挖掘好、阐释好、弘扬好，把地震遗址保护好、管理好、利用好，任重道远。恳请专家学者们笔耕不辍，深入思考，以更高水准的学术成果，为提升 5·12 汶川特大地震纪念馆学术研究水平贡献力量。

编者

2023 年 7 月